国家社科基金
GUOJIA SHEKE JIJIN HOUQI ZIZHU XIANGMU
后期资助项目

周立波年谱

The Chronicle of Zhou Libo

邹理 著

上海人民出版社

国家社科基金后期资助项目
出版说明

后期资助项目是国家社科基金设立的一类重要项目，旨在鼓励广大社科研究者潜心治学，支持基础研究多出优秀成果。它是经过严格评审，从接近完成的科研成果中遴选立项的。为扩大后期资助项目的影响，更好地推动学术发展，促进成果转化，全国哲学社会科学工作办公室按照“统一设计、统一标识、统一版式、形成系列”的总体要求，组织出版国家社科基金后期资助项目成果。

全国哲学社会科学工作办公室

目　录

周立波作品中的方言与现代化主题（代序）

周小仪　舒莉莉

在中国现当代文学研究领域，周立波被看作是运用方言的佼佼者。但与其他方言大师如老舍、赵树理有所不同的是，周立波可以娴熟地使用两种完全不同的方言写作——东北方言和湖南方言，并创作出长篇小说《暴风骤雨》（1947—1948）和《山乡巨变》（1958—1960）。这一点确实让很多人惊奇：当你读《暴风骤雨》时，如果不了解周立波的生平，一定会以为他是东北人。因为只有北方人才张口闭口嘴上挂着“唠闲嗑”“瞅一眼”“为啥”“咋整”“咋办”，这些方言表现力极为丰富，人物神情跃然纸上，朴实近人又不晦涩。可是仅过十年，周立波又切换到湖南农村，以同样地道的湖南话写出《山乡巨变》和一系列精彩绝伦的短篇小说，重新宣示了他湖南人的身份，并再次文学化了当地的方言。笔者曾经问一个湖南朋友，合作化这件事已经历史久远，你为什么还这么爱看《山乡巨变》，他说主要是小说中的语言，就是我们生活中常说的话，读来亲切。脑壳、嘴壳、浑青、寡瘦、歇凉、晓得，这些用语平时说说不觉特别，一旦跃然纸上，则充满神奇的韵味。对于外地读者，地方语言如他乡美景，一切皆让人新鲜感动，魅力无穷。

对周立波方言的解读历来不乏其人。有一个在美国大学任教的中国学者，虽然身为湖南人，却早已受西方价值观的影响，完全无法理解东北土地改革在中国现代化进程中的历史意义。他惊恐于韩老六一群恶霸地主丢了浮财和房产，于是把周立波笔下的东北方言上升为“语言的暴力”。这篇文章译成中文发表后如石沉大海，如今几乎被人遗忘。恐怕作者没有想到此类观点如此背运，难以取得本国乡亲们的认同。否认中国土地革命的意义，就无法与中国现代化的伟大实践自恰，当然也无法解释本土方言与现代国家的内在联系。

相比之下，《山乡巨变》的方言成就赢得一片称许，人们赞不绝口。“文革”之后是中国学界崇尚审美主义的年代，而《山乡巨变》正是切合了当时人们的品味。一时周立波的南方作品被冠之为“茶子花流派”的美名①,成为湖南作家群当之无愧的精神核心。人们更加关注书中人物的优美造型、情节的婉转起承转合,当然也包括那珠玉般玲珑透彻的湖南方言。如果说20世纪50年代周立波作品风靡批评界是因为它反映了农村合作化那一场润物细无声的土地革命,而20世纪80年代周立波作品再一次摆上读者的书架则是因为其所蕴含的审美形式魅力。人们发现,周立波不仅有粗犷豪放的一面如《暴风骤雨》,在他内心深处,他还有温馨柔和的一面如《山乡巨变》和湖南乡土短篇小说。当时著名的周立波研究者胡光凡就十分称颂周立波南方小说中“‘清水出芙蓉,天然去雕饰’的审美理想”:“所谓朴素、自然的美,也就突出地体现在作品的语言色彩上。”②

但是中国现代化进程的信息并没有在审美化的乡村中消失于无形。现代化是周立波作品中始终如一的灵魂。即便是最具人情味的日常琐事中,现代化思维也是无处不在。这一主题时隐时现,但时刻召唤。盖满爹生前最想“看得到手”的情景就是现代化水坝的建成,而《山乡巨变》中也不时出现铁船等工业化形象。周立波作品是最具有政治性的,但与文学性和审美性并没有一丝一毫的矛盾。相反,两者却是互为表里。借用恩格斯的话说,他不是席勒化,而是莎士比亚化;借用钱钟书的评价,好诗的特征是,理之于诗,如盐之于水,无处不在,却无所以见。读周立波作品,从来不知道它是现代性政治宣传。其实它的文学性、审美性的方言捕获人心,这才是最高境界的宣传。

实际上,现代化宣传的最终物质载体就是方言。无论是东北方言,还是湖南方言,文学化所指向的唯一目标,就是世界性的现代化进程。这仿佛是一个让人难以理解的悖论:一个最具地方性的特殊语言如何能够表述民族国家现代化这样普遍性的概念?而充满风土人情味的地方生活如何能够汇入现代化的历史潮流?在《本土经验与世界眼光:周立波与外国文学》一书中,邹理对周立波创作中的中国民族特色和西方现代语言的结合进行了探讨,并从周立波的文化背景方面对这一现象进行了解读。邹理指出,“他以坚实的本土经验,写出了对社会大事件的反思,使作品具有民族性和时代性。另一方面他早年掌握了一门外语,对外国文学的阅读、研究、翻译和对外国文学知识的积累,使得他又具有世界眼光”。③邹理认为,无论周立波早

① 蒋静:《茶子花流派与中国文艺》,湖南师范大学出版社,2006年。
② 李华盛、胡光凡编:《周立波研究资料》,湖南人民出版社,1983年,第257页。
③ 邹理:《本土经验与世界眼光:周立波与外国文学》,上海人民出版社,2018年,第191页。

期还是成熟期的作品,其语言都存在十分强烈的欧化倾向。只是在成熟期的作品中,欧化与民族化是“水乳交融”的:“这些外来词语与方言土语融合在一起的时候,不是机械的堆砌,也不露斧凿,而是浑然一体,精炼圆熟。”① 从这个意义上说,周立波的“世界性”就体现在他的本土语言之中。特别是在他中晚期作品中,“周立波对中西语言的运用越来越成熟,使得他在进行民族化探索的同时没有把欧化与民族化做一种二元对立的处理。他并不认为欧化和民族化是非此即彼、不可兼容的紧张对立关系,他将二者有效地融合在了一起。”②因此可以说,周立波使用方言创作不仅是文学的“民族化”过程,也是将地方语言现代化的过程。

周立波自己在《方言问题》一文中,也对自己创作中的语言运用做了总结。他说,“在创作上,使用任何地方的方言土话,我们都得有所删除,有所增益,换句话说:都得要经过洗练”。③这充分说明,周立波所使用的方言并非是原生态的方言,而是经过现代审美加工过的文学语言。正如评论家贺仲明在《论周立波乡土小说的语言艺术及其文学史意义》一文中所言,“他的小说语言既吸取了民间口语的新鲜活泼、自然朴质,又融会了许多新的现代内涵”。他的“作品在运用农民口语基础上,吸收了翻译文体的优点,……融合了现代语言的气息”。④另一位批评家贺绍俊则从周立波乡土文学和精英文化的互补关系中理解周立波方言的现代性。他在《周立波乡土文学的特殊意义》一文中认为,我们对中国乡土文学的评论时忽视了其中的“精英文化”因素,“看不到西方文学和中国古典文学传统在周立波身上培育的精英意识和诗意精神”。而这种精英文化使作家没有过分地“追求通俗”,而是“保持了乡土文学应有的典雅性”。⑤

因此,现代审美语言对方言进行了改造和提升,使之更具有普遍性,适合更广泛的读者。实际上,文化意识形态方面的现代化与整个社会的现代化进程是一致的,虽然这种联系不能用一一对应的传统反映论来说明。在这方面,法国批评家戈德曼(Lucien Goldman)和布迪厄(Pierre Bourdieu)的结构主义文学批评理论更有说服力。他们认为,文学作品与社会现实有

① 邹理:《本土经验与世界眼光——周立波与外国文学》,上海人民出版社,2018年,第307页。
② 同上书,第310页。
③ 周立波:《周立波文集》第5卷,上海:上海文艺出版社,1985年,第545页。
④ 邹理编:《周立波评说——周立波研究与文化繁荣学术研讨会文集》,长江文艺出版社,2013年,第35—36页。
⑤ 同上书,第31、34页。

某种的结构同源性(homology)。戈德曼认为,西方“小说的文学形式”,与资本主义社会“人与人的关系之间,存在着一种严格的同源性”,也就是结构性对应。①布迪厄认为,文学艺术场与社会权力场有着“结构同源的关系”。②周立波对地方语言的审美化改造与此类似,这是民族国家的现代化运动在思想感情和语言文学领域的最终反响;两者异质同构,平行对应。

如果我们再进一步考察,从外国文学的领域推演到世界历史的现代化潮流,周立波方言的现代性特征就更加具有历史性和全球性的维度。在这方面,日本哲学家柄谷行人为我们提供了理论支持。在《日本现代文学的起源》这部著作中,柄谷行人“把文字、书写语言与民族国家的问题放在更普遍的场域来考察”。③他认为,“声音中心主义与现代的民族国家问题无法分离开来。在日本,民族主义的萌芽主要表现于在汉字文化圈中把表音性的文字置于优越位置的运动中。但是,这并非日本特有的事情。在民族国家形成上,虽有时间先后的不同,然世界上无一例外地要发生这样的问题”。④他在研究了日本现代文学的崛起之后得出结论说,语音中心主义、日本方言的兴起,并非地域化,并非复古,而是日本现代化的标志,是民族国家建立的基础。这一现象在现代世界大范围发生,只不过有时间的先后而已。这包括但丁的俗语,包括法国、英国、西班牙和德国的民族文学和民族语言,由笛卡尔、路德和塞万提斯等人分别以其作品成就的各国的国语。⑤我国五四新文化运动以来的白话文运动,以及后来乡土文学的传统,符合这一现代化发展规律。而周立波的作品正是归属于这一延绵数百年的民族国家现代化的历史潮流。他与其他中国现当代文学家一起,让现代化的文化触角伸展得如此深远,直到涵盖下层百姓的方言。

过去我们有一句老话:越是民族的,也就越是世界的。现在我们可以对周立波南北方言有一个新的理解:越是地方性的、风土人情味的,也就越是现代化的、政治性的和普遍性的。这就是黑格尔“具体普遍性”(Concrete Universal)的辩证法:特殊性并非存在于普遍性之外,成为它的对立面。相反,表面外在的对立实际上是内在的辩证统一。周立波普遍性的现代化追求,并非仅仅存在于他所描述的内容之中,而且还存在于他运用自如的具体

---

① [法]戈德曼:《论小说的社会学》,吴岳添译,中国社会科学出版社,1988年,第11页。

② [法]布迪厄:《艺术的法则:文学场的生成和结构》,刘晖译,中央编译出版社,2001年,第197页。

③⑤ [日]柄谷行人:《日本现代文学的起源》,赵京华译,中央编译出版社,2013年,第164页。

④ 同上书,第163—164页。

方言之中。方言俚语的神来之笔,就是现代化的魅力之音。这是周立波作品中相辅相成的形式与内容的珠联璧合;这是新的形式的美学:它交织纠缠而形成一条贯穿他一生的红线。在这里,地方性和普遍性不再区分,优美与崇高不再对立,艺术性和政治性融为一体。

最后,我们以周立波描述家乡益阳市清溪村的一首小诗作为本文的结束,看看现代化进程如何延伸到风景如画的乡村小镇:

说是清溪没有溪,
田塍道上草萋萋。
山边大树迎风啸,
村外机车逐鸟啼。①

溪谷、田埂、山丘、草木、鸟鸣:在一片风光旖旎的乡村之中,一台现代化火车呼啸奔腾而出,这画面是多么令人震撼,对比是多么强烈动感,如此让人振奋! 如今我们的国家已经是现代化工业强国,益阳市也正在建设网络现代化的智慧城市。我们乘坐的高速列车奔跑在遍布全国的高铁轨道上,我们还打开电脑穿梭在秒速单位的信息高速公路上。当年的盖满爹们已经无法想象,我们已经千百倍地实现了他们为之魂牵梦绕的现代化理想。回首往昔,在国家现代化的草创阶段,在那偏僻的、边远的、曾经完全不为人知的乡村,有这样一群开拓者,怀抱着与他们渺小的身躯和贫苦的生活完全不相般配的宏伟理想,负重踽踽前行。他们的喜怒哀乐和魅力方言,至今仍然让我们戚然感动,成为我们砥砺奋进的精神之源。

(作者简介:周小仪　北京大学外国语学院教授;舒莉莉　北京大学外国语学院讲师)

补　　记

以上这篇文字,原是 2018 年 10 月在湖南益阳召开的纪念周立波诞辰 110 周年学术研讨会上的发言,借邹理的这块宝地得以就教于读者,也权当《周立波年谱》的序言。虽然这篇文章涉及更多的是她第一部著作《本土经

---

① 周立波:《周立波选集》第 4 卷,湖南人民出版社,1983 年,第 255 页。

验与世界眼光:周立波与外国文学》(2018),但是对于理解和把握周立波的生活和思想可能也不无帮助。周立波从那样落后的一个乡村走到上海、延安和北京,他的现代化梦想,与他在农村和城市的广阔空间中的非凡经历,应该息息相关。如果读者想进一步了解周立波的生平,《周立波年谱》的出版让我们有了一个新的选择,大概也是更好的选择。

《周立波年谱》是邹理的第二部力作,明眼人一看就知道所下功夫是如何地了得。她曾经在北京大学学习,从事比较文学和周立波研究多年。北大的孟华教授经常告诫自己的学生,说如果要深入研究一个作家,最直接而有效的方法就是做一个关于他的年谱。孟华教授以学术严谨著称,非常崇尚法国的年鉴历史学派。她的比较文学形象学理论都建立在文学史研究和具体详细的考证之上。显然,这种风格也体现在邹理的这部著作之中。

周立波的生平本身就是一个传奇。他是从湖南偏远的益阳清溪村跟随周扬来到上海。周立波曾经绘声绘色地描述过他生命中决定性的一天:他和周扬约好一起乘船出发,却晚了,船已开拔。他的大哥周揾梅挺身而出,坚持不让取消行程。大哥挑着行李沿河拼命追赶,直到把周立波送到周扬的船上。这个戏剧化的场面周立波生前津津乐道,也写在了他自己的传记之中。新中国成立后几十年来,周立波念及大哥的恩德,在经济上一直接济他,每月 10 元。在 1950 到 1970 年代的农村,那可是不得了的数字。周立波去世之后周立波夫人林蓝仍然让这一历史性的情感和经济链条得以延续,直到当地政府接手。

20 世纪 30 年代的上海是东亚的商业和文化之都。周立波投入全部精力学习外语,研究外国文学和前苏联的文学理论,写下了很多珍贵的文学评论文字。他后来在延安鲁艺精彩的讲课,就得益于这里打下的坚实基础。当然他在益阳的时候对中国古典文化就有很深厚的修养。周扬曾经回忆说,他初次见到周立波时惊讶地发现,他居然在中学就通读过《资治通鉴》。我们知道这是一部什么样的鸿篇巨制。新中国成立后,无论何时,周立波都备有这 20 卷书在家。"文革"时,这套书丢失了一卷。后来当这部书又可以在新华书店买到的时候,我终于把它补齐,以慰父心。周立波的中国古典文学基础,以及外国文学和文学理论学养,使他的写作具有了学者的风范。他后来到延安鲁艺执教,讲课受到异常热烈的欢迎,也和这个中西文化基础有关。

在延安之后,他到了东北进行土改。诚如林蓝所言,周立波首先是一个战士,然后才是作家。后来有评论者补充,他仍然是个学者。战士、作家、学者,确实概括了周立波特有的三个方面。在东北土改这个社会组织的现代化改造运动中,周立波写下了他的传世之作《暴风骤雨》。这部作品写得很快,上部大概用了半年左右,下部在一年时间全部完成。当然后来周立波也觉得有些地方还显得比较粗糙,不如他后来的《山乡巨变》那样精美。

《山乡巨变》是他深入生活,在湖南益阳居住了7年才写下的一部巨著。现在能够下这样功夫体验乡村生活的作家,在文坛上已经是凤毛麟角了。他对湖南乡村的描写,对人物心理和性格的刻画,都是无与伦比的。这后面有多少生活的艰辛却不为人知。新中国成立后周立波在北京安了家,写下了他的第二部长篇小说《铁水奔流》。他自认为这部长篇小说并不成功。这促使他回到湖南乡下老家,成就了第三部长篇小说《山乡巨变》。从湖南到上海,从延安到东北,从北京再回到湖南,这个足迹遍布大半个中国的丰富经历,里面有很多值得探索,值得回味,让人思考的东西。邹理的这部年谱对周立波的生平有细致的描述和记载,如此详尽,精确到年月日,令人赞叹。

这部包罗万象的著作后面,也充满了学术研究的艰辛。2017年的夏天,邹理又来到北京。这是她无数次学术调研中的一次。为了查询周立波的生平材料,她造访了中国现代文学馆、中国作家协会档案馆、中央档案馆,凡是她能去的地方,都绝不会漏选。那天中午,外面下着大雨,我跟邹理在北大附近的一个叫苏浙汇的地方见面。她这样不辞劳苦,精益求精,尤其是她对周立波研究资料的热情,让人心有戚戚然。她还到访过周立波在长沙工作过的地方,采访过周立波研究者和生前友人,收集了很多珍贵的历史文献。正是因为邹理下了这么大的功夫,这部年谱具有很高的文献价值和学术价值。在周立波生平和历史材料方面,说这是权威版本并不为过。我相信,这样一部著作,在未来周立波研究中一定是不可或缺的。

周立波研究自20世纪30年代的零散书评开始,迄今已有80年的历史。从老一代专家胡光凡教授的开创性评传,到后来一些学界新锐的审美评论,对周立波的研究,已经有很多出色的成果。邹理属于后起之秀,她关于周立波与外国文学的研究已经在学界产生了很大影响。这部年谱也是她多年心血的结晶,经过反复修改,不断补充新的材料,如今已蔚为大观。她曾透露,下一步就是要写一本完整的周立波传记。我们期待她更上层楼的新作。

周小仪

2020年2月

绪　论

一、缘　起

周立波(1908—1979)是中国现代文学史上重要的作家。很少有人完全抹杀他的文学成就,但即使肯定者也往往忽视他的文学史价值。他的一生伴随着现代中国历史的几个重要事件。不同于象牙之塔、书斋里的温和、独善其身、保守型的作家,周立波自觉地将个人价值定位于社会实践活动之中。他直面时代和社会,以文学的方式体验、探索和参与不同时期的社会实践。他深入生活、扎根人民的创作方式在新形势下凸显出特别的意义。当年的文学需要周立波这样的作家这样地创作,今天,时代需要我们重新认识并学习周立波。周立波不是简单的个体现象,而是20世纪中国有着强烈的国家民族意识、富有“兼济天下”的壮志激情、同时带有许多历史和个人局限性的现代作家的典型,“个人与时代”的主题在他身上得到了特别的呈现。

迄今为止,学术界大多注重周立波小说创作的成就,而对他小说之外的其他文体的创作多有忽略。周立波既是翻译家、编辑、记者、教师、革命干部、文学理论和文学评论者,又长期从事文学创作活动,人们往往只重视作为作家的周立波,而对于兼具其他身份的周立波少有关注。本谱着眼于对周立波的生活经历与创作成就的叙述,更注重考察周立波与社会文化环境之间的互动、互渗关系,纠正此前学界对周立波的一些错误判断,从而揭示出周立波的真正价值和他在现代文学史上的真正地位。

因此,撰写一部完整而翔实的周立波年谱显得十分重要和必要。通过透视周立波和历史时代之间的深刻关联,可以呈现出他所处的复杂的时代背影,并且可以通过周立波这个典型镜像,折射中国现代作家的文化性格和历史命运。这便是撰写本年谱的最初缘起。

二、周立波研究课题史

周立波研究始于20世纪30年代，至今已有80余年。最早评论周立波作品的文字是1938年7月汉口《全民周刊》发表的罗之扬评周立波报告文学《晋察冀边区印象》的文章，文章指出周立波的报告文学写出了“战斗与自由之中国”。

20世纪五六十年代评论界对周立波的研究集中在他的三部长篇小说《暴风骤雨》《铁水奔流》和《山乡巨变》以及他在同时期创作的一批短篇小说上。1948年《暴风骤雨》出版后，评论很多。其中比较有代表性的评论是署名“芝”写的《推荐〈暴风骤雨〉》①。文章认为《暴风骤雨》有三个特点：一是塑造了民间英雄和代表时代希望的新人物新形象；二是开拓了重大革命题材写作；三是使用了新的民间语言。1955年《铁水奔流》出版后，许多评论文章都集中在小说的主人公“李大贵”身上。有评论认为“《铁水奔流》的成功主要是李大贵性格创作的成功”②，作家写出了工人阶级先进分子的形象。对《山乡巨变》的评论，最有代表性的是黄秋耘在1962年写的《〈山乡巨变〉琐谈》：“总的来说，《山乡巨变》的作者在艺术追求上取得了很大的成就，以其独特的艺术风格、耀目的艺术光彩、对人物的性格和心灵细致的剖析、对农村新生活富有诗意的描绘，开拓了文学创作的新境界。”③这一阶段周立波研究的特点大致可概括为以下两点：一是从审美的角度肯定了周立波创作的艺术特色；二是许多评论以政治为标准肯定了周立波小说的政治意义与社会意义。

1980年以后，评论界不仅关注他的作品，而且也开始对作家本人产生了浓厚的兴趣。80年代的周立波研究趋向于综合性。1985年庄汉新撰写的《周立波生平与创作》，1986年胡光凡所著的《周立波评传》以及1988年出版的《战士、作家、学者——首次周立波学术讨论会论文选》都对周立波的生平、文艺思想、艺术风格与创作成就进行了综合、系统的研究，这标志着周立波研究达到了一个高峰。

---

① 芝：《推荐〈暴风骤雨〉》，载《生活报》，1948年5月11日。

② 黄秋耘：《谈〈铁水奔流〉》，载《光明日报》，1955年11月19日。

③ 黄秋耘：《黄秋耘文学评论选》，湖南人民出版社，1983年，第30页。

1986年以后的一段时间，文学评论界开始反思与政治结合过于紧密的“十七年”文学，对“十七年”文学大多持否定的态度。在这一背景下，周立波的《山乡巨变》及其他短篇小说也受到批评，许多评论对他的作品按中央文件图解生活的公式化和概念化倾向持否定意见。但是人们仍然肯定了这些作品的艺术风格，有的评论家认为周立波是从“文章贵乎自然”这一审美观点出发进行探索的，他的突出之点在于对生活的独立见解和在艺术上的独创精神。①

除此之外，周立波及其作品始终在文学史著作中占有一席之地，各高校自编教材都以较多的篇幅或独立的章节对周立波及其作品进行了阐释。80年代的文学史主要从思想和意识形态的角度对周立波进行了正面的评价。90年代以后，评论界对周立波作品的艺术价值和他整体的文学史地位作了新的发掘和评判，出现了从多元化角度解读作家及其作品的态势。新世纪的文学史著作不再纯粹从政治或者审美的角度来解读作家及其作品。2004年孟繁华、程光炜所著的《中国当代文学发展史》就把对周立波的评论置放在对当代中国文学的历史语境、整体风格的形成、制度化建立、文学生产和传播控制等内在机制和外部制约等问题的探讨中。陈思和的《中国当代文学史教程》(2006年)则从“民间”出发，专章论述了《山乡巨变》，这种新的研究角度，也开拓了新的视野。

90年代以来还出现了与周立波相关的学位论文，其中博士论文有两部：李杨的《现实主义的现代转型——“社会主义现实主义”研究》(1993年)和佘丹清的《周立波新探》(2007年)。李杨的博士论文专辟一章从现代性和话语的角度分析了周立波的小说《暴风骤雨》，他认为小说围绕着存在的两种声音展开：一种是农民的声音，主题是农民的翻身解放；而另一种声音则是“现代”的声音，它通过工作队的肖队长说话。佘丹清的论文是笔者到目前为止看到的唯一一部专门研究周立波的博士论文。他将周立波放在整个中国乡土小说链上进行研究，从作家的个性和心理出发，研究他转向的种种原因和心路历程。论文关注作家创作的心理过程，把周立波研究向更深层次推进了一步。另外，还有一批硕士论文，比如李存光的《〈太阳照在桑干河上〉与〈暴风骤雨〉的人物形象研究》(2001年)、张远波的《干部、游子、作家与三重视野》(2003年)、褚宏芍的《试析“十七年”农村题材长篇小说中伦理意识的转变——以〈三里湾〉、〈山乡巨变〉、〈创业史〉、〈艳阳天〉为例》

① 参阅李景彬：《周立波代表作(前言)》，黄河出版社，1989年，第9页。

(2007年)等,从历史语境、文化传播、伦理和人物形象群等角度对周立波的作品进行了全新的解读。

在国外,也有一些学者在研究周立波。俄国文学家B.卢得曼娜翻译了《暴风骤雨》,并在译作前言中对该作品进行了评介;B.克里佐夫翻译了《山乡巨变》,并写有长篇序言《周立波及其长篇小说〈春到山乡〉》;日本学者安岛彬翻译了《暴风骤雨》,并著有研究文章《暴风骤雨》,收录在《中国名著鉴赏与批评》①一书中;日本学者阿赖宏耶撰写了文章《周立波创作简论》②;法国的林曼叔在《中国当代文学史稿1949—1965》③中也对周立波进行了论述。周立波的作品《暴风骤雨》《山乡巨变》《山那面人家》等在被翻译成英、德、法、捷克、匈牙利等多国文字的同时,也都得到了相应的评述。以上这些外国学者和汉学家的评介文字重在分析周立波小说中的人物形象与语言特点,他们高度评价了周立波的文学成就,认为周立波为外国读者们描绘了中国新农村宏伟、美丽的画卷,也展示了中国农村制度正在发生的具有深远历史影响的变革,从而改变了中国——这个古老的国家的整个面貌。

另外,还有一批学者从比较文学的角度对周立波进行了研究。最早注意到周立波与外国文学关系的当属唐弢,他评价周立波的短篇小说:"我们可以清楚地看出,作者是有意识地在尝试一种新的风格:淳朴、简练、平实、隽永。作者余味无穷地赞颂了农村新气象,提供了安详轻松的小幅。阿·赛罗夫描写的十月革命名画《冬宫攻下了》,一个赤卫队员和他的同伴老年士兵,两个人站在散乱着弹片和碎石的台阶上,点燃起战后的第一枝烟卷,那么安详、那么舒畅。周立波的短篇也有类似的情调。他为自己的艺术开创了新的天地,建立了新的风貌。"④

1985年4月,李庆国发表了题为《周立波与外国文学》的论文,首次对周立波与外国文学的关系进行了分析,文章的前半部分梳理了周立波翻译外国文学、介绍外国作家作品的历史,后半部分则将周立波的《暴风骤雨》与肖洛霍夫的《被开垦的处女地》进行对比,比较了两部小说的写作题材、故事

① [日]安岛彬:《暴风骤雨》,载东京大学中国文学研究室编:《中国名著鉴赏与批评》,东京劲草书房,1962年。

② 载王驰主编:《战士、作家、学者》,湖南文艺出版社,1988年。

③ 林曼叔:《中国当代文学史稿1949—1965》,法国巴黎第七大学东亚出版中心,1987年。

④ 唐弢:《风格一例——试谈〈山那面人家〉》,载《人民文学》,1959年7月号。

情节、人物形象、景物以及心理描写等方面的异同。作者认为两部作品有相似性是因为周立波借鉴和汲取了肖洛霍夫的艺术特点，但是他并非生硬地模仿，他在创作中也融入了自己的创造，因此形成了他独特的个人风格。该论文虽然在对比两个作家的作品时显得简单化，但是它开了从比较文学的角度研究周立波的先河，为周立波研究开辟了一个新的视角。

进入 90 年代以后，有学者开始研究基希对周立波报告文学的影响。李仕中的《基希的影响与周立波报告文学的历史地位》和丁晓原的《周立波对报告文学名著的翻译与研究》，都把周立波的翻译与 30 年代报告文学在中国兴起的历史文化语境联系了起来，将基希的《秘密的中国》的译本与周立波后来创作的报告文学文本进行了对比，揭示了周立波从哪些方面受到了基希的影响。

新世纪以后出现了一批从比较文学的角度研究周立波的论文，其中华济时、皮民辉、吴格非等从周立波的整体作品出发，研究周立波创作与外国文学之间的关系；王竹良则将研究重点放在周立波与肖洛霍夫的关系上。他们的研究重在史实的介绍，所得结论与 1985 年李庆国所作的论文相似，似未能有所突破。蒋芳的《周立波对巴尔扎克在中国传播的贡献》一文，通过周立波对巴尔扎克的阅读和他在延安鲁艺授课时对巴尔扎克及其文学作品的讲解，从艺术的真实观、典型化以及写作取材等方面切入，分析周立波对巴尔扎克文学思想的接受。该论文是笔者目前见到的唯一一篇选取周立波鲁艺授课的个案进行研究的论文。

还有一批朝鲜留学生在硕士论文中将周立波与他们本国的作家作品进行比较。比如金宽雄的《前社会主义阵营文学中的农业集体化题材小说比较研究》(2007 年)、崔盛学的《周立波的"暴风骤雨"与李箕永的"土地"比较研究》(2007 年)和安太顺的《中朝土地改革小说中的人物形象比较》(2007 年)。他们的论文从两国作家所处的时代背景、作家经历、作家的文学思想、创作目的等入手考察中朝两国作家、作品的异同。

上述研究从各个角度丰富了周立波的文学与创作研究，但对他一生的政治活动和文学思想缺乏总体的研究和把握，可以说，目前的周立波研究成果还比较零碎和表面化。而且，现有的研究也少有从他的人生经历和文学渊源等方面对他进行分析和把握。如果我们从周立波的成长历程入手，从他所处的时代背景和他多重身份的经历来探寻他的思想本源，或许可以解决很多问题。

目前与周立波年谱相关的研究，学术界存在的主要有三种：胡光凡、李华盛的《周立波研究资料》(1983),其中编辑收录了《周立波生平年表》和《周立波著译系年》;庄汉新的《周立波生平与创作》(1985)和《周立波新论》(2007),其中附录了《周立波创作年谱》;胡光凡的《周立波评传》(1986)。第一种是周立波研究资料的选编,编者收集了部分对周立波生平的回忆与对他作品的评论文章等,并且将周立波的生平与创作制作成了年表,为周立波研究提供了一些基本的史料;第二种立足于周立波的创作,并为周立波制作了创作年谱,同时也提供了不少新的材料;第三种,作者是迄今为止最权威的周立波评传研究者,他对周立波生平的勾画,为近年来的周立波研究提供了非常重要的史料和参照,有着很高的引用率。

本领域三种研究存在的问题也非常明显。第一,从史料方面来看,周立波还有很多文字未能整理编辑结集出版,而许多研究论著的阅读视野基本囿限于 1984 年湖南人民出版社出版的《周立波选集》和 1985 年上海文艺出版社出版的《周立波文集》等。第二,关于周立波的年谱存在一些偏颇和简单之处,最详细的也只有 3 万余字的篇幅,只能算是简谱,而且其中错讹较多,重复引用较多,而原初史料的使用率很低,缺乏多种史料的互相比照、补充、说明等工作,描述历史事实的质量不高。

因此,本谱将在前辈们创造的丰硕成果的基础之上,尽可能详尽地挖掘周立波的生平与写作资料,展现一个形象丰富而完整的周立波。在此,要特别感谢胡光凡、庄汉新等前辈们的辛勤工作,他们的成果构造了周立波生平的基本格局,本谱才得以省时省力地沿着他们的脚步进一步钩沉历史,深挖细节。

三、周立波传略

周立波的人生轨迹主要可分为上海、前线、延安鲁艺和鲁艺之后四个时期。

周立波 1908 年出生于湖南益阳一户中农的家庭,父亲周仙梯读过几年私塾,是当地的一个乡贤,担任过当地学校的校长和周氏宗族的族长。因为父亲一直从事教育工作,思想比较开明,从小就送周立波读书。5 岁时周立波就进了周氏祠堂的私塾就读,后在县立初级小学和高级小学读书,1924 年考入长沙省立第一中学。中学时的周立波成绩优异,一心只读圣贤书,对读书以外的社会性事务毫不关心,直到认识了当时在上海读大学的周扬。

周扬见到周立波后，和他谈新文学和新思想，受到周扬的影响周立波开始阅读新文学的报刊和书籍，并积极投身革命。

1927 年蒋介石发动“四一二”反革命政变之后，怀有革命理想的青年周立波在家乡益阳无法立足，1928 年春，他远赴上海，开始了他革命与文学创作的一生。初到上海，他便发奋自学英语，并且开始广泛地接触外国文学作品。他阅读了大量的外国文学名著，其中包括欧洲文艺复兴时期的作品、外国古典主义和 19 世纪浪漫主义的代表作品等，对西欧、俄国的批判现实主义和苏联社会主义现实主义的作品，以及第一次世界大战期间一些反帝的进步的作品，他尤其喜爱，另外他还涉猎了一些西方现代派作品。为了生计，他开始了外国文学的翻译。加入左联之前，他翻译是为了生活。1934 年，周立波加入左联以后，他的翻译主要倾向于进步的文学作品。从 1930 年他的第一部翻译作品问世到 1937 年他离开上海，这段时间他共翻译小说 7 篇，其中 4 篇是短篇小说，有 3 篇是以连载的方式刊登在报刊上[①]，以专著的形式出版了 1 部中篇小说、2 部长篇小说和 1 部报告文学，此外还翻译了文学论文 3 篇、书信 1 封、散文 1 篇。在翻译外国作品的同时，他还对国外一些著名的作家作品进行过研究，在上海《时事新报》《大晚报》《申报》和《生活知识》等报刊连续发表了一批评介文章。在这些文章中，他对日本、波兰、西班牙等国家的文学现状、主要流派的代表作家及其作品，特别是新兴的进步文学的动向作了轮廓式的介绍。除此之外，他还常常在一些享有国际声誉的外国文学家的诞辰和忌日，发表一些短小精悍、文情并茂的纪念文章，把他们的生平和文学成就介绍给中国读者。周立波在上海的十年间，一共发表外国文学评介文章 23 篇，翻译了近百万字的文学作品。除了翻译，上海时期的周立波加入左联后还在进步刊物《每周文学》《时事新报·副刊》等做过编辑，期间发表了大量阐述文学理论问题和评价中国左翼作家及其作品的文章，同时还发表了不少诗歌和散文。在两个口号论争时期，他和周扬一起最早将“国防文学”口号介绍到国内，并积极地宣传。1937 年他参加了郭沫若在上海发起组织的文艺界战时服务团，进行抗日救亡文艺宣传工作。

1937 年“七七”事变之后，在上海的许多左翼文艺工作者响应党的号召，撤离上海，前往延安。周立波在去延安的途中临时受命，作为随军记者兼任英语翻译陪同美国进步作家史沫特莱（Agnes Smedley，1892—1950）

① 连载在报刊上的短篇小说是《驰名的跳蛙》《寄宿舍》和《贵客》。

去前线访问。他们到达八路军总部后，随着总部一路南下，在长达两个多月的时间里，周立波陪同史沫特莱会见了共产党、八路军的许多重要领导人，包括周恩来、朱德、任弼时、彭德怀等，了解了许多八路军英勇抗日的事迹，史沫特莱后来写下了《伟大的道路》一书，让全世界，特别是欧美各国人民了解了中国共产党及其领导下的八路军动员人民，与日寇浴血奋战的情况。

陪同史沫特莱访问八路军的任务结束后不久，周立波再次作为翻译陪同当时美国驻华使馆的参赞卡尔逊(E.F.Carlson，1896—1947)去晋察冀边区实地考察八路军抗日的情况。卡尔逊除了是参赞外，还有一个特殊的身份，他还是罗斯福总统的前副卫队长和私人朋友，罗斯福要求他考察后提交中国战区的情况分析报告。在长达52天的实地考察后，卡尔逊的报告对八路军战区作了正面的评价，影响了罗斯福总统的中国政策。

1938年，周立波又奉命做了一次翻译，陪同苏联塔斯社驻华军事记者瓦里耶夫去战地访问国民党高级将领顾祝同和共产党新四军副军长项英。

这些外国友人在回国后所写下的文字对外国人了解当时的中国起到了重要的作用，而作为他们翻译的周立波在其中起到的作用是不可忽视的。周立波在陪同他们访问前线的过程中，也写下了两部报告文学——《战地日记》和《晋察冀边区日记》。

1938年底至1939年，他在湖南沅陵、广西桂林从事党的地下工作，编辑《抗战日报》和《救亡日报》。

1939年底，周立波到达延安，被分配在鲁迅艺术文学院工作，授课“名著选读”和兼任编译处长。在他讲课的两年多时间里，除了给学员们讲过鲁迅的《阿Q正传》和曹雪芹的《红楼梦》等中国文学名著以外，还讲过许多外国文学名著，包括高尔基、法捷耶夫等苏联作家的社会主义现实主义文学作品，普希金、果戈理、托尔斯泰等俄国作家及歌德、巴尔扎克、司汤达等西欧作家的浪漫主义和批判现实主义的代表作品。他的讲课体现了他对外国文学的态度和理解，可以说在一定程度上反映了他在延安文艺座谈会以前的文艺思想和美学观点。

周立波在鲁艺讲课的同时，也开始了小说创作的尝试。《麻雀》和《牛》等6个短篇是他在延安最早发表的一批小说，在他的创作道路上具有重要意义。《麻雀》《第一夜》《阿金的病》等五篇写的是1932年到1934年被关在上海西牢的共产党员和革命青年的一段斗争生活；《牛》写的是陕北碾庄农民家日常生活的几个片断。虽然周立波在延安写的这一批小说“学生腔”味十足，但是，从《牛》开始，他已经把注意力转到了农民身上，开始朝着探索民族形式的方向发展。

1942年5月，毛泽东在延安文艺座谈会上的《讲话》为中国文艺界确立了一个方向，即文艺为人民大众、首先为工农兵服务的方向。《讲话》说："我们知识分子出身的文艺工作者，要使自己的作品为群众所欢迎，就得把自己的思想感情来一个变化，来一番改造。没有这个变化，没有这个改造，什么事情都是做不好的，都是格格不入的。"①毛泽东的《讲话》深深地触动了周立波，他开始重新思考自己所走过的文学道路，并自觉地进行自我批评："我们的文学，'五四'以来，受了外国文学的影响，好影响居多，坏影响也有。在形式上，使得我们的作家有洋八股的倾向，这是坏影响。我们还没有独创的新形式。"②他还特别对自己过去"为异国情调所迷误，看不起土色土香的东西"的偏颇，作了自我批评。这时的周立波开始反省外国文学所带来的"坏影响"，但是他仍然肯定了它积极的一面。在毛泽东的《讲话》之后，周立波的文艺思想发生了一个重大的转向，他开始走向探索民族形式的道路，力图创造"自己新的形式"。

1944年2月，周立波任《解放日报》副刊部副部长，主编文艺副刊。1944年秋，他主动请缨，参加八路军120师359旅南下支队，任司令部秘书，到湘粤赣边建立抗日根据地。南下支队回中原后，他任中原军区《七七日报》副社长。一路上，他跟随部队南征北战，冒着枪林弹雨，忍受饥寒，经历了他一生中最艰难困苦的战争生活。后来，他根据参加359旅南下支队的战斗经历写成了报告文学《南下记》。

1946年8月，周立波任冀热辽区党委机关报《民声报》副社长。这一年中共中央东北局根据中央关于"建立巩固的东北根据地"的指示和《关于土地问题的指示》，号召共产党员干部下到农村，发动农民群众，实行土地改革。周立波当时跟随一支工作队来到了黑龙江省尚志县元宝镇领导土地改革工作。离开元宝区，回到省委宣传部后，周立波酝酿要创作一部反映土地改革的长篇小说。为了丰富生活素材，其间他又去了周家岗等地继续深入生活。周立波创作的《暴风骤雨》取材于元宝镇、周家岗、拉林、苇河、呼兰等地轰轰烈烈的土地改革运动。小说以松花江畔一个叫元茂屯的村子作背景，反映了东北地区土地改革的过程。这部长篇小说是解放区新文艺的代表性作品之一，荣获了1951年斯大林文学奖。同时，他还负责编辑松江省

① 毛泽东：《在延安文艺座谈会上的讲话》，载《毛泽东选集》第2卷，人民出版社，1977年，第864页。

② 周立波：《思想、生活和形式》，载《文学浅论》，北京出版社，1959年，第86页。

委宣传部主办的《松江农民》和《文学战线》月刊。1949 年 3 月周立波任鲁迅文艺学院研究室主任。

中华人民共和国成立前夕，周立波听到党的七届二中全会的决议的传达，受到了启发，想创作一部反映工人生活和工业建设的小说。1951 年 2 月到 1954 年，他先后三次去北京石景山钢铁厂深入生活，总共在工厂生活了 10 个月。离开工厂回到机关后，周立波开始了小说《铁水奔流》的创作。《铁水奔流》反映的是解放初期工厂是如何被收归国有，以及在恢复企业生产过程中党是如何领导工人与各种各样的敌人进行阶级斗争的故事。同年他因担任中苏合拍的《解放了的中国》的文学顾问而获斯大林文艺奖金。

1955 年 9 月，周立波举家迁往湖南家乡益阳。他参加了当地高级农业生产合作社的建社工作。后来，他根据自己这段时间在家乡生活和工作的体验，创作了长篇巨著《山乡巨变》。这部小说描写了 1955 年初冬到 1956 年上半年间，湖南一个僻静的山村清溪乡在农业合作化运动中所发生的深刻的变化。另外，他还创作了反映社会主义新农村新人物新气象的《山那面人家》《禾场上》《桐花没有开》《扫盲志异》等 25 篇短篇小说。在五六十年代农村题材小说以北方为中心的格局中，周立波这一时期的创作丰富了这一类型文学的地域色彩与文化地理构成，成就了他在当代文学史上的地位。

周立波自 50 年代中期回到湖南后，开始担任湖南省文联主席，兼任《湖南文学》主编。为了繁荣湖南的文艺创作，除了传授他本人的创作经验外，他还十分注重培养青年作家，多次组织了专业、业余作者读书班，到韶山灌区工地深入生活，进行文学创作。他还在省文联、省作协建立了专业文学作家队伍，培养了一批作家。

1966 年，周立波因写作了《韶山的节日》一文和 1962 年在大连会议上批判文学创作中的教条主义、公式化和概念化，提出创作要从生活实际出发，不要回避矛盾，主张描写各种各样的人物形象，丰富文学创作的内容等而遭到“四人帮”的迫害，1969 年至 1973 年被关押。

1974 年初周立波回北京与家人团聚。1977 年，周立波和他的作品得到平反昭雪。“文革”结束后，周立波仍坚持写作，1978 年他在《人民文学》上发表短篇小说《湘江一夜》，这是一篇以王震为原型的军事斗争题材小说，获得 1978 年全国优秀短篇小说一等奖。同时他还拟写另一部长篇军事题材小说《风雪汾河》，但终因在“文革”中身心备受摧残，积劳成疾，只得辍笔。1979 年 9 月，周立波因病在北京逝世。

周立波的一生是革命的一生、战斗的一生和创作的一生，多种身份成就了文学史上完整的周立波。他一生的所有活动都将成为本谱的主要关注对象。

四、研究内容与重点难点

（一）研 究 内 容

1. 本谱将以周立波的人生轨迹为主要线索，并将与其有来往的人物也纳入其中，展现周立波时代的政治、经济、文化等各方面尤其是文学方面的史实。本谱以记周立波本事为主，兼顾与之相关人物的情况。

2. 各种信息均按年、月、日次序编列，日期无法确定的编入当月，月份无法考订的编入当季，季不详的编入当年，年不详的则编入年代。

3. 列出周立波生平活动事迹，对于需要进行说明、考证、补充、评述之处皆以按语形式出现。按语以周立波日记、创作、翻译及评论作品、来往信札等一手资料为主要依据，并搜寻相关文献资料，以期对周立波的人生活动进行更加详细的考证和说明。

4. 补充相关的背景材料。周立波是中国现代文学史上的重要作家，他不是孤立的个体，而是存在于具体的历史文化语境之中，难免会受到特定的文化和社会思潮的影响。身处这个特殊时期“文化场”内的周立波，必然要受到形成该场的各个因素，比如政治、社会、文化、意识形态等的制约，而且他也会受到这个文化场自身整体变化的影响。反过来，作家个人也会对整个场的变化、发展起作用。因此撰写周立波的年谱不能局限在他个人的活动和创作上，而应放在中国现当代文学发展的整体格局中进行考察。

5. 附录“周立波文学作品发表、出版名录”“周立波佚作举例”和“周立波交游名录”等，集中呈现周立波的资料与相关线索，使周立波形象融入更广阔的传记背景之中。

（二）重 点 难 点

第一，史料问题。本课题试图研究的周立波，时间跨度长，涉及的问题较多且异常复杂，而关于周立波的原初史料还有许多未曾整理，而且非常零散，仅是 1958 年到 1966 年间周立波任湖南省文联主席时的资料就要耗费无穷的时力去阅读和甄别(相关讲话的起草、修改和发表情况、讲话情境等),然而整理史料是最基本也是最重要的工作。

第二,评价问题。如何将历史主义的理解同情与现代文化的批判反思结合起来论说周立波及其作品,不容易。譬如周立波的作品在20世纪50年代被认为回避了许多比较重要的问题,修改了现实斗争生活,降低了作品对现实的指导意义;在80年代又被认为突出了“阶级斗争”,密切配合当时批判“反冒进”的斗争,脱离了当时中国经济发展的实际,违背了生活的真实。两个时代的批评者都是从“艺术反映生活的真实”的角度来评判周立波的作品,然而却得到了一“左”一“右”的两个截然相反的结论。对此,我们不禁要提出疑问:为什么同样一个批评标准会产生如此不同的结论?因而我们不能把周立波的作品与“政治”简单地画上等号,对周立波的评价与历史定位应该建立在多方面史料的基础之上。

五、研究思路与方法

(一) 基本思路

本谱的总思路是以历史时间为基本脉络,采用年谱传记研究的框架,将周立波一生的活动分为七个阶段,即家乡求学、上海左翼、战时前线、延安鲁艺、解放区创作、新中国十七年、“文革”后的思想创作,每一阶段除了历史的纪实外,还穿插了对周立波活动所处的时代背景的解释及一些具体问题的探究。

(二) 研究方法

社会历史学的研究方法。第一,依照胡适所说的“历史的态度”和“言必有据”的实验主义方法论,立足于原初材料,注重多种史料的互相比照,理清历史事件本身来龙去脉的因果关系,不仅关注个体的周立波,还须关注与周立波相关的诸多背景材料;第二,注重社会文化环境与个体之间的互动、互渗关系,如时代(五四、抗战、新中国等)、地域(湖南、上海、桂林、延安、东北、北京等)、人文(周扬、鲁迅、毛泽东等)语境对周立波思想、情感、行为的直接间接支配作用,以及周立波自己的文化素养、生命选择、性格性情、社会地位、行动方式等对于环境的渗透力。

六、研究价值与创新之处

(一) 研究价值

本年谱注重资料占有与收集的完整，尤其注意发掘新史料。课题文献资料的来源有：第一，周立波的各种个人资料，包括他的日记、书信、个人档案和一些未出版的文字或者佚作；第二，与周立波有关的原始报刊、档案、校史、手稿等相关文献资料；第三，通过追寻周立波的足迹发现各种现存的原始资料；第四，采访周立波的亲属、同事后人、研究专家等，收集他们的书面回忆材料与口述材料等。本课题力求朝着“历史的细节”深挖，为当前的周立波研究与中国现当代文学等相关研究提供全面而翔实的原始史料。

(二) 创新之处

1. 用纵横交错的形式进行编年纪事。纵向方面，将周立波一生的创作、活动、工作、事件等按照逐年逐月逐日的顺序进行年谱编写；横向方面，记录周立波所处历史时代发生的、与周立波有关的重大事件，展现出产生他的社会活动、文学思想和文学创作的波澜壮阔的历史时代。同时，在年谱中附以按语，对相关史料进行解释和评析，将“年谱”与“评传”融为一体。

2. 通过记录周立波一生的活动，客观地反映他的人生观、思想观和文学观，既展现他的历史命运，同时探索他的生命史，力求做到考证详尽而严密，纪事全面，详略得当，为人们提供一部较全面、有一定历史内涵的周立波年谱。

3. 以史料发掘、整理为基础，将古典学术方法吸纳到现当代文学研究之中，对于调整本学科“重论轻史”倾向、重建学科规范具有积极意义。

总之，本谱将通过展现周立波的人生活动、文学创作和交友情况，以及周立波所处时代的历史文化语境等，力求表现一个完整、客观的周立波，希望能为当前周立波的整体研究及中国现当代文学的相关研究做出一点贡献。

1908年　生年

8月

9日　夏历7月13日，周立波生于湖南省益阳县邓石桥清溪村，祖父母辈都是地道的益阳人，周立波为周氏迁益始祖第18代嗣孙泰房，“绍”字辈。周立波原名周绍仪，曾用名凤翔、奉梧。后有笔名小妮、雅歌、周立波（立波）、张一柯（一柯）等，以周立波行世。本文为避免称谓混乱，故行文中统一称谓“周立波”。

按：周立波的族谱世系记载，周立波为周瑜第54代嗣孙，系周瑜与小乔的次子周胤的后人。周胤晚年在庐陵郡平都县密湖结茅（今江西省安福县枫田镇）定居，去世后葬密湖之北的小台山，为庐陵周氏始祖。庐陵周氏第25代喜政父子于明弘治初年（公元1488年）迁居益阳县裴家村。迁益周氏第4派分嵩、岳、泰、衡四房，周立波属泰房，为迁益始祖第18代嗣孙。

周立波的曾祖父周祚佑（1818—1874），号天鉴，是益阳当地农村的大户，有40石水田①和几座茶山，娶了三房妻子，生有三个儿子。周立波的祖父周继笏（1847—1911），号垂绅，是天鉴的次子，系天鉴的二房曾氏所出。天鉴死后，垂绅继承了10石田地和一座油茶山，自己还开了一家碾房。生活的富裕程度虽然比不上天鉴，但还算家境殷实。垂绅前后有三任妻子盛氏、徐氏和尹氏，周立波的父亲周先梯（1869—1942）系盛氏所生。周先梯从垂绅处继承了2石田地，此时周家的经济水平已降至中农。周先梯读了几年书，在当地是一个有名望的乡贤，终身从事教育工作，曾担任益阳县第一高等小学庶务、周氏蜚英学堂校长、族学老师、益阳县立二校校长，还当过清溪村周氏宗族族长。他在益阳县立二校任校长时，在纪念孙中山的纪念周例会上口占一联：“国耻家仇永不忘，卧薪尝胆振家邦；寇来莫使生还去，要学英雄戚继光”，至今流传。

周先梯的第一任妻子姚氏死于1905年，后娶了城里一位刘姓秀才之女刘昭珍（1879—1962），即周立波的母亲。周立波有二兄二姐二妹。大哥周

① 换算为市亩，1石约为6.3亩。

挹梅(1896—1987)终生在家务农。二哥周道生(1899—1991)曾当过店员，失业后在家务农。周挹梅、周道生均系姚氏所生。周立波的大姐周爱莲、二姐周二秀分别嫁到益阳的江家坪和大海塘，也为姚氏所生。周立波的大妹周萃英后跟随丈夫胡让平到北京。二妹周育英的丈夫雷夏是一名地下党员，在抗日战争时期(1943)患病去世，育英独自抚养三子一女长大。萃英和育英系刘氏所生。对于家庭情况，1955 年时周立波在其“自传”中曾有回忆：“祖父为富农，兼做米生意，在我两三岁时，就去世了。父亲周仙梯是个没有进学的书生，当了二十来年小学教员，晚年当了小学校长，他为人忠厚，政治上无党派，已于 1942 年逝世。在父亲手里，家庭经济，已降至中农水平。母亲刘昭珍，现年 77 岁，现住长沙，靠我接济。大哥挹梅，作田 40 年，中华人民共和国成立前为贫农。二哥道生是店员，多年失业，在家作田，为中农成分。大姐已故。二姐家为一小地主，土改后依子过活。三妹萃英现在北京，其夫胡让平为国民党员，中华人民共和国成立后，登记了，现在北京市财经学校当教员，萃英当街道居民小组组长。四妹育英，其夫雷夏为共产党员，已于 1943 年病故。”①

12 月

7 日　姚陵华，原名姚芷青，生于益阳清溪村三华里的枫树山姚家湾，她后来成为周立波的第一任妻子。

按：姚芷青 1908 年 10 月出生于益阳县谢林港镇枫树山村一个农民家庭，1926 年进益阳县立女子职业学校缝纫科读书，1928 年与周立波结婚。婚后不久周立波就赴上海投身革命文化运动，姚芷青则留在益阳，抚养儿子，侍奉公婆。

1938 年 12 月姚芷青随周立波到沅陵，在地下党领导的妇女会所办的难民缝纫工厂工作。1939 年 2 月经韩淑仪(1913—1952)介绍，加入中国共产党。为了隐蔽与周立波的夫妻关系，根据韩淑仪的意见，改名为姚陵华。周立波赴桂林办《救亡日报》后，姚陵华去了辰溪县新知书店工作。新知书店是地下党领导的一个重要据点，她的公开身份是书店店员，党内职务是联络员。1939 年 5、6 月间，新知书店以出售“禁书”罪被查封。1940 年 2 月辰溪县革命形势恶化，党组织决定派姚陵华和一些女同志护送全部马列著

① 中央宣传部干部处干部档案周立波卷之《自传》(1955 年 5 月 16 日)，由胡光凡提供。

作和进步书刊到重庆新知书店。当时沿途有国民党哨卡搜查，她们把全部书刊伪装成八担行李箱，混在发电机等物资中。路上姚陵华想尽办法，争取了船老板的支持与哨卡通融，到宜昌后又与同去重庆的一位益阳籍师长太太搞好关系，得到她的关照，把这些书刊送到了重庆。

1940 年 5 月，因湘西革命形势的变化，姚陵华由地下党介绍安排到益阳县蔚南女中作女生指导员。蔚南女中是益阳县地下党组织的一个阵地，经常开展革命活动和抗日救亡宣传工作，姚陵华积极参与了这些活动。1941 年冬，姚陵华到益阳县民众教育馆任代理图书管理员，根据地下党的指示参加了益阳县妇女会的竞选活动，被选为益阳县妇女会理事长。

1945 年 7 月 359 旅南下进入湖南，原蔚南女中党支部书记林煦春回益阳，与姚陵华取得联系，恢复了党支部，计划在新市渡一带发动群众，实行武装起义。日寇投降，359 旅从八面山突破国民党包围迅速北撤，地下党支部暂行隐蔽，1945 年冬，姚陵华被县政府以“捣乱政府”罪开除出妇女会。1946 年姚陵华由地下党组织安排到益阳县立中学当女生指导员。

1950 年初，由韩淑仪提议，姚陵华调长沙市妇联工作，不久调湖南高级人民法院政法训练班学习，1951 年调长沙市中级人民法院任书记员、审判员，1956 年调长沙市法律顾问处任律师。

姚陵华工作勤恳，性格刚正不阿，平时为人亲切，待人热情，人们都亲昵地称她为“姚大姐”。1957 年“反右”运动中，姚陵华受到不公正待遇，被强迫退职。党的十一届三中全会以后，她被落实政策，恢复了党籍和政治荣誉。1985 年 12 月 30 日姚陵华病逝，终年 77 岁。①

1911 年　　3 岁

5 月

21 日　祖父周垂绅去世。关于祖父，周立波有过为数不多的文字描述：“我祖父去世时我只有两三岁，完全没有印象，但如果写家史，我可以写他，因为我哥哥常跟我讲他，我哥哥观察祖父十几年，知道得很细微，小孩很

① 本部分史实根据笔者采访姚陵华的亲属整理而成。

会观察人，对我祖父的描绘像文学家似的，譬如我祖父迷信，早上不准讲‘鬼’，如果谁讲了，他就一天不出门，这就是性格，即便准备出去也中途停止，小孩讲了也要挨打。但躲了一阵，却也能既往不咎，他也喜欢吃奉承菜，尤其喜欢人家讲发财，一次请人做了个篓子，刚做成与篾匠谈心，千方百计引出篾匠讲吉利话，篾匠却没研究他的性格，答的不是他所要的话，结果准备的包封没送，反而骂人家一顿。又一次，木匠给他做猪栏，门做得大，我祖父问他为什么这样做，木匠说做小了，猪长大出不来，这正对他的劲，结果送了包封，这样就描写了他的性格。祖父到处都放有楠竹椏子，谁犯了‘快’，随手可以进行惩罚。可老人有个特点，就是‘既往不咎’，如果犯了‘快’，就得赶快跑，躲一阵就没事了。”①

1916 年　　8 岁

年初

在自家堂屋上私塾，先生是博学多才、精通书法、以为商铺写招牌而著名的堂兄周炳卿先生。周立波的长篇小说《山乡巨变》引用的对联“天子入疆先问我，诸侯所保首推吾”就是周炳卿为清溪村土地庙题写的。

按：清溪村一带是文化教育发达之地。20 世纪在此办学的有湖南省立第五师范、蔚南女子中学、益阳县立二校、周氏蜚英学堂等。

1917 年　　9 岁

春

到离家十余里的县城益阳县立国民学校念初小二年级。

按：县立国民小学是益阳一所著名学校，1949 年后改为益阳县立三中。

---

① 据中共湖南省保密委员会档案“周立波在各种会议上的讲话、发言材料”之周立波：《1965 年 12 月 27 日下午在湖南省剧协创作座谈会上讲话》。

这期间周立波寄住在县城大姨父林应麟家。他的大舅父刘富宾也住在县城，刘富兵是余鹤林即作家叶紫(1910—1939)的义父。周立波从小就在舅父家结识了叶紫。

按：叶紫1910年11月15日出生于益阳的一个小官吏之家。在他的四叔余璜的影响下，他的父亲、大姐、二姐都参加了革命。“马日事变”后，叶紫一家突遭大祸，父亲和二姐牺牲，母亲精神失常。1930年，叶紫流亡上海，曾创办《无名文艺》月刊，发表了《丰收》《火》《电网外》等小说，深得鲁迅赏识。1939年，叶紫在贫病交加中去世。

1919年　　11岁

秋

转学到邓石桥蜚英山旁的周氏蜚英学堂读书。

按：周氏蜚英学堂为周氏族学，建在邓石桥蜚英山旁，中华人民共和国成立后改名为益阳县第十八中学。

1920年　　12岁

本年　在周氏蜚英学堂读完初小。

1921年　　13岁

春

考上益阳县立第一高等小学堂，编入14班。这所学堂有四百多年历史，周立波在这里受到了较深的国学熏陶。

按：益阳县立第一高等小学堂的前身为龙洲书院，始建于明嘉靖三十年(1551)，光绪二十九年(1903)，龙洲书院改为益阳小学堂，民国成立，改为益阳县立第一高等小学校。民国十四年(1925)，改名龙洲学校，设师范部，后停高小，改名龙洲师范，直办至解放前夕。新中国成立后，于此先后设益阳干校和市第二中学，达四百三十余年。[1]

1924 年　　16 岁

7 月

在益阳县立第一高等小学堂毕业。目前关于周立波这一时期的材料非常少，基本出自他自己的回忆，这时，周立波已经对文学产生了浓厚的兴趣。

按：周立波回忆，他上小学时成绩优异，每期考试都得前二名。上小学时，他非常爱读中国古典小说，课余阅读了《三国演义》《西游记》《聊斋志异》《说岳全传》《粉妆楼》《蝴蝶媒》《征东》《征西》等作品。[2]当时在守旧的卫道士看来，小说是不能登大雅之堂的“闲书”，周立波读小说时就曾受到过先生的批评。他后来也谈到了这种经历：“保持着中国传统观念的绅士先生们，对于小说是瞧不起的。记得在小学里，一个历史先生有一次问我看了一些什么书，我说，看了《三国志演义》《西游》……‘《三国志演义》么？’我的话还没有说完，先生就仿佛受了什么侮辱似的说，‘快不要看那样的耍书子，要看《四史》里面的《三国志》，陈寿作的。’”[3]

周立波的堂弟周萼梅回忆，周立波的母亲刘昭珍嫁到周家来时带了很多古典小说作为陪嫁品。平时周家家教很严，母亲把这些小说锁在箱子里，不许周立波看，但他经常趁母亲不注意偷走钥匙，打开箱子，偷偷地阅读。[4]

9 月

考入长沙湖南省立第一中学，编入 30 班。同学有吕骥[5]等人。周立波中学时期的情况少有文字记载，但我们从若干背景材料中可以看到周立波中学时的成长情况。

---

① 参阅孙家杰编：《益阳之胜地与名人》，益阳民报社，1946 年，第 71 页。

② 周立波：《自传》。

③ 周立波：《怎样读小说》，载《周立波三十年代文学评论集》，上海文艺出版社，1984 年，第 33 页。

④ 2017 年 9 月 1 日，笔者采访周萼梅，周萼梅口述。

⑤ 中华人民共和国成立后任全国音协主席。

按：湖南省立第一中学创办于1912年，初名“湖南省公立高等中学堂”，是当时湖南省唯一的一所公立中学，学校开办之初就将学制分为高初两级，这是我国中学分高初两级的滥觞。[①]据校友甘融回忆，省立一中的创办有两个动机：“一是在长沙办一个像样的中学，好做全省的示范；二是辛亥革命时期，湖南的优级师范选科毕业了博物、理数、英地三科学生一百四五十人，一时没有出路，都向教育司要事，办一个省立中学，也可以安插一部分人。”[②]省立一中的校训为“公勇勤朴”，学校立足社会需要，除了教授基本的文化知识以外，还增设了一些应用性的知识课程。学校初高级中学各科均用学分制，初中固定科目有：公民学、国文、外国语、历史、地理、数学、理化初步、生物学初步、地质学大意、图画、音乐等。高中科目分必修和选修两种，必修固定科目有伦理学、国文、外国语、数学、历史、地理、化学、普通簿记等；选修科目有中国文学、外国文学、文学概论、高等数学、高等生物学、高等物理学、分析化学、矿务学、法学通论、经济学、第二外国语、论理学、心理学、教育学、社会学、用器画等。[③]湖南省立一中首任校长符定一是前清秀才，毕业于北京大学师范馆。其办学独具慧眼，主持增设英、德、法语3科，以适应当时培训出国人员之需，为中学课程之独创。[④]民国时期湖南省立一中的外国语教学以英语为主，授课时数为各科之首。[⑤]

周立波在省立一中读书时学费一部分来源于周氏宗祠奖学谷[⑥]，“周家有好多是世代地主，有好几个大祠堂，都有学谷。穷家子弟考入中学，只要不是教会学校，都可以领些学谷”。[⑦]另外由于品学兼优，每学期获前一名或二名，得以免去部分学费，除此之外，父亲也需要出资一部分。除了学好学校规定的各门课程以外，他对古学依然痴迷，经常跑到市立图书馆借些古书来看。除了读过《孟子》《庄子》《国语》《国策》和《饮冰室全集》外，他还通读了《资治通鉴》，对《红楼梦》《水浒》《世说新语》《阅微草堂笔记》和《西厢记》

---

① 1923年，北洋政府教育部颁布新学制，才正式分中学为高初两级。

② 甘融：《省立第一中学创办概况（节录）》，载《湖南省长沙市第一中学校志1912—1987》，1987年，第27页。

③ 参阅《湖南省长沙市第一中学校史陈列室文字稿本1912.3—2002.9》，2005年9月，第18页。

④ 李云峰：《湖南名校志》，湖南人民出版社，2000年，第266页。

⑤ 任立、周信：《湖南省志第十七卷·教育志》，湖南教育出版社，1995年，第325页。

⑥ 非固定，按成绩好坏增减。

⑦ 周立波：《反省笔记》，未发表。

等各种小说、戏曲名著，他更是爱不释手。周立波的古学基础，曾经令周扬大感惊叹，他后来回忆和周立波初次相识的情形时说："那时他刚刚初中毕业，而我已是个大学生，使我感到惊奇的，他当时已读完《资治通鉴》，知识并不比我少多少。"①中学时代的周立波酷爱读书，但不关心时事，不读杂志和报纸。②周扬后来回忆周立波时也说："他当时没有参加什么政治活动，但读书很用功。"③

1926 年　　18 岁

夏

在小学老师、表哥林伯陶的介绍下，认识了周起应即周扬。林伯陶是周扬在上海大夏大学的同学林岳森的堂弟。周扬回家乡益阳过暑假，途经长沙，同林伯陶一起在省立一中和周立波会了面。周扬和周立波谈尼采的一切都要"重新估定价值"和中国新文艺思想，周立波受此影响，开始看鲁迅、郭沫若和汪静之的作品。从此，周立波从书斋里走出来，开始从事一些社会活动，和一中的同学宋骥等组织了一个文艺团体"夜钟社"。④

按：周扬(1908—1989)字运宜，号起应，益阳板桥周氏衡房第 17 代嗣孙。周扬后来成为中国革命文化运动和文艺战线的领导人，曾任职中共中央宣传部副部长、文化部副部长、中国文联主席、中国作协副主席等。周扬和周立波不仅是同乡，还是本家叔侄。中学时代的周立波认识周扬以后，受到他很大的影响。可以说，周扬是周立波的革命启蒙老师，也是使周立波走上革命道路的一个关键人物。林伯陶之子林凡称："周立波是我的亲表叔。周家和林家从清末开始就是世交。我小时常去清溪村周家。有一次姚芷青(周立波前妻)坐在房里床铺后马桶上，我不敢进去，芷青婶姆说，进来吧，你是我看着长大的。周立波是周扬的本家侄子，但他们并不认识。1924 年，16 岁的周立波考上长沙省立一中，而只比他大一岁的周扬已是上海大夏大学英文系的学生。放暑假，周扬回到长沙，是我父亲林岳皋介绍他们相认，

① 周扬：《怀念立波》，载《三十年代文学评论集》，上海文艺出版社，1984 年，第 1 页。

②④ 参阅周立波：《自传》。

③ 周扬：《关于周立波同志的一些情况》，载李华盛、胡光凡编：《周立波研究资料》，知识产权出版社，2010 年，第 87 页。

从此周立波跟周扬走上了革命道路。”①

1927年　19岁

春

由同学中的青年团员介绍，加入了国民党，周立波当时是把国民党当C・Y(共产党)外围加入的，开了一次区分部的会，介绍人是他的好朋友吴培元，后来留学日本。②

按：周立波在1979年3月给周扬的一封信中认为他加入国民党一事是误会，吴培元后来否认介绍他入国民党，是因为周立波参加过的会议挂着孙中山的像，误认为自己加入了国民党。③

4月

长沙教育会坪公开征求青年团员，周立波签了名。

5月

21日　“马日事变”爆发。因为“马日事变”，周立波未办理共青团入团手续。“马日事变”前周立波就投身革命洪流，经常到校外参加集会、游行，听过工人运动领袖郭亮的报告。

按：郭亮(1901—1928)系长沙望城人，是湖南工人运动的领袖。他在湖南省立第一师范求学时，与毛泽东来往甚密，在毛泽东的引荐下加入了新民学会、长沙社会主义青年团和中国共产党。他曾经担任过中共湘区委员会委员、中共中央候补委员、中共湖南省委代理书记、湖北省委书记、中共湘鄂赣边特委书记等职，积极领导工人运动，组织过轰动全国的粤汉铁路大罢工，领导长沙两万多人游行示威，宣布对英、日经济绝交。为收回长沙大金码头，联合各公法团代表火烧日本商船。1928年3月，郭亮因叛徒告密被捕，牺牲于长沙，时年27岁。④

---

① 姚时珍：《林凡先生谈三周》，载周宪新主编：《三周解读》，中国当代文艺出版社，2015年，第163页。

② 参阅周立波：《日记》。

③ 参阅周立波1979年3月致周扬的信，该信现存中国作协档案室。

④ 唐群雄：《郭亮：一盏永不熄灭的灯》，载《长沙晚报》，2011年12月2日。

“马日事变”是继蒋介石上海发动“四一二”反革命政变后，由驻守湖南、湖北的35军军长何健与湖南省代主席张翼鹏合谋发动的。35军33团团长许克祥在何健指示下率兵一千余人袭击湖南总工会、省农民协会等革命组织，逮捕共产党人百余人，杀害24人。接着，许克祥又在长沙周边20多县屠杀共产党人和工农群众一万余人。“马日事变”前后，省立一中殉难师生124人。①由于长沙白色恐怖，省立一中于5月提前放假，周立波离开长沙回到益阳。

9月

“马日事变”后，周立波对国民党非常反感，想找共产党，但找不到。这时家中无力继续供他读中学，在亲友的介绍下，周立波到离家不远的益阳县第二学区高小当算术教员。因为他流露了对白色恐怖不满的言论，遭益阳县团防局长、反共分子曹明阵追查。当时的校长张尚斌和周立波的父亲周仙梯共事多年，与曹明阵又是同学，张尚斌出面极力担保才使周立波过关。

按：张尚斌是当地一位政治思想比较开明的士绅，周立波对张尚斌助其过关一直心怀感激，后来在上海写作时曾用“张尚斌”作为笔名，发表了不少文章。

冬

感觉家乡环境险恶，很难立足，恰逢周扬休学在家，去找了周扬几次，想商量将来的出路。周扬同他一起去找曾三，想找革命关系，但此时曾三已去了江西。

按：曾三(1906—1990)，原名海云，出生于湖南省益阳市新市渡镇，与周立波有亲戚关系。1925年毕业于长沙长郡中学。1924年他在长郡中学加入中国共产党，1928年到井冈山参加红军，任红军总部无线电报务队队长、政委，抗日战争时期任军委三局副局长。解放时任中央秘书处处长，中华人民共和国成立后曾任中共中央办公厅副主任，国家档案局局长，中共中央档案馆馆长。曾三为中国共产党的档案工作做出过重要贡献。

---

① 马清泽主编：《湖南省长沙一中》，人民教育出版社，1997年，第339页。

1928年　20岁

1月

和邻村姚家湾姚芷青结婚。姚芷青是周立波父亲周仙梯前妻姚氏弟弟的女儿。姚芷青出身贫农家庭，父亲务农兼做生意，有四个女儿和一个儿子。婚后，周仙梯曾送姚芷青到县立女子职业学校学习家政。

2月

周扬回家乡后与周立波多次谈起他在上海接受的新思想和生活，令周立波十分心动，想跟周扬去上海发展。但父亲周仙梯只想儿子过安稳日子，不想他去外面闯荡，不愿意给他路费。周立波便找到岳父，岳父同意资助他，于是新婚不满一个月的周立波与周扬一起去了上海。

按：周立波之子周健明说："1928年，我的父亲周立波初次去上海，他已经与周扬相约，在大码头一同上船。父亲事前和外公商量到底去不去，外公很爽快地说道'只要你自己认为好，就去吧！'那天凌晨，父亲替他赶着猪，外公背着肉担子，到大码头街上卖肉。因为父亲不会赶猪，把时间耽搁了。等外公把所得的钱给了他，父亲赶到码头上，周扬的小划子开走了。早春资江水浅，搭轮船必须先乘小划子，小划子送过魁星塔，才在那里上轮船。父亲沿着堤岸跑着，才在下游赶上周扬。他们到了上海以后，一住就是十年，中间回来过两次，但是时间很短。"①

初到上海时周立波生活无着落，与周扬夫妇和他们的儿子，以及周扬的表弟刘宜生同住，5个人一起挤住在两间小房间里，用小小的煤油炉烧饭。这期间周立波到处找工作，考过校对、跑街、电影演员，都未被录取，后来考上了搪瓷公司的学徒，没有去。周立波在外出求职的同时，不忘自学，以便找机会继续升学或谋个好职业。来到上海后，他接触到了各种各样的外国文学和思潮，他知道只有掌握了英语，才能够更好地掌握这些外来的知识；

---

① 周健明：《金山上的外公》，载周健明：《周健明自选集》(上卷)，湖南文艺出版社，2004年，第266页。

另一方面，如果英语熟练到能翻译外国文学的程度，也能够解决一些生计问题。因此他特别努力地自学英语。

按：周立波在上海时“学历低，没有什么过硬的本事，很愿意多认识世界，看到起应是学英文的，就提出向他学习英文。起应是个活动家，忙得不得了，也没有什么耐心教他英文，就拿给绍仪一本英文《莎士比亚全集》作为课本，每天噼噼啪啪念上好多页算是发音教育，别的方面就由着绍仪自己领悟了”。①

1929 年　21 岁

2 月

租住在闸北北四川路德恩里一个亭子间里，同住的有周扬、表兄弟林伯森、林岳森、周扬表弟刘宜生等益阳同乡。亭子间的生活是周立波新生活的起点，无论是大量阅读西方文学名著还是加入左联和开始文学创作，都是始于这间小小的陋室。“我在上海十年间，除开两年多是在上海和苏州的监狱里以外，其余年月全部是在这种亭子间里度过的。”②后来他还把在上海时期出版的一批小论文结成集子，取名就叫《亭子间里》。亭子间，作为一种栖身之所，周立波对此曾有过这样的描述：“上海的弄堂房子采取的是一律的格局，幢幢房子都一样，从前门进去，越过小天井，是一间厅堂，厅堂的两边或一边是厢房；从后门进去，就直接到了灶披间；灶披间的楼上就是小亭子间；如果有三层，三楼的格式一如二楼。亭子间开间很小，租金不高，是革命者、小职工和穷文人惯于居住的地方。”③

8 月

造了一张益阳信义中学毕业的文凭报考上海国立劳动大学，被劳大社会科学院经济学系录取。同学有孟超、张庚、吕骥、徐懋庸等。

按：劳动大学创建于 1927 年 7 月，它的办校理念和思想基础来源于欧洲的工读主义，认为社会阶级的差别在于劳力与劳心的差别，人人参加劳动

① 周仰之：《人间事都付与流风：我的祖父周立波》，第 33 页。

②③ 周立波：《亭子间里・后记》，载《亭子间里》，湖南人民出版社，1963 年 4 月。

可以消弭这种阶级的不平等。劳动大学的创办者之一蔡元培认为“脑力与劳动同时并进的好处，非独养成身体发达之平均，而最大关键，乃在打破劳动阶级与智识阶级之界限。现在上海办一劳动大学，内分两部：一部招收一般高级工业校毕业生入学，以工厂为学业为生活；另设劳动补习班，以灌输相当知识给一般劳工”。[①]劳动大学的办校宗旨是：“培养有主义、有学识、有技能、有革命精神之人才，以期将来为本党领导农工，实行革命工作，努力建设事业……学生在校，务使其半耕半读，或半工半读，以体验总理‘以行求知，因知进行’之遗训，故一方面灌输主义学识，以坚定其信仰而发展脑力，另一方面授以农工劳作，以养成其习惯，而磨练其体力；使健全之精神，属于健全之身体。一言蔽之，即以全人教育，从事国民革命也。”[②]劳动大学的本科设工、农、社会科学3个学院9个学系，实行学年学分制，规定学生每学期必须修满21个学分，但不得超过24个学分，每周上课1小时或实习调查2小时为1个学分。劳大是一所公立大学，亦是半工半读的大学，学生的学杂费全免，但规定学生必须到校立的实习工厂和实习农场从事一定量的生产工作作为补偿。学生的实习成绩占到总成绩的40%，劳动的勤惰，可以决定其是否升留级。关于劳大的学习生活，1927年入学的赵振鹏回忆：“学生上午都在学校上课，下午由各科实习主任带到工厂或农场实习，工学院学生的机械操作，印刷工厂的检字排版，农院学生的农场掘地与排水种植，社院学生在附近农村的社会调查，真能使学生手脑并用，课本与实习表里合一。”[③]劳动大学因为免学费和生活费，吸引了大量的贫寒学生，也被认为是穷人的学校。

10月

认识进步同学任浩章(任机)、杭东流。杭东流发传单被学校当场抓住，连累到任浩章，两人学籍被开除。周立波很同情他们，思想日益进步。经任浩章的介绍，周立波参加了革命互济会，认识了孟超。这个时期，周立波经常参加飞行集会，发传单，也参加了一些会议。

按：革命互济会又名中国救难会，成立于1926年，是中共领导的进步群

---

① 蔡元培：《在南京特别市教育局演说词(1927年10月30日)》，载《蔡元培全集》第六卷，浙江教育出版社，1998年，第93—94页。

② 易培基：《劳大概况发刊词》，《劳大概况》。

③ 赵振鹏：《劳动大学的回忆》，载《传记文学》第37卷第4期，第57页。

众组织。互济会的发起人有恽代英等,领导机关设在上海。①1930 至 1931 年间,湖南、福建、云南、河南、广东、山东等省成立了分会。互济会是党的外围组织之一,下设组织部、宣传部、救援部三个部,戴晓云为党团书记兼主任。互济会的主要工作是组织群众游行,抗议捕杀革命者和募捐、救助被捕同志的家属。②

飞行集会是地下党当时在上海市区宣传活动中采取的一种特有的形式。"人数不多,三五人,七八人,或十多人,以飞快的动作集中于一个地方,向群众进行宣传,散发传单,高呼革命口号,又以快速的行动撤走,时间不长,来去如飞,故称它为飞行示威,又叫飞行集会。"③结合飞行集会散发传单是当时"左联"的一项主要工作,但飞行集会经常会遭到巡捕的"围剿"。当年飞行集会的亲历者雷溅波评价飞行集会"是那个时候'左倾'路线的产物,曾给革命力量带来不必要的损失,但对于革命者来说,也曾面临生死考验,进行了英勇战斗"。④

11 月

29 日　以小妮为笔名,在《申报·本埠增刊》的"学校生活"栏发表散文《买菜》,这是周立波首次公开发表的文章。这篇散文生动地描绘了周立波当时在劳动大学的生活以及他在菜市场的见闻。文章发表后,得稿费 4 元,和同乡们一起打了顿牙祭。

按:《申报》的《本埠增刊》设有"学校生活""妇女生活"和"艺术界"等专栏,里面的文章以反映市民的日常生活为主。劳大的食堂由学生轮值买菜,负责买菜的同学可以自行调配菜谱。当时劳大的学生中江浙人和湖南人都占据多数,湖南学生和江浙学生还因为吃辣椒的事情爆发了一场大冲突。同年 8 月 9 日,劳大有学生在《申报》的"学校生活"栏里发表了《呜呼辣椒》一文,风趣地反映了这场风波,引起了周立波的注意。后来周立波担任食堂采购时,他对上海江湾菜市场的各种人生景象产生了兴趣,再加上回校后得到了采购者的"权利"——可以享受 4 个同学才有的一份早餐,这些都引发了周立波的创作冲动。⑤

---

① 许广平:《鲁迅回忆录》,作家出版社,1961 年,第 145 页。

② 黄静汶:《我所知道的赤色革命互济会》,载《武汉文史资料》,2011 年第 9 期。

③④ 雷溅波:《记一次飞行集会》,载《左联纪念集 1930—1990》(会议论文集),1990 年 2 月 1 日。

⑤ 参阅胡光凡:《周立波评传》,湖南文艺出版社,1986 年,第 26—27 页。

1930年　22岁

4月

革命活动被发现,被学校开除了学籍。

按:周扬认为当时的周立波很单纯,但革命行动很幼稚。他对周立波被学校开除很不满意:"好不容易找到个免费读书的地方,又被开除了!当时是立三路线统治时期,他跟着别人到街上去示威,搞飞行集会,被学校开除的。我没有责备他,但表示了不满,他不大高兴,他认为'你老是鼓励我革命,我参加革命活动了,你又对我不满意'。但我的确没有责备他。他当时很单纯,就是要革命!他还没有入党,只不过跟着立三路线搞了一些活动。他看到我对他这种革命行动不大热情,感到很难过。"①

5月

1日　在上海《大众文艺》上发表了一篇读者来信,他在信中给《大众文艺》提了几点意见:

1. 每期要发表几篇很精炼很平白的普罗文艺论文,把普罗文艺的理论基础树立起来。

2. 多发表意地沃多基很严正的作品,把普罗文艺的内容充实起来。

3. 多附有趣的、有刺激性的、平易的漫画、插图。

4. 注意演剧运动;努力提倡社会剧。

本月

被学校开除后,找不到革命关系,生计也成了问题,于是回家乡益阳住了三个月。

8月

收到周扬的信,要他再返上海,合作翻译文学作品。回上海后经赵铭彝的介绍加入摩登社,在《摩登月刊》第1期上发表了他的首篇译作《北极光》。《北极光》是苏联进步作家皮尼阿尔克的一篇短篇小说,周立波通过英文版

① 周扬:《关于周立波同志的一些情况》,第88页。

将之转译过来。据周扬回忆，他和周立波都不会演戏，加入摩登社主要是为了参加左联。①

按：《摩登月刊》是由上海摩登社主持创办的。摩登社是一个艺术团体，主要由“文学”和“演剧”两个部组成。1930 年，周立波和周扬在赵铭彝的介绍下加入了摩登社，而周扬也成为了《摩登月刊》的编辑之一。《摩登月刊》只出了两期，周立波的《北极光》就刊登在第 1 期上，与《北极光》一起登在第 1 期的内容还有周扬译的《普罗列塔利亚艺术》、萧崇肃的《Jazz 与美国文明》、郑重的《中世纪宗教剧演出法》、许德佑的《法国野兽派画家的转变》以及左明的独幕剧《到明天》等。

1931 年　　23 岁

3 月

5 日　长子周健明出生。

按：周健明原名路易，笔名陆怡，中共党员。益阳信义学校初中毕业，1964 年结业于中国人民大学文艺理论进修班。1949 年参加革命工作。历任区农民协会委员、区团委书记，《湘中日报》及《滨湖日报》编辑、记者，《湖南文学》编辑、编委，湖南师范大学中文系教师，湖南省哲学社会科学研究所文研室副主任，湖南省作协副主席、名誉主席。湖南省文联副主席、执行主席，湖南省文学学会会长，中国新文学学会副会长等。1950 年开始发表作品。1979 年加入中国作家协会。著有长篇小说《湖边》《柳林前传》《柳林后传》《远去的红帆》，中篇小说《星星无泪》，民间文学集《巧媳妇》《赤卫队员的故事》，话剧剧本《验收员》，论文《〈水浒传〉札记》《民歌——诗歌的母亲》《中国古代的神话传说》《论先秦寓言》《〈姜斋诗话〉浅识》等。

5 月

经历了革命活动失败的挫折后，周立波一度“对革命活动比较消沉，只想学文学，翻书，并独立生活”。②周立波与周扬合作翻译的《大学生私生活》（原名《狗胡同》）这个时期脱稿。该长篇小说的原作者是苏联作家顾米列夫

---

① 周扬：《关于周立波同志的一些情况》，第 88 页。

② 周立波：《补充说明》，未发表。

斯基(Lev Goomilevsky, 1890—1976),周立波和周扬根据英文将之转译过来。也是从这部译作开始,周立波为了表示自己对自由的无限向往和热烈追求,采用英语 Liberty(自由)的音译"立波"二字作为自己的笔名。这部译作于 1932 年 1 月由现代书局出版,之后连续印了三版,但最后还是被国民党查禁了。

按:此类题材的苏联小说是当时社会的一个热点。周立波和周扬虽然翻译了这部小说,但是对作者宣扬的"一杯水主义"[①]并不认同,他们在《译者的话》里说:"这种现象虽是发生于苏俄的新社会的一隅,但是这是新性文化的过渡期的现象;这是一部分的,而不是普遍的;这是革命的过程中的许多的'苦恼'之一,而决不是革命的归结与理想。现在的苏俄,正如这书的结论所提示的一样,已经体现了一种一夫一妇的,相互信赖的同志的恋爱关系。像这书中所描写的那性的混乱和性的苦恼之姿,在新的男女的脑海中,恐怕不久就会当作一个过去的现象而被遗忘罢。"[②]

译完《大学生私生活》后,周立波得稿费 200 元,生活得以维持。靠稿费赚取生活费是周立波当时的生活状态。

10 月

经劳动大学同学介绍,考入上海神州国光社当校对。关于这段时间的校对生活,周立波是十分苦闷的,尤其是对于神州社出版的一些文章他十分反感,周立波在他后来的作品中曾经有过描述:"自从没有挂虑的飘流的生活结束了,朋友们不得不为衣食各走各的路以来,生活里就再没有欢笑的歌,也没有醉人的酒了。每天坐在排字房隔壁一间小房子里面,用手指和眼睛校对许多粗糙的坏文章。到晚上,脑子里面装满了颠颠倒倒的铅字和乱七八糟的校对的符号,不能立刻去睡觉。走上晒台,呼吸着清凉的夜气,仰望着缀满明亮的星星的广阔和神秘的天空,我真愿意我的两只手臂是两只粗壮的翅膀,能够向高远的不可知的境界里飞翔。"[③]

---

① 由苏联女作家柯伦泰所倡导,她的作品以表现性解放的题材著称,倡导两性关系自由,积极宣传"一杯水主义",即男女发生两性关系就像是喝一杯水一样平常和简单,因此不被苏联正统批评界所容纳。

② [苏]顾米列夫斯基原著,周起应、立波合译:《大学生私生活》(原名《狗胡同》),现代书局,1933 年,第 2 页。

③ 周立波:《第一夜》,载《谷雨》双月刊第 1 卷第 4 期,1942 年 4 月 15 日。

按:1901 年神州国光社在上海创社,最初经营国学和古典书籍,到 20 年代末因经营亏损面临倒闭。1930 年,国民党十九路军的领导人之一、时任广东省政府主席的陈铭枢将神州社买下,提出要结交“左翼”作家,出版进步书籍,以此团结了一批上海的知识分子,神州社在 30 年代曾名噪一时。神州社虽然给“左翼”知识分子提供了自由发声的机会,但他们在“革命”问题上却有分歧。神州社的领导者之一王礼锡对中共领导下的群众运动给社会带来的流血冲突和混乱非常反感,而“左联”团体则认为神州社对“革命”的态度是“取消革命”,加上神州社除了出版了一批“左翼”知识分子的著作,还协助出版了“中、右”翼人士的著述,神州社这种相对温和、自由的学术姿态也不被“左联”的知识分子们认同。①

1932 年　　24 岁

2 月

6 日　因“一·二八”战争爆发,神州国光社工人罢工,周立波当时担任罢工委员会委员长,工头汤福彪阻止罢工,他和汤发生冲突,进而被汤扭送到巡捕房。巡捕到他家搜查时,发现了放在他床底下的进步书籍,周立波因而被捕。后来,周立波出狱后曾见到汤福彪,他非常愤怒,艾芜回忆:“周立波同我坐在桂林的乐群社喝茶,忽然拿手触我一下,叫我看一个中年人,那人正走出茶社。当时周立波的脸色变了,尽量忍着他的恼怒。我问这是什么人?周立波在上海神州国光社作校对时,印刷所工人罢工,他帮工人说话,就是这个人——工人的头子,上海话所谓的拿摩温,专管工人的,把他抓去拘押,控告他是共产党,就这样在上海坐了几年的西牢。这个中年人叫汤××,在桂林科学印刷所工作,是上海迁来的。这是一九三九年的时候。”②

4 月

18 日　江苏高等法院第二分院开庭审判,周立波被判处两年半徒刑。周立波被捕后,周扬曾到处设法营救,还花了三四十块银元请当时的“红色律师”潘震亚为他辩护,但他仍无法被无罪释放。为了周立波的事,周扬后

---

① 参阅鞠新泉:《论神州国光社的政治意图与文化策略(1930—1933)》,载《历史教学》,2009 年第 4 期。

② 艾芜:《回忆周立波同志》,载《周立波研究资料》,第 142—143 页。

来还找到神州国光社的总编辑胡秋原，请他帮忙保周立波出来，但胡不肯，周扬和胡秋原之间的矛盾便始于此。后来周扬任《文学月报》编辑时发表了署名“芸生”的作者的一首诗《汉奸的供状》，这首诗是骂胡秋原的，胡看后十分生气，也写了一首诗回骂，后来是冯雪峰出面调解，才平息了此事。①

按：“九一八”后，胡秋原在救亡问题上与左联有着很深的分歧。为了宣传抗日，胡秋原决定由神州社主办的《读书杂志》和《文化评论》两社共同创办《抗日战争号外》。《号外》出来后，左联找到胡秋原，想要接手办这个《号外》，胡秋原十分气愤：“你们以什么资格来接收这号外?”②为争夺主办权，左联采取了一些过激的行为，不仅喊出了“打倒十九路军”的口号，并且鼓动印刷工人罢工，不印《抗日战争号外》。③双方产生冲突后，罢工工人被逮捕，左联领导人周扬找到胡秋原，请他出面协调保释被捕工人，胡认为“而来煽动罢工的正是周扬”，④遂拒绝其请求。

5月

周立波被减刑为20个月。当时国民党政府与日军签订了“淞沪协定”，为缓和人民的反抗，颁布“赦令”，所有政治、刑事案犯减刑三分之一。周立波被关在上海提篮西桥监狱，同时被关的还有曹荻秋、吴黎平、孟超、彭康、杨放之。关于周立波在提篮西桥的监狱生活，吴黎平后来有过一段回忆：“我和立波同志是于1932年初，在上海西牢里认识的。上海西牢是帝国主义对中国一部分领土的殖民地式统治的一个象征。西牢的政治犯(共产党人及其同情者)原本与刑事犯关在一起，在1930年中期，政治犯举行罢饭斗争之后，帝国主义的监狱管理者就把他们同一般犯人分开，单独关在新牢监最高一层的四十个号子里。牢号宽约一米多，长约两米，三面是钢筋水泥，一面是铁栅栏，向着走廊。巡捕就在这走廊巡回。每一号子，有关一个人的，有关三个人的。我和立波同志曾关在比邻的号子内，也曾短时间关在一个号子内过，因此，我得知他简单的身世。”“西牢有英国巡捕、印度巡捕和中国巡捕，对犯人戒备森严。但我们政治犯中，仍有革命的组织，并通过收买个别中国巡捕与外边互济会组织取得联系，从而能在困苦的环境中听到党的信息。我们在狱内自然不能举行会议，只有在夜晚，在巡捕不多巡回的时候，通过一

---

① 周扬：《关于周立波同志的一些情况》，第89页。

② 王礼锡：《战时日记》，载《读书杂志》，1932年第2卷第4期。

③ 参阅梅方义：《回忆〈神州国光社〉与〈时代日报〉》，载《中华杂志季刊》，1993年12月号。

④ 胡秋原：《论鲁迅并说到周扬》，载《中华杂志》，1982年11月号。

间房一间房挨次传话(那时叫“打电话”)方式进行宣传教育活动。”①

在狱中的周立波酷爱学习,仍坚持自学英语。周扬去看他时,给他送去了一本《英汉双解字典》,这成了他这段时间自学英语的主要参考书。当时提篮桥监狱的政治犯只能看《圣经》,那时吴黎平外面的朋友张庆孚设法给吴带了一本《资治通鉴》,周立波就借来如饥似渴地阅读。②为了不被看守发现,他机智地撕下《圣经》的封皮,套在《资治通鉴》的外面以作掩护。③

1933 年　　25 岁

7 月

在狱中听到烈士黄励英勇牺牲的事迹,深受感动,更加坚定了要从事革命的意志。

按:黄励(1906—1933),女,益阳县黄家湾人,1925 年加入中国共产党,同年 10 月入苏联莫斯科中山大学学习。1931 年回国后在上海任互济总会主任、党团书记。1933 年调任江苏省委组织部长,由于叛徒出卖在上海被捕,同年 7 月 5 日牺牲。据关露晚年回忆,周立波本打算把益阳籍女地下党员黄励壮烈牺牲的事迹写成小说,关露请求周立波把这一题材让给自己写,周立波同意了。④

12 月

7 日　被转送到苏州,关押在江苏反省院。因为隐瞒了在劳大参加革命活动被开除的那段历史,谎称自己是益阳教会学校学生因谋生流落到上海,因此被编入具有初中文化程度的犯人第二组。与周立波同时关在这里的有卢正义(中华人民共和国成立后被任命为教育部司长)、章汉夫(中华人民共和国成立后被任命为外交部副部长)、杨敬之(中华人民共和国成立后被任命为国务院副秘书长)、匡亚明(南京大学校长)、陈白尘(《人民文学》副主编)、孟超(人民出版社副社长)、陈企霞(作家)等。

---

① 吴黎平:《忆立波》,载《周立波研究资料》,第 126—127 页。

② 同上书,第 127 页。

③ 参阅徐家俊:《周立波在狱中》,载《钟山风雨》,2003 年第 6 期。

④ 2015 年 4 月 20 日笔者采访胡光凡,胡光凡口述 20 世纪 80 年代看望晚年关露时,关露向他透露此事。

本月

反省院规定犯人每月要交一次日记。周立波常把一个月的日记一天记完，里面写的全是蚊子臭虫咬人的琐事。反省院对他写的日记感到哭笑不得，于是批了一句："望你努力反省，蚊子臭虫不足患也。"①除此之外，反省院每星期都要犯人上几次国文和三民主义的课；每三个月，周立波就会被找去谈话，内容是："你什么时候加入共产党的？"他总是回答"没有加入共产党"，这期间总共谈过两次。②

按：1931 年 5 月，苏州反省院（又称江苏反省院）建立，是国民政府设置在苏州的特种监狱。反省院占地 1.6 万余平方米，容纳定额 208 名犯人，但最多时收押了 400 余名犯人。犯人入院均需"反省"，学习国民党"党义"，若"思想行状不良"或"不吐实情"的就要受到酷刑。反省院对犯人控制很严，每天都要给他们上课，并进行"考察"，每个月还要对他们进行一次审问谈话。周立波被审问谈话时，正值工农红军在四川、贵州一带长征，国民党的"训育员"说"红军走上石达开的老路了，共产党没有希望了"。周立波则针锋相对地反驳，他说红军不是石达开的太平军，将来必会"柳暗花明"。按照法院判决书，周立波判刑 2 年后遇"大赦"，减刑 10 个月，实际刑期为 14 个月。他诘问"训育员"，"我刑期满了，你们为什么不放我？"此外，反省院只要组织演戏、唱歌等活动，周立波就编造各种理由和借口，如不懂文艺、嗓子不好、对音乐不感兴趣等，一律不去参加。③

1934 年　　26 岁

8 月

20 日　反省期满，由父亲周先梯在学校找同事签名具保，反省院发给周立波 479 号《自新证明书》，交保释放。

按：为周立波出反省院作保人的人叫周启福，是周立波的中学同学，后来就读于黄埔军校武汉分校，回乡后在益阳第二高等小学教书，是周立波父周先梯的同事。此人当时有进步思想，同情共产党。1939 年后周启福到国

---

①② 周立波：《自传》。

③ 参阅徐家俊：《周立波同志在狱中》。

民党政府粮食部门工作，中华人民共和国成立后在镇反运动中被镇压。①

本月

出了反省院，通过同乡找到周扬，周扬见他身体虚弱，劝其回老家休养，于是回了益阳。

9 月

返回上海，租住在法租界。因为江苏反省院要求他每隔三个月写一封信报告在家情况，周立波就事先写好几封他在家耕种的信交给妹夫雷夏，让他按时寄到江苏反省院，这样反省院就不知周立波的去向了。周立波这次重返上海后，不再用真实姓名周绍仪，正式改名立波（到延安后加上“周”姓），并经周扬介绍参加左联，和徐懋庸、王淑明一起编辑《每周文学》，还编辑过《文学界》。

按：《每周文学》原刊名为《青光》，原为《时事新报》的副刊，后来《青光》与左联合作，让左联办一个副刊《每周文学》，每周发表一期，附在《青光》上。1935 年 9 月 15 日《青光》上刊登了一则《青光编辑室启事》：“本刊自本周起出版《每周文学》，以后每逢星期六出版，请读者注意。”②《每周文学》的长期撰稿人有胡乔木、梅益、周立波、凤子、沈起予等，鲁迅和郭沫若也对《每周文学》给予了支持，在上面发表了一些文章。《每周文学》出了三十二期，于 1936 年 6 月 2 日被迫停刊。

10 月

经周扬介绍，加入中国共产党，同钱杏邨、何干之编在一个党小组。周立波后来成为左联党团成员，党团成员还有何家槐、戴平万等，戴平万任党团书记。在左联党团工作时，与周扬一起发展艾思奇入党。

12 月

11 日　在上海《大晚报·火炬》发表散文《向瓜子》，署名雅歌。这是他参加左联后发表的第一篇作品。《向瓜子》描述的是周立波对乡间朴素而又无忧生活的回忆，他在文章中把向瓜子比喻为“光明”，表达了他对光明生活

① 周立波：《自传》。

② 《时事新报·青光》，1935 年 9 月 15 日。

的向往。

12日　在上海《大晚报·火炬》发表评论《评叶青先生的〈语文论战的总清算〉》，署名雅歌。

按：叶青，原名任卓宣，先后担任过国民党三青团中央常务干事、制宪国民大会代表和国民党中央宣传部副部长，因为他在国民党中身居要职，曾被中共宣布为战犯，但他同时也是右翼知识分子，有长达50余年的著述和研究生涯。他提倡"为政治而文学"，批判"文学至上论乃是一种拜物教的思想"，认为"为政治而文学底名题，就是文学功利说底具体口号"。叶青的论文《语文论战的总清算》发表在1934年12月1日出版的《世界文学》上，他既批评了汪懋祖的文言派主张，也不完全认同陈子展的大众语观点。周立波读后发表《评叶青先生的〈语文论战的总清算〉》，批评叶青只满足于白话文，叶青后来在1935年11月1日出版的《研究与批判》上发表《与立波谈语文问题》批评周立波误读了他的文章，并与他进行答辩。①

25日　在《大晚报·火炬》发表散文《游行妓》，署名雅歌。

26日　在《大晚报·火炬》发表散文《船上》，署名雅歌。

31日　在《大晚报·火炬》发表文艺短论《文学中的典型人物》，署名张一柯。

1935年　27岁

1月

5日　在《大晚报·火炬》发表散文《汨罗》，署名雅歌。

14日　在《申报·自由谈》发表文艺评介文章《美国市民的嘲笑者的马克特温》，署名立波。

按：1935年恰逢马克·吐温诞辰100周年，这为周立波译介马克·吐

① 参阅古远清：《"为政治而文学"的叶青》，载《武汉文史资料》，2001年第8期。

温提供了契机。同年《文学》和《自由谈》上发表的有关马克·吐温的文章，除了这篇论文《美国市民的嘲笑者的马克特温》以外，周立波后来还翻译了马克·吐温的短篇小说《驰名的跳蛙》(2 月)，并发表了评介文章《马克特温的读者》(8 月)，另外还有胡仲持发表在《文学》上的《马克·吐温百年纪念》(7 月)。从发表文章的数量来看，马克·吐温的百年诞辰并未在中国引起很大的影响。周立波发表的两篇介绍性文章和译文，可以说是纪念马克·吐温百年诞辰的主要文字。

15 日　在《大晚报·火炬》发表散文《当》，署名雅歌。

21 日　在上海《大美晚报》副刊《文化街》发表文学评论《〈文学〉新年号的创作》，署名张一柯。自此，周立波开始发表研究上海文坛现状、评介作家作品的文章。

按:《文学》新年号是上海《文学》月刊 1935 年 1 月 1 日出版的第 4 期第 1 号，发表了艾芜的《欧洲的风》，巴金的《神》，张天翼的《善女人》，老舍的《老年的浪漫》，周文的《冬天到春天》等 5 篇短篇小说。

26 日　发表评介文章《1934 年的日本文坛》(上)，署名一柯。

27 日　发表散文《农家的冬夜》，署名雅歌。

29 日　发表评介文章《1934 年的日本文坛》(下)，署名一柯。

2 月

7 日　翻译马克·吐温的短篇小说《驰名的跳蛙(一)》，发表在《申报》副刊《自由谈》上，署名立波。周立波翻译这篇作品时正值马克·吐温诞生一百周年。为了纪念这位美国作家，周立波除了翻译他的短篇小说外，也在同年分别发表了介绍马克·吐温和纪念他的文章。

8 日　翻译马克·吐温的短篇小说《驰名的跳蛙(二)》，发表在《申报》副刊《自由谈》上，署名立波。

9 日　翻译马克·吐温的短篇小说《驰名的跳蛙(三)》，发表在《申报》

副刊《自由谈》上，署名立波。

11日　翻译马克·吐温的短篇小说《驰名的跳蛙(四)》，发表在《申报》副刊《自由谈》上，署名立波。

3月

7日　在《申报·自由谈》发表评论《艺术的幻想》。这是他第一次发表对于浪漫主义的看法。此时的他把浪漫主义作为现实主义的一种对立进行否定，他认为“环绕着浪漫主义者的周围世界，常常是充满了丑恶和平凡，一切作为艺术的原料的境遇和事物，差不多总是无价值、无色泽的杂质的堆积，在这表面，看不出任何艺术美，更没有人类的梦”。①

4月

2日　在《申报·自由谈》发表评论《俄国文学中的死》，署名立波。对俄国作家屠格涅夫、契诃夫、高尔基等作品中“死”的艺术描写进行了评析。

21日　在《大晚报·火炬》发表散文《二等兵》，署名雅歌。描写了在“一·二八”战争中一位山东籍伤兵的英勇抗敌和不畏牺牲的精神，以及战后穷困潦倒、流落街头乞讨的悲惨命运，控诉了社会的黑暗和不公。

5月

6日　在《申报·自由谈》发表评介文章《詹姆斯·乔易斯》，署名立波。周立波对乔伊斯的作品是持全盘否定的态度的。

按：乔伊斯是伴随着20世纪二三十年代现代主义在中国掀起第二次高潮时传播到中国的。②周立波的《詹姆斯·乔易斯》与费鉴照撰写的《爱尔兰作家乔欧斯》可以说是当时比较有代表性的评论文章，他们代表了中国文学界对待乔伊斯及其作品的两种不同的态度。费文介绍了《都柏林人》和《画像》，尤其着重介绍了《游离散思》(即《尤利西斯》)。他认为《尤利西斯》“是一部包罗近代世界的一切——政治、宗教、实际、人道主义等等的作品”，有很多优点，但不能说该书是一种“新的”作品，而且有明显的缺点：一是“重部

① 周立波：《艺术的幻想》，载《申报·自由谈》，1935年3月7日。
② 参阅袁可嘉：《西方现代主义在中国》，载《文学评论》，1992年第4期。

局而忽略整个的和谐”，二是“注重人的肉体方面，而忽略精神方面”。①以今天的视角来看，费鉴照所说的缺点显然是一种误读，他没有理解《尤利西斯》在艺术上的创新以及作品的内在精神，但是与周立波的评论相比，要显得客观中肯得多。周立波看乔伊斯的基本观点则来源于苏联出版的《英国文学史纲》②，从中可以看出他受苏联文学批评的影响。

9 日　在《大晚报·火炬》发表散文《竹林》，署名雅歌。

13 日　翻译高尔基的论文《论戏剧中的言语》，发表在《大美晚报·文化街》上，署名一柯。

23 日　在《申报·自由谈》发表评论《现代艺术的悲观性》，署名立波。

25 日　在上海《读书生活》半月刊第 2 卷第 2 期发表论文《文艺的特性》，署名立波。在这篇文章中，他从文学与科学的区别着眼，得出了他对文学理论的独特认识。他认为，科学和文学是认识世界的两种不同的方式，以经济学为例，科学偏重于数字和概念，而文学则是用形象的方式来认识世界。

按：《读书生活》半月刊由李公朴于 1934 年创办，它的主要读者群体是工人、农民、店员、学徒、学生和自学青年等，它的办刊宗旨是力求以大众化、通俗化的文章内容提供给一般大众读者所需要的精神食粮。《读书生活》设有“社会相”“科学小品”“生活记录”“讲话”“青年创作”等专栏，其中“讲话”专栏主要是将马克思主义的基本原理和哲学思想通俗易懂地介绍给广大读者。除周立波外，薛暮桥、艾思奇等也在这个专栏上发表过文章，其中以艾思奇发表的《哲学讲话》影响力最大。周立波一共为“讲话”撰写 6 篇文章，《文艺的特性》是其中一篇，也是他最早的比较系统论述文艺理论问题的文章。

6 月

4 日　在《时事新报·青光》发表评介文章《诗人马查多的六十诞辰》，

① 费鉴照：《爱尔兰作家乔欧斯》，载《文艺月刊》第 3 卷第 7 号，1933 年 1 月 1 日。

② 如果我们将周立波此文跟阿尼克斯特著的《英国文学史纲》（戴镏龄等译，人民文学出版社 1959 年出版）的第八章最后一节“现代主义·颓废派文学·詹姆斯·乔哀斯”部分对照读，会明显感到二者观点完全一致。

署名立波，介绍西班牙进步诗人安东尼·马查多及其作品。

11日　在《时事新报·青光》发表《一个古巴的半个中国诗人及其作品》，署名立波，评介古巴诗人雷吉罗·披德罗沙（也译作雷希诺·彼得罗索）的第一本诗集《我们》。

14日　在《时事新报·青光》发表评介文章《纪念普式庚》，署名立波。

按：苏联在普希金逝世一百年时举行了盛大的纪念活动，经过中苏文化协会的组织直接波及中国，俄苏作家对普希金的高度评价被大量翻译过来，中国也掀起了对普希金作品翻译和评介的热潮。

17日　在《大美晚报·文化街》发表评论文章《理论检讨——评苏汶先生的〈作家的主观与社会的客观〉》，署名一柯，针对苏汶在《星火》创刊号上的《作家的主观与社会的客观》进行批判。苏汶在《星火》第三期上发表《答一柯先生》，针对周立波的批判进行了驳斥与辩护。1935年9月，周立波在《大晚报·火炬》上发表《答苏汶先生》，对苏汶的驳斥与辩护进行了再批判。就这样，双方进行了你来我往的辩论。周立波在文章中用马克思主义的反映论为理论武器对苏汶的"作家的灵魂自由论"提出了批判，他认为"人是社会的动物"，人的思想和感情是作为社会现实的反映，"社会现实以及这个现实中的个人的地位等才是'艺术家的灵魂'的决定的基础"。①思想和感情既然也是由社会现实决定，因此不可能自由和独立。另一方面，他对苏汶所说的各种不同的文艺作家根据不同角度观察写出的文艺作品构成整个社会的真实表示质疑，他认为真理只有一个，是独立于人类意识以外客观存在的，并不是经过了思维以后的产物。在历史的现阶段"便是要求解放的劳苦群众"。②

按：周立波与苏汶的论争可以看作是对1932年左翼文坛与"自由人""第三种人"的论争的延续，双方争论的仍然是"文艺自由论"中的一些老问题，而且由于论争的高潮已过，此次论争没有引起更多的理论家参与，因此双方各战两个回合便结束了。虽然周立波与苏汶的论争已经到了左翼文坛与"第三种人"论争的尾声，没有在文艺界引起较大的反响，但这次论争对周立波本人来说无疑有着重要的意义。这是周立波加入左联后参加的第一次

①② 一柯：《理论检讨》，载《大美晚报·文化街》，1935年6月17日。

文艺论争，与之前参与的“文艺大众化”论争相比，他不再是以一个读者的身份提供建议，而是以左联成员的身份加入这场论争，而且通过自己对马克思主义文艺思想的学习和领悟，与苏汶展开了理论上的争论。苏汶等“第三种人”提出的文艺自由论，在今天看来是有一定的积极意义的。他们对一些文艺问题提出了很好的看法，尤其是在艺术性方面，主张艺术多样性，关注文学品位等方面有许多可取之处。他们对左翼文艺“左倾”错误和表现，尤其是庸俗社会学和宗派主义持批判立场也是合理的，但他们的这种主张在对外遭受帝国主义侵略和压迫、对内遭受国民党政府的打压和迫害的严峻形势下，显得有点不合时宜，而且他们对左翼和左翼文学的批判难免遭到一心想要利用文艺实现救亡图存的进步青年的反击。周立波作为这些进步青年中的一员，错过了之前左翼文坛与“第三种人”的论争，当发现作为“第三种人”的苏汶再次重申文艺自由论的观点时，很自然地跳出来与之争辩，以维护左翼文学的正统性。在他与苏汶的论争中，他的文章出现了“说教”“巧辩”“传播毒素”等一些过激的词语，而且还使用了一些讽刺性的话语来讥刺苏汶。这是一个刚加入左联的文学青年血气方刚但又不够成熟的表现。相比之下，苏汶则显得平和老练得多，他对周立波的讥刺不以为然，只是就周立波对他批判的观点予以反驳。周立波为捍卫左翼文学的地位而批判苏汶的文艺自由论，与当时的左翼文艺家一样，犯了“左倾”和宗派主义的错误，这是由时代的局限和他所处的文艺集团秉持的文艺思想造成的，但他在论争中坚持利用文艺救亡图存和解放劳苦群众方面是有着积极的时代意义的。

28 日　在《申报·自由谈》发表评论《〈萌芽〉五十年》，署名立波。

按：法国出版界举行了《萌芽》诞生的五十周年纪念。

29 日　在《时事新报·青光》发表评介文章《西班牙文学近况（一）》，署名立波。

30 日　在《时事新报·青光》发表评介文章《西班牙文学近况（二）》，署名立波。

同月

劝沙汀不要去青岛，留在上海工作。

按:周立波在上海时,与沙汀交往较多。当时沙汀卷入左联的宗派斗争,工作很难开展,文章也无法写,心情十分郁闷。他的好友艾芜因为面临同样的困境已于1934年年底动身回了山东济南老家,1935年3月他又去了青岛。这期间艾芜与沙汀一直有书信往来,并极力劝他离开上海,来青岛专心写作。沙汀经过慎重考虑后决定举家迁往青岛。周立波得知后,多次劝阻沙汀,沙汀回忆:"直到我快要动身去车站了,他还又一次到我家里劝阻,力说我应该留在上海坚持工作。他们的意见无疑是正确的,但我最后还是赶往车站,决然离开了上海。"①

7月

1日　在《时事新报·青光》发表评介文章《西班牙文学近况(三)》,署名立波。

2日　在《时事新报·青光》发表评介文章《西班牙文学近况(四)》,署名立波。

3日　在《时事新报·青光》发表评介文章《西班牙文学近况(五)》,署名立波。

按:《西班牙文学近况》这一系列评介文章介绍了西班牙的文学作家和作品,以及西班牙文坛的发展情况。

5日　在上海《太白》发表短论《自卑与自尊》,署名立波。论文比较了高尔基与陀思妥耶夫斯基小说人物性格的差别。

10日　在《读书生活》发表论文《文学的永久性》,署名立波。在这篇文章里,他从属于社会科学的历史学和属于自然科学的生理学的角度出发,肯定了小说的创作与科学的工作过程相似,但二者的区别在于文学更加生动,文学把科学的概念和研究过程形象化了。

25日　在《读书生活》发表论文《怎样读小说》,署名立波。

同日　第二个儿子周彦邦出生。

---

① 沙汀:《安息吧,立波同志》,载《周立波研究资料》,第147页。

按：周彦邦，原名周雅可，1935 年 7 月 25 日出生于湖南益阳邓石桥清溪村。1947 年毕业于益阳周氏私立蜚英学堂。1950 年毕业于益阳县立中学，同年入益阳信义中学高中部，学习三个月后，转学入北京师大附中二部。1953 年毕业后入北京俄文专科学校，1954 年 8 月赴前苏联乌拉尔工学院冶金系学习。1959 年 7 月学成回国，分配到北京航空材料研究院工作，直至 1997 年退休，享受第一批政府特殊津贴。

26 日　在《时事新报·青光》发表评介文章《肖伯纳不老——为纪念他的生辰作》，署名立波。文章纪念爱尔兰戏剧家萧伯纳 79 岁生日，并介绍了萧伯纳的文学经历和代表作品。

27 日　在《时事新报·青光》发表评论《剽窃与删削》，署名立波。文章批评韩侍桁对丹麦文学史家、文学批评家勃兰兑斯的介绍没有飞出“鹦鹉”的笼门，是一种“剽窃”；而且对他的介绍不完整，有意“删削”了他在俄国的文学批评生活经历，“企图掩去勃兰兑斯精神的某一角落”。

按：韩侍桁（1908—1987）一生的文学活动主要是文学批评和文学翻译，曾于 1930 年加入左联。他的主要文学功绩之一是对勃兰兑斯的介绍及其 6 卷本的文学史巨著《十九世纪文学主流》的翻译。勃兰兑斯在北欧文学史上有着非常重要的地位，他曾与易卜生一起提出革命精神，对北欧的文学运动产生了重要的影响。郑振铎对他有着很高的评价：“自从勃兰特出现，丹麦的现代文学便开始了。”①勃兰兑斯的代表作《十九世纪文学主流》令他走出丹麦，开始在国际上声名大噪，也在中国文学界引起了很大的反响，成为新文学发展中非常重要的域外资源，甚至对鲁迅的文学史研究也具有启发性意义和学术参照。②周立波对韩侍桁的批评主要是基于他在《星火》第二期上发表的《关于勃兰兑斯》一文，而这篇文章正是韩侍桁翻译的《十九世纪文学主流》的《译者序》，他对勃的文学批评成就、研究方法和特色以及学术渊源等进行了深入的分析。作为勃代表作的译者，韩侍桁对勃的认识和理解应该是比较全面的，周立波却对他的研究“鸡蛋里挑骨头”，这可能与韩在 30 年代的文学立场有关。韩原本是左联成员，后来写了几篇支持“第三种人”的文章而成为了“第三种人”的主要力量，并与左联分道扬镳。他这种身份的转

① 郑振铎：《现代的斯堪德那维亚文学》，载《小说月报》，1929 年 8 月。

② 参阅朱建国：《勃兰兑斯对鲁迅文学史研究的启发性意义》，载《鲁迅研究月刊》2014 年第 2 期。

换以及借勃兰兑斯的理论支持“第三种文学”的主张显然与左翼知识分子的文学理想是背道而驰的，因此遭到了作为左联成员的周立波的尖锐批评。

28日　在《时事新报·青光》发表翻译小说《贵客(一)》，署名立波。周立波翻译洛巴托的《贵客》是因为这篇小说“是一种社会批评，他讽刺着巴西社会各方面的人物，有时多少带点马克·吐温的作风”。①

按：《贵客》的作者是巴西作家蒙特罗·洛巴托(Monteiro Lobato, 1882—1948)，他一生主要从事写作和出版事业，最大的成就在儿童文学方面。他是巴西最早的儿童文学作家之一，在巴西文学史上享有很高的地位，人们都称他为“巴西的安徒生”。②

29日　在《时事新报·青光》发表翻译小说《贵客(二)》，署名立波。

同日　在《申报·自由谈》发表评介文章《葡萄牙最伟大的诗人卡摩因西一生的颠沛》，署名立波，介绍文艺复兴时期葡萄牙诗人路易斯·德·卡蒙恩斯及其文学成就。

30日　在《时事新报·青光》发表翻译小说《贵客(三)》，署名立波。

31日　在《时事新报·青光》发表翻译小说《贵客(四)》，署名立波。

8月

1日　在《时事新报·青光》发表翻译小说《贵客(五)》，署名立波。

2日　在《时事新报·青光》发表翻译小说《贵客(六)》，署名立波。

3日　在《时事新报·青光》发表翻译小说《贵客(七)》，署名立波。

4日　在《时事新报·青光》发表翻译小说《贵客(八)》，署名立波。

---

①　[巴西]蒙特罗·洛巴托著，周立波：《贵客(十四)·译者后记》，载《时事新报·青光》，1935年8月10日。

②　参阅[巴西]蒙特罗·洛巴托著，曾昭耀译：《世界历史故事·译者序言》，广西教育出版社，1989年，第1页。

5 日　在《时事新报 · 青光》发表翻译小说《贵客(九)》,署名立波。

6 日　在《时事新报 · 青光》发表翻译小说《贵客(十)》,署名立波。

7 日　在《时事新报 · 青光》发表翻译小说《贵客(十一)》,署名立波。

8 日　在《时事新报 · 青光》发表翻译小说《贵客(十二)》,署名立波。

同日　在《大晚报 · 火炬》发表评介文章《马克特温的读者》。

22 日　在《申报 · 自由谈》发表散文《雨》,署名立波。在这篇文章里,他把“雨”比喻为“毫无情义的,冷冷的没有一丝热意”的黑暗社会,借对“雨”的厌恶,抒发他对黑暗社会的憎恶之情。

24 日　在《时事新报 · 青光》发表评介文章《最近的波兰文学(一)》,署名立波,介绍波兰文学的代表作家及其作品。

25 日　在《时事新报 · 青光》发表评介文章《最近的波兰文学(二)》,署名立波。

同日　在《大晚报 · 火炬》发表诗歌《海边拾诗》,署名雅歌。

同日　在《读书生活》发表论文《观察》,署名立波。这是一篇关于对新现实主义文学认识的论文。在这篇文章中,他认为“观察”是现实主义的创作方法:“新的现实主义要求作家无限多样的反映现实,要做到这地步,只有依照巴尔扎克的方法,用经常的观察补足心血来潮的灵感,渗进群众生活的核心,在那里和他们打成一片,或者照巴尔扎克的表现,连自己也化为了观察的对象,象那回教僧人一样,占据了人们的整个灵魂和肉体。这才是最现实的现实主义的创作方法。”[1]在这里,周立波把遵从科学认知的现实主义所要求的“观察”作为了文学创作的首要前提。

① 周立波:《观察》,《周立波三十年代文学评论集》,第 43 页。

9月

1日　在《时事新报·青光》发表散文《悼巴比塞》,署名立波。法国作家巴比塞(1873—1935)于8月30日在莫斯科逝世。这篇文章是为纪念他而作。

按:巴比塞在中国被誉为"写战争小说的唯一能手",他的作品《光明》曾被引入中国,由现代书局出版。1933年,《现代》曾发布通讯,称巴比塞将跟随"反帝大同盟"①所组织的"满洲调查团"来中国,这令左翼文化界十分欢欣鼓舞。现代书局为了表示对他的欢迎,推出特价销售《光明》一书的活动,还在《现代》上刊出欢迎巴比塞的广告:"法国大文豪巴比塞将于本月中负着反帝同盟特派调查员的使命来华。本局为向这位作家表示敬意起见,特将敬隐渔先生译的巴氏名著《光明》举行特价出售。本书是现代最伟大的非战小说,译文流畅,欲认识巴比塞氏者不可不读。原价一元,剪此广告来购者只售七角。"②然而巴比塞因健康原因未能成行,但中国一时间掀起了欢迎和阅读他的热潮,可见他在中国左翼文化界的影响力之大。

10日　在《大晚报·火炬》发表评论文章《答苏汶先生》,署名一柯。

17日　翻译英国作家詹姆斯·乔伊斯的《寄宿舍(一)》,发表在《申报·自由谈》上,署名立波。

按:《寄宿舍》是乔伊斯的短篇小说集子《都柏林》里的一篇。周立波对乔伊斯的作品其实是持否定态度的,对《都柏林》这部作品也没有什么好感,他认为《都柏林》里的人们,都是一些没有热情、满腹利害打算的男女,这部作品"完全是都柏林的人们的灰色的狭隘的物质生活的速写,和幽凄的灵魂的捕捉。乔易斯的生物学的失败主义的思想的本质,在这最初的散文里,可以看出一个轮廓"。③他翻译这部作品,包括之前发表评介文章《詹姆斯·乔易斯》可能都只是为了向中国读者介绍欧美文坛比较有名的文学作家及其作品。

18日　在《大晚报·火炬》发表杂文《今天的感想》,署名立波。此文为纪念"九一八"事变而作。

同日　在《申报·自由谈》发表翻译小说《寄宿舍(二)》,署名立波。

---

① 全称是世界反对帝国主义大同盟。

② 《欢迎巴比塞》,载《现代》1933年5月号。

③ 周立波:《詹姆斯·乔易斯》,载《申报·自由谈》。

19 日　在《大晚报·火炬》发表评论《略谈刘海粟先生的海外画展》，署名一柯。文章批评刘海粟在国家的生死存亡之际还沉浸在艺术的“温柔气韵”之中，“于某某国家的侵占等种种困难之中，‘看见尊严潇洒之人生观’，灾害频仍的中国的现状中可以看‘山水的轻淡’，于是，温柔的气韵来了，‘心悦诚服的性格’也培养成功了，这都是奴隶的必备条件”。

同日　在《申报·自由谈》发表翻译小说《寄宿舍(三)》，署名立波。

20 日　在《申报·自由谈》发表翻译小说《寄宿舍(四)》，署名立波。

23 日　在《申报·自由谈》发表翻译小说《寄宿舍(五)》，署名立波。

25 日　在《读书生活》发表论文《选择》，署名立波。在这篇文章中仍然谈到典型问题，他以高尔基的作品为例，说明作者可以借用自然和环境描写来加强人物的个性，但是个性的创造“还得从情境和人物的普遍的属性中选取最特征的东西，这才能够造出活生生的时代典型”。①

同月

与周扬一起为沙汀求职的事情奔走。沙汀从青岛回到上海，生活困窘。周立波通过“社联”的吴敏，在私立正风中学给他找了教国文课的工作。②

10 月

5 日　《生活知识》创刊，与关露一起应邀成为该刊文艺专栏的主要撰稿人。

同日　在《礼拜六》周刊发表论文《形象的思索》，署名一柯。这篇文章是根据苏联文艺批评家米丁的《历史唯物论》中有关“布尔乔亚艺术和文学”那一部分编纂而成。

20 日　在《生活知识》半月刊发表评介文章《纪念巴比塞》，署名一柯。

28 日　在《时事新报·青光》发表评介文章《中亚诗人沙德内丁·艾尼

① 周立波:《选择》，载《读书生活》第 2 卷第 10 期，1935 年 9 月 25 日。
② 沙汀:《安息吧，立波同志》，载《周立波研究资料》，第 147 页。

(上)》,署名立波,介绍内丁·艾及其作品。

按:内丁·艾(1817—1954),现译萨·阿依尼,塔吉克人。1918年创作《自由进行曲》,揭开了塔吉克文学的新篇章,作者因此被称为塔吉克文学的奠基人。1894年开始发表作品,主要作品有《奥金娜》《多洪达》《奴隶们》史诗性三部曲,反映塔吉克人民近百年来的生活和斗争。他的自传体四卷本《回忆录》,曾获1950年斯大林文艺奖金。

29日　在《时事新报·青光》发表《中亚诗人沙德内丁·艾尼(下)》,署名立波。

11月

4日　在《大晚报·火炬》发表评论文章《评〈给初学写作者的一封信〉》,署名一柯。

按:《给初学写作者的一封信》的作者是法捷耶夫,译者为张仲实,由苏联文学顾问会编,上海普通书店1935年出版。

8日　翻译美国作家辛克莱的书信《上书罗斯福总统》,发表在《大晚报·火炬》上,署名一柯。

20日　在上海《生活知识》发表评介文章《纪念托尔斯泰》,署名一柯。在文中他一方面赞赏托尔斯泰是"一代人生的宝库",另一方面又批评他"对恶无抵抗"。

按:这篇文章是为纪念托尔斯泰逝世20周年而作。周立波对托尔斯泰的评价与当时整个中国文学界对他的认识是趋向一致的。1928—1935年中国的托尔斯泰研究热达到了一个高潮。这一时期,中国的知识分子在对托尔斯泰怀有崇敬之情的同时,开始从马克思主义的思想角度去理解托尔斯泰的主张,认为托的思想存在着内在矛盾,充满了空想的色彩,对革命斗争的进程起到了麻痹和反动的作用。这一时期对托尔斯泰的评论除了周立波的文章外,还有陈翁谅的《托翁的生涯和他的思想》①、鲁迅的《文艺与政治的歧途》②、茅盾的《世界文学名著讲话》③等,他们都一致批评了托尔斯

① 陈友谅:《托翁的生涯和他的思想》,载《东方杂志》第25卷第19期。

② 鲁迅:《文艺与政治的歧途》,载《新闻报》,1928年1月29日。

③ 茅盾:《世界文学名著讲话》,开明书店,1936年。

泰的“无抵抗主义”。

29 日　在《文艺大路》发表评介文章《安德孙的“谜一般的美国”自述》，署名立波。

12 月

10 日　在《读书生活》半月刊第 3 卷第 3 期发表论文《替阿 Q 辩护》，署名立波。

按：周立波在上海时虽然与鲁迅的直接交往不多，但他们有过一些书信来往。当时周立波作为文学青年，对鲁迅是非常崇拜的，他写过许多评论鲁迅作品的文章，尤其对鲁迅写的《阿 Q 正传》十分推崇。他在 1934 年 12 月 31 日写的《文学中的典型人物》一文中就提出“我们的文学除了阿 Q 以外，再找不出第二个典型”；①1935 年 7 月 10 日，他又在《文学的永久性》一文中认为鲁迅的小说超越了五四时期许多表现进步思想的小说，只有阿 Q“光荣地成了国际的人物”，即具有世界文学名著的永久性；1935 年 12 月 10 日，他在《替阿 Q 辩护》中，对阿 Q 的形象进行了全面而又深入的分析，认为阿 Q 虽然糊涂，革命观狭窄，但鲁迅对他的描写是“有着热性的温暖的嘲笑”。此文发表后，周扬建议将剪报寄给鲁迅。周立波写了一封信并附上剪报寄给了鲁迅。鲁迅在 1935 年 12 月 13 日的日记对此也有简单的记载：“得立波信，即复。”关于周立波写给鲁迅的信及鲁迅给他的回信现在已无法找到，鲁迅研究专家陈漱渝曾就此事致函询问过周立波。周立波给他的答复如下：“我的信的内容，大致如下：我说我很爱读他的文章，有些文章，如《记念刘和珍君》《为了记忘却的记念》，我读后十分感动。其次，我问他，阿 Q 有无模特儿？他是怎样熟悉像阿 Q 那样的雇农的生活的？鲁迅的回信，主要是回答我提出的问题。他说，他家在城里，常常雇用从乡里来的雇农作为短工，他因此和他们有接触的机会。他对我的文章没有提出什么意见。那时候，我 27 岁，写的信带着青年人的热情，鲁迅回信很快，信也写得很亲切。信封写的是我当时和家里通信用的名字：‘周苇梧’。信里写的，记得是‘立波兄’。”②

---

① 周立波：《文学中的典型人物》，载《周立波三十年代文学评论集》，第 13 页。

② 周立波：《有关鲁迅的两封信》，载《鲁迅研究文丛》1980 年第 1 辑，湖南人民出版社，第 65 页。

12日　在《上海文化界救国运动宣言》上签名。

按："一二·九"运动爆发后的第三天，沈钧儒、邹韬奋、章乃器、陶行知、李公朴、沙千里、史良、胡子婴、王造时等商议，决定由章乃器起草一份宣言，号召文化界开展签名运动。此事得到何香凝、宋庆龄的支持，文化界的许多人士都积极响应，包括周立波在内有283人在这份《上海文化界救国运动宣言》上签了名。宣言指出："在这生死存亡间不容发的关头，负着指导社会使命的文化界，再也不能苟且偷安，而应当立刻奋起，站在民众的面前而领导救国运动！""华北事件的教训，我们应当进一步觉悟！与其到了敌人的刀口放在我们的项颈的时候，再下最大的决心，毋宁早日奋起，更有效的保存民族元气，争取民族解放"，文化界人士应该"尽量的组织民众，一心一德的拿铁和血与敌人作殊死战"。①

21日　在《时事新报·每周文学》发表论文《关于"国防文学"》，署名立波。这篇文章重申一年前周扬提出的"国防文学"概念，并号召中国作家"建立崭新的国防文学"。他的这篇文章发表之后，在文艺界引起了轩然大波，许多文艺家撰文加入了对"国防文学"的讨论，有关"两个口号"的论争自此拉开了序幕。

按：周立波的《关于"国防文学"》这篇文章以介绍为主，并没有明确地提出口号。他后来回忆，因偶然在上海国际书店看到一本英文刊物，里面有一篇文章介绍了苏联文学界为抵抗帝国主义的侵略提出的"国防文学"(Defence Literature)口号，"我想我们也在抵抗日寇的侵略，国民党很轻易地丢掉了东三省，何不把它介绍过来，将国民党一军"。②周立波时任《每周文学》的编辑，由于《每周文学》稿费很少，投稿人不多，在稿件紧张的情况下，周立波写下这篇文章以缓解稿件的不足。③这篇介绍性的文章发表后引起文艺界的热烈讨论，日后更上升到了成为联结中国文艺工作者统一抗战的文学口号，这是令他始料未及的。他在回忆中说："它不是论文，是文艺新闻性质的报道。我的短文是介绍性的，不是论战性的。我没有想到以后会引起这样大的风波，一直到四十年后的今天，还在争论。"④周扬后来的回忆也佐证了周立波的说法，周扬说："当时由于和党中央失去了联系，我们得不到党的指示，看不到党的文件，党内思想相当混乱，我自己也茫然如在黑夜

---

① 《"一二·九"以后上海救国会史料选辑》，上海社会科学院出版社，1987年，第8页。

②③　周立波：《有关两个口号论争的一些情况》，载《湘潭大学学报》(哲社版)，1978年12月。

④　周立波：《有关两个口号论争的一些情况》。

行路，暗中摸索，苦闷得很。我们只有靠从上海租界上一家名叫‘Zietgeist’（‘时代精神’）的有‘共产国际’背景的德国书店去买英文版的‘国际通讯’（‘共产国际’的机关刊物）和其他有关书刊来看，作为我们工作的指南。一九三五年秋，我在一期‘国际通讯’看到了‘共产国际第七次代表大会’的文件，其中有季米特洛夫的总报告，也有王明的发言。不久，我又在巴黎出版的中文版‘救国时报’上看到了党中央的‘八一宣言’。我们当时把共产国际看作是党的最高领导和最大权威，对它是无限信赖和崇敬的。现在回忆当时的情景，我得到了这些文件，如获至宝，内心的兴奋真是无法形容呵。我马上在同志们中间进行翻译和传达。这次国际大会提出了在全世界范围内建立反法西斯统一战线的战略任务，批判了国际共产主义运动中‘左’倾错误的危害性。……正是在这种思想情况下，我们提出了‘国防文学’的口号。先是周绍仪（即周立波）在《时事新报》副刊‘青光’上发表了一篇短文，介绍苏联有以国防为主题的‘国防文学’，说我国也应该有自己的‘国防文学’。这篇短文发表后，意外地收到了热烈的反应。我们深深感到‘国防’二字正适合全国人民要求抗日的迫切心情，以及‘国防文学’的口号对广大人民的动员力量。于是，我们就把‘国防文学’作为一个正式口号提出来，又相继提出了‘国防戏剧’、‘救亡音乐’等等口号，在我们所控制和影响的报刊上大加宣传。‘国防文学’等口号，就很快传播开来，吸引了知识界的注意。”①

最先提出“国防文学”理念的是周扬，他于1934年10月2日在《大晚报·火炬》上发表《国防文学》一文，首先将“国防文学”介绍到中国。他在文中指出，“国防文学”的概念来源于苏联，它的任务是“在于防卫社会主义国家，保卫世界和平。它揭露帝国主义怎样图谋发动战争，怎样以科学为战争的武器”。②他认为在战争危机和民族危机严峻的中国是迫切需要这类题材的文学作品的。因为只是把“国防文学”当作苏联提倡的文学引介到中国，并没有上升到口号的程度，因此周扬的文章没有引起反响。此外，周立波也曾谈到“国防文学”被提出来后一直沉默的另一个原因：当时距离“九一八”和“一·二八”战争已经有一段时间，民族危机还在潜伏状态中，国防的任务

① 徐庆全整理：《周扬关于三十年代“两个口号”论争给中央的上书》，载《鲁迅研究月刊》，2004年10月。此为周扬写给中央的报告，月日时间不详，整理者据文中内容推测，大致在1976年12月。

② 企：《“国防文学”》，载《大晚报·火炬》，1934年10月2日。

容易被表面平静的日常生活所掩盖。①

周立波重申一年前周扬介绍的苏联“国防文学”的精神是一种偶然，但因此引发日后“两个口号”的论争却是一种历史的必然。1935年，侵华日军为了进一步侵略和分裂中国而策动华北各省脱离南京中央政府实行“自治”的一系列事件（简称“华北事件”），日本帝国主义吞并中国的野心昭然若揭，中华民族到了生死存亡的紧要关头。在这种时刻，如何联合一切可以联合的力量投入抗日斗争，成为了中国共产党和一切爱国人士的重要问题。然而在这样紧张的形势下，由于叛徒告密，上海左翼文化界遭到了破坏。当时中共驻共产国际首席代表王明借口左联实行关门主义和宗派主义，不利于扩大文艺界的联合战线，要求解散左联。上海左翼文艺运动的党内领导者（以周扬、夏衍等为主）接到这个指示后，经过开会研究，意识到左联确实存在一些问题，这个组织已不能适应新的形势，同意解散。左联解散后，整个左翼文艺界处于溃散之中，国内形势又异常紧张，这个时候周立波重提“国防文学”，仿佛一道曙光闪现，立刻引起了左翼青年们的关注，他们纷纷撰文讨论，表示支持“国防文学”的主张。在“国防文学”成为左翼青年们热议的话题时，周扬和夏衍仔细研究了季米特洛夫在共产国际会议上的报告，根据这份报告的精神，正式提出“国防文学”的口号。②这个口号得到许多革命作家的支持，并相继出现了“国防戏剧”“国防诗歌”“国防音乐”等口号。“国防文学”就是在这样的文化氛围下逐渐由一种文学形态演变成了一个政治口号。

23日　在《大晚报·火炬》发表评论《辟胡适之谬——读了他的〈为学生运动进一言〉之后》，署名立波。

30日　在《大晚报·火炬》发表论文《我们也来谈谈："国防文学"和"国难文学"》，署名一柯。

同月

在周扬家中参加上海“文委”扩大会议。会议由周扬主持，参加者还有沙汀、丁玲等。这次会议决定了解散“文委”所属各联，其中包括左联，并且把成立中国文艺家协会提到议事日程上。会议还决定“文总”解散后，成立

---

① 参阅立波：《关于“国防文学”》，载《时事新报·每周文学》，1935年12月21日。

② 参阅周立波：《有关两个口号论争的一些情况》。

一个新的党团实行统一领导。

按:关于这次会议解散左联的决定曾遭到鲁迅的反对,他认为抗日团体的核心必须是左联,如果左联解散了,统一战线会“被人家统了去”。但后来召开左联的常委会仍旧决定解散左联,而且不顾鲁迅的提议——在解散时发表一个宣言,就自行解散了,鲁迅对此十分生气。他在给徐懋庸的信中说道:“集团在解散,我是听到了的,此后即无下文,亦无通知,似乎守着秘密。这也有必要。但这是同人所决定,还是别人参加了意见呢,倘是前者,是解散,若是后者,那是溃散。这并不很小的关系,我确是一无所闻。”①这件事导致了鲁迅与以周扬、茅盾、徐懋庸等为代表的一批左联成员的绝交。

1936 年　　28 岁

1 月

10 日　在《读书生活》发表评论《1935 年中国文坛的回顾》,署名立波。文章对 1935 年中国文坛状况作了整体评价,特别指出,以鲁迅为旗手的左翼作家是“默默的做着的人,在创造真正的中国新文化”。文章还点评了萧军的《八月的乡村》,萧红的《生死场》,艾芜的《欧洲的风》及沙汀、欧阳山、叶紫、茅盾等的作品。

按:沙汀回忆,这一年,他经常和周立波讨论文学问题。“一九三六年春我们都在辣斐德路住家,两个弄堂相隔不远,所以来往也较多。因为他一个人住,多半是我跑去看他。如果他刚写好一篇文章,我总会得到一份先睹为快的权利。有时读到一些充满机趣和有独到见地的段落,我会忍不住停下来提谈两句,或者望他笑笑。于是他也紧接着哧哧哧地笑了,眉宇间流露出亲切、朴质的喜悦。”②

16 日　在上海《知识》半月刊发表评论《怎么办——给文学者的几句话》,署名立波,提出了中国文学目前的任务,“就是要针对现实,来帮助民族意识的成长,使人民认识民族的真正敌人,认清救亡的道路。至于艺术不艺术,技巧不技巧,还是第二问题。忘了国,还唱着美妙俏丽的歌,那只

① 鲁迅:《致徐懋庸》,载《鲁迅全集》第十三卷,人民文学出版社,2005 年,第 365 页。
② 沙汀:《安息吧,立波同志》,载《周立波研究资料》,第 147 页。

是一种可怜的亡国哀音，听起来只能使人感到凄凉悲恻罢了，再也不能有别的作用”。①

18日　在上海《大众生活》发表杂文《谈“亡国奴”》，署名立波。文章回忆自己在湖南省立一中读书时，一个因为侵略战争流亡到中国的朝鲜同学的悲惨故事，并号召同胞“不做‘亡国奴’，是目前中国最大多数的人民的一切中心之上的最中心的目的；要达到这目的，我们只有一致团结起来，参加救亡运动！消灭一切明中暗里的汉奸卖国贼！”②

28日　为纪念上海“一·二八”抗日四周年，在《大晚报·火炬》发表杂文《四年来的沉痛的教训》，署名立波。

2月

9日　在《大晚报·火炬》发表论文《“国防文学”和民族性》，署名张尚斌。文章批判了所谓“国难文学”的口号，强调“国防文学”的阶层性和民族性。他认为“国防文学”是以“劳动大众和他们斗争生活为内容的主体”，③无产阶级仍然是“国防文学”的主体，其他有反帝要求的各种阶层是同盟，因此只要是有反帝意识的爱国人士都可以团结到“国防文学”的旗帜下。“国防文学”的民族性表现在“反映的是民族解放运动中的一切斗争情境，描写各种各样的民族英雄”。④

按：这篇文章发表后遭到文学界一些知识分子的批评。反对者徐行针对周立波的这些观点发文进行了批驳，他否定民族资产阶级的反帝要求，指责周立波所说的“中国的资产者，有许多是还有着反帝的强烈要求的”⑤是在为民族资产阶级辩护。他否定中国建立反帝统一战线的可能性，反对文艺界的联合，认为“真正彻底反帝的社会层是中国出卖劳力的大众，只有他们是前锋，也只有站在这观点上的文学才是挽救中国的文学”。⑥徐行的这一观点未能科学理解阶级矛盾与民族矛盾之间的辩证关系，仍把阶级矛盾看成是当时中国的主要矛盾，但周立波在措辞上确实有不确切的地方。周

---

①　立波：《怎么办——给文学者的几句话》，载《知识》半月刊第1卷第4号。

②　立波：《谈“亡国奴”》，载《大众生活》第1卷第4期。

③④⑤　张尚斌：《“国防文学”和民族性》，载《大晚报·火炬》，1936年2月9日。

⑥　徐行：《评“国防文学”——张尚斌：〈“国防文学”和民族性〉》，载《礼拜六》第128号，1936年2月22日。

楞枷也针对周立波的中国民族资产阶级有许多是有着强烈的反帝要求的观点提出了质疑，认为不符合事实。①

10 日　在《大晚报·火炬》发表短论《希望于文学者们——反对谩骂要求团结》，署名立波。文章认为聂绀弩对郑振铎的批评有片面性，指出“应当促成中国作家的广大的团结，为了民族利益，珍重一切同胞艺术家的意见和劳作。”

在《读书生活》半月刊发表论文《非常时期的文学研究纲领》，署名立波，仍然谈论“国防文学”问题。

同日　在上海《新中华》半月刊发表评介文章《亨利福特》，署名立波。

20 日　在《生活知识》半月刊发表短论《怎样使国防戏剧运动深入民间》，署名一柯。

23 日　在《大晚报·火炬》发表评介文章《纪念罗曼·罗兰七十岁生辰》，署名立波。

按：法国作家罗曼·罗兰(1866—1944)被认为是人道主义作家，也是著名的反战作家，他与法国作家巴比塞一样受到中国左翼知识分子的推崇。

3 月

1 日　翻译美国作家帕索斯的《美国计划：它的兴起和衰落》，载《知识》半月刊，署名立波。

24 日　翻译苏联作家吉尔波丁的《多勃洛留波夫诞生百年纪念》，载《时事新报·每周文学》，署名立波。

25 日　在《读书生活》发表《读〈南行记〉》，署名立波。评论艾芜的短篇小说集《南行记》，指出他小说中灰色阴郁的人生和怡悦的自然诗意的对照，自然美和人生丑的矛盾。

按：20 世纪 30 年代的艾芜还只是个文学新人，他带着万里漂泊的苦难

① 参阅周楞枷：《一个疑问》，载《文学青年》创刊号，1936 年 4 月 5 日。

经历进入了左翼文坛。他与周立波的相识也是在20世纪30年代的上海。艾芜回忆:"那时他(周立波)正在同上海杂志公司接洽编一文艺刊物,约我同他一道编辑。此事虽未成功,却是彼此熟识起来的开始。"①初到上海的半年时间,艾芜经历的挫折连连,所写的作品,"有的遭到退稿,有的登了,不给稿费,或者给予最少的稿费。没有灰心,还是写"。②他加入左联后确定了自己的文学方向,加上鲁迅的指导与一帮青年好友的鼓励,使得他在中、短篇小说和散文创作上颇有成就。周立波就他的短篇小说集《南行记》和中篇小说《春天》发表了评论,这对当时初登上海文坛的艾芜来说是一种极大的鼓舞,"我很重视他的评论,还把它们剪存下来,供我写作的参考"。③

4月

5日　翻译捷克作家基希的报告文学集《秘密的中国》中的一节《黄包车! 黄包车!》,发表在《中国周刊》上,署名立波。《秘密的中国》原为基希(Egon Erwin Kishch, 1885—1948)以德语写就,周立波通过迈克·达维德生(Michael Davidson, 1897—1976)的英译版转译。1936年,他译出其中的数篇,分别在报纸上发表。④

按:基希1885年出生于布拉格的一个布商家庭,成年后,一直从事新闻记者的工作。基希是被作为"报告文学元祖"⑤介绍到中国的。1955年,茅盾在《致魏斯可普夫》的信中对基希与《秘密的中国》进行了评价:"吉希是中国人民喜爱和钦敬的捷克作家之一。第一次世界大战以后,他就用有力的笔调暴露了帝国主义侵略的暴行,描写了殖民地人民的悲苦。在文学上,他创立了自己特有的风格,发展了报告文学,使它变成了一种现代的新文学,一种短小精悍的战斗武器。吉希的报告集子《秘密的中国》,不但在形式上是别致的,在内容上也是丰富的。他对半封建半殖民地的旧中国作了深刻的描画,对中国人民寄予了无限的同情。"⑥《秘密的中国》是基希1932年在南京、北平(北京)、上海等城市进行实地采访,获取了大量的关于当时中国

① 艾芜:《回忆周立波同志》,载《四川文学》本年第11期,1979年11月。

② 艾芜:《艾芜文集·序言》,载《艾芜文集》第1卷,四川人民出版社,1981年11月。

③ 艾芜:《回忆周立波同志》。

④ 其中《黄包车! 黄包车!》载《申报周刊》第1卷第13期;《吴淞废墟》载《通俗文化》第3卷第8期;《士兵墓地的吉原》《污泥》《纱厂童工》《死刑》分别载《文学界》月刊创刊号(1936年6月5日)、第1卷第2号(1936年7月10日)和第3号(1936年8月10日)。

⑤ 参阅[日]中野重治著,陶晶孙译:《德国新兴文学》,载《大众文艺》,1930年3月1日。

⑥ 孙中田、周明编:《茅盾书信集》,文化艺术出版社,1988年,第150页。

政治、经济、军事、大众生活、大众文化的第一手资料后所写成的一部报告文学集，反映了 20 世纪二三十年代中国大城市的社会状况。

24 日　在《申报·文艺专刊》发表论文《泰初有为——读哥德的〈浮士德〉有感》，署名立波。文章指出文学不能脱离社会现实，要立足现实运动，“对于世界史，对于全社会要具有最大的关心，我们的主题应该是在这种关心之下描写出世界与人间的必然的行动”。

25 日　在《读书生活》半月谈发表论文《谈谈报告文学》，署名立波。文中提到基希“根据确凿的事实，他表露出他的有着正确的世界观的批评意见，要是碰到颠倒、错误、不公，甚至残酷的事，他毫不掩饰地流露他的激越的正义感，他原是最有名的一名激烈的报告文学家(Rasende Reporter)”。①这篇论文不仅概括了基希的报告文学观，而且还着重介绍了基希的报告文学作品《秘密的中国》：“在他的近作《秘密的中国》中，他描写了一·二八战争，描绘了上海和北平各种各样的社会群。这书的方法，就是上面的方式的运用”。“他也有着抒情诗的幻想。他在一·二八战争以后不久的《吴淞尸体》之上，看见××②旗帜在风里飘动，他说：‘旗上的太阳象一个圆圆的伤体，从它上面，鲜血的流，流向四周。’这不是战后吴淞最明白的容貌吗？这也是基希的诗的想象。”③

按：这篇论文是中国较早的关于报告文学的论文。周立波所说的“确凿的事实”“正确的世界观”和“激越的正义感”是对日本文艺家川口浩观点的重言。朱子南在《中国报告文学史》一书中提到，1930 年 2 月 10 日，冯宪章翻译的日本文艺家川口浩的《德国的新兴文学》一文最早出现报告文学的概念。④该译文称基希“从长年的新闻记者生活中，创出一个新的文学形式。这是所谓的‘列波尔达知埃’，即以新闻记者的简洁的话，将生起的事件依原状留在纸上”。⑤这里的“列波尔达知埃”是西文“报告文学”(Reportage)一词的音译。他的这篇文章主要介绍德国的新兴文学，内容涉及德国的表现主义、行动主义、非战文学和社会主义文学等诸多内容。有关基希的介绍是在社会主义作家的评传里出现，所占篇幅很小。

---

①③　周立波：《谈谈报告文学》，载《读书生活》第 3 卷第 12 期，1936 年 4 月 25 日。

②　指日本。

④　参阅朱子南：《中国报告文学史》，百花洲文艺出版社，1995 年，第 27 页。

⑤　[日]川口浩著，冯宪章译：《德国的新兴文学》，载《拓荒者》，1930 年 2 月 10 日。

本月

翻译《秘密的中国》中的一节《吴淞废墟》，载上海《通俗文化》半月刊，署名立波。

5月

10日　在《读书生活》半月谈发表论文《我们应该描写什么》，署名立波，提倡文学应该担负意识领域中的新的课题——国防文学的课题。

本月

在上海见到故友叶紫。叶紫将短篇小说集《丰收》赠给他。对此，周立波有过回忆："虽然是同乡，虽然在小孩子时候见过面，但后来大家在外面流转，从未通音问。大约是五年以前，当我正从一个不见天日的地方出来，再到上海的时候，应[①]告诉我，我有一个少年时节的熟人，常常谈起我，我们后来会着了，他就是叶紫。他也是从另外一个不见天日的地方刚出来不久，正努力创作。但他好像比我少见些人世的丑恶与悲哀，很兴奋，整整谈一夜。"[②]

6月

1日　在上海《文学》月刊发表诗歌《饮马长城窟》，署名立波。这首充满爱国激情的诗篇在后来《文学》月刊举办的"我最喜欢的一首新诗"活动中被评为"受到读者推荐的20篇诗作"之一。[③]

5日　翻译报告文学集《秘密的中国》中的《士兵墓地的吉原》和《污泥》，载上海《文学界》，署名立波。

按：《文学界》的编者在周立波的译文之前写下了一段编者前言，首先对基希及其报告文学作品的艺术特点进行了介绍，然后指出，到"九一八"事变后，基希"曾来过上海，写了不少新作品，秘密的中国(*Secret China*)就是基希最近编集成功的一种，凡所记述的'秘密'，都不是一个寻常的外国人所能知道，就连我们中国人自己也不易发见的。现在我们约立波君把全部译出，

① 即周扬。

② 周立波：《为叶紫喜》，载《救亡日报》1939年10月30日。

③ 《"我最喜欢的一首新诗"的答复》，载《文学》第8卷第1号，1937年1月1日。

按期发表一二篇”。①根据该前言可知，周立波最初的翻译是“应命而为”。《文学界》是左联创办的一份刊物，它的主要执笔人是郭沫若、周扬、夏衍等，他们都是“两个口号”论争发生时“国防文学”口号阵营的主将。从《文学界》发表的文章来看，这份刊物的主要内容是倡导“国防文学”，《文学界》的第三期还专门开辟了“几个创作家对于‘国防文学’的意见”专辑。因此，这份刊物很有可能是为了提倡“国防文学”口号而办。《文学界》的编者约周立波翻译《秘密的中国》，一方面是因为他是“国防文学”口号阵营的主力之一，另一方面可能是因为周立波对基希和《秘密的中国》非常熟悉，翻译起来会更加得心应手。可惜的是《文学界》只出了四期便夭折了，周立波也只是在上面发表了三篇译文，未能按预想的如期全部发表。1936 年 9 月《文学界》出了最后一期就停刊了。

7 日　出席在上海四马路大西洋茶社举行的中国文艺家协会成立大会。

按：左联解散，经多方协商筹备，成立中国文艺家协会。签名达一百多人，由茅盾起草宣言。成立大会在通过《简章》后，选举了夏丏尊、傅东华、洪深、叶圣陶、郑振铎、徐懋庸、王统照、沈起予、茅盾为理事，郑伯奇、何家槐、欧阳予倩、沙汀、白薇为候补理事，茅盾为理事会召集人。1936 年 7 月 10 日出版的《文学界》第 1 卷第 2 号上公布了所有文艺家协会会员名单，由王任叔领衔，共 110 名。颇为耐人寻味的是名单中没有鲁迅、周扬与夏衍。文艺家协会是左联解散后文艺界成立的较大规模的组织，它有一个很鲜明的特点，即原来未加入左联的大量文学研究会成员如叶圣陶、郑振铎、胡愈之、傅东华、夏丏尊、丰子恺、谢冰心等全部成了新组织成员。“这个协会成立之后，实际上并没有活动，九个理事中除了徐懋庸都有职务在身，虽然简章上规定理事会下设五个部，但并未组建起来。只有周扬他们办的一个期刊《文学界》算是协会的会刊，由徐懋庸负责。”②

10 日　任《光明》半月刊的编辑，在上海《光明》半月刊发表论文《中国新文学的一个发展》，署名立波。

---

① 《文学界》(创刊号)编者前言，1936 年 6 月。

② 茅盾：《“左联”的解散和两个口号的论争——回忆录(十九)》，载《新文学史料》1983 年第 2 期。

按:《光明》半月刊由上海生活书店创办于1936年6月,于1937年10月停刊。主编是洪深和沈起予,主要撰稿人有周扬、茅盾、郭沫若、夏衍、徐懋庸等,它的创刊宗旨是反映抗日救亡的现实,发挥左翼文学的积极战斗作用。它在发刊词中就明确表示:“中国的当务之急,是救亡与救穷”。因此它刊登的都是表现抗战主题、反映抗战现实、体现抗战思想的作品。

25日　在《光明》半月刊发表论文《一个巨人的死》,署名立波。这篇论文比较全面地分析了高尔基创作道路的发展历程,把《夜店》作为高尔基由前期的浪漫主义转入后期的社会主义现实主义的“转折点”。

7月

5日　在《生活知识》半月谈发表论文《为“国防文学的民族性”问题答周楞伽先生》,署名张尚斌。这篇文章是对周楞伽4月5日发表的《一个疑问》一文的回应。他们就中国的民族资产阶级是不是有反帝的强烈要求这一问题产生了分歧。周立波坚持认为“在中国个别的民族资产者也是可以走上资本主义以外的前途的”,他批评周楞伽“没有留意阶层关系的变动”,但也检讨了自己“发表的那篇《国防文学和民族性》,因为某种原故,‘阶层性’的字样删去了,内容是说这两者的关系的。但发挥至不详尽。”

按:周楞伽之子周允中事后整理他父亲的笔记发现,周立波写完这篇文章后曾把原稿送给周楞伽看,他在周立波文后写了一段按语:“我同意张尚斌这篇文章的意见。我的《一个疑问》内容包含相当的错误,完全是由张先生的论调太笼统、含糊引起的。现在张先生既然承认过去的论文‘发挥至不详尽’,那我的错误也就可以由他的这篇文章得到改正的机会了。”①周立波在文章发表后又追加了一段按语,否认中国的民族资产阶级全部都有反帝的强烈要求,“应当‘有一小部分’”。周楞伽认为这有点画蛇添足。当时周楞伽也是支持“国防文学”的,所以双方的争论还比较客气。之后他们在群众杂志公司里还相遇过,周立波还问过周楞伽对这篇文章的进一步意见,但两人未作深谈,寒暄了几句就分手了。两人虽然在“国防文学”问题上有不同的看法,但并未影响他们的友谊。周楞伽出资并主编的《文学青年》杂志的内容和形式完全是在周立波《现阶段下文学的内容和形式》一文的指导下

---

① 周允中:《周立波与我父亲的一场磨擦》,载《世纪》2006年第2期。

操作的。①

10 日　翻译《秘密的中国》中的《纱厂童工》，发表在《文学界》上，署名立波。

8 月

1 日　在《文学》月刊发表诗歌《可是我的中华》，署名立波。诗中流露了对家乡亲人的怀念。

10 日　翻译《秘密的中国》中的《死刑》，载《文学界》，署名立波。

25 日　翻译美国作家约翰·多斯·柏索斯的《西班牙游记》，载《光明》半月刊，署名立波。

10 月

25 日　为哀悼 10 月 19 日鲁迅在上海的逝世，在《光明》半月刊发表短文《无可言喻的悲哀》，署名立波。

11 月

翻译的肖洛霍夫(1905—1984)的长篇小说《被开垦的处女地》由上海生活书店出版发行。这是周立波翻译生涯中最重要的一部作品，直接影响到他后来的长篇小说创作。《被开垦的处女地》是周立波 1936 年得到《世界文库》的赞助，被当作当时世界“第一流”的世界文学名著出版的。其实周立波早在 1935 年就开始着手翻译这本书，他受到几个朋友的鼓动，准备大家出钱自己印。这个译本也是周立波通过英文并参照日文本译出的。他最先找到的英译本是莫斯科“苏联外国工人合作出版社”出版的本子，日文本是上田进本的译作，后来他找到加里的英译本和米川正夫的日译本，将四种译本对照着译。经过了约四个月的紧张劳动，一天只睡三四个小时的觉，他终于译出了这部三十多万字的小说。据他的《译者附记》，他在翻译过程中得到周扬、杨骚和林淙三人的许多帮助，杨骚和林淙还根据日译，帮他翻译了两三万字的初稿，周扬对全书从头至尾校阅了一遍，使这本书更快更好地得以

① 周允中:《周立波与我父亲的一场磨擦》，载《世纪》2006 年第 2 期。

出版。①

按:《被开垦的处女地》最初由楼适夷1933年7月译出其中的片断刊登在《正路》上,1936年周立波和李虹霓译的全译本分别出版了,李虹霓是根据日译本转译,郭沫若为他的译本作了序。但是比较起来,周立波的译本影响更大,流传更广。②1936年陈瘦竹发表了《唆罗诃夫的近作〈处女地〉》,指出肖洛霍夫的优秀作品是接受19世纪俄国文学伟大遗产的结果,是深受托尔斯泰的写实主义的熏陶的结果。陈瘦竹对作家的才能赞赏不已,说肖洛霍夫"描写群众的手法真高明,一点不乱,而又热烈"。③周立波的译本是根据1935年美国俄罗斯文学翻译家加里的译本转译的,在这之前,加里也翻译了肖洛霍夫的《静静的顿河》,这两部小说在美国翻译出版后,曾多次再版,可见在美国受到了欢迎。

12月

1日　在《早报·文艺专刊》发表诗歌《牵引你的》,署名立波,回忆家乡湖南1927年农民运动的失败。

25日　在上海《光明》半月刊发表评论《1936年小说创作的回顾》,署名立波。文章点评了舒群、罗烽、宋之的、荒煤、王西彦、端木蕻良等作家的作品。

1937年　　29岁

1月

28日　在《大晚报·火炬》发表评介文章《基希所看到的"一·二八"》,署名立波。

2月

1日　在上海《现世界》半月刊发表评介文章《普式庚的百年祭》,署名

① 参阅周立波:《被开垦的处女地·译者附记》,上海生活书店,1936年。
② 参阅徐家荣:《肖洛霍夫创作研究》,兰州大学出版社,1996年,第131页。
③ 陈瘦竹:《唆罗诃夫的近作〈处女地〉》,载《国闻周报》,1936年13卷5期。

立波。向读者详细介绍了普希金的生平及其创作，还对他的几部著名作品进行了评析。周立波在这篇文章中介绍了普希金的诗歌成就，但只有寥寥数笔，他在文中花费大量笔墨详细地评介了《大尉的女儿》《复仇艳遇》《铲形皇后纸牌》等普希金的小说创作。在这里，周立波似乎是有意突出普希金现实主义小说家的形象，而淡化他作为浪漫主义诗人的身份。

按：这篇文章是周立波为自己翻译的普希金的小说《复仇艳遇》写的序言。1937 年，普希金逝世一百周年，从这一年起“这位诗人的节日才初次被广泛地纪念着”①，一批普希金的纪念专刊和作品集得到了出版。中国的作家、翻译家们如此盛大地纪念这位俄国作家，与苏联掀起的“一个惊人的普式庚的复兴运动”②有着直接的关系。苏联为普希金逝世百年举行声势浩大的纪念活动，经过中苏文化协会③传播到中国。中苏文化组织借普希金逝世一百周年之际，举办各种纪念活动，出版了一批纪念专刊和普希金作品集，还建造了普希金纪念碑——这是中国土地上唯一的外国作家纪念碑。④

2 月

翻译普希金的小说《复仇艳遇》，由上海生活书店出版。《复仇艳遇》又名《杜布罗夫斯基》，该译本是根据 Natalie Duddington 的英译重译，本来是译给《世界文库》的，但《世界文库》后来改了计划，就一直等到两年后，正逢普希金逝世一百周年的时候，上海生活书店愿意出单行本，这个译本才与中国的读者见面。⑤

按：《世界文库》是郑振铎主编的综合类丛书，也是由生活书店出版。此文库从筹备到出版在文坛上都造了很大的声势，发刊缘起及编例先后在《艺风月刊》《华北日报·每日文艺》《文学》《译文》《太白》等刊物上同时发布。蔡元培为这套丛书作序时赞誉道：“从研究中国文学史，扩而之世界……对于国内外各时期第一流文学家的作品，纲举张目。”⑥郑振铎也是以文学史

---

① 罗果夫：《普希金纪念碑在上海》，载罗果夫主编：《普希金文集》，时代书报出版社，1947 年，第 351 页。

② ［苏］劳格司门著，唐弢译：《普式庚的流行之基础》，1937 年《译文》新 2 卷，第 6 期。

③ 1936 年，在中苏复交的背景下，在民众期待联苏抗日、加强中苏文化交流的呼声中，中苏文化协会经国民党中央民众运动委员会批准，于 1935 年 10 月 25 日成立于南京，随后不久在上海成立了分会。该协会长期从事沟通中苏文化、增进中苏友谊，宣传苏联社会主义建设成就，宣传抗战，争取民主进步的工作，是国统区内一个很有影响力的半官方性质的进步团体。

④ 参阅张铁夫：《普希金与中国》，第 32—33 页。

⑤ 参阅周立波：《译者序言》，《复仇艳遇》，三联书店，1950 年。

⑥ 蔡元培：《世界文库·序》，《世界文库》第 1 卷，生活书店，1935 年，第 2 页。

专家的眼光来定位这一"弘巨的工作",他说,"我们介绍欧美文学,已有三四十年的历史,却从不曾有过有计划的介绍;往往都是随手抓到一本便译,或为流行的观念所拘束,往往费了很大的力量去译些二三流的著作",因而特别强调系统性和"第一流"的世界文学名著,计划出版200种左右,"从埃及,希伯莱、印度、中国、希腊、罗马到现代的欧美日本,凡第一流的作品都将被包罗在内"。[①]为此,他发动了一百几十位作家、学者、翻译家参加,被誉为"中国文坛的最高努力"。选择的书目经过反复讨论和商酌,并在刊物上发表以广征意见。《世界文库》最初采用的是定期刊物的形式,1935年5月创刊,每月刊行一册,每册40万字,中国与外国名著各占其半。第一年印出12册后,第二年起以《世界文库》总名,改出单行本。由于抗战爆发及种种条件的限制,郑振铎未能实现其宏大的计划,单行本只出了15种。在《世界文库》丛书的推动下,许多世界文学名著被翻译了过来。

周立波认为《复仇艳遇》的主人公杜布罗夫斯基"安那其式的反叛,化为了爱的容忍。这是普式庚时代解决社会矛盾的方式,而这方式是多少带着一种黑暗时代的凄凉情味的,……我们可以想像得到他是多么的寂寞和阴郁"。[②]

按:"寂寞"是周立波解读普希金作品主人公的一个关键词。他在分析《铲形皇后纸牌》的女主人公时也用到了"寂寞"这个词。周立波对于"寂寞"是有共鸣的。他30年代写的一批散文就充满了"寂寞"的情调。"我走出当铺的时候,天在下雨,而且已经在黑了。雨的黄昏,是多么的沉郁呵。到了黄鹤楼的梯级上,我望着那倾颓的古郭,情绪很坏。虽然我知道大地不尽是荒废,阴雨也只有今天,可是今天呵,总有些抑郁。"[③]这是周立波早期写的散文《当》中的一段话。文章描写的是周立波从出狱回家的路上,只能靠当掉随身物品来换取路费的悲惨境遇,而这段话正是他那个时候心情的真实写照。周立波在追求革命无果,又经历了生活的贫困和牢狱之灾后生发了当时大部分青年知识分子所有的"寂寞"情感。1939年,叶紫逝世后,周立波在发表的纪念文章《为叶紫喜》中写下了这样的文字:"但是,我得自认,我是他的朋友。自认为是这样地一位寂寞者的朋友的这心情是

① 郑振铎:《世界文库发刊缘起》,《世界文库》第1卷,生活书店,1935年,第4—5页。
② 周立波:《普式庚的百年祭》。
③ 周立波:《当》,载《大晚报·火炬》,1935年1月15日。

昭然的：因为自己也是寂寞者。"①"寂寞"是上海时期周立波的真实情感体验，因此他选择翻译《复仇艳遇》也体现了他对强调主观感觉和心灵体验作品的偏好。

2 月

2 日　在《大晚报·火炬》发表散文《科学小品文学家高士其(一)》，署名立波。

3 日　在《大晚报·火炬》发表散文《科学小品文学家高士其(二)》，署名立波。

7 日　在《大晚报·火炬》发表诗歌并跋《也曾想到》，署名立波。

按：《也曾想到》一诗先发表在《申报》，后与《跋》一起发表于《大晚报·火炬》。

3 月

6 日　在上海《自修大学》发表论文《文学的限界与特性》，署名立波。

10 日　在上海《希望》半月刊发表评论《春天》，署名立波，评论艾芜的中篇小说《春天》。

4 月

25 日　在《光明》半月刊发表评介文章《西班牙的法西文化》，署名立波。

按："法西文化"即"法西斯文化"。为避开当时的书报检查，故意省去"斯"字。

6 月

13 日　在上海文学界举办的《罗密欧与朱丽叶》座谈会上发言。这个发言发表在《大晚报》副刊《剪影》，署名立波。

---

① 周立波：《为叶紫喜》，载《救亡日报》，1939 年 10 月 30 日。

8月

上海“八一三”抗战后，参加了郭沫若发起组织的“文艺界战时服务团”，和左翼作家白朗等人组织了劝募队，到上海街头为难民募捐。①

9月

1日　在《光明·战时号外》第一号发表散文《募捐种种》，署名立波。

13日　与周扬夫妇、艾思奇夫妇、何干之夫妇、李初梨、林基路、李云阳、舒群等11人离开上海去延安。

按：中共中央当时向上海文委发电报要求调文艺界人士去延安。周立波这一批人由上海办事处主任潘汉年安排前行。

25日　途经西安，八路军西安办事处党代表林伯渠请周立波、舒群陪同美国进步作家史沫特莱到前线采访，周立波兼任史沫特莱翻译。

按：史沫特莱出生于美国密苏里州一个白人佃农的家庭，从小生活贫苦，贫困的生活磨炼了她坚毅的性格。由于她幼年的贫苦生活，和毕业后的一些亲身经历，②她思想非常激进，积极参加各种政治活动。1929年初她作为《法兰克福日报》的记者来到了中国。她最初来中国的目的只是想了解中国女性的地位问题，她也在《法兰克福日报》上发表了不少关于中国女性受压迫的文章。20世纪30年代初期，中国的社会矛盾重重：蒋介石和共产党在江西打内战，日军在中国东北用武力侵占了越来越多的领土。随着史沫特莱对中国了解的深入，她开始意识到，中国不进行一场社会的和经济的革命，女权运动永远不能进行。

1931年，史沫特莱在救援牛兰③的行动过程中，与中国左翼文艺运动的一些成员开始了联系，其中对她产生了重要影响的是茅盾。通过茅盾的介绍，她认识了鲁迅。从此她开始了与鲁迅和左联作家的密切联系，同他们

---

① 参阅立波：《募捐种种》，载《光明·战时号外》，1937年9月1日。

② 1918年3月，她曾支持印度流亡者争取民族独立的斗争，被指控为企图煽动反抗英国统治的叛乱。1923年她的一个弟弟被送往欧洲战场，行前，他曾要求见一见被关押的姐姐竟不能如愿。同年，她那当小工的弟弟也在一次工伤事故中死去。——参阅珍妮斯·麦金龙，斯蒂芬·麦金龙著，汪杉等译：《史沫特莱》，第44页。

③ 德国希莱尔·牛兰(Hilare Noulens，1894—1963)夫妇被怀疑在上海组织了反帝大同盟分部的共产国际官方人员而被捕。

一起工作。她集中精力向欧洲、印度、北美、苏联宣传左联的工作。[①]因此，史沫特莱对于左联的作家们来说是非常熟悉的，她激进的政治观也与左联的成员们相似，他们也把她当成了朋友。1936 年，左联解散后，史沫特莱在上海的圈子瓦解了，她感到政治上的窒息，同剩下的朋友也疏远了，所以，她离开了上海，想去前线。

史沫特莱后来接到了去山西前线访问的邀请，而当时她对随行的翻译感到很不满意，[②]急需找一个新的翻译，周扬便向她推荐了周立波。此时的周立波与史沫特莱并不是第一次碰面，史沫特莱在《从西安到前线》一文中记述了他们的旅程："我们一行中，有两位中国作家周立波和舒群，他们作为记者跟我一起去前线。"[③]在这里，她没有花费太多的笔墨介绍周立波和舒群，这与她每碰到一个新认识的人都要介绍一番，并且发表一下她的第一印象不同，说明他们可能之前就认识。《史沫特莱》的作者麦金龙(Janice R Mackinnon, Stephen R Mackinnon)夫妇通过调查采访推论，史沫特莱早在 20 世纪 30 年代在上海时就与中国左联的作家保持着密切的联系，而且还与他们中间的许多人发展了友谊，其中有可能包括周立波。[④]因此她欣然同意了周立波担任她的翻译，一同去前线。

10 月

16 日　与舒群陪同史沫特莱从西安出发，从风陵渡过黄河，到山西。周立波对于能陪同史沫特莱前往前线是非常兴奋的，这实现了他一直以来想要参军的愿望。与他们同行的舒群后来回忆，周立波也许是因为第一次行军，倍感兴奋而忘却了疲倦，经常走到队伍的前面，把他和史沫特莱落下有一二里远。后来趁着休息，舒群骑着骡子赶上了他，并严肃地说，行军并非一天两天的事，不知道要走多远呢。可是周立波不听，只是向他笑了笑，

---

① 参阅[美]珍妮斯·麦金龙，斯蒂芬·麦金龙著，汪杉等译：《史沫特莱》，第 171—190 页。

② 这个翻译是个知识分子，在北平当过教师。有一次，他们在一个村庄里遇见一个农民的孩子有严重的脚伤，史沫特莱对他非常同情，同时尽力为他消毒、包扎。可是那位翻译却认为："同情老百姓有什么用。老百姓多着呢。"史沫特莱认为这位翻译的态度反映了自古以来中国"士大夫"那种对待老百姓的态度，为此多次和他发生了激烈的争论，而且对这位翻译深感不满。——参阅史沫特莱著，孟胜德译：《史沫特莱文集》第 1 卷，新华出版社，1985 年，第 14—15 页。

③ [美]史沫特莱著，孟胜德译：《史沫特莱文集》第 1 卷，第 34 页。

④ 参阅[美]珍妮斯·麦金龙，斯蒂芬·麦金龙著，汪杉等译：《史沫特莱》，中华书局，1991 年，第 206—207 页。

笑中好像带着一种骄傲。[1]周立波后来给周扬的信中也表达了他在前线随同部队行军的一种快乐："我打算正式参加部队去。烽火连天的华北，正待我们去创造新世界。我将抛弃了纸笔，去做一名游击队员。我无所顾虑，也无所畏惧。我要无挂无碍地参加华北抗日的战争。我爱这种生活，战斗的，而又是永远新鲜的。"[2]这些事实都证明年轻的周立波对革命抱有极大的热情，并且有一颗纯朴而又真挚的爱国心。

18 日　写作散文《战时旅行日记》，后发表在 11 月 16 日上海的《抵抗》上，署名立波。周立波、舒群、史沫特莱一行到达八路军太原办事处见到周恩来。周恩来向他们介绍了前线情况，并画了由太原到五台山的行军路线图。

按：史沫特莱去前线的目的就是要把中国的战况和八路军的情况反映到全世界，因此她一开始就是带着写作目的去的。她与周立波同行的两个多月时间里，白天访问走路，夜晚便把所得的材料用打字机整理出来，然后在白天行军的时候交给沿途的邮局寄出。[3]除了写单篇的文章外，她还把大量的笔记以日记形式整理出来，这就是翌年在纽约和伦敦出版的《中国在反击》。史沫特莱的工作精神和效率得到了舒群和周立波两个年轻人的钦佩，周立波后来在回忆中提到当时史沫特莱的工作是多么神速。[4]周立波陪同史沫特莱在前线采访的两个多月里，发表的作品不多，这可能是由于一路行军的疲惫，使得刚告别亭子间生活的青年知识分子周立波不能适应白天行军、晚上创作的紧张生活，无法像史沫特莱那样进行神速而高效率的创作。史沫特莱就看到了他身上的知识分子气质，她曾认为周立波当八路军太年轻，太文质彬彬了——就像一条离了水的鱼。[5]但她对周立波十分理解，认为"目前的生活这样的艰苦，他常常因过于疲累而无法利用自己的经验。我想，随着时间的推移，他会得到锻炼而能够适应目前这种艰苦生活的"。[6]也许是行军过于艰苦，以致周立波在陪同史沫特莱的日子里因疲惫而无法写出作品。然而史沫特莱的设想后来变成了现实，周立波在陪同卡尔逊考察

---

① 参阅舒群：《西线随征记》，上海杂志公司，1938 年 6 月，第 13—15 页。

② 周立波：《信》，载《战地日记》，上海杂志公司，1938 年 6 月。

③ 参阅[美]史沫特莱著，孟胜德译：《史沫特莱文集》第 4 卷，第 139 页。

④ 参阅[美]珍妮斯·麦金龙，斯蒂芬·麦金龙著，汪杉等译：《史沫特莱》，第 245 页。

⑤ [美]珍妮斯·麦金龙，斯蒂芬·麦金龙著，汪杉等译：《史沫特莱》，第 246 页。

⑥ [美]史沫特莱著，孟胜德译：《史沫特莱文集》第 4 卷，第 134 页。

的过程中逐渐适应了行军生活，而且坚持每天写作，写下了两部报告文学集——《晋察冀边区印象记》和《战地日记》。这也许跟史沫特莱对他的鼓励有关。

本月

与舒群、史沫特莱一行到达山西五台山旁的南茹村采访八路军总司令部。总司令朱德和政治部主任任弼时接见了他们。

11 月

15 日　在晋中万安镇八路军总部采访副总司令彭德怀。

12 月

10 日　在武汉《新学识》半月刊发表通讯《彭德怀将军论抗战形势》，署名立波。这是一篇访问记，写的是彭德怀在会见史沫特莱时谈到的中国当前的抗战形势。

12 日　在西安《救亡》周刊发表《从一个日兵尸体上捡获两封未寄的信》，署名立波。

17 日　陪同史沫特莱回到西安，这次行程结束。

按：周立波、舒群与史沫特莱同行期间同寝同食，结下了深厚的革命友谊。史沫特莱几乎像母亲似的关心着周立波的智力发展和身体健康。周立波后来回忆，那时他对朋友亲热地称呼史沫特莱为“老太”。①他们一路上除了采访，也互相交流和讨论。他们时常讨论一些文学问题。史沫特莱认为周立波与舒群都是名副其实的知识分子，他们远离人民大众的生活，是不可能写出中国人民斗争的真实故事来的。在文学见解上，周立波的观点更贴近史沫特莱。史沫特莱曾回忆说：“其中有个叫舒群的作家，他首先感兴趣的是‘艺术风格’。如果你就某一著作向他请教，他要讲给你的第一条就是那本书的艺术风格如何如何。然后你才能从他的谈话中窥测出一些有关的内容。不错，立波倒是注重文章的内容的。”②

---

① 参阅[美]珍妮斯·麦金龙，斯蒂芬·麦金龙著，汪杉等译：《史沫特莱》，第 246 页。
② [美]史沫特莱著，孟胜德译：《史沫特莱文集》第 4 卷，第 134 页。

20日　在八路军西安办事处致信周扬。信中描述了他一个多月的战地生活的见闻和感受，以及他对这种战地生活的热爱之情。

26日　受任弼时委派，再次作为翻译陪同当时美国驻华使馆参赞卡尔逊去晋察冀边区实地考察八路军抗日的情况。卡尔逊在山西八路军总部见到周立波后，十分高兴，称遇到了“老熟人”。他第一次遇见周立波是在1937年10月的西安，周立波给他留下了很好的印象：“他是一个很机敏的小伙子，热心而且理性上非常诚实。我们之间发展了一种很深的友谊。”①

按：卡尔逊的身份不同于斯诺、史沫特莱等人，他除了是参赞外，还有一个特殊的身份——罗斯福总统的前副卫队长和私人朋友。1937年7月卡尔逊去上海前不久，接到了罗斯福写给他的信：“我以为今年夏天的中国将会有许多事情发生，我很希望听到你对此有什么看法。”②罗斯福要求他考察后提交中国战区的情况分析报告，而且他的报告“只限于我们两人知道”。③因此，他的这次考察并非一般的军事访问或个人访问，他是身负重要的政治任务前去的。

上午11时从山西洪洞高公村动身，舒群送行至野外，下午3时半到达苏铺，夜宿苏铺。

27日　行军至安泽县的下冶村，夜宿下冶村。周立波记载：“村人待我们很好。见了我们，如迎亲友，争送茶水和煤炭。我们投宿的那家小店，还请我们喝酒，吃他们自制的茶食和家产的核桃。”④

28日　从安泽县的下冶村到亢驿。有感于同行的田守尧同志为了革命不畏牺牲，带伤重回前线，“他还在吃药，可是前方太需要人，不容他有从容的休养，带着药瓶，也带着八路军战士常有的乐观的微笑，他正回

---

① Evans Fordyge Carlson, *Twin Stars of China*, p.66.

② 参阅 Hugh Deane, *Evans F.Carlson on China at War*, *1937—1941*, China and Us Publications New York, 1993, p.11.

③ 卡尔逊在考察中国战区期间一直坚持定期给罗斯福写信报告战区的情况，除了遗失的几封信外，其余的17封现今被保存在海德公园的总统图书馆里。这17封信连同卡尔逊的其他一些私人信件被编辑成书。参阅 Hugh Deane, *Evans F.Carlson on China at War*, *1937—1941*, China and Us Publications New York, 1993, p.10。

④ 周立波：《战地日记》，上海杂志公司，1938年6月，第38页。

到晋北去”。①

29 日　从亢驿动身，到达沁源县，夜宿石渠村。

30 日　沿沁河行军，到沁县的尧山。

31 日　抵达沁县县城，拜访八路军 120 师师长刘伯承、政治部副主任宋任穷。

按：卡尔逊特别关注中共领导人对中日战争的军事分析，他每遇见一个中共的领导人，都要和他们谈战争的形势问题，而且他的书中详细记录了中共领导对战争形势的分析。在这次与刘伯承的会见中他写下了刘伯承谈到的一次军事作战行动：“日本人派出 5 支部队试图摧毁我们师，我们的主力在靠近何顺县的山上，敌军从西、北、南三个方向夹击我们，我们的一支部队伏击在附近，并且击溃了敌人一支 600 人的部队。伏击部队然后迅速横穿县城 300 英里，意外地发现了敌军的第二支部队。剩下的 3 支敌军联合起来，从前面和侧面包围了我们的主力。那天晚上，我们留下一支部队在山上，其余的包围了敌人的后方和侧翼。白天我们攻击敌军的侧翼，游击队袭击它的后方。这场胜利给我们带来了 50 匹马、大量的步枪和子弹，还有几个收音机。在这次行动中，我们依靠人民带给我们信息，而他们没有让我们失望。”②

1938 年　　30 岁

1 月

1 日　在沁州过新年。

2 日　参加沁州新年人民武装大检阅。

3 日　到武乡县，与 120 师宣传队同行。途中遇见年纪只有十二三岁

---

① 周立波：《战地日记》，上海杂志公司，1938 年 6 月，第 38 页。

② Evans Fordyge Carlson, *Twin Stars of China*, p.93.

的“老红军”站在路边吹奏口琴“救亡歌”，卡尔逊称赞“奇妙的音乐”。①

4日　从武乡县动身到洪水村。

5日　赴辽州，在辽州城外会见八路军120师副师长徐向前和政委张浩（林育英）。

6日　和卡尔逊一起夜宿阎锡山军队兵房。晚上睡觉时屋子里生了一盆木炭火，因门窗紧闭，睡到半夜，突感头晕，呼吸不畅，“我知道不对，立即起来，想去开门，从床边到门边不过五尺远，跌了五六跤，脚膝跌在粗糙的水门汀地板上，擦去两块皮，血流出来，但终于打开了房门，一接触冷空气，人就好了”。②

7日　在120师师部参加座谈会。卡尔逊在会上讲话，讲了一段日本侵华小史，分析了日本侵华军队的现状。卡尔逊认为：“一、这一次中日战争表现了日本不是第一等强国。二、只要中国能够继续抗战，能够抗战到底，世界给予中国的同情与援助，会日益加多。三、日本国内，不久会发生革命。日本帝国会崩溃。”③

8日　拜访宋任穷，参观120师在昔阳七亘村战斗中得到的战利品展览室。有两样东西引起了周立波的注意，一样是日本特务用的袖珍无线电发报机，另一样是一个中年日兵全家大小“祝出征”的照片。

9日　徐向前与张浩来谈，谈了正太路北京站和平汉路的战况。

10日　从辽州动身到庄里村，走了70里，参观八路军随营学校学生练习投手榴弹。

11日　到龙旺村，采访陈赓。陈赓送周立波一支从日军缴来的钢笔，送卡尔逊一把日本短刀。

---

①② 周立波：《战地日记》，第49页。

③ 同上书，第48页。

12 日　从龙旺村到石板坂。

13 日　到和顺县，一位年轻县长带周立波一行看被日军轰炸的县立第一女子小学。夜宿牛川。

14 日　由牛川到皋落，拜访在阳明堡烧敌人飞机的两位英雄——陈团长与孔营长，写下了《阳明堡英雄》。

按：阳明堡战斗发生在 1937 年 10 月 19 日晚，由八路军 129 师 769 团团长陈锡联率领三个营，摸进阳明堡日军机场，炸毁敌机 24 架，毙敌 100 余人。769 团伤亡 30 余人。769 团夜袭阳明堡日军机场是八路军 129 师在抗日初期取得的第一次重大胜利，有力地支援了国民党军队在山西组织的忻口会战，是继 115 师平型关战役、120 师雁门关伏击战的第三个“首战告捷”。

15 日　从皋落出发，下午到葱窝，离这里不远处正在战斗，听得见枪炮声。

16 日　听陈团长讲前线战斗的情况。

17 日　住在皋落，住处可以听到枪声。

18 日　和卡尔逊一起到镇外散步时，遇到皋落教会的一个牧师，他说了寿阳城里两个美国牧师被日本兵杀害的情况，卡尔逊听后，“微微地显露了一点忧容”。

19 日　因为前面打仗，仍留皋落。

20 日　动身走 30 里，到前岩，下午到距昔阳 60 里的东冶头。

21 日　从前岩到营庄，走了 60 里。途中马失足落在田里，遗失了一些一路行军的记录材料。

22 日　从营庄出发，到河北井陉的蒋家村。离正太铁路很近，看到沿途被日军破坏的情况。同行的有聂荣臻的夫人张瑞华。

23日　离开日军封锁区。

24日　到达晋察冀边区安全地带休息。晚宿平山北冶里。

25日　与田守尧分别。

按:田守尧为八路军115师徐海东部下的一位团长,周立波、卡尔逊从山西洪洞出发时他就一路随行,一路上对周立波诸多照顾,周立波在他的报告文学集《晋察冀边区印象记》中还就他的事迹写下《田守尧同志》一文。

26日　到达南文都村,访问八路军旅长徐海东、政委黄克诚同志,写了《徐海东将军》一文。

27日　从南文村出发,到平山会口林。

28日　晚上9时到城南庄,走了几十里夜路。

29日　在山西阜平访问聂荣臻同志。写了《聂荣臻同志》一文。

30日　留阜平,宿县政府。到阜平城外30里处参观边区军政学校。

31日　晚上到龙泉关,夜宿招提寺。

2月

1日　早晨从招提寺出发,经过龙泉关,翻越长城岭。午后到台麓寺,晚宿门限市杨爱源宅。

按:杨爱源系阎锡山外甥。

2日　从门限市动身,下午到南茹林,走了20里。

3日　下午3时到东冶镇,邻近的河边村是阎锡山的故里。

4 日　从东冶镇出发，到营房。

5 日　白天留营房，等待晚上渡滹沱河，过同蒲路。

6 日　由贺龙部队保卫过同蒲铁路，到达八路军王震旅部——山西轩岗。拜访了王震同志。王震与卡尔逊交流了作战经验。

7 日　从轩岗动身到石庄，夜宿龙王庙。

8 日　从石庆到宁化，宿宁化区公所。截至这天，他们一共走了 2 013 里。卡尔逊带了一个计程表，十分精确地计算了他们走过的路程。

9 日　从宁化堡到静乐县，走了 80 里。

10 日　到山西岚县，访问贺龙。写了《师生游击队》一文。

11 日　留岚县，和贺龙谈话。贺龙详细地谈了关于晋西、绥远、同蒲路和平绥路的敌情。

12 日　下午到普明，走了 40 里。

13 日　从普明动身，下午到方山，走了 90 里。

14 日　早晨从方山动身，下午抵峪口镇，走了 80 里。

15 日　这天是古历正月十五灯节。到离石，走了 70 里。

16 日　乘总司令部的汽车，半天走了 240 里，到孝义县总九峪镇。晚上 8 时，汽车夜行，走了 240 里，鸡鸣时到隰县午城镇。

18 日　继续乘车南下，遇到日军空袭。到蒲县。

19 日　早晨到八路军临汾兵站，下午到洪洞牧马村。在洪洞见了朱德，谈到深夜。

按：卡尔逊在《中国的双星》中记录了这个情节。朱德问卡尔逊："你能给我们分析一下整个世界的政治形势吗？我们这里与外界隔绝，很少有机会了解外国发生的情况。"卡尔逊对欧洲、美国和亚洲的政治情况进行了大致的描述，朱德等在场的每一个人都记了笔记。接着朱德等人又问了很多其他的问题。比如如果德国侵略了捷克斯洛伐克，英国会怎么做？为什么民主国家不帮助西班牙政府推翻法国？为什么美国不迫使日本尊重"九国公约"？卡尔逊对此都一一作了回答。当轮到卡尔逊发问时，他问道："你们抵抗日本侵略的基本计划是什么？"朱德回答说："我们认为要对抗具有现代军事装备和组织形式的日军，必须要调动全民族的力量。……必须要有一个能使 10 到 12 个区县自给自足的经济计划，由于通讯条件恶劣，有些地区将会被日军孤立。这是我们计划的第一部分。"①从这个情节可以看出，朱德等中共领导人与卡尔逊之间的交流都是由周立波翻译和传达的，周立波便成为了他们沟通的中介。朱德通过卡尔逊知道了国际的政治形势，而卡尔逊则通过朱德了解到了中国共产党的作战计划和抗战理念。在这个过程中，卡尔逊对朱德等中共领导人有了进一步的认识，而且对他们留下了很好的印象。

20 日　留临汾。

21 日　陪卡尔逊去看阎锡山。送卡尔逊离晋。回刘村。

按：周立波通过与卡尔逊一个多月的相处，对美国人有了一种新的认识："更要紧的，是他使我知道也有另外一种美国人，他们不像银幕上的美国人的油滑，当然也不像社会主义者的意识明确，对于许多问题他缺乏理解，但是凡被他理解，而且相信了的事，他就会紧紧抓住。像他这样一个生长在资产阶级社会的人，是重视个人的情谊的，但是他对美国的国家利益的看重，又在个人情谊以上。"他认同卡尔逊一切以国家利益为重的思想，他认为卡尔逊"生活的主宰不是虚无缥缈的上帝，而是实际的国家的利益和个人的成就。美国的实际主义和俄国的革命精神的结合，是受到了伟大的列宁赞扬的革命家的气质"。另一方面，由于彼此信仰的不同，他始终不能把卡尔逊当作"同路人"，正如他自己所概括的："卡尔逊的信仰，是真像一个军人一

① Evans Fordyge Carlson, *Twin Stars of China*, p.80.

样的单纯。……卡尔逊离革命是太遥远了。”①他通过卡尔逊对美国人的重新认识也构成了他报告文学内容的一部分。

另一方面，周立波也对卡尔逊中国观的改变起到了一定的作用。1925 年 1 月卡尔逊曾被派到中国执行特殊任务。去中国之前，他对中国和中国人并不十分了解。当时在军营里流传着这样一种看法：“中国佬是一伙子群氓，他们常常大打出手。有那么一个名叫孙中山的家伙挑起了一场反对政府的革命。……他们想把曾是中国最好的朋友——所有的传教士和美孚石油公司的人员通通赶出中国去。……那么派我们海军陆战队去保护美国人的生命和财产是起码的理智。无论如何，我们要制止中国佬变成赤色分子。”②当卡尔逊和同他一起的军官以及士兵到中国去执行任务时，他们预料是去参加一场反对暴民的战争。如果说他们阅读或研究过有关中国的情况，那么也只是根据一份在舰队中传阅的备忘录。这份备忘录综合起来有以下几点：中国的国家法律是草菅人命的；中国人的行径野蛮，而且欠下美国十亿美元的债务；中国的军阀们、蒋介石之流背信弃义；中国人没有管理自己的能力。③这份备忘录完全是以高高在上的帝国主义的口吻写成的。对于卡尔逊们来说，中国遍地暴民横行，而美国海军陆战队是到中国去建立法治和秩序的。这一认识是卡尔逊和其他陆战队员们在 1927 年时对中国的认识，这也构成了卡尔逊去中国之前对中国的一种理解。

到达中国后，他第一次走在上海的街道上，感到“每条街道都挤满了中国人，接踵向前走去，犹如一个养殖池中的一群一指长的小鲑鱼，无意识地、漫无目的地游来游去”。此外是气味：“来自覆盖着一层油腻浮垢的一潭死水的河溪和小运河，来自正在晾晒的死鱼，来自从码头飘来的苦涩的煤烟，来自正在腐烂的未掩埋的尸体。这种气味像无穷尽的人流一般具有冲击力，似乎是有形的。”④卡尔逊对中国的第一印象便是人多和难闻的气味。

1927 年 3 月 21 日，上海爆发了上海工人第三次武装起义，工人占领了上海。对外国人来说，当时的公共租界十分危险。这种危险来自上海市民

---

① 周立波：《战地日记》，上海杂志公司，1938 年，第 120 页。

② [美]米契尔·布赖克福特著，刘山等译：《卡尔逊与中国》，生活·读书·新知三联书店，1985 年，第 122 页。本段相关史实均参阅此书。

③ 参阅[美]米契尔·布赖克福特著，刘山等译：《卡尔逊与中国》，第 124 页。

④ [美]米契尔·布赖克福特著，刘山等译：《卡尔逊与中国》，第 127 页。

高涨的反帝情绪。美国海军陆战队奉命支援驻守在公共租界北部的英军。此时的卡尔逊带着对中国“遍地是暴民”的一种前理解，以及对上海糟糕的第一印象，对中国是充满了偏见和仇恨的。他在当时给家里写的信中重复着他听到的种族优越的帝国主义式的语言：“唯一奏效的政策是教训中国人一顿。除非我们占领汉口、南京、天津和上海，并且严惩那些公然反抗的所有人们，这个民族就不会忘记他们对外国人应有的尊敬。”①

通过实地考察，卡尔逊对中国的前理解也发生了彻底的改变。比如他考察了八路军在山西的总部后写道：“总司令朱德、政委任弼时、参谋长左权和其他的八路军领导人都非常地热情、真诚。尤其是朱德总司令，给我留下了深刻的印象。我惊奇地发现，八路军领导人身上的这些特点与传统的中国格格不入，这使我在很长一段时间里认为自己到了一个新的世纪。而培养这种品德正是八路军宗旨的一部分。”②另外，他发现八路军的“官”与“兵”的关系是平等的。所有的领导人都有双重身份，既是指挥员也是战士。八路军的军队中不以军衔来衡量人的高低，所有将士们都以同志互称，指挥员的权威地位不靠标志性的级别来宣扬，他们亲切地与普通战士交往。这一点也是八路军区别于其他部队的特点。③卡尔逊在实地考察中了解到了八路军的真实情况，颠覆了他先前对八路军及中国人所抱有的不好的印象。这其中，作为翻译的周立波是起到了一定的作用的。

25日　离开洪洞，由刘村到临汾乘火车去武汉。

3月

周立波到武汉。汉口读书生活出版社总经理黄洛峰约周立波把在边区的经历写一本书出版，并为他租了房子。

19日　在汉口《群众》周刊发表短论《为高尔基报仇》，署名立波。

21日　在汉口《新华日报》发表报告文学《从河北归来》，署名立波。

23日　在广州《救亡日报》发表报告文学《娘子关前(上)》，署名立波。

---

① [美]米契尔·布赖克福特著，刘山等译：《卡尔逊与中国》，第133页。

② Evans Fordyge Carlson, *Twin Stars of China*, pp.42—43.

③ 参阅 Evans Fordyge Carlson, *Twin Stars of China*, pp.45—47.

24 日　在广州《救亡日报》发表报告文学《娘子关前(下)》，署名立波。

26 日　在汉口《全民周刊》发表报告文学《东冶头一瞥》，署名立波。

27 日　被选为中华全国文艺界抗敌协会的候补理事。

按：为了组织和号召广大文艺工作者用文艺来发动群众，共同抗日，1938 年 3 月 27 日，中华全国文艺界抗敌协会在汉口总商会礼堂成立，这是当时规模最大、影响最广的全国性抗战文艺社团。正如它的《发起旨趣》中提出的："我们应该把分散的各个战友的力量团织起来，像前线将士用他们的枪一样，用我们的笔，来发动民众，捍卫祖国，粉碎日寇，争取胜利。民族的命运，也将是文艺的命运，使我们的文艺战士能发挥最大的力量，把中华民族文艺伟大的光芒，照彻于全世界，照彻于全人类。"①在成立大会上发表的《中华全国文艺界抗敌协会宣言》也提出协会的任务是："对国内，我们必须喊出民族的危亡，宣布暴日的罪状，造成全民族严肃的抗战情绪生活，以求持久的抵抗，争取最后胜利。对世界，我们必须揭露日本的野心与暴行，引起全人类的正义感，以共同制裁侵略者。"②会议选举老舍、郭沫若、茅盾、丁玲、胡风、张道藩、胡秋原、沈从文、曹禺等 45 人为理事，周恩来、蔡元培、宋庆龄、于右任等为名誉理事，周扬、吴奚如、罗烽、舒群、立波、欧阳山、宗白华、梁宗岱等 15 人为候补理事。

31 日　在广州《救亡日报》发表书信《战地归雁》。信中询问《娘子关前》是否能发表，并说"约一月左右，我将再到前方，当为《救亡日报》经常投稿。……离沪后，不胜怀念上海和上海友人。有几个朋友，现在广州？今年元旦在山西沁州，想亲友星散，伤怀不能自禁"。周立波在信中还写诗一首："塞北胡尘满，江南血泪遍。多情无一字，凄冷度新年。"描写沁州凄冷的新年气象。

按：这封书信发表后未署名。当时广州《救亡日报》的社长是郭沫若，总编辑是夏衍。周立波后来(同年的 9 月 15 日)在广州《救亡日报》又发表了一篇书信《南陵归来》，该信明确是写给夏衍的。因此可以判断，这封信应该也是写给夏衍的。

---

① 文天行等编：《中华全国文艺界抗敌协会史料选编》，四川省社会科学院出版社，1983 年，第 17 页。

② 同上书，第 12 页。

4月

5日　在汉口《战地》半月刊发表报告文学《洪子店的劫火余烟》，署名立波。此时，舒群已从延安到武汉，任《战地》半月刊的编辑，两位在前线时的战友再次见面了。

7日　在广州《救亡日报》发表日记《北行一日记》，署名立波。

11日　在汉口《新华日报》发表书信《致〈新华日报〉编者信》，署名立波。此信写于1938年3月29日，周立波在报纸上读到八路军总司令朱德、副总司令彭德怀的通电后，从读书生活出版社预支一笔稿费支援抗日。

17日　在汉口《群众》周刊发表报告文学《师生游击队》，署名立波。

20日　在汉口《战地》半月刊发表《儿叶日记》，署名立波。

21日　在汉口《新华日报》发表报告文学《五台山麓》，署名立波。

本月

翻译的报告文学集《秘密的中国》由汉口天马书店出版。

按：周立波翻译《秘密的中国》最初是以单篇的形式发表在《文学界》上。《文学界》原本约周立波将《秘密的中国》全部译出，每期发表一二篇，可惜的是《文学界》只出了四期便夭折了，周立波也只是在上面发表了三篇译文，未能按预想的如期全部发表。1938年周立波在《秘密的中国》的《译后再一个附记》中提到："本书于去年7月8日在上海校好后不久。淞沪战争再起，于是，描写了'一·二八'初次淞沪战争时日军暴行的本书的铅版，在'八一三'再度淞沪战争中，被日军的炮火毁去了。幸书店保存了我所校改的校样一份，使它还有在汉口出版的机会。"①根据周立波1936年的翻译活动和他在译作《秘密的中国》中写下的《译后再一个附记》可知，《秘密的中国》译本在周立波翻译《被开垦的处女地》之前并未译完，直到1937年7月才最终完稿。可见周立波是在《文学界》停刊之后有意识地坚持将《秘密的中国》全文

---

① [捷克]基希著，周立波译：《秘密的中国·译后再一个附记》，东方出版中心，2001年，第206页。

译出，因此，他对这部作品应该是非常重视的。

6 月

10 日　在汉口《新学识》发表报告文学《在山西沁州》，署名立波。

25 日　在上海《文艺》旬刊发表书信《给友人》，署名立波。

在汉口的上海杂志公司出版发行报告文学集《战地日记》。《战地日记》收录了《晋北途中》《晋西旅程记》和《信》3 篇文章，是以日记的形式记载了从 1937 年 12 月 26 日到 1938 年 2 月 28 日陪同卡尔逊访问八路军的 52 天的行程。

本月

在汉口读书生活出版社出版发行报告文学集《晋察冀边区印象记》。

按：该报告文学集收入 24 篇通讯，加上两篇附录《师生游击队》《游击队的母亲》共 26 篇，另有《剪报一束》《宣传材料拾零》。由漫画家丰子恺作封面设计，并题写书名。该书出版后在读者中反响较大。沈钧儒主持的《全民周刊》曾发表了罗之扬写的一篇书评，这是评论周立波作品的最早的文章。罗认为周立波的报告文学堪比基希的《秘密的中国》，“单读《印象记》自然而然的想起《秘密的中国》。当我读基希的《秘密的中国》时，曾期望着报告文学《战斗与自由的中国》之出现，《晋察冀边区印象记》可说就是这么一本作品”。①

8 月

由八路军武汉办事处委派，担任苏联塔斯社驻华军事记者瓦里耶夫的英文翻译，到江西访问了国民党顾祝同司令部，到皖南访问了新四军军部，拜访了副军长项英等。

本月

结束翻译任务后，从武汉回湖南益阳老家休养。

9 月

在老家休养了一个月，再返武汉。休养时，应邀到蔚南女中报告华北八

① 罗之扬：《晋察冀边区印象记》，载《全民周刊》，1938 年 7 月 2 日。

路军抗敌事迹，并和林煦春[①]、林伯森讨论蔚南女中的办学方向与政治态度，建议在蔚南女中开展地下党团活动。

按：蔚南女中由益阳籍进步人士林伯森1930年在长沙创办。1938年春，因日军轰炸长沙，搬到益阳县板桥周氏宗堂。

15日　在广州《救亡日报·十日文萃》发表给夏衍的书信《南陵归来》，署名立波。周立波在信中非常牵挂上海友人的安全，还讲述了在安徽南陵遇山洪"大难不死"的经历和在汉口的文艺界人士的情况等。

24日　在广州《抗战文艺·武汉特刊》发表报告文学《九华山下》，署名立波。文章表露了对抗战的信心和决心。

本日　离开武汉到长沙。

10月

7日　在长沙天心阁写作报告文学《三至长沙》。此时住在长沙韭菜园一家民房里，刚和八路军长沙办事处取得联系，正等待分配工作。[②]

15日　在汉口《新华日报》发表报告文学《三至长沙》，署名立波。

本日　苏联杂志《国际灯塔》发表翻译为俄文的报告文学《游击队员的母亲》，这是周立波第一篇被译介到国外的文学作品。

按：1979年12月5日，苏联科学院远东研究所学者B.索罗金在苏联《文学报》上发表题为《爱国主义者，国际主义者》一文，悼念周立波的逝世。该文由理然译成中文，刊载在1980年第4期的中国社会科学院文学研究所的内部刊物《文学研究动态》上。理然在译者按中提到，周立波的作品最早被译成俄文的是他的短篇小说《游击队员的母亲》，发表在苏联杂志《国际灯塔》1938年第10期上。据胡光凡考证，《游击队员的母亲》不是短篇小说，而是一篇报告文学，讲的是一位游击队员的母亲让两个儿子上前线抗日的

---

① 林煦春(1920—1984)，1938年在蔚南女中任教，担任该校地下党支部书记，后任地下党益阳县委书记，系周立波表侄。

② 参阅周立波：《长沙大火前后》，载《芙蓉》创刊号，1980年1月1日。

感人的故事，曾作为“附录”收在周立波1938年6月在汉口出版的报告文学《晋察冀边区印象记》一书中。①

11月

5日　翻译苏联作家柯尔佐夫的报告文学《意大利法西斯蒂在瓜达拉哈拉的遭遇》，发表在重庆《抗战文艺》周刊上，署名立波。

11日　长沙“文夕”大火前一天，在长沙寿星街2号八路军办事处见到周恩来，并接受了他分配的任务——到沅陵办《抗战日报》。周立波记录了当时的情况：“周恩来同志看见我进来，招呼我坐在他旁边的一把椅子上，随即结束了他和那位同志的谈话。那位同志走了以后，他开门见山地对我说道：‘派你到沅陵去办报纸，要办一个统一战线的报纸。对国民党政府办的事情，凡是有利于抗战的，我们就要赞扬；凡是不利于抗战的，我们就要批评。交给你一部机器，一套铅字，八百块钱。有两位负伤的印刷工人跟你去，他们到那里一面养伤，一面帮助你们建立印刷所。另外还有几个同志跟你去。我们用办事处的汽车送你们走。明天上午你到这里来上车。’”②当时廖沫沙、欧阳山、草明等也在沅陵，周立波和廖沫沙一起主持编辑《抗战日报》，同时参加了沅陵地下党县委工作，兼做统战工作。

按：《抗战日报》是由周恩来安排布置，徐特立具体领导，田汉邀集湖南文化、新闻等各界人士，以私人集股的方式，于1938年1月28日即上海“一·二八”抗日战争6周年纪念日在长沙创办，是党领导下的抗日民族统一战线的民间报纸。1938年7月31日，主持编辑的廖沫沙因家庭变故，无法继续工作，《抗战日报》不得不休刊。③后于1938年底在沅陵复刊，1939年6月15日被迫停刊，在长沙、沅陵两地共计发行1年时间。《抗战日报》始终坚持抗战的立场，批判任何对抗战不利的错误思想，如国民党散布的“速胜论”和“抗战必败论”等，揭露国民政府在抗战工作中的各种黑幕。

当时报社人员无工资，生活艰难，《抗战日报》社便办了一个小电影院和一家缝纫厂，作为办报经费的来源。1939年1月，周立波的前妻姚陵华携

① 参阅胡光凡：《两份珍贵的史料》，发表在2004年11月的益阳三周研究会的内部刊物《三周研究》创刊号上。

② 周立波：《长沙大火前后》，载《周立波选集》第4卷，湖南人民出版社，1983年，第222页。

③ 参阅谌震：《记湖南〈抗战日报〉》，载《新闻资料研究》，1982年第6期。

他们7岁的长子周健明也到了沅陵。姚陵华在缝纫厂工作，周健明进了难童院。姚陵华对这段时期的生活曾有过回忆："当时周立波在沅陵办《抗战日报》时生活相当艰苦。为了生活，我只好将大孩子周健明送到孤儿院，自己到缝纫工厂做缝纫活。周立波生病是新路书店经理彭少彭同志接济他养病，我也用微薄的工钱买点东西给他吃。"①同时，周立波还写信给他的妹夫雷夏，邀其到沅陵一起办报。雷夏到达沅陵后任《抗战日报》副刊编辑。在欧阳山、草明、廖沫沙、周立波等先后离开沅陵后，《抗战日报》后期的工作主要由雷夏和廖沫沙的同学林岳松主持。《抗战日报》停刊后，雷夏离开沅陵回益阳，在益阳蔚南女中任教，继续从事地下工作，1942年病逝。②

月底

到达沅陵，协助廖沫沙办《抗战日报》。《抗战日报》的主编是廖沫沙，周立波任副主编兼党支部书记。地址在沅陵县城马坊界1号周举仁家。

12月

月初　参加沅陵县委会议，汇报《抗战日报》工作情况。徐特立驻沅陵办事处的工作人员戴立人在会上提名周立波担任沅陵县委宣传部长兼管统战工作。

按：中共沅陵县委员会于1938年10月成立，由丁务淳③担任县委书记。丁务淳于11月11日跟随湘岸盐务处迁到沅陵。沅陵县委由丁务淳、陈德明④、周立波3人组成。

25日　在上海《文艺》半月刊发表诗歌《别了！武汉》和《书简与诗》，署名立波。《别了！武汉》写于9月23日离开武汉赴长沙的前夕；《书简与诗》写于9月25日。《书简与诗》收录诗两首，一首写了在山西五台山与舒群离别时的感慨，一首写的是在沁州过新年的凄冷景象。

---

① 姚陵华口述，张宗高、张必禄记录：《姚陵华同志谈〈抗战日报〉》，载中共沅陵县委党史办公室编：《辰州烽火》，第332页。

② 参阅刘建安：《雷夏在沅陵〈抗战日报〉》，载中共沅陵县委党史办公室编：《辰州烽火》，第344—345页。

③ 丁务淳生于1916年，又名周宏明，清华大学毕业，时任长沙市委书记，中华人民共和国成立后在电力部、中央直属机关党委任职。

④ 陈德明，女，担任县委组织部长，中华人民共和国成立后在中央统战部工作。

月底　到衡光毛巾厂①组织“工人业余读书会”，学习毛泽东《论持久战》，在该厂发展 3 名党员。

本月

参加领导中苏友协湖南分会党支部工作。中苏友协湖南分会是国民党领导的社会组织，11 月从长沙迁到沅陵，驻县城总爷巷 28 号，成员有蒯伯赞、谭丕模、吕振羽、杨荣国、张天翼等。

到湘岸盐务处②做处长赵君迈③的统战工作。

1939 年　　31 岁

1 月

12 日　在桂林《救亡日报·十日文萃》发表诗歌《南方与北方》，署名立波。

19 日　在《抗战日报》头条发表题为《伤兵休养与难民生活问题》的社论，针对当时沅陵发生的凉水井难民与伤兵冲突事件发表了看法，“目前的急务，是应该极力设法，使散处民间的伤兵有较好的集中的栖身之所，并尽量增加他们的物质的享受。除此之外，伤兵的精神生活也应该注意……我们以为对于伤兵，还应该规定一种政治课程，在伤兵的健康的许可之下，经常的实施抗日的教育，或是成立时事讨论会和读书阅报会，使他们在不妨碍养伤情况之下，渐渐提高了文化水准、政治自觉，使他们在院的时候，不会随便闹事，不会和百姓为难，也不会不理解自己的地位和任务。而在出院，重上前线的时候，不但可以重新武装他们的肢体，而且已经武装了头脑”。对于难民，“湘西有一种矛盾的现象，就是工作找人，人找工作，一方面缺乏劳动力，一方面又有很多没有事做的难民。在乡野，一方面有许多荒山荒土，一方面有无业的难民。政府要极力设法消除这种矛盾，奖励难民参加生产，组织垦荒队，设立垦殖区。特别发动难民参加交通的建设和住室的建造，鼓励私人资本，建立许多小规模的手工业工厂，以安置难民。这样一来，难民

① 衡光毛巾厂 11 月由长沙搬迁到沅陵。

② 湘岸盐务处于 11 月底从长沙迁到沅陵。

③ 赵君迈是时任湖南省政府主席赵恒惕的堂弟，中华人民共和国成立后曾任全国政协常委。

既免流离失所的苦况，而工业与农业，也会逐渐的发达。只有在建设中，才能根本解决难民生活的问题”。

按：日军攻陷武汉后，从武汉与岳阳逃到沅陵避难的人蜂拥而至。因粮食与住房不够，在凉水井发生了伤兵、难民与当地老百姓发生冲突的事件。这篇社论发表后，在社会上影响很大，伤兵和难民的问题引起了沅陵相关部门和人士的重视，他们组织了一系列慰问伤兵和为伤兵、难民演出的活动，起到了很好的宣传效果。《抗战日报》也因报道伤兵和难民的问题在群众中赢得了声望，成为当地一份有影响力的报纸。

2月

在新路书店楼上参加沅陵县委会议，听聂宏钧（时任湖南省委组织部长，中华人民共和国成立后曾任国家粮食部长）传达中共中央六届六中全会精神，于刚（时任湖南省青委书记）传达了延安青年工作会议精神。

4月

21日　从沅陵乘汽车到泸溪，开始到湘西采访。在泸溪看到救亡团体存在的问题：“有的团体自身原不想工作，而想要工作的，又多遭误会，多被阻挠。”①看到泸溪的省立常中由教务主任主持，他有一句名言：“我在这里，学校是我的，你们要反对我，你们都走好了。”②相比常中，常中附小更努力地做着抗战救亡的工作，附小的小学生即使遭人辱骂，也依然为伤兵难民募捐。

按：周立波行程是在中共湘西工委的帮助下，以《抗战日报》记者身份到湘西采访，行程共15天，写作了《湘西行》《湘西苗民的过去和风俗》《雾里的湘西》等文章。

22日　从泸溪动身步行70里到潭溪。潭溪路险人穷，这里“还没有抗战时期的气象，人们还是从容的生活于日常的喜悦和忧虑中”。③

23日　步行80里从潭溪到所里。

24日　在所里参观简易师范与屯区中学。

---

①②③　周立波：《湘西行》，载《中学生》战时半月刊第6期，1939年7月20日。

25 日　在所里观看苗民流行的猴儿鼓舞蹈与民歌演唱。

26 日　由所里到乾城，中途经过鸦溪，参观天王庙。夜宿乾城。

27 日　在箪子坪看苗汉交易百物的“赶场”。

28 日　在乾城看“赶场”。

29 日　步行 90 里，下午到得胜营。

30 日　到凤凰，与朋友同游城外的花园。

本月

廖沫沙离开沅陵后，周立波担任《抗战日报》主编。

5 月

1 日　在凤凰参观县民训总队。当地党的地下组织召集进步青年请周立波作了一个形势报告。

2 日　到凤凰附近的长宜哨。

3 日　返回得胜营。

4 日　回乾城，下午至所里。

5 日　乘汽车回沅陵，结束了湘西之行。

本月

再次从周恩来那里接到任务，随在沅陵巡视工作的湖南省委统战部长任作民①离开沅陵，经湖南省工委所在地邵阳，转往广西桂林编《救亡日

---

① 任作民(1899—1942)，湖南省汨罗县人。1921 年赴莫斯科东方大学学习，1927 年 9 月任中共河南省委宣传部长，1932 年任中共山东省委书记。1933 年因叛徒出卖被捕，1937 年 10 月被营救出狱，11 月任中共湖南特委书记。1942 年 2 月 20 日，因积劳成疾在延安病逝。

报》。周立波在《救亡日报》工作时，条件十分艰苦。据许觉民（曾任中国社科院文学所所长）回忆，“报社人员的生活十分清苦，每月只拿一点生活津贴，平时的饮食只是糙米饭和一盆蔬菜”。[①]当时周立波与艾芜在桂林比邻而居，艾芜回忆：“晚间他去《救亡日报》上夜班，编报纸新闻，一直过着记者的艰苦生活。翻山越岭，到处采访，辛苦备尝，还得在编辑室中，熬更度夜，努力工作。南方的晚上是不烤火的，冷冻大，很难熬下去。立波告诉我，脚都肿了。但他笑着告诉我，没有叫一下苦。”[②]

按：《救亡日报》于1937年8月24日创办于上海，是上海文化界救亡协会（简称“上海文救”）的机关报，最初由“上海文救”与国民党人士合办。郭沫若任社长，夏衍和樊仲云（国民党）任总编辑，汪馥泉（国民党）任编辑部主任，周寒梅（国民党）任经理。上海沦陷后，《救亡日报》迁往广州，1938年10月21日广州沦陷后迁桂林。《救亡日报》之所以在桂林出版，既得益于桂林复杂的政治形式[③]为它创造了机会，其中也有周恩来的功劳。1938年周恩来在武汉时曾经就“统战”做过白崇禧的工作，鼓励他抗日，因而得到了白崇禧的信任。[④]1939年1月10日，《救亡日报》在白崇禧的许可下在桂林复刊。1941年皖南事变后，《救亡日报》被勒令停刊。

1939年，由于受到蒋介石的迫害，“大后方”的革命知识分子都逃到桂林，为《救亡日报》提供了丰富的人才储备。据夏衍回忆，到1940年，来到桂林的文化界人士有茅盾、田汉、洪森、周立波、杨朔、胡风、丰子恺、关山月、吴晓邦、戴爱莲、贺绿汀等，他们为《救亡日报》写文章、跑腿，为《救亡日报》的生存与发展贡献了力量。[⑤]《救亡日报》虽然是共产党领导的一份报纸，但它与党报又有所不同。周恩来曾经指示过《救亡日报》的办报方针，他对夏衍说：“问题不单在销数，而在于读者敢不敢看你们的报，喜不喜欢看你们的报。你们这张报办得像国民党的报纸一样当然不行，办得像《新华日报》一样也不合适，总的方针是宣传抗日、团结、进步，但要办出风格来，办出一份左、中、右三方面的人都要看、都喜欢看的报纸。”[⑥]《救亡日报》到达桂林后，在编辑、发行、管理等方面进行了改革，开始注重新闻内容的采编，文风方面尽量做到通俗易懂，反对教条八股。《救亡日报》在一系列的改革措施和进步文化界人士的支持下，发行量由最初的两千份扩大到八千份，销售到了江

① 许觉民：《忆桂林〈救亡日报〉的人和事》，载《出版史料》，2003年第1期。
② 艾芜：《回忆周立波同志》，载《周立波研究资料》，第142页。
③ 桂系的李宗仁、白崇禧与蒋介石之间有很深的矛盾。
④⑤ 参阅夏衍：《白头记者话当年——记救亡日报》，载《新闻与传播研究》，1980年第2期。
⑥ 夏衍：《巨星永放光芒——夏衍杂文随笔集》，三联书店，1980年，第173页。

南各省、香港和南洋一带，为宣传抗日起到了积极的作用。

7 月

4 日　参加桂林文艺工作者在南京饭店的聚会，商讨成立中华全国文艺界抗敌协会桂林分会筹委会事宜。周立波在这次会上与艾青、艾芜、舒群、田汉、夏衍、方振武、胡愈之、王鲁彦、宋云彬、焦菊隐、赖少其、白薇等 22 人一起被推选为筹备委员。

14 日　在《救亡日报》发表《湘西的苗家》，署名立波。

20 日　在桂林《中学生》半月刊发表报告文学《湘西行》，署名立波。

8 月

5 日　在桂林《中学生》半月刊发表报告文学《湘西行(续)》，署名立波。

17 日　翻译苏联作家亚历山德罗夫的散文《歌曲在红军中》，发表在重庆《新华日报》上，署名立波。

20 日　翻译苏联文艺评论家 Y.斯帕斯基的评论《为什么莎士比亚为苏联人民所珍爱》，发表在《救亡日报》上，署名立波。文章谈到苏联兴起了一股“莎士比亚的戏剧热”，“千千万万的工人和集体农民的戏剧工作室和爱美艺术界都正在莎士比亚戏剧上用工夫”，因为莎士比亚“表现了他的时代的观念和情热，创造了作为自由和勇敢的人类精神所从事的反抗暴虐、压迫和伪善的斗争的具形的，会要永远活着的许多形象”。

9 月

回家乡益阳清溪村。与家人共度中秋节，同时以《救亡日报》记者的身份在家乡采访。

10 月

10 日　在上海《新知》半月刊发表报告文学《晋西北战区四十日记(上)》，署名立波。

按：这篇报告文学记录的是他 1937 年 12 月 28 日及 1938 年 1 月 2 日、5 日、7 日、8 日、9 日的日记，此前已收入《战地日记》中出版。

22日　在《救亡日报》发表报告文学《湘北胜利侧影》，署名立波。

25日　在上海《新知》半月刊发表报告文学《晋西北战区四十日记(下)》，署名立波。

30日　在《救亡日报》发表悼念文章《为叶紫喜》，署名立波。这篇文章是为悼念叶紫而写。

按：叶紫于10月5日在益阳病逝。中秋时节，周立波回家乡时，本想去探望叶紫，遇上湘北战事，只得匆匆离开家乡，看望叶紫的计划只能搁置。回桂林后不久，得到叶紫病逝的消息，周立波十分悲伤，便写作了《为叶紫喜》一文。

11月

9日　在《救亡日报》发表译文《亚美尼的绘画》，署名立波。

19日　叶紫去世后，与夏衍、艾芜、新波、沫沙、奚如、芦荻、达芳、叶灵凤、郁风、林林、黄苗子、杨刚、戴望舒、适夷等一起具名发起为叶紫遗孤募捐事宜，在香港《大公报》发表《为援助叶紫先生遗族募捐启事》。

按：《为援助叶紫先生遗族募捐启事》："《丰收》作者叶紫先生，不幸于十月五日下午七时一刻在湖南益阳兰溪故居，溘然病逝，同人惊悉噩耗，痛悼弥深，盖先生不愧为青年文艺家之秀出，且身世之凄凉，经历之艰苦，实集人世之惨痛于一身，而为社会损害之结果，同侪之感，尤足使人发其深痛也。叶紫先生生前从事文艺工作，不遗余力，以至积劳成疾，生活维艰；去春以来，回乡养疴，贫病相侵益甚，然先生曾不以环境稍(怠)其心，犹力疾从事写作，计划之中长篇《太阳从西边出来》乃其反映中国革命之巨制也，然卒以贫病交迫，终至不起，遗篇未及完成，即赍志以殁，先生遗憾之深，文坛损失之巨，可以知也。今先生溘然长逝，身后萧条，骸骨未归泉壤，妻儿已受饥寒，同人悼惜之余，爰特发起叶紫先生丧葬募捐，以为文艺战士身后之恤。台端或为叶紫先生生前好友，或为文艺界同仁，必能解囊为助，共襄义举，不特殁存俱蒙厚惠，即我同人亦感同身受也。"①启事刊登后，广大读者和文艺界同仁捐款近30 000元，由桂林《救亡日报》社转寄给了叶紫的家属，缓解了他们经济上的困难。

① 《为援助叶紫先生遗族募捐启事》，载《大公报》，1939年11月19日。

12 月

18 日　在《救亡日报》发表短论《江南敌兵哀语》，署名立波。全文如下：

江南游击队克服一地，在当地建筑物的墙上，看到了日寇写下的四句话："打到了北京，又打到了南京，纵打到了西京，也回不了东京。"从这里可以看出，敌人的士气，早就不振，只要我们的抗战不得到胜利决不停止的继续下去，我们相信，敌人的士兵会起变乱的。

月底

离开桂林赴延安。到延安后在鲁迅艺术院任编译处处长兼文学系教员。

按：鲁迅艺术学院于 1938 年 2 月由毛泽东、周恩来、林伯渠、徐特立、成仿吾、艾思奇、周扬等 7 人发起创建。第一届仅招戏剧、音乐、美术三科学员，文学系到 1938 年 7 月第二届开始招生，首任文学系主任为周扬（兼），后沙汀（代），沙汀之后是何其芳接任。教员有何其芳、严文井、陈荒煤、萧三、卞之琳 5 人。1938 年 11 月，何其芳、沙汀率文学系部分学员去了 120 师。1939 年 11 月 28 日鲁艺宣布新任院长为吴玉章，副院长为周扬。周扬就任鲁艺副院长后，立即与张闻天联合电告在桂林编《救亡日报》的周立波来延安。鲁艺文学系进入周扬、何其芳、周立波"三足鼎立"时期。当时共有 52 个学员，有一部分去了华北联合大学文艺部，留下了贾芝、葛洛、陈涌（杨思仲）、林蓝（王步涵）、柯蓝、陆地（陈寒梅）等 12 人。后来沙汀、何其芳从冀中带回一部分学员，如孔厥、康濯等。1938 年 8 月 2 日鲁艺由延安北门外迁到东郊桥儿沟新校址。1940 年 4 月改名为鲁迅艺术文学院，由毛泽东题学校名。

周立波在鲁艺时期教"名著选读"，后来《文学名著》讲授提纲得到了出版。他的提纲内容如下：

讲课题目	讲课内容
蒙田和他的散文	蒙田其人 蒙田散文的思想和风格
司汤达和他的《贾司陶的女主持》	司汤达的身世和时代 司汤达的著作分析：古风传奇体小说的布局、人物和事情的奇异、善于心理描写、注重恋爱与热情 《贾司陶的女主持》：传奇的传说、现实的手法
《贾司陶的女主持》的诗表现在哪里	抒情诗与叙事诗的区别 童话和神话

续表

讲课题目	讲课内容
巴尔扎克	巴尔扎克的身世和他的时代 他的思想和艺术特征 他的工作方式和精神
梅里美和他的《卡尔曼》	梅里美其人与他的艺术 《卡尔曼》:体现了乐观与和谐
莫泊桑和他的《羊脂球》讨论提纲	作家看到的人生:有所赞美、有所诅咒 精确的观察和印象的手法 风格和选词
普式庚:《驿长》	普式庚的艺术和精神 《驿长》:现实主义的力量、悲剧
谈果戈理和他的《外套》	《外套》:平凡的悲剧 小说的喜剧性:讽刺与幽默
《罪与罚》	陀思妥耶夫斯基和他的艺术思想的特点 《罪与罚》:神秘与恐怖
作为一个思想家的托尔斯泰	从放荡的贵族到受苦的农民 作家和作品、教义的矛盾 悲观主义
作为艺术家的托尔斯泰	最清醒的现实主义 自然与和谐的歌唱者,生命的力和单纯的歌颂者 一切人性的洞察者 传道的心
《安娜·卡列尼娜》	人生的大辞典 反抗社会的伟大典型之一 生活的逻辑,心灵的启示
讨论会	托尔斯泰对十九世纪的颓废派、象征派的态度 他所推崇和反对的艺术 他的艺术主张与实践
《一个秋夜》讨论提纲	高尔基的艺术与思想的早期与晚年的特征 俗物主义与诗的气质 反陀思妥耶夫斯基倾向 描写自然与工人主义运动
《毁灭》	时代精神、主题与风格 论典型的创造

续表

讲课题目	讲课内容
《不走正路的安德伦》	涅维洛夫的艺术特点 诙谐、笑和喜剧
关于童话的论述及对《表》的分析	童话的特点 《表》的艺术与思想
关于莱辛论画与诗的界限 《浮士德》	画与诗的质的差异 人能做什么 人的界限，自然的大和人类的小

按：鲁艺是以“团结与培养文学艺术的专门人才，以致力于新民主主义的文学艺术事业”为目标而设立的学校，也是较早地向正规化、专门化方向努力，并且取得了很大成就的学校之一。1940—1942 年，周立波在鲁艺的文学系任教，教授外国文学名著选读。此时的鲁艺对外国文学作品的阅读、欣赏甚至到了迷醉的地步，而周立波作为教授外国文学的老师，更是引领了这股风潮。冯牧曾经回忆第一次在鲁艺见到周立波时的情景：有一个穿着灰色棉大衣的人，手里拿着一本英文原版的《雪莱诗选》，一边散步，一边大声地诵读着。同行的老师曹葆华告诉冯牧，这是即将为文学系学生讲名著选读课的周立波。周立波看见冯牧手里拿着的两本英文书，先是询问了他的英语水平，然后说：“以你的水平，读菲尔丁的书还太早。我建议你先读惠特曼的这几首诗，读懂了以后，再读别的。”他从冯牧手里拿过《草叶集》，在目录上画出《大路之歌》《从帕门诺出发》《船长呵》等诗篇后又还给他。果然没过多久，他出现在了文学系的名著选读课堂上了。①

周立波的名著选读讲授提纲论及了十多位外国作家和他们的多部作品，他对西欧、俄国和苏联的更多的著名作家及其作品进行了比左联时期更为深入、系统的研究。他主讲的名著选读有他本人的艺术见解和褒贬尺度，分析细致入微，阐释条理清晰，显示了形象思维和逻辑思维统一的特点。周立波的讲课在学生中赢得了极高的声誉，听课者最多的时候达到二百人之多，“课堂”也从文学系的小院子搬到了鲁艺的篮球场上。有人说，周立波讲授名著选读是鲁艺历史上“最具浪漫色彩的篇章之一”。②

① 冯牧：《窄的门和宽广的路》，载《中国作家》，1988 年第 2 期。
② 岳瑟：《鲁艺漫忆》，载程远主编：《延安作家》，陕西人民教育出版社，1992 年，第 232 页。

周立波此时在分析和阐释外国作家作品时所使用的尺度基本上是人的尺度、人性的尺度和人道主义的尺度。比如,他认为蒙田的散文体现了“对于人性的深深的透视”[①];对于司汤达和他的《贾司陶的女主持》,他探讨的是“人性和美学的既有的和可能的原理”,主要研究“对于人生的认识和对于这所认识的东西的表现”[②],他还指出“人性”是“真的天才经常的陪伴”,“性格的对话”要求“最准确的关于人性的知识”[③];在论述《浮士德》的主题时,他写下了这样的文字:“人能做什么?人的界限。自然的大和人类的小,人生狭小的苦闷”[④];他说高尔基是“看出了灵魂里面的东西,看出了复杂的人性”[⑤]的;他明确指出法捷耶夫的《毁灭》主题是“新人的诞生”,“新的道德的建立,人的淘汰,人的提高”[⑥]的主题。

周立波还把这一尺度与社会的历史的分析结合起来,他认为外国作家的一个重要特点是“把人物的缺点,写做是社会环境的罪恶,没有抽象的好人和坏人”[⑦]。在论《罪与罚》时,他说道,“决定人类命运的,不是历史的运动,而是个人的内在的东西”,并引用陀思妥耶夫斯基的原话:“人的内在,紧紧的锁着的内在的世界,进行自己的考验,外部的世界只是作为内部的考验的材料。”[⑧]在对托尔斯泰所作的分析中,他一方面认为,托尔斯泰是“一切人性的洞察者”[⑨],是“站在人生的最高峰,看清了人生的来路和去路”[⑩]的,其作品表现了作家对生命意义的探寻,对于“创造永久的人性”[⑪]的追求;另一方面,他也指出,俄国资产阶级革命的长处和弱点、力量和限制都体现在托尔斯泰的人格、观点和作品里,托尔斯泰摆脱了贵族观念的束缚,深刻地提示了一切不合理的现象的根源。

周立波在讲授名著选读时十分重视艺术赏析和美的品鉴。陈涌在回忆周立波的授课时说道:“立波同志有精致的艺术口味。他欣赏法国梅里美这样雍容、优雅的作家;他讲究文体,他翻译的基希的《秘密的中国》便

---

① 周立波:《蒙田和他的散文》,《周立波鲁艺讲稿》,上海文艺出版社,1984年,第1页。
② 周立波:《司汤达和他的〈贾司陶的女主持〉》,第5页。
③ 同上书,第6页。
④ 周立波:《浮士德》,第52—53页。
⑤ 周立波:《〈一个秋夜〉讨论提纲》,第125页。
⑥ 周立波:《毁灭》,第129页。
⑦ 同上书,第138页。
⑧ 周立波:《罪与罚》,第307页。
⑨ 周立波:《作为艺术家的托尔斯泰》,第93—95页。
⑩ 周立波:《安娜·卡列尼娜》(第四次报告),第103页。
⑪ 同上书,第108页。

是十分讲究文体的。这和他的性格的某些方面和他的整个文化修养大约是分不开的。但当时他对梅里美似乎太激赏了，记得，《西班牙书简》写到一个强盗在一些贵妇人面前竟彬彬有礼，以至这些贵妇人虽然明知道他是强盗而且明知道他的用意，也都觉得受宠若惊，几乎是自愿地把自己的戒指给了他，而立波同志对这些地方也真有点津津乐道，赞叹备至。当时也有一些同学，虽然也敬服梅里美在艺术上的精湛、完美，却更倾向于俄国文学的强烈深厚，博大深雄。他们是非议过立波同志的欣赏趣味的。"①

周立波对美的品位也影响到了鲁艺的学生们。他讲课中的安娜成了一些女学生心目中的偶像，连安娜的眼睫毛都令她们神往。安娜身穿黑丝绒裙的高贵优雅的风度令她们倾慕，她的个性、姿态甚至眼神都成了学生们模仿的对象。②

1940 年　　32 岁

1 月

周立波与何其芳、严文井、曹葆华、陈荒煤、舒群住在鲁艺一排窑洞里，开始讲授"名著选读"。严文井回忆："教员那时候多数还是单身汉（我是新婚），住在东山的一排窑洞里，邻居有何其芳、周立波、陈荒煤、曹葆华、舒群等。当时一个月才发一斤油，灯油不够用，为了节省，我们经常聚集在窑洞外谈天。"③

按：文学系课程设置有：1. 马克思主义文艺理论，2. 外国名著选读，3. 专题讲座，4. 习作讨论。周扬担任《文艺理论》、《中国新文学运动史》的教学，何其芳担任"习作课"教学，周立波讲授"名著选读"。文学系设了创作组和理论组。创作组有孔厥、黄钢、李清泉、林蓝、葛洛、洪流、杨明、陆地 8 人，理论组有贾芝、毛星、杨思仲、岳瑟、梅行、葛陵（陈元直）等 6 人。

4 日　在陕甘宁边区文化界抗日救亡协会第一次代表大会上被选为主席团成员，并当选为边区文协执行委员。

---

① 陈涌：《我的悼念》，《周立波研究资料》，第 153—154 页。

② 参阅王元培：《抗战时期的延安鲁艺》，广西师范大学出版社，1999 年，第 160 页。

③ 严文井：《心灵的回忆：忆延安》，载《人民日报》，2002 年 5 月 23 日。

按:陕甘宁特区文化界救亡协会于1937年11月14日在陕北公学礼堂举行成立大会,艾思奇与柯仲平分别当选为正副主任。1937年12月11日改名为陕甘宁边区文化界救亡协会。1939年11月,丁玲调边区文协担任副主任,负责日常工作。1940年1月4日至12日,在延安中国女子大学礼堂召开边区文协第一次代表大会。大会推出36人为名誉主席团,吴玉章等44人为主席团。边区文协是延安规模最大,持续时间最长,包括了大部分延安重要文化人士,组织了延安一系列影响重大的文化活动。

15日

当选为文抗延安分会理事。

按:1938年9月11日,延安成立了陕甘宁边区文艺界抗敌联合会。1939年2月,决定改名为中华全国文艺界抗敌协会延安分会。同年5月14日下午,文抗延安分会召开成立大会。1940年1月3日文抗延安分会召开全体会员大会,选出第2届理事丁玲、萧三、周扬等人。2月15日举行扩大理事会,增选周立波、周文、刘白羽、陈荒煤、庄启东等5人为理事。文抗延安分会与边区文协成员大体相同。

4月

5日　在延安《中国青年》月刊发表报告文学《雾里的湘西》,署名立波。

6月

18日　在延安《新中华报》发表散文《这样纪念高尔基》,署名立波。

本月

参加鲁艺成立两周年纪念会。出席纪念会的还有毛泽东、朱德、洛甫、任弼时等。

7月

在鲁艺欢迎从新疆来到延安的茅盾的茶话会上,音乐系教师杜矢甲演唱了外国讽刺歌曲《跳蚤之歌》,周立波以为他故意扰乱会场,侮辱主持人,随手摔了把茶壶,主人和客人都尴尬不已,最后茶话会不欢而散。周扬事后批评他"匹夫之勇"。此后,他在上海参加"飞行集会"时经常随身带刀子,以及他被捕时与巡捕打斗的传奇故事也在学员中迅速传开。

9 月

15 日　翻译美国作家哥尔德的小说《一个琴师的故事》，发表在延安《大众文艺》月刊上，署名立波。

按：哥尔德生于 1896 年，美国小说家，出身贫苦，曾当过流浪汉、苦力搬运工等，通过刻苦自修，终于成名。曾任美国杂志《新众》的编辑，成名作有《无钱的犹太人》等，翻译者为杨历。他的《哥尔德短篇小说集》及《一万二千万》（短篇集）我国均有译本。

《大众文艺》由文抗延安分会出版，周文主编，萧三编辑，方纪协助，从 1940 年 4 月 15 日至 12 月 15 日，共出了 9 期。

10 月

19 日　在文艺月会第一次座谈会上发言，建议把《文艺月报》办成短小精悍、有战斗力的刊物。

按：《文艺月报》是文艺月会的会刊。10 月 14 日，文艺月会在丁玲、舒群、萧军的倡导下成立，同时决定创办会刊《文艺月报》。《文艺月报》最初为四个版，后增为八个版，办了 18 期后，于 1942 年 10 月 23 日停刊。《文艺月报》既是作家们展示自己作品的文艺园地，也是延安知识分子自由讨论文艺问题的平台，这里曾经出现过萧军、艾青等对周扬《文学与生活漫谈》文章的批评、何其芳与陈企霞关于诗歌的论争等。整风运动之后，延安实行了体制化的管理，《文艺月报》的自由讨论精神无法继续，《文艺月报》被中宣部停刊。

11 月

10 日　在桂林《十日文萃》发表报告文学《湘西苗民的过去和风俗——一个备忘录》，署名立波。

12 月

被边区文协安排作学术报告，主题是《欧洲文学》。

按：边区文协隔周举行一次学术报告会，除了周立波讲《欧洲文学》以外，还安排了周扬讲《现实主义》、艾思奇讲《文学与生活》、何其芳讲《欣赏与批评》、萧三讲《苏联文学》、丁玲讲《漫谈〈子夜〉》等。

1941年　33岁

1月

15日　在边区文协文化俱乐部参加延安鲁迅研究会成立大会，被分配撰写关于鲁迅创作的研究文章。

按：这次成立会议由艾思奇担任主席，萧军报告了研究会的成立目的、筹备经过、研究纲领和研究步骤的设想。参加此次会议的有艾思奇、周扬、萧军、丁玲、周文、周立波等30余人。会议选举艾思奇、萧军、周文组成干事会，干事会成员加上周扬、陈伯达、范文澜、丁玲、萧三、胡蛮、张仲实等10人组成编辑委员会。延安鲁迅研究会的工作是要进行鲁迅的生平、思想、创作、翻译以及他的作品在国外的传播情况等的研究。①延安非常重视关于鲁迅的研究工作，萧军在谈到关于延安鲁迅研究会成立的情形时说："在延安研究鲁迅，以我看，那是比中国任何地方全要不同。在别的地方用一倍力量，在延安时应该用三倍或者几倍的力量。"②延安鲁迅研究会除了开展研究工作，还组织了一些纪念和研究鲁迅的活动，促进了延安鲁迅研究的发展。

2月

25日　在延安《中国文艺》发表论文《论阿Q》，署名立波。3月19日重庆《新华日报》删节转载此文。

按：《中国文艺》由文抗延安分会出版，周扬主编，1941年2月25日出版，仅出了1期。《论阿Q》作为周立波参加鲁迅研究会后的成果，收入为纪念鲁迅逝世五周年编辑出版的《鲁迅研究》特刊第一辑《阿Q论》集，此书已打好纸型但未出版。

3月

与木刻家古元一起到距延安东门十几里的碾庄帮助农民办冬学，当时鲁艺文学系毕业的葛洛在碾庄任副乡长。周立波与古元在农民刘南起家住

---

① 参阅葛涛：《抗战期间解放区纪念鲁迅的活动》，载《中共党史资料》，2007年第1期。

② 萧军：《鲁迅研究会成立经过》，载中国社会科学院文学研究所鲁迅研究室编.《1913　1983鲁迅研究学术论著资料汇编》第3辑，第503页。

了五十多天。周立波后来创作的《牛》的主人公张启南就是以刘南起为原型的。

4 月

15 日　被推举为“星期文艺学园”讲师。

按:“星期文艺学园”由丁玲、萧军、罗烽、刘雪苇等发起成立,是为培养文学青年举行的讲座,每周日上课,延安文艺界二十余位名人在此做了讲座。①

6 月

6 日　在延安《解放日报》发表短篇小说《牛(一)》,署名立波。《牛》是周立波对小说创作的初次尝试,也是他第一次涉及农村生活题材的创作,这是他根据自己在陕北农村的实际观察和生活体验写成的。小说的主人公张启南是一个“有点爱躲懒”的农民,但他比别人“更多一些风趣,一点感情”。他特别喜爱牛,牛的一举一动都牵动着他的喜怒哀乐。作者十分细腻地刻画出张启南对母牛和小牛的精心照顾和爱抚,以及他在母牛的生产过程中的紧张和欢乐。

7 日　在延安《解放日报》发表短篇小说《牛(二)》,署名立波。

9 日　任延安举办的“五四”青年节征文奖活动的评委。此次评奖活动评判委员长是吴玉章,评委还有周扬、丁玲、何其芳等。

7 月

1 日　小说《牛》受到萧军的批评,萧军认为:“我只觉得作者那不是用的如一般进步作家们所主张的科学的现实主义的手法,而似乎是用的庸俗的‘自然主义’的手法……在写作。”②

按:萧军在文艺月会第八次座谈会上发言批评了《牛》,同时还批评了何其芳的诗作《革命·向旧世界进军》。萧军认为何其芳的诗“感觉不到情绪、形象、音节、意境……即是作者的思想,也只是一条棍子似的僵化了的硬梆

① 参阅李洁非、杨劼:《解读延安——文学、知识分子和文化》,当代中国出版社,2010 年,第 319 页。

② 萧军:《第八次文艺月会座谈拾零》,载《文艺月报》,1941 年 7 月 1 日。

梆的东西，感觉不到它的能动性和弹力！只是一片抽象语言的排列，我不承认它是诗”。[①]萧军认为登载《牛》和何其芳诗的《解放日报》也要负责。[②]后来《解放日报》文艺栏编辑雪苇在《文艺月报》第9期发表《给萧军同志公开信》，为何其芳与周立波的作品进行辩护。

8月

3日　当选为文抗延安分会第五届理事。

按：本日文抗延安分会在杨家岭大礼堂召开第5次会员大会，到会会员60人。中宣部代部长凯丰参加了会议。会议改选了丁玲、萧三、艾青、欧阳山、周扬、周立波、柯仲平等27名理事。1941年7月边区文协与文抗延安分会分家后，以柯仲为主任的文协着力于边区文化宣传与普及，以丁玲为副主任的文抗则着力于文学创作。

10月

28日　在延安《解放日报》发表诗歌《一个早晨歌者的希望》，署名立波。这首诗充满了象征意味的抒情形象，又不失格律派对于音乐美的追求，抒发了作者从上海到延安以后欢畅、愉快的心情。

11月

1日　与何其芳、陈荒煤、严文井组成双月刊《草叶》杂志编委。在《草叶》第1期发表短篇小说《麻雀》。

按：《草叶》是鲁艺文学系主办的“草叶社”的刊物，于1941年11月1日创刊，1942年9月15日停刊，共出了6期，陈荒煤任主编。据《草叶》创刊号的编后语，刊物的名字取自惠特曼的诗集。《草叶》第1期刊载的作品除周立波的《麻雀》外，还有何其芳的《黎明之前》、朱寨的《农民》、夏雷的《二月》、荒煤的《无声的歌》、贺敬之的《小蓝姑娘》、严文井的《二月》和赵自评的《带露珠的心情》。

《麻雀》发表后赢得了当时鲁艺师生和《草叶》社同人的交口称赞。雪苇在《解放日报》上对他的短篇《麻雀》发表评论称：“《麻雀》的吸引人之处，不在他的人物（因为这里没有展开人物性格的描写），而是作者给予这

①② 萧军：《第八次文艺月会座谈拾零》，载《文艺月报》，1941年7月1日。

故事上的浓厚的抒情气氛和微妙的表现手法。作者确实是‘善于抒情’的。”①周立波写完《麻雀》后，曾送给何其芳，请他看完提提意见。何其芳读完后，立即来到周立波的窑洞，两眼噙着泪花，激动地对周立波说，这篇小说写得非常好，他被深深地感动了。严文井则明确表示：“这个短篇比他以后受某些条条框框束缚写出来的某些作品，更为动人，更有着永久的艺术魅力。”②

1942 年　　34 岁

1 月

1 日　在《草叶》第二期发表诗歌《我们有一切》《因为困难》和《我凝望人生》，署名立波。严文井对《我凝望人生》发表了评论。他认为《我凝望人生》与《草叶》里绝大多数的诗相类似，描写的是一些知识分子由其他阶级“投生”到无产阶级，在这个过程中又快乐又痛苦的心情，这“不仅说明了一个人的精神道路，也说明了好多知识分子的道路”。

2 月

4 日　在延安《解放日报》发表诗歌《春夜纪事》，署名立波。

4 月

10 日　作为文学部党总支委员，与何其芳、严文井、葛洛等成为文学部整风学习委员会委员。

按：1942 年 4 月 3 日，中宣部发出《关于在延安讨论中央决定及毛泽东同志整顿三风报告的决定》，要求开展全面整风。4 月 8 日，周扬组织鲁艺总检查委员会讨论中宣部决定。在鲁艺建院 4 周年纪念会上，宣布组成了由周扬、宋侃夫负责的鲁艺整风委员会，文学、戏剧、音乐、美术等各部也建立了整风组织。鲁艺的整风运动从 1942 年 4 月开始，到 1943 年底结束，时间长达 19 个月。

---

① 雪苇：《〈在医院中〉、〈麻雀〉及其它》，载《解放日报》，1941 年 12 月 5 日。
② 严文井：《我所认识的周立波》，《周立波研究资料》，第 93 页。

13日　受到毛泽东的邀请，和鲁艺文学系与戏剧系党员教师何其芳、严文井、曹葆华、舒群、陈荒煤、姚时晓等7人到杨家岭谈有关文艺工作的意见。

按：到延安的大批知识分子，由于家庭、社会背景、文艺成就、文艺观点以及在政治运动中的处境不同，而形成了不同的群体、不同的“山头”。比如“文抗”和“鲁艺”这两个不同的文艺团体，它们有不同的工作重点、艺术风格和社会影响力，“鲁艺”聚集了大批艺术理论家，以培养人才为主；而“文抗”则网罗了大批的知名作家，以文学创作领先。据胡乔木回忆，当时的延安文艺界存在着比较严重的“暴露黑暗”问题，发表了许多与抗战主旋律不符的小资产阶级意识的作品；而鲁艺也犯了“关门提高”错误。这些问题引起了党中央和毛泽东的高度关注，毛泽东决定约见部分文艺家，了解文艺界的情况。除了鲁艺的知识分子外，毛泽东还约见了刘白羽、李伯钊、丁玲、艾青、萧三、罗烽、舒群、欧阳山、周文、草明、塞克、于黑丁等人。据当时的《解放日报》文艺编辑黎辛回忆称，在这次与鲁艺人士的谈话中，“谈到李白、杜甫的诗，谈到《聊斋志异》，毛泽东说可把它当作清朝的史料看，其中一篇叫做《席方平》的，就可以作为史料”。①

15日　在延安《谷雨》发表短篇小说《第一夜》，署名立波。

按：《谷雨》为文抗延安分会刊物，由艾青、萧军、舒群、丁玲等轮编，从1941年11月15日至1942年8月15日，共出6期。与《第一夜》同时登在《谷雨》上的作品还有白朗的《狱外记》、黑丁的《炭窑》、马加的《恐惧》、奚如的《在晚霞里》、黄既的《热情者》、陆地的《落伍者》、李雷的《号角之歌》、陈企霞的《鸡啼》、张潮的《樱子姑娘》、王实味的《政治家·艺术家》和萧三的《抗日中苏联文艺动态一瞥》等。

《第一夜》与《麻雀》《夏天的晚上——铁门里的一个片断》《阿金的病》和《纪念》等5个短篇后来结集出版为《铁门里》，描写的是1932—1934年被关在上海租界西牢里的共产党员和革命青年的一段斗争生活。这5篇小说是根据周立波的亲身经历——他曾经在这个监狱里被关过二十个月为题材创作的，小说以第一人称“我”作为叙事的主体。周立波原本打算写成一个长篇小说，但后来只写了5个短篇作罢。这5个短篇相对独立，每篇都有一个完整的故事，但各篇之间又相互联系，人物和情节都有连贯性，把它们合起

① 黎辛：《延安文艺座谈会的前前后后》，载《纵横》，2002年第5期。

来也可以看作是一部中篇小说。这种可拆可合的结构特点是《铁门里》系列短篇的一个特色。

本月

结束在鲁艺文学系的“名著选读”的讲授。

5 月

2 日　到杨家岭中共中央礼堂参加延安文艺座谈会，听毛泽东讲话。

8 日　到杨家岭中共中央礼堂参加延安文艺座谈会，听毛泽东讲话。

23 日　到杨家岭中共中央礼堂参加延安文艺座谈会，听毛泽东讲话，并参加会后合影。

30 日　在鲁艺操场听毛泽东的报告。

按：因鲁艺学生未参加延安文艺座谈会，未能听到毛泽东讲话，周扬特邀请毛泽东到鲁艺来作报告。毛泽东在报告中讲了“小鲁艺”与“大鲁艺”的问题，并鼓励鲁艺师生到“大鲁艺”——工农兵群众生活斗争中去。

6 月

12 日　在延安《解放日报》发表论文《思想、生活和形式》，署名立波。

按：毛泽东《在延安文艺座谈会上的讲话》为中国文艺界确立了一个方向，即文艺为人民大众、首先为工农兵服务的方向。《讲话》说：“我们知识分子出身的文艺工作者，要使自己的作品为群众所欢迎，就得把自己的思想感情来一个变化，来一番改造。没有这个变化，没有这个改造，什么事情都是做不好的，都是格格不入的。”①毛泽东的《讲话》深深地触动了周立波，他开始重新思考自己所走过的文学道路，并自觉地进行自我批评：“我们的文学，‘五四’以来，受了外国文学的影响，好影响居多，坏影响也有。在形式上，使得我们的作家有洋八股的倾向，这是坏影响。我们还没有独创的新形式。”②他还特别对自己过去“为异国情调所迷误，看不起土色土香的东西”

① 毛泽东：《在延安文艺座谈会上的讲话》，载《毛泽东选集》第 2 卷，人民出版社，1977 年，第 864 页。

② 周立波：《思想、生活和形式》，载《文学浅论》，北京出版社，1959 年，第 86 页。

的偏颇，作了自我批评。这时的周立波开始反省外国文学所带来的“坏影响”，但是他仍然承认了它积极的一面。在毛泽东的《讲话》之后，周立波的文艺思想发生了一个重大的转向，他开始走向探索民族形式的道路，力图创造“自己新的形式”。

本月

小说《麻雀》收入邵荃麟选编的《创作小说选》。

按：《创作小说选》是由桂林文化供应社出版的一套中学生略读文库丛书中的一本，该书还收入了萧军的《职业》、丁玲的《县长家庭》、刘白羽的《枪》、聂钳弩的《姐姐》等作品，是当时影响力较大的一本小说选本。

7月

经党组织和边区政府批准，并由周扬做证人，与鲁艺文学系学员林蓝结婚。同时举行婚礼的还有何其芳与牟决明。

按：林蓝1920年4月2日生于河南省临汝县(今汝州市)，2002年12月25日病逝于北京。她出身于地主家庭，父亲当过国民党县长。少年时代林蓝在开封师范附小和开封省立第一女子中学就读。她目睹了当时社会底层劳动人民的悲惨生活，对旧社会产生了强烈不满，受到鲁迅、丁玲、巴金和前苏联革命文艺作品的影响，在思想上憧憬社会主义和共产主义。那时她在报纸副刊发表了一篇怀念一位进步老师的散文。这篇散文的发表，坚定了她对文学的爱好。1937年抗日战争爆发后林蓝赴延安，1938年加入中国共产党，先后在陕北公学、抗日军政大学和鲁迅艺术学院的文学系学习，后任鲁艺文学系助理员，并在鲁艺文运研究室工作。1945年她到东北解放区，先后在辽西省委下乡工作团、松江省尚志县元宝屯区委工作，任《东北日报》的记者和《松江农民报》的编辑。她参加清算反霸斗争和土地改革运动，接触了广大农村的实际生活，了解了东北人民的苦难，在此基础上创作了系列短篇小说《冷子沟的斗争会》《桂屯的沉默》《红棉袄》和《高三柱娶媳妇》等，后收入短篇小说集《红棉袄》。中华人民共和国成立后林蓝到北京，先后任中央文化部电影剧本创作所、北京电影制片厂编剧，20世纪50年代专门从事儿童文学的创作。1953年她创作儿童电影剧本《祖国的花朵》，后拍成电影，并获得全国第二次少年儿童文艺创作一等奖。1955年她出版长篇小说《杨永丽和江林》(少年儿童出版社出版)。

这一年，林蓝随周立波携幼女周小涵迁到湖南益阳桃花仑竹山湾深入生活，期间还担任了桃花仑小学少先队辅导员。1958 年林蓝创作了电影文学剧本《赵小龙的故事》(中国电影出版社出版)，美术片剧本《宝衣》《红军桥》。《红军桥》由上海美术电影制片厂拍成电影在全国上映。1960 年她还将周立波的小说《暴风骤雨》改编为电影文学剧本(中国电影出版社)，由中国著名导演谢铁骊执导拍摄成电影上映后，受到广大观众的好评。1980 年她在《电影创作》发表美术片剧本《神奇的谷种》。1984 年她在《电影创作》上发表儿童电影文学剧本《童年泪》，这也是她的绝笔之作。2006 年 12 月，《林蓝作品选集》由湖南文艺出版社出版，该书收入林蓝作品 11 篇，共 27 万字，包括短篇小说、美术片剧作、电影文学剧本、评论文章等。其中《战士与作家》曾被周立波研究者广泛引用。

8 月

22 日　在延安《解放日报》发表短篇小说《夏天的晚上》，署名立波，后收入《铁门里》。

11 月

10 日　在延安《解放日报》发表短篇小说《纪念》，署名立波，后收入《铁门里》。

本年

友人文士桢经重庆到延安，告知周立波益阳已经沦陷，日本侵略者占据了县城，清溪村一带经常有日本飞机轰炸，其父周仙梯已病逝，其他家人不知去向。①

按：文士桢(1900—1981)，益阳县西流湾人，1927 年加入中国共产党，1928 年至 1937 年在苏联中山大学学习，后从事俄文翻译等工作。1937 年 7 月回国后，到益阳县邓石桥蔚南女中任教，担任中共地下常益中心县委组织部长、书记等职，1942 年因暴露撤离湖南。1944 年和周立波一起加入八路军南下支队。中华人民共和国成立后曾任湖南省政协副主席。

① 笔者 2015 年 5 月 8 日采访周健明，周健明口述。

1943年　35岁

2月

6日　到延安青年俱乐部参加边区劳动英雄座谈会，听取了吴满有、赵占魁、黄立德报告自己的翻身史和生产事迹。

按：周立波在《后悔与前瞻》一文中谈到了这次听会的感想："在不远的将来，革命历史上和现实生活里的真正的英雄，刘志丹、赵占魁、吴满有和申长林，会光彩夺目地走进我们的书里，鼓舞我们，并且教育我们的年青的一代。"①

3月

10日　参加中央文委、中组部召开的50多名文艺工作者会议，听了凯丰、陈云、刘少奇、博古的报告和讲话。周立波后来在文章中写道："中央文委和中央组织部所召集的党的文艺工作者会议，是要把毛主席去年所指示的新的文艺运动的方针向前推进的一个重大的会议。在这个会上，党的许多领导同志都作了亲切而透辟的讲话。开过这个会以后，我们的新文艺一定会有更多的成果，我们的文艺工作者会安心的，长期的担负着实际工作，为了彻底的改造自己，为了写出真正的为工农兵服务的好章。参加了这个会以后，我觉得受了很大的教育。"②

按：此次会议是为了动员和组织文艺工作者深入工农兵群众的生活，落实毛泽东《延安文艺座谈会上的讲话》精神，即文艺为工农兵服务的方向。会后，作家、艺术家们纷纷下乡采风。

4月

3日　在延安《解放日报》发表短论《后悔与前瞻》，署名立波。在这篇文章中，周立波对自己的文艺生涯进行了忏悔，检讨自己存在"还拖着小资产阶级的尾巴""不知不觉的成了上层阶级（发表时为地主阶级）的文学俘虏""强调语言的困难"等三个问题。

按：延安文艺座谈会召开之后，各文艺团体和有关单位组织作家、艺术家认真学习座谈会的精神，进行自我反省和自我批评。《后悔与前瞻》就是

---

①②　立波：《后悔与前瞻》，载《解放日报》，1943年4月3日。

周立波就座谈会发表的一些心得和体会，除此之外，舒群和何其芳等也分别发表了《必须改造自己》和《改造自己，改造艺术》等。

9 月

10 日　在延安《解放日报》发表散文《悼田守尧同志》，署名立波。

按：周立波早在 1937 年陪同卡尔逊考察晋察冀边区时就结识了田守尧，他们结伴同行了一段时间，结下了深厚的友谊。他在报告文学集《晋察冀边区印象记》里还以田守尧为题材写作了一篇报告文学《田守尧同志》。田守尧和一批战士在 1943 年 3 月赴延安学习的途中，路遇日军巡逻艇，在两军交战中，彭雄、田守尧等 16 人壮烈牺牲。这篇文章是为了悼念田守尧的牺牲而写。

本年

在整风学习中，与何其芳、陈荒煤等编入王震为组长的学习组。王震回忆："在延安，我务虚少，务实抓大生产和防卫边区。整风进行两条战线学习时要我当组长，这个小组包括鲁艺、解放日报一部分领导同志。我不肯当，找毛主席谈话。毛主席说中央决定要你当。我要周扬同志当副组长。毛主席不同意。毛主席说鲁迅批评过周扬，毛主席还翻鲁迅的文章给我看，说这一条是指的周扬。周扬写文章慢一点，但是文章严谨。周立波、何其芳、陈荒煤等都在一起学习。延安搞抢救运动时，我在小组发言，认为哪有那么多反革命，这是在搞逼供信，要吸取苏区搞肃反的教训。"①

按：王震时任八路军 359 旅旅长兼政委，还兼任延安卫戍区司令，延安地委书记等职。王震住延安东关，离鲁艺很近，与周扬、周立波、何其芳很熟悉。整风中，王震对他们说，文艺界的问题主要是脱离群众和脱离实际斗争。他建议，鲁艺师生到南泥湾 359 旅当几个月兵，一起开荒种地。

1944 年　　36 岁

2 月

被调到延安《解放日报》任副刊部副部长，主编文艺副刊。此时《解放日

① 《王震传》编写组：《王震传》，人民出版社，2008 年，第 143 页。

报》的总编辑是陆定一，副刊编辑还有陈学昭、陈企霞、黎辛、白朗等。周立波在任《解放日报》编辑时曾列过一个宏大的写作计划，后来出版的《暴风骤雨》"只是几十部要写作品中的一部，还是不太重要的，好像是中篇，写的简单介绍也不算出色，计划中的短篇完成了一部分，其余计划中充满激情的大部头作品全部都没有写"。①

按：《解放日报》是中共中央机关报，于1941年5月16日创刊，1947年3月27日停刊。1943年2月开始，《解放日报》文艺栏由艾思奇负责，之前由丁玲负责。

3月

2日　在延安《解放日报》发表论文《秧歌的艺术性》，署名立波。论文分析了秧歌艺术形式的特点，并提出提高秧歌艺术水平的建议，即"更大规模的运用旧形式，特别是民间形式，去掉其糟粕，吸收其精华，是提高秧歌的好方法的一种"。

按：毛泽东《在延安文艺座谈会上的讲话》发表以后，秧歌一时间成为了文艺工作者们打开民间艺术宝藏的金钥匙。1943年的春节期间，延安兴起了新秧歌运动。鲁艺的文艺工作者们走出"小鲁艺"，走进"大鲁艺"，学习民间的秧歌，并将原有的秧歌形式进行改造，歌唱新人新事，推动了秧歌艺术形式的发展。李焕之回忆："在整个新秧歌活动中，我都是作为一名乐手参加到行列里，有时击锣敲鼓，有时吹笛，有时又拉起了手风琴。只要我能做到的，我都很有兴趣担任。与其说这是文艺工作的一种方式，倒不如说是一种新的生活，这种生活比起舞台生活来使你感到在思想感情上，同人民群众大大地靠近了，甚至在许多场合里，一种同群众同欢乐共呼吸的感情油然而生。"②鲁艺秧歌队在这一时期创作了《拥军花鼓》《四人打花鼓》《军盐》《赶毛驴》《推小车》《旱船》等秧歌剧，其中著名的小秧歌剧《兄妹开荒》还连演了40场。《解放日报》文艺栏刊载了一部分秧歌剧剧本，并刊发了周扬、周立波、艾思奇、艾青、萧三、柯仲平、默涵等对秧歌剧与其他民间艺术形式的评论。

8日　在延安《解放日报》发表通讯《战斗的故事》，署名立波。

---

① 周仰之：《人间事都付与流风：我的祖父周立波》，第170页。

② 李焕之：《回忆在延安时的新秧歌运动》，载《文史精华》，1996年第2期。

按:当年 8 月 1 日、2 日重庆《新华日报》转载此文,改题为《碉堡有什么用?》。

6 月

9 日　为 359 旅干部肖林达发表在《解放日报》副刊的《"团结"部帮助抗属和移民掏地》一文写编者按:"本文作者肖林达同志,是 359 旅一个排级干部,他经过长征,今年才 20 岁,初学写作。这篇文章写得清楚、简洁,全文只改动了几个字。"

按:当时 359 旅办了一个参谋训练队,艾思奇、周立波被邀请讲授哲学与语文。肖林达为训练队学员。

30 日　致信萧三,对萧三写的《毛主席传》给予了很高的评价。"你写的毛主席传'伟大的五十年'的一部分,我们先睹为快了,感到莫大的兴奋。我们祝贺你的成功,并希望你能于最近期间内把全书写完。这是对于党的一个重要的工作。就现在看到的这一部分看来,内容的丰富和教育意义的深长,远远超过过去任何中外作家所写的关于毛主席的书册。这将是有世界意义的一个作品,因为你写了一个中国历史上从来没有的最伟大的人。"

9 月

在中央党校参加营级以上南下干部为期一个半月的训练班,自此离开了《解放日报》。

按:1944 年 9 月 1 日,党的六届七中全会主席团决定,从 120 师 359 旅抽调主力部队 5 000 余人组成国民革命军第 18 集团军独立第 1 游击队(简称南下支队)到华南湘赣粤边五岭建立新的抗日根据地。同时中央还决定选调一批干部和知识分子随军南下。周立波申请参加,得到南下支队司令员王震、政委王首道批准,被安排在司令部当秘书。①

11 月

1 日　参加在延安飞机场举行的南下支队 5 000 余人接受毛泽东等中央领导检阅仪式,誓师出征。之后随王震、王首道部队南下,由陕至粤,又转

① 《王震传》编写组:《王震传》,第 150 页。

回湖北，在解放区及敌后，行军一万五千里。①

2日　编写供战士学习用的政治课本。周立波回忆："还在延安东关时，司令部要求我编写一册《战士课本》，司令和政委叫我去找王恩茂同志谈谈。有一天下午，恩茂同志自己来到了我的屋子里。他谈了好多，关于部队的生活和战士的心理，他晓得这样的多，使我学了精彩的一课。"②

10日　跟随南下支队从延安出发。周立波记录下了这次离别时的场景："11月10日是我们出发的日子。当我们在飞机场再度进行检阅的时候，我们的脑子里，再一次温习了毛泽东同志和其他领导同志的宝贵的指示。约莫在中午，我们从飞机场开动的时候，送行的家属，含着泪珠回去了。我们的车子经过桥儿沟的时候，当地群众和延大师生夹道而立，唱着特为南下部队编制的秧歌，敲锣打鼓，欢送我们。王震同志和王首道同志急忙走下车子，和欢送者握手，向他们致敬。当天晚上，我们在二十里铺的延安县政府住下。离开飞机场以后，整整一下午，我们仅仅走了二十里。不是汽车发生了毛病，不是有特别的事故，而是大家留恋着延安，舍不得走远。"③

15日　随部队到达陕西绥德，停留5天，编辑油印《前进报》。

20日　跟随部队从绥德出发。

21日　到达黄河边的绥德螅蜊峪。周立波在他的报告文学中描写了黄河宏伟壮观的景色："还不到黄河边上，远远地就看见北边两张山的峭壁之间，露出一片迷蒙开豁的水涯，这就是历代诗人最爱歌颂的黄河，这就是中国共产党的音乐家冼星海同志在《黄河大合唱》里谱出了他的雄奇的澎湃之声的黄河。第二天黎明，从螅蜊峪看黄河，在万道灿烂的阳光之下，黄河里面的无数冰雪的团块射出明亮的反光。这些冰雪的大块，浮泛在黄浊的水浪里，迅急地奔流。他们互相冲击着，发出嚓嚓的声音。从螅蜊峪看黄

① 周立波：《自传》。
② 周立波：《南下记》，光华书店，1948年，第40页。
③ 同上书，第5页。

河，河水由东折向南边流，拐一个大弯，又向东流，这个大弯好象是一弯巨大的新月，蟌镇是在新月的背上。”①

23 日　随部队渡过黄河，进入晋绥解放区吕梁地区。

30 日　从刘家会出发，翻越了五座山。

12 月

1 日　白天休息，等待前面侦察员的报告。晚十一时出发，翻三架山。

4 日　随部队翻越吕梁山最高峰。

6 日　下午到达阎家庄，听王震作通过封锁线的动员报告。

7 日　随部队越过汾河大平原，通过日军五道封锁线。

9 日　随部队到达平遥县小坡底宿营。下午 5 时，从汾阳的石脑庄出发，通过太汾公路和同蒲铁路，通过一百多里宽的汾河大平原，这里有日军重兵把守的封锁线。在行军途中，他们遇到了敌人，两军进行了交战。在战斗中，有位叫张振海的战士为了保护全班的战士，用血肉之躯挡住炮弹，壮烈牺牲了。周立波的报告文学《平原上》记录了这一次战斗过程。1978 年时，他本打算以此为题材创作小说《风雪汾河》，后来因病只得搁笔。

22 日　随部队进入太岳山区。采访沁源县县长张学纯。张学纯讲述了 1940 年至 1942 年间沁源人民如何机智、英勇地与日军作战的故事。周立波据此写作了报告文学《沁原人民》。

26 日　随部队过黄河，路遇黄河结冰，形成冰桥，顺利过河，进入河南。

① 周立波:《南下记》，光华书店，1948 年，第 6 页。

1945年　　37岁

1月

1日　跟随部队驻扎在河南宜阳的赵堡。重读毛主席的《一九四五年的任务》，并以“我们的一切工作干部，不论职位高低，都是人民的勤务员，我们所做的一切，都是为人民服务”和队友互相勉励，互贺新年。

6日　在战火中随部队夜行军过鲁山县沙河，克服了对寒冷的畏惧：“河风吹着，冷得打颤。把脱下的棉裤搭在肩膊上，望着浮了冰块的水流，有一瞬间，真是有点不敢下水去。但是看到同志们都一下子跑到了水里，我想：‘我就不能够?’这样想着，就一下子跳进了水里。”①到达鲁山县王庄后，和肖林达、王保善、马寒冰住在一家姓刘的贫农的灶屋里。

23日　随部队渡过淮河，进入豫鄂边境。

27日　随部队到达湖北省大悟山陈家湾，与李先念领导的新四军五师会师，受到了五师的热烈欢迎。

29日　参加南下支队与五师的庆祝会师大会。

2月

24日　随部队从蕲春县新桥一带渡过长江，进入鄂南。

3月

23日　随部队进入湖南，占领平江县。部队更名为国民革命军湖南人民抗日救国军。

26日　随部队进驻平江县城，起草《国民革命军湖南人民抗日救国军司令部布告》初稿，该布告共336字，沿用了红军时代的六字体布告传统规

---

① 周立波：《南下记》，光华书店，1948年，第71—72页。

格，通俗易懂，昭告了部队的宗旨与任务。布告经毛泽东修改定稿后，在平江铅印、石印了上万份，全部张贴完毕。①

按：该布告现存于湖南省博物馆，由曾在湖南省委机关工作的陈铁珊于1954年8月捐赠。布告内容如下：

去岁湖南沦陷　日寇肆虐横行
皆因抵抗不力　政府抛弃人民
本军奉命援湘　消灭万恶敌人
实行统一战线　团结一切好人
工农商学各界　军队地方士绅
不分阶级党派　皆愿相见以诚
一致联合对敌　展开民族斗争
独裁贻误国事　专制违反民心
惟有迅速改革　方能耳目一新
实行三民主义　恢复中山精神
建立联合政府　制止一党横行
取缔贪官污吏　扶持好人正绅
厉行减租减息　改善社会民生
取消苛捐杂税　买卖务求公平
反对强迫兵役　欢迎志愿从军
保障人权财权　维持社会安宁
严惩汉奸特务　悔过可以宽容
中国有共产党　华北有八路军
遍布大江南北　则有新四大军
广东广西一带　抗日起义纷纷
德寇正在瓦解　日寇亦将土崩
苏联英美中法　保障战后和平
世界进步很快　中国岂能后人
愿我三湘子弟　一致义愤填膺
起来保乡卫国　充当抗日英雄
倘有汉奸国贼　敢于阻挠军容

① 参阅文热心、李敏、周如冰：《王震：铁军南下二万里》，载《湖南日报》第7版，2015年9月12日。

自当痛击不贷　勿谓三令五申
特此恺切布告　仰各一体遵循
司　令　王　震
政治委员　王首道
中华民国三十四年　月　日

4 月下旬

随部队摆脱日军包围，回到鄂南根据地。

6 月

随王首道率直属机关和部分兵力留驻鄂南，占领樊湖，受命办油印小报《解放报》，“在江南的地面传播延安的声音”①。王震、王恩茂率主力向赣北和湖北进军。

7 月

7 日　随部队从咸宁出发，在三十七八度的高温下，连续行军 10 天。

24 日　随王震、王首道率领的南下支队主力部队到达长沙铜官，参加了强渡湘江战斗。1978 年，周立波以此次战斗为题材，创作了短篇小说《湘江一夜》。

27 日　随部队到达宁乡县新田湾。此地距周立波家邓石桥仅 40 多里。王首道认为继续南下处境危险，动员周立波带几两黄金，暂时离开部队回老家隐蔽，再寻机绕道香港去解放区。周立波坚决不同意，表示死也要和部队死在一起。②

8 月

6 日　随部队在湘潭与衡山之间的龙船港再次渡过湘江。

11 日　在衡山附近收到中央电报，得知日军投降的消息。

---

① 周立波：《南下记》，第 38 页。

② 参阅周健明：《革命的仁者——怀念王首道同志》，载《周健明自选集》，湖南文艺出版社，2004 年，第 245 页。

17 日　随部队向桂东进军。途中遇到日军，周立波沉着应对，经过长久的部队行军，他也练就了一身“打仗的本领”。肖林达回忆：“我军冒大雨经大赛坪翻越高山丛林向桂东四都墟地区急进时，与企图向我合围的敌优势兵力遭遇，当即发生激战。当时立波同志和我在一起，我们两人的处境很危急，必须通过前方的一座石桥才能赶上队伍，但绕道太远，会赶不上队伍的。我回头看看立波，见他毫无惧色，非常沉着。我看了他一眼，他也看了我一眼，两人心领神会，同时发起跑步。先几个箭步冲上石桥，又来了个急速拐弯，闪过敌人弹雨，进入了安全地域。当我们赶上前进队伍后，立波同志对我说：‘打了八九个月仗，我也练出了点本领，在敌人速射间隙中居然飞过了石桥，连我自己也觉得不简单呵！’又说：‘原来子弹不会拐弯，能闪得过去，这大概是基本的战术知识吧！’”①

20 日　随部队突出重围，离开八面山。

按：八面山位于桂东、资兴、汝城之间，海拔 2 024 米，几十里无人烟。部队在八面山被围时，王震曾对周立波说：“你日后写小说，要把我们这些人写成不食人间烟火，那多有意思。”②

本月下旬

随部队进入八面山，被敌人八个团的兵力重重围困。周立波记录下了那天被包围的困境，“在梅岭的高峰八面山，我们被围了，并且挨着饿。那天我只吃了一片生南瓜，一只生辣椒，饿得厉害”。③

9 月

20 日　随部队离湘返回鄂南，与新四军五师再次会师。周立波随 359 旅南下支队转战陕西、山西、河南、湖北、湖南、江西、广东 7 省 78 个县，行程 15 800 多里，历时 329 天，共经历战斗 70 多次。

按：肖林达回忆：“‘南征北返’斗争的艰苦性和它的英雄气概在我军战史上也是罕见的。南下支队曾在当时七个省的战场上行军一万五千八百多里，浴血苦战七十多次，战胜过日伪顽的夹击、封锁和合围；战胜过几乎难以克服的严寒、酷暑、饥饿和疲劳；特别是多次战胜了兵力十倍于我的蒋军的

① 肖林达：《回忆一段历史》，载《周立波研究资料》，第 153 页。

② 《王震传》编写组：《王震传》，第 174 页。

③ 周立波：《王震将军记》，载《解放日报》，1946 年 9 月 17 日。

进攻和'围剿'。我359旅战士称'南征北返'为第二次长征。"①

26日　随部队夜渡长江，受到鄂豫皖边区军民热烈欢迎。

10月中旬

部队进行整编，恢复359旅番号，与新四军五师、豫西支队组成中原军区。359旅举行了总结表彰会。周立波被南下部队奖励一支钢笔。②

按：359旅是一支英雄部队，1930年为湘赣根据地独立一师，1933年编入中国工农红军第六军团，长征后编入红二方面军，抗日战争期间编为八路军120师359旅，1947年编为东北民主联军(即第四野战军)第10纵队，1948年编为中国人民解放军第47军。罗盛教、邱少云、欧阳海等都是这支部队的英雄。

整编后，周立波被分配到中原军区《七七报》任副社长。

按：《七七报》是抗日战争时期中共鄂豫边区党委的喉舌，影响力很大。《七七报》创刊于1939年7月7日，于1946年6月24日被迫停刊，历时7年，共出版535期。李先念赞誉它为"我们的政治大炮"。《七七报》的总编辑谢文耀曾经对《七七报》的性质和报道方针做过概括："一个报纸单是新闻报导消息传播不是我们所要求的报纸……我们要求《七七报》能够成为群众性的报纸，成为鄂中人民的喉舌。我们要求它反映出鄂中敌我斗争的各个场面、游击部队地方武装的英勇战绩，部队工作经验，地方行政设施、社会生活情形和敌寇暴行等。因此，我们要求各地读者、部队工作同志在这几方面多多供给我们通讯报导及特写报告等。我们要求这样在鄂中建立广大的通讯网，使七七的芦沟烽火燃烧在每个抗日志士心头……"③1945年11月，《七七报》与新四军第五师的《挺进报》合并，此时夏苕农任社长，周立波任副社长。1946年1月14日，《七七报》改名为《七七日报》。1946年6月，全面内战爆发，解放军中原部队开始突围，《七七日报》发表《停刊启事》。④

---

① 肖林达：《回忆一段历史》，载《周立波研究资料》，第149—150页。

② 参阅周立波：《自传》。

③ 谢文耀：《我们在芦沟烽火中的要求》，载《七七报》，1939年11月20日。

④ 参阅方来：《〈七七报〉和它的三任社长》，载《党史天地》，2000年第4期。

12 月

2 日　在延安《解放日报》发表通讯《彭氏兄弟被难记》，署名周立波。从此时起，在“立波”笔名上加“周”姓，并成为其正式名字。

按：彭氏兄弟系彭德怀的两个胞弟彭金怀和彭荣怀，1940 年 9 月 10 日被湘潭警备司令部派兵杀害。

1946 年　　38 岁

2 月

随李先念到军调部汉口小组。之前接到延安新华社三次电报，要周立波随汉口小组做新华社驻汉口记者，当时周立波正任《七七报》副社长，《七七报》不放他走，直到接到第三次电报才让他随李先念到汉口做翻译。①

按：军调部的全称为军事调处执行部，成立于 1946 年 1 月 13 日，是在国共停战期间出现的一个监督停战的执行机构。军调部设立在北平，由国、共、美三方各出一位代表组成，所有下发命令要由三方一致同意，军调部的所有命令都只涉及与停战有关的问题，美方的加入仅为协助中方停止冲突。军调部是一个庞大的机构，曾设置二部、五处、二室、36 个小组，主要工作是停止冲突、恢复交通、受降日俘、遣返日伪、整编军队等五项。汉口为军调部的第 9 小组，1 月 20 日派出，此小组为停战小组，负责停战的执行。②

3 月

坐美国飞机绕道上海到北京，住在翠明庄，在军调部联络部担任共方翻译。周立波回忆：“在汉口，特务很多，作记者不好活动，王震同志与李先念同志商量后我到北平转解放区写书，由马寒冰同志为我交涉飞机，我随薛子正同志坐美国飞机绕道上海。在上海，国民党翻译（可能是特务）给我和薛子正同志照了一个相，后来，到了北京，有次李克农要分配我到上海去工作

---

① 参阅周立波：《自传》。

② 参阅汪朝光：《军调部论述》，载《军事历史研究》，1998 年第 4 期。

时，我说，在上海有人给我照了相，不好活动，是指这个国民党翻译照的相。薛子正同志替我交涉了飞机，并托我带了一个给李克农同志转致延安的密件，大约是报告，我到了北京，住翠明庄。我本要回老解放区写书，但李克农同志立即分配我在联络部做翻译工作。”①

4月

担任军调部执行小组承德小组共方代表李逸民的翻译，与他一起到冀热辽解放区。

5月

担任军调部执行小组赤峰小组共方代表李德仲的翻译。在赤峰，除担任翻译的日常工作外，还翻译了一些美国人的英文材料，以便研究他们的行踪动态。

7月

1日　在《热潮》半月刊发表报告文学《夜涉》。

写作报告文学《南下记》。

8月

调任冀热辽区党委机关报《民声报》副社长。

按：《民声报》1945年9月11日创刊于锦州，后来撤到赤峰，成为了热辽区的党委机关报。周立波任副社长期间，何畏（何伟）任社长。谢文清这段时间在《民声报》当过记者，他对在《民声报》的工作经历有过回忆：“初进《民声报》，我一点也摸不着头脑。因为我本是个高小毕业生，从未接触过新闻工作。这时，倒有几位解放区文化界和新闻界的名人如周立波、华山、秋浦等人在这家报社工作，这给了我一个极好的学习机遇。我就跟他们学编报、写标题、排版面，并且也不时出去采写些短新闻、特写等。这个《民声报》同时也是新华社的一个分社。当时各解放区的报社大都兼新华社分社。所以我们也时常给新华总社发去报道。”②

① 周立波：《自传》。

② 谢文清：《我在解放战争中的三年采访》，载《炎黄春秋》，2007年第11期。

9 月初

随李德仲带领的部队从热河到松江，在松江省委工作。在随同李德仲到哈尔滨尚志县元宝区调研时，主动要求留在这里参加土改。

按：土改源于 1946 年 5 月 4 日中共发布的《中共中央关于土地问题的指示》，《指示》明确指出："在广大群众要求下，我党应坚决拥护群众在反奸、清算、减租、减息、退租、退息等斗争中，从地主手中获得土地，实现耕者有其田。"①"耕者有其田"比抗日战争时期的减租、减息土地政策要更加激进，这一政策是为了解决国内的阶级矛盾问题，动员广大农民参加革命战争的重大举措，也是中国农村走向现代化进程的一个重要步骤。《指示》发布后，各地兴起了土地改革运动。中共东北局于当年 7 月作出了《关于形势和任务的决议》，号召中共党员"不分文武，不分男女，不分资格，一切可能下乡的干部统统到农村去"，发动农民群众，进行土地改革，建立巩固的东北根据地。当时下乡参加土改的干部达一万二千多人。

本月

17 日　在延安《解放日报》发表报告文学《王震将军记》。

10 月初

辞去《民生报》副社长职务，到珠河县（现改为尚志市）报到，被任命为珠河县元宝区区委委员，后改任区委副书记，土改工作队副队长。

25 日　来到离珠河县城五十余里的元宝镇参加土改，住在元宝镇小学。元宝镇是周立波后来的成名作《暴风骤雨》的故事发生地元茂屯。周立波对元宝镇有过一段描述文字："这是一个靠山的穷屯，有四百户人家，绝大多数是农户，也有小手工业者和小学教员。东北的土地十分集中，大地主占地极多，往往超过一千垧（一垧为十五亩）。但元宝镇没有这样的大地主。我所写的韩老六是别的富屯的典型。我在元宝镇工作了半年，每天和农民一起战斗和工作，没有工夫记材料，但是，在这波澜壮阔的运动中经历的事件和熟悉的人物都深深地镂刻在我的心里。"②

按：据当时元宝区的区委书记韩惠回忆，工作队选择尚志县元宝区开展

① 《中共中央关于土地问题的指示（1946 年 5 月 4 日）》，载中央档案馆编：《解放战争时期土地改革文件选辑》，中共中央党校出版社，1981 年，第 2 页。

② 周立波：《深入生活，繁荣创作》，载《红旗》，1978 年 5 月 3 日。

工作，是因为“元宝区是东北抗日联军赵尚志部队活动的地区，离铁路线较远，与延寿县交界，群山环抱，交通不便。元宝镇又是周围四五十里地唯一大镇，千户以上，自然形成了政治、文化、经济中心。地形条件，有利于我军活动。因此，选中了元宝区。”①

11 月

和区委书记韩惠及其他工作队员一起走访群众，动员土改。

按：韩惠回忆：“工作队在元宝镇两个多月的工作，主要是访贫问苦，扎根串联，发动群众，搞阶级调查，摸清元宝镇的阶级状况，开展减租减息等”。“经过访贫问苦，发现和培养积极分子，再由积极分子串联贫苦农民，逐步发展，形成能够左右农村的政治力量，依靠这个力量，推翻农村地主阶级的反动统治，自己解放自己。”②

12 月

与林蓝在元宝镇重逢。

按：李万生、李荣讲述了他们重逢的故事。1946 年深冬的一天，周立波正在聚精会神地翻阅着通讯员刚刚从县里取回的文件、报纸。忽然，他眼睛一亮，压抑不住内心的喜悦，指着《东北日报》说：“我爱人林蓝来了！”周立波是在热河随李德仲带领一支队伍来到东北的，和妻子分手半年有余，彼此不通音信，看到林蓝在《东北日报》写的文章，才知道妻子随延安文艺团体早已到了佳木斯，在座的农会干部都为周立波高兴，也为他着急，恨不得马上把林蓝接来。周立波不紧不慢地说：“急啥，知道下落就好办了，今天我写封信，不出十天她保准到。”信发出后的第九天早晨，周立波带着青年炮手刘文，坐着区上的四轮马车，到珠河县城接他爱人林蓝。大车在崎岖不平的山路上颠簸着，迎面刮着刺骨的西北风，周立波和刘文背着脸坐在大车上，边走边唠。

天近晌午时，大车来到大高丽山下。这时，从对面过来一辆大车，老板打着响鞭，几匹马亮开四蹄，和周立波坐的车擦边而过。周立波突然喊了起来：“快，快停车，她来了！”林蓝就在对面那辆拉货的车上坐着，两车相错的瞬间，她也看到了周立波，两辆车在不同的位置停下来，周立波和林蓝都从

①② 韩惠：《和周立波同志在 起》，载《中国土改文化第一村》，中共尚志市委宣传部，2003 年，第 57 页。

车上跳下来，跑到一起，两双手紧紧地握着。林蓝长得挺精神，头上围着瓦灰色的头巾，身穿一套当时工作队发的干部服。这对久别相逢的夫妻，互相打量着对方，像不认识似的，一个身高体壮，一个小巧玲珑，形成了鲜明对比。林蓝先开口了："你可真行，人家找你一年了，你也不回个信！"

"你也真行，咱们分开才半年多，你就找了我一年！"周立波说完，两个人咯咯地笑起来。大车拨转马头，向元宝镇走去。一路上，周立波夫妻畅抒别情，欢声笑语，那个高兴是人们很容易理解的……

太阳快落山了，大车回到了元宝镇，林蓝和区委的领导人韩惠、蔺志礼等见了面。武装委员白福山捅了刘文一把说："漂亮，好漂亮。可珠河县也没处找！"周立波回过头来"当"地给他一拳："小鬼头，想拿我开心！"

晚上，区工作队为林蓝设宴接风。当时的条件困难，虽然没有大鱼大肉，可狍子肉氽丸子，也别有风味。周立波这个平时滴酒不沾的人，也破例喝了几口。大家边吃边讨论周立波夫妻的住处问题。有人提出把安校长大老婆以前住的屋子倒出来。可那屋和工作队的宿舍只有一墙之隔，对周立波写东西有影响，周立波表示不要大家张罗了："房屋挺紧张的，就别费那脑筋了，只要找一家可靠的群众，把她安排下就行了。"区委书记韩惠坚决反对说："可不能叫你们再'牛郎织女'了"。讨论来，讨论去，最后区长李扬想出高招："把韩向阳的宅子腾出一头来。"别看韩向阳是元宝地区的太上皇，可他的房子并不宽绰，屋里白灰刷墙，铺地板，家具一应俱全，外表确有点寒酸，窄窄巴巴的三间小厢房，个子大进屋直碰头。当时北屋做了农会的仓库，南屋腾出来，成了周立波夫妻的临时住所，他在这低矮的小屋里，研究文件，整理材料，找人谈话，接待方方面面的群众，直到离开元宝镇。①

1947 年　　39 岁

1 月

24 日　在土改积极分子训练班上讲课，参加者有农会、自卫队、妇女会的干部与积极分子，教材是以东北局宣传部编的《农村政治课本》为主，结合讲赵树理的《李有才板话》和八路军、白毛女、吴满有等的故事。

按：训练班结束时，召开了"诉苦"会，即让"苦大仇深"的典型现身说法，

---

① 李万生、李荣：《高丽山下接亲人》，载《中国土改文化第一村》，第 161 页。

倾诉自己的"苦境"。韩惠回忆,周立波在会上"亲自帮助周凤鸣做诉苦的准备,解除思想顾虑。立波同志说'不要不好意思说,都是亲哥们儿,你当大家的面谈了过去受的苦,只能得到大家的同情,启发大家的阶级觉悟,增进咱哥们儿的团结。'经过立波同志的具体帮助,周凤鸣在诉苦会上说得很好,当他谈到被地主逼得家破人亡、无路可走时,放声大哭,引起会场上一片哭声。"①

2月

元宝区开设"栽槐树"的"课堂"。在"栽槐树"中,周立波结交了许多农民朋友,比如从山东流浪到元宝区的穷棒子花玉容和青年农民郭长兴等。花玉容患伤寒临终前都在叫"周立波"的名字,周立波后来提到花玉容时也说要"永远记住他的名字和友谊"。花玉容和郭长兴后来都成为《暴风骤雨》中新人形象的生活原型。

按:"栽槐树"源自《李有才板话》里的情节,老槐树下的穷人经常聚集在一起谈翻身,有学员提议学习"栽槐树"的办法,白天上课,晚上大家聚在一起开会唠嗑。周立波与韩惠商量,认为学员这个建议很好,就开始"栽槐树"。"话题从斗争地主到家庭琐事,从风土人情到个人遭遇,无不涉及。这种唠嗑会常开到半夜。"②他经常参加这些唠嗑会,从中了解了很多情况和问题。后来中共珠河县委还推广了元宝区开办训练班和"栽槐树"的经验。

3月

和元宝区委领导调整和充实村屯政权班子和农会领导骨干,开展"挖穷根、挖臭根、挖坏根"的运动,进行反奸、清算和分配土地的斗争。

5月

调松江省委宣传部任宣传科长,兼任《松江农民》报主编,同时从事创作。离开元宝镇时,周立波的行李中最多的是书、报和写得密密麻麻的本子,整整装了缝口三麻袋。李荣、李万生称:"周立波以三麻袋资料为基础,又到五常县周家岗补充了一部分生活材料,写出了反映土改的优秀长

---

① 韩惠:《和周立波同志在一起》,载《中国土改文化第一村》,第60页。

② 周立波:《深入生活,繁荣创作》,载《红旗》,1978年5月3日。

篇小说《暴风骤雨》。我们在采访的过程中,有趣地发现书中的人物几乎在元宝镇都能找到原型,人物的身世、处境、性格、嗜好,甚至连姓名都相差无几。”①

按:《松江农民》报由松江省委主办,读者对象是农民,由周立波带领 4 名青年编辑,于 1947 年 5 月创刊,1948 年 4 月停刊,共出 32 期。《松江农民》在出报期间刊登了大量宣传土改政策和各地土改工作情况与经验的报道和文章,另外还刊载了一大批土改中涌现的农民翻身求解放的故事;经常刊载农民喜闻乐见的大鼓、快板、民谣、儿歌等。周立波在“编者的话”“三言两语”等栏目中撰写了大量言论,对重要的时事政策问题发表评论。他在撰写的《请大家提意见,请给报纸写稿》的启事中说:“不要怕文章不好,用庄稼人的话,说庄稼人的事,又实在又明白,那是再好没有。”②他还主持编写了课本《农民读本》《识字课本》在《松江农民》上连载。这些课本文字浅显,配有图画,帮助农民在学习文化中了解革命道理,深受农村干部与群众欢迎。

同月

在编辑《松江农民》报的同时,创作长篇小说《暴风骤雨》上部初稿。

6 月

1 日　在《松江农民》报第 4 版发表“二人转”歌词《张丕谟抓坏蛋》。

15 日　在哈尔滨《东北文艺》月刊发表短篇小说《金戒指》。

7 月

到五常县周家岗深入生活,同去的有林蓝、美术家古元和夏风。《松江农民》报在此期间休刊。在周家岗,一边参加土改运动,一边修改《暴风骤雨》上部书稿,古元为这部小说画了插画。

按:周立波对编辑《松江农民》时创作的《暴风骤雨》初稿不太满意,“感到有些人物和生活的细节还了解不深”,于是向省委报告,并听从省委的意见,去了周家岗。在周家岗时恰遇烈士温凤山的追悼会,目击了全屯人的恸

---

① 李荣、李万生:《资料装走三麻袋》,载《中国土改文化第一村》,第 166 页。

② 胡光凡、李华盛:《周立波在东北》,载《周立波研究资料》,第 111 页。

哭和悲悼，周立波后来在《暴风骤雨》中运用了这些情节，把它体现在赵玉林的故事里。另外，他还了解到了“七斗王把头”的故事①，这些素材都被他运用到了小说的创作中。②周立波在周家岗花了 4 个月时间修改初稿，舒群、古元、高铁等都校阅了他的原稿，还对他的语言进行过一些校正。③

9 月

翻译美国作家哥尔德作品《一个琴师的故事》，收入艾芜选注的中学略读文库之一《翻译小说选》，由香港文化供应社印行。

10 月下旬

回松江省委宣传部，开始酝酿创作《暴风骤雨》下部，准备《松江农民》报的复刊工作。

按：《松江农民》报于 11 月 7 日复刊。

12 月

25 日　在哈尔滨《东北日报》发表《暴风骤雨(第一节)》。

26 日　在《东北日报》发表《暴风骤雨(第二节)》。

27 日　在《东北日报》发表《暴风骤雨(第三节)》。

28 日　在《东北日报》发表《暴风骤雨(第四节)》。

1948 年　　40 岁

1 月

15 日　在《东北日报》发表《抓地主》(《暴风骤雨(第十六节)》)。

---

① 周家岗是一个有 200 多户人家的大屯，是著名的恶霸地主、汉奸王云才的老巢。王云才原来是勾结土匪，盘剥劳工的大把头，后投靠日军。1947 年 7 月土改工作队进驻周家岗，用了一年时间，放手发动农民群众，经过 7 次斗争，打垮了王把头，分了土地和财物。

② 周立波：《深入生活，繁荣创作》，载《红旗》。

③ 周立波：《〈暴风骤雨〉是怎样写的》，载《周立波研究资料》，第 245 页。

24 日　在《东北日报》发表《欢天喜地》(《暴风骤雨(第十八节上)》)。

25 日　在《东北日报》发表《欢天喜地》(《暴风骤雨(第十八节下)》)。

2 月

23 日　在《东北日报》发表书信《答霜野同志》。

按:一位署名霜野的读者给周立波写信,指出了他的《暴风骤雨》的一些问题,包括一些知识错误、东北生活常识错误、东北习惯用语错误以及对农民不配合开会的质疑等。对于霜野的意见,周立波在报上给予了回复,并附上了他的来信。周立波在答复中对他指出的一些错误都虚心接受,并且加以了改正,但他不同意霜野对开会情节的质疑,他认为描写开会的"失败"恰恰反映了打垮封建是一件非常复杂的事情,也表现了经验不足的知识分子在工作中的急性病和主观主义。

本月

哈尔滨光华书店出版报告文学集《南下记》,收入他的报告文学 14 篇。

4 月

13 日　离开松江省委,调东北文艺工作者协会,筹备《文学战线》出版工作。

按:《文学战线》是根据 1948 年 3 月东北文艺工作者会议的决议创办的。该刊于同年 7 月在哈尔滨创刊,周立波任主编,马加任副主编。该刊于 1949 年 7 月停刊,共出了 11 期,在哈尔滨出了 6 期,周立波任主编,1949 年 3 月该刊迁至沈阳后,周立波不再担任主编,任编委。《文学战线》欢迎各种艺术形式的投稿,包括文学作品、木刻、漫画、歌曲、摄影等,直接践行毛泽东《在延安文艺座谈会上的讲话》中"为工农兵"创作的精神,要求"反映人民大众的斗争和生活"。该刊的《稿约》就体现了其办刊策略:"一、本刊欢迎反映人民大众的斗争和生活的各种文艺作品,文艺论文,小说,戏剧,诗歌,报告文学,人物传记,散文,速写,游记,日记,民间故事,民间传说,民歌民谣,和翻译,书报评介。二、本刊欢迎木刻,漫画,歌曲和美术摄影。"[①]《文学战线》的出版得到了许多作家的支持,当时为《文学战线》写稿的有周立波、丁玲、刘白羽、马加、舒群、宋之的、陈学昭等,丁玲的《太阳照在桑干河上》的部分

① 文学战线编辑部:《稿约》,载《文学战线》,1948 年第 1 卷第 2 期,扉页。

章节就曾在此刊发表。《文学战线》刊登了大量解放区的文艺作品，对苏俄文学进行了介绍，同时注重培养文艺新人，鼓励他们进行创作。

同月

由东北书店出版发行长篇小说《暴风骤雨》(上)。

按：《暴风骤雨》刚出版仅一个月，《生活报》便刊出了一篇署名“芝”的短文——《推荐〈暴风骤雨〉》。文章开篇就摘录了小说中的一段文字来概括整部书的思想精华：“报仇的火焰燃烧起来了，烧的冲天似的高，烧毁几千年来阻碍中国进步的封建，新的社会将从这火里产生，农民们成年溜辈的冤屈，是这场大火的柴火……——《暴风骤雨》页二一八。”①随后作者评价道：“这是一本好书。这书不仅动人的表现了那燃烧起来的复仇的火，也雄浑的表现了那火的伟大气魄，把几千年来阻碍中国进步的封建烧毁了。不仅深入的挖出了农民们成年溜辈的冤屈的根，也生动的绘出了那在这火里产生的新的社会的面貌，新的人物的生长。”这部小说是“这一时期的最鲜明的史诗”。②

5月

9日　在哈尔滨《东北日报》发表散文《毛主席心有窝棚大》。

15日　参加东北文学工作委员会在文协召开的讨论《暴风骤雨》上部的座谈会，在会上介绍了这部小说的创作经过。宋之的、草明、赵则诚、金人、黄铸夫、韩进、马加、白刃、车一黎、舒群、周洁夫等在会上发言，谈了对《暴风骤雨》的看法。与会人员对小说中人物形象和性格的刻画、东北农村新面貌的展现等进行了肯定，但同时认为小说“在形式上还没有完全脱却洋气，也就是说泥土气息不够”③、与政策“有些距离”等。此次会议由严文井主持。

29日　在哈尔滨《东北日报》发表《〈暴风骤雨〉是怎样写的》。此文是周立波在15日召开的《暴风骤雨》座谈会上的发言稿。

6月

1日　在哈尔滨《翻身乐》月刊发表散文《人不闲一个，地不荒一垄》。

---

①② 芝：《推荐〈暴风骤雨〉》。

③ 《〈暴风骤雨〉座谈会记录摘要》，载《东北日报》，1948年6月22日。

6 日　在哈尔滨《生活报》发表散文《老者安之》。

22 日　《东北日报》第四版发表《〈暴风骤雨〉座谈会记录摘要》，摘录了宋之的、赵则诚、黄铸夫、马加、白刃、李一黎、舒群、周洁夫等的发言。

7 月

7 日　《文学战线》月刊出版，在创刊号发表评论《反对美帝扶植日本侵略者》。文章控诉了日本发动侵华战争的罪行，表达了对美国帮助蒋介石发动内战的痛恨。

13 日　着手写作《暴风骤雨》下部。

16 日　为潜心写作，搬到松花江太阳岛，王首道为他提供了工作用的房子。①

本月

长篇小说《暴风骤雨》由苏南新华书店出版。

8 月

15 日　参与签名《致苏联作家的一封公开信》，发表于《东北日报》。

26 日　从松江省委宣传部搬至东北文协机关。写完《暴风骤雨》下部 9 万字。

同月

在哈尔滨《翻身乐》月刊发表散文《关云同出担架》。

9 月初

丁玲带儿子蒋祖林到太阳岛看望周立波、林蓝夫妇。②

同月

创作短篇小说《营长李云生》，写的是一位护士和一位八路军干部恋爱

① 参阅王首道：《毕生扎根人民中》，《周立波研究资料》，第 139 页。
② 王增如、李向东编：《丁玲年谱长编》上卷，天津人民出版社，2006 年，第 231 页。

和结婚的故事，未发表。

在东北《文学战线》杂志第1卷第3期发表评论《萧军思想的分析》，后收入《思想·文学短论》和《文学浅论》。文章批判了萧军的个人英雄主义，认为他的个人英雄主义具有两面性，“他作的诗文，和他主编的《文化报》，处处流露他的这种两面性：一面空谈一些革命的辞句，但一面又发挥那种带着浓厚的腐蚀味的个人英雄主义。这种个人英雄主义，发挥到极致，就只有个人利益，没有革命原则，常常使他发出反动的谬论”。①周立波着重批判了萧军在《文化报》上发表的《我的生涯》《大勇者的精神》《夏夜抄之八》《论“混”》等文章。

按：周立波对萧军的批判是在本年8月文坛上发生的《生活报》与《文化报》激烈论争，《生活报》继而掀起了对萧军及其主编的《文化报》的大批判的背景下产生的。萧军生性叛逆，提倡个体独立和自由，在一次和彭真的谈话中，彭真曾问他，能不能坚决服从党的领导时，他斩钉截铁地回绝了：“不能！我认为不对我就反对！更不能服从，照办！谁要是命令我、支使我，我立刻就会产生一种生理上的反感，这是我的弱点！难以克服的弱点！看来我还是留在党外吧！省得给党找麻烦！”②他这种对秩序和规范的反叛同样反映在他的文学创作和文艺观上。他曾在《也算试笔》一文中声称：“我是个新英雄主义者。它的原则是——为人类、强健自己、竞取第一。”③他的新英雄主义的主张也许与他成长的环境有关，他在《我的生涯》中曾经说过，他所生长的村子里的人们“鼓励着孩子们大胆，鼓励着孩子们蔑视任何秩序和成规，守本分”，“他们教导人为了获得自己要获得的东西，不要吝惜生命！他们不愿听任何迂腐于自己毫无实利的道理”，“他们总企盼自己底孩子‘有出息’，成为一个非凡的轰天动地的能够高临万人的‘英雄’！”④萧军称他就是在这种思想的影响下成长起来的。这种蔑视权威，崇尚自由的反叛精神显然与当时需要树立“革命话语”的权威的时代是格格不入的。因此，《生活报》发起了对萧军的猛烈的批判，其中包括8篇社论和其他作者和读者写的一系列批判文章，后来据此编写成了《萧军思想批判》一书，1958年由作家出版社出版。1949年6月，全东北地区开始了对萧军反动思想长达三个月的批判，两家报刊的论争最终演变成了一场轰轰烈烈的政治运动。

---

① 周立波：《萧军思想的分析》，载《文学战线》，第1卷第3期。

② 王德芬：《萧军在延安》，载《新文学史料》，1987年第4期。

③ 萧军：《也算试笔》，载《萧军全集》第11册，华夏出版社，2008年，第503页。

④ 萧军：《我的生涯三十八》，载《文化报》，1948年7月1日。

10 月

15 日　在哈尔滨《知识》半月刊发表论文《纪念鲁迅先生》。此文后收入文学论文集《思想·文学短论》。

19 日　在哈尔滨《东北日报》发表论文《谈谈鲁迅先生》，此文后改题为《略论鲁迅杂文》，收入《思想·文学短论》《文学浅论》。

25 日　为《文学战线》撰写社评《纪念鲁迅先生》，未署名（本社），此文后改题为《鲁迅先生逝世 12 周年纪念》，收入《思想·文学短论》。

29 日　参加《文学战线》编辑部召开的《太阳照在桑干河上》座谈会，参加者还有丁玲、舒群、严文井、刘芝时等。

11 月

6 日　在哈尔滨《生活报》发表散文《庆祝胜利，我们要打到南京去！》。

12 月

2 日　修改《暴风骤雨》下部，完成 20 万字的第三稿。周立波后来在谈到《暴风骤雨》下部的创作经过时说："约莫 9 万来字的初稿从去年 7 月中起，写了 40 天，其中因病耽误了 10 天。二篇（遍）和三篇（遍）稿就拖拖拉拉的一直到年底，才告完成。其中因为参加一次思想论争，停顿了一些时候。写作的时间不算长，但是搜集和储备材料的时间却比较的多。宽一些说，从 1946 年底到 1948 年春，除工作的时间外，都是下部的积累材料的时间。"①

本月上旬

沈阳解放，随东北文协机关离开哈尔滨，迁至沈阳，不再担任《文学战线》主编，调任沈阳鲁迅艺术学院文学研究室主任。

按：沈阳鲁迅艺术学院的前身是延安的鲁艺，1945 年迁至东北，1946 年校址先后更换为齐齐哈尔、佳木斯、哈尔滨和沈阳，曾更名为东北鲁迅文艺学院。

① 周立波：《现在想到的几点——〈暴风骤雨〉下部的创作情形》，载《生活报》，第 76 期。

15日　在哈尔滨《知识》半月刊发表散文《叫人永远忘不了》。

1949年　41岁

1月

文学论文集《思想・文学短论》由哈尔滨光华书店出版发行，收入论文8篇。

2月

14日　在沈阳《东北日报》发表《〈民间故事〉小引》。

4月

在沈阳《文学战线》月刊发表翻译论文《梭罗诃夫论》。该文是根据1948年8月《苏联文学》上刊载的英文版转译。

按：梭罗诃夫即肖洛霍夫。该文原作者列兹内夫。

5月

1日　在沈阳《生活报》发表评论《我的两点意见》。

本月

《暴风骤雨》与《太阳照在桑干河上》《高干大》《种谷记》《吕梁英雄传》《李有才板话》等10种小说被列入"中国人民文艺丛书"小说选本，由新华书店出版。这套丛书被当作贯彻毛泽东文艺思想的样板，选编者为周扬。

东北书店出版长篇小说《暴风骤雨》下卷。

6月

21日　在沈阳《生活报》发表短论《现在想到的几点——〈暴风骤雨〉下卷的创作情形》。

26日　随东北文艺工作者代表团离开沈阳到北平参加中华全国文学艺术工作者代表大会，即全国第一次文代会。他是东北代表团9人团委之一，《暴风骤雨》作为东北地区优秀文学作品之一被推荐给大会。

7 月

2 日　出席在中南海怀仁堂举行的中华全国文学艺术工作者代表大会开幕式。

按：第一次文代会汇聚了来自国统区和解放区的艺术家、作家代表共753人，当时中国大陆文艺界的“大腕儿”几乎悉数到会，场面盛况空前。除了文艺界的人士，许多代表新政权的重要人物也莅临了此次文代会。在7月2日会议的开幕式上，“来宾有朱总司令、林伯渠、董必武、陆定一、李济深、沈钧儒、及工农妇青各界代表共三十余人。”①7 月 6 日周恩来参加会议，并作了《在中华全国文学艺术工作者代表大会上的政治报告》的长篇报告，而且毛泽东也突然莅临会场，作了简短的发言。新政权的权力人物一一亮相并发言，除了表明对这次会议非常重视以外，也希望“从文学史和文化史的角度论证新政权与执政党的合法性，通过对新文学传统的阐释，强化无产阶级对文学与文化事业的领导”。②此次文代会讨论了许多议题，其中包括“新民主主义文艺”的性质确定、“统一战线”的论述策略、“两条路线斗争”的思路梳理、“小资产阶级”的帽子的定性和“新的人民文艺”展望等。

3 日　听郭沫若作《为建设新中国的人民文艺而奋斗》的报告。

按：郭沫若在报告中说：“中国文艺界的主要论争是存在于这样两条线路之间：一条是代表软弱的自由资产阶级的所谓为艺术而艺术的路线，一条是代表无产阶级和其他革命人民的为人民而艺术的路线。三十年来斗争的结果，就是在欧美没落资产阶级文艺影响之下的为艺术而艺术文艺理论已经完全破产了，为艺术而艺术的文艺作品也已经丧失了群众。……而无产阶级文艺思想领导的为人民服务的文学艺术，队伍日益壮大，方向日益明确，因此就日益受到广大人民群众的欢迎和拥护。”③这段话充满了战斗气息，宣告了“无产阶级文艺思想领导的”“为人民服务的文学艺术”时代的到来。

---

①　《大会纪要》，载《中华全国文学艺术工作者代表大会纪念文集》，第 130 页。

②　胡慧翼、温儒敏：《第一次“文代会”与新文学传统的规范化阐释》，载《河北学刊》，2008 年 5 月第 28 卷第 3 期。

③　郭沫若：《为建设新中国的人民文艺而奋斗》，载《中华全国文学艺术工作者代表大会纪念文集》，第 49—50 页。

4 日　听茅盾的报告《在反动派压迫下斗争和发展的革命文艺》，总结国统区十年来的文艺情况。

5 日　听周扬《新的人民的文艺》的报告，总结解放区文艺运动。

6 日　听周恩来的长篇报告《在中华全国文学艺术工作者代表大会上的政治报告》。毛泽东本“先有一电话，谓昨夜未睡，不来”，却突然来到会场，“全场欢动。前后掌声达半小时之久”。①

8 日　参加主席团全体第二次会议。

9 日　听丁玲报告，阳翰笙、柯仲平发言。

16 日　参加讨论大会提案。

17 日　参加选举及继续讨论提案。

18 日　参加提案审查委员会。

19 日　出席文代会闭幕式。中华文学艺术界联合会成立。大会主席冯雪峰宣布当选的 87 名全国文联委员名单。周立波被选为全国文联委员。会议期间与冯雪峰、丁玲、胡风、冯乃超、杨晦、柯仲平、陈学昭、李伯钊、陈企霞、马思聪、吕骥、田间等合影。

23 日　上午在中法大学礼堂出席全国文学工作者协会成立大会，选举全国文协（作家协会前身）委员。下午在北京饭店出席全国文联第一次全体委员会议。

24 日　参加全国文协大会。冯至报告 23 日选举结果，69 人选为委员。周立波当选，并与郑振铎一起被推选为全国文协研究部副主任。

---

① 阿英：《第一次文代会日记》，载《新文学史料》，1978 年第 1 期。

本月

苏南新华书店出版长篇小说《暴风骤雨》。

8 月

离开东北到北京，调中央文化部编审处工作。

10 月

25 日　在《人民文学》创刊号发表论文《我们珍爱苏联的文学》。同时刊登的还有冯雪峰的《鲁迅创作的独特性和他受俄罗斯文学的影响》和苏联文艺评论家柯洛青科的《在艺术和文学中高举苏维埃爱国主义底旗帜》。这三篇文章讨论的都是苏联文学的理论问题。

按：第一次文代会结束后，文艺界自上而下开始了学习苏联文学模式的热潮。《人民文学》在"发刊词"中就明确表示对于翻译作品"我们的最大的要求是苏联和新民主主义国家的文艺理论，群众性文艺运动的宝贵经验，以及卓越的短篇作品；其次是资本主义国家的革命的进步的作品和文艺批评以及欧美古典文学的批判的现实主义的作品"。[①]《人民文学》的创刊号同时还刊登了社论《欢迎苏联代表团，加强中苏文学的交流》。

11 月

由中央宣传部调去参加中苏合摄的大型彩色文献纪录片《解放了的中国》，担任文学顾问。还参加了彩色纪录片《锦绣河山》的摄制。

按：《解放了的中国》是由中国和苏联电影工作者联合摄制的一部彩色纪录影片，反映了中国的地理、历史、文化以及百年来中国人民争取自由解放的革命斗争历程，尤其是着重描述了解放了的中国人民充满热情和信心投入国家建设中的动人情景，表现了中国人民胜利的喜悦和伟大的爱国主义精神。这部纪录片的导演是苏联导演谢尔盖·格莫西拉夫和伏尔克，摄制组的足迹遍布解放了的中国大地。此片后来获得了 1950 年的斯大林奖金，1957 年获文化部"1949—1955 年优秀影片"长纪录片一等奖。

12 月

1 日　在《人民文学》发表短篇小说《懒蛋牌子》。

---

① 茅盾：《〈人民文学〉发刊词》，载《人民文学》，1949 年第 1 卷第 1 期。

1950年　42岁

1月

与《解放了的中国》摄制组到北京、上海、韶山、井冈山、南昌、瑞金、延安等地拍摄。在上海带苏联导演谢尔盖·格拉西莫夫拍摄30年代曾被关过的提篮桥西牢。

按:谢尔盖·格拉西莫夫(1906—1985)出生于乌拉尔的兹拉托乌斯克,1928年毕业于列宁格勒戏剧艺术学院。他早年当过演员,1930年开始当导演,拍摄过苏联当代文学名著《青年近卫军》(1948)和《静静的顿河》(1957—1958)。进入20世纪60年代后,他开始对道德题材的影片产生兴趣,他的作品对时代与生活进行了思考,揭示了人性的复杂与矛盾。这个时期他的代表作有《人与兽》(1962)、《记者》(1967)、《湖畔》(1969)等。除当导演外,格拉西莫夫还擅长教学和理论研究工作,出版过著作《论电影艺术》《导演的培养》等。①

4月

4日　周扬批示准许周立波随格拉西莫夫赴苏联协助摄制纪录片《解放了的中国》。

5月

与摄制组访问延安,在枣园毛泽东旧居拍照留念。

6月

22日　致信毛泽东。纪录片《解放了的中国》录入了毛泽东在中央政府委员会的一段讲话,讲话的最后几句不清楚,请示改正电示,以便译为俄文录入俄文版。②

25日　在《文艺报》发表短论《关于写作》。

---

① 参阅汪流:《中外影视大词典》,中国广播电视出版社,2001年1月,第436页。

② 该信现存中央档案馆。

29 日　毛泽东回复 22 日信，对中央政府委员会上的讲话做了修正，修正稿为："中华人民共和国中央人民政府成立以后，我们政府做了一件重要工作，签订了中苏友好条约。这件工作对于我们国家有重大的意义。"并指示"凡能修正者请照此修正，如不可能修正者则只好听之情酌办"。①

本月

为制作《解放了的中国》，与刘白羽一起应邀访问苏联，任影片工作组副组长。在莫斯科停留了 3 个月，9 月回国。②

7 月

19 日　受苏联作家协会邀请，参观台尔曼集体农庄。

25 日　与何士德、徐肖冰一起看了《解放了的中国》样片，提出 20 条修改意见。

按：周立波等提出的修改意见具体如下：是否添一些代表南方特色的镜头，如有人驾船，以和北方骑马相对照；加兰州镜头，以上二者表现中国土地的广大；苏州河上的小船是否可以减少些；土改画面：烧地照与发地照放在量地之后；农民分牲口时，有个农民分了一匹骆驼，这在中国并不普遍，同时画面上表现那农民分了骆驼后，牵了一段路，就捺下不管，这个画面可删掉；黄河船只的镜头可以去掉一个；修黄河堤时，上万的人背石头，有个知识分子样的人，只背一小块石头，如二流子，此画面可删；"白毛女"被拖出去时，观众中有人笑，看悲剧倒笑，应删掉；"在战斗里成长"有个场面插在"白毛女"里，不合适，应删；北京医院，护士出现镜头太长，可删短；上海幼稚园，张嘴的小孩难看，可以删掉；四大野战军首长都要有特写才好，因为他们同时是各大军区的党的领袖；俄国舞可否剪短些；一九四六年，自卫战争开始的转折点，表现不明显，应借几个进军镜头等。

除此之外，他们还对该片总的结构提了一些意见：表现工业的比表现学校、学会的少些，看不清工业建设的紧张场面。群山的图片太多，而且有雪山草地图画，因此长征图未用。另外，关于中文说明原文有"6 次反围剿"，他们改为"5 次反围剿"，并把红军失败原因是由于单纯军事路线错误也添

① 该回复现存中央档案馆。
② 参阅周立波：《自传》。

上去了。他们还建议关于解放后的北京、杭州、上海，可添些优美的镜头。紧张场面之后，添些抒情式的歌唱画面，使整个影片有些曲折、波澜。①

26日　参观托尔斯泰故乡“雅斯纳亚·波里亚纳”庄园。参观后，撰写了游记《托尔斯泰的故乡》。

按：托尔斯泰(1828—1910)82年的人生中有60年在此庄园度过。《战争与和平》中写了559个人物，其中的原型一半出自这个庄园和周边的人物。托尔斯泰在晚年的日记中写道：“要是没有我的雅斯纳亚·波里亚纳，我就很难意识到俄罗斯，很难意识到自己对她的态度。”

28日　由苏联高尔基电影制片厂助理导演丹娘同志陪同参观莫斯科斯大林寿辰礼物馆。

8月

3日　致信袁牧之。信中说《解放了的中国》中文解说录音还需要一段时间，苏联方要留周立波、徐肖冰、何士德、周峰、徐谷明等5人做5个短片，请示陆定一是否可以延迟至9月回国。②

11日　致信刘少奇，汇报格拉西莫夫提出制作《解放了的中国》一片的两种方案：“格拉西莫夫意见将拟制之五小片改制一大片，他提出两个方案：一为在此制俄文版，制成后送中国翻印，如此我们工作九月可完；一为在此同时制中俄文两种版，如此则须留周立波、徐肖冰、何士德、周峰、徐谷明在此工作到十一月。王大使主张后一方案，不知中央同意何种方案，盼即电示并告袁牧之同志。”③

13日　得刘少奇复信：“你们应等候格拉西莫夫决定，俄文版与中文版完全制定后再回国。如须工作至十一月亦是可以的。”④

17日　得袁牧之复信。袁告知关于周立波等5人留苏参加制作5个短片的请示，刘少奇同意他们留苏工作至11月。⑤

---

① 《看了〈解放了的中国〉所提意见》，现存中央档案馆。

②③④⑤　该信现存中央档案馆。

9 月

从苏联回国，仍在中央文化部编审处工作。协助纪录片《解放了的中国》摄制完成。

10 月

回湖南益阳清溪村探家。其堂弟周萼梅回忆，这是周立波阔别 10 多年后再次回到家乡。同时接母亲刘昭珍回北京。①

11 月初

从益阳回京后，着手整理访苏笔记，写作访苏散文。

5 日　在《人民日报》发表两篇散文——《全世界的心向着斯大林》和《泰尔曼集体农场》，后者收入《苏联札记》，后改题为《台尔曼集体农场》。

按：周立波访苏正是中国人无比崇拜苏联的时期。从周立波的《访苏札记》来看，苏联的一切都是新的而又美好的，那里有全世界伟大的领袖列宁和斯大林，有文学巨匠托尔斯泰，有规模宏大的莫斯科工具工厂，有充满活力的台儿曼农庄……在周立波看来，苏联是一个国家繁荣、人民生活幸福的人间天堂。周立波在《斯大林同志的丧礼》一文中在缅怀斯大林时也描绘了苏联人民生活幸福的美景："苏联人民看到每一朵幸福的花朵，第一片温暖的阳光，都会想起斯大林。莫斯科的人们，当他们抬起头来，看见高耸云天的莫斯科大学的大厦，低下头来，看见美丽的公园，宽阔的街道，蔷薇色的乌拉尔的大理石，黄缎子裱糊的精致的墙壁的时候，都会想起斯大林。生活里的一切优美的、珍贵的东西，正如思想里的一切新鲜的、前进的东西一样，都是和斯大林的光荣的名字分不开来的，看见它们，领会着它们的人们，都会随时随地想起斯大林。"②

16 日　在 145 名作家联名发表的《在京文学者工作宣言》签名，抗议美帝国主义侵略朝鲜。

---

① 笔者 2015 年 4 月 1 日采访周萼梅，周萼梅口述。

② 周立波：《伟大的斯大林同志的丧礼》，载《中国青年报》，1953 年 4 月 10 日。

12 月

17 日　在《人民日报》发表散文《披着人皮的恶鬼——"军调部"工作的回忆》。

23 日　在《中国少年儿童》发表散文《全世界的人民祝贺斯大林》。

1951 年　　43 岁

1 月

1 日　在《人民文学》发表散文《托尔斯泰的故乡》，后收入《苏联札记》。

14 日　在《人民日报》发表散文《莫斯科工具工厂》，后收入《苏联札记》。

20 日　在《人民日报》发表散文《莫斯科红军博物馆》，后收入《苏联札记》。

28 日　在《人民日报》发表散文《庆祝爱伦保 60 岁寿辰》，后收入《苏联札记》。

2 月

10 日　在《新观察》第 2 卷第 3 期发表短论《读书札记》。

3 月

10 日　在《文艺报》第 3 卷第 10 期发表《谈方言问题》，后收入《文学浅论》。周立波在文中提倡应在创作中使用方言："我以为我们在创作中应该继续采用各地的方言，继续使用地方性的土话。要是不采用在人民的口头上天天反复使用的生动活泼的、适宜于表现实际生活的地方性的土话，我们的创作就不会精彩，而统一的民族语也将不过是空谈，或是只剩下干巴巴的几根筋。"但他并不赞成所有的方言都可以普遍地被应用，比如南方方言，"特别是广东、福建和江浙等地的部分的土话，在全国范围里不大普遍。这几个地方的有些方言写在纸上，叫外乡人看了，有些近于外国话。这样的方言不宜全部的采用”。①

按:这篇文章是周立波看了语言学家邢公畹和刘作骢发表的关于方言问题的讨论以后所写。1950 年,邢公畹在《文艺学习》上发表了《谈“方言文学”》一文,1951 年 3 月 10 日,《文艺报》在“问题讨论”栏目中介绍了这篇文章,同时刊发了周立波和刘作骢对于相关问题的看法,以及邢公畹对刘作骢提出的问题的回复。此外,《文艺报》在当天的报纸上还刊登了《编辑部的话》,号召“语言学的专家、文艺工作者和广大的读者同志能对这一问题发表自己的意见”。②《文艺报》在之后的 1951 和 1952 年共刊登了 13 篇相关文章,而关于方言问题的讨论一直持续到 1961 年。除了《文艺报》外,《人民日报》《长江文艺》《中国语文》《语文知识》等报纸杂志也刊载了相关的文章。这次讨论涉及了对“五四”白话文运动的批判、抗战文学中方言使用的经验、“统一的民族语”与方言的矛盾、方言文学的审美价值、方言的阶级性等问题。

25 日　在《文艺报》发表评论《关于〈四十八天〉》。

4 月

1 日　编选王鲁彦(1901—1944)遗作,在《人民文学》发表《〈鲁彦选集〉序言》。周立波在《序言》中对王鲁彦的部分作品进行了介绍和评价,并且对他的早逝表示了惋惜和悼念之情。周立波选了王鲁彦的 15 篇作品编成了《鲁彦选集》一书,“这里所选的十五篇作品,不一定就是他的代表之作,不过读者可以从这里看出他的创作的各个时期的面貌,并且从这里,年青的读者可以了解过去的中国是什么样子,我们是从什么样的状态里,走向幸福的今天的。要是读者对于他所描写的旧生活感到窒息的话,你会更加懂得我们今天幸福的珍贵吧”。③

按:《鲁彦选集》为开明书店出版的五四以来著名作家丛书之一。1939 年,王鲁彦在桂林与周立波有过短暂的交往。周立波回忆:“那是一九三九年在桂林的事。有一天,我们同到街上走,碰到几个陌生的孩子在路边玩耍,鲁彦就站住,和他们亲切地谈笑,久久不想离开。这事给我留下深刻的印象。中年人是爱孩子的,但大都是爱自己的孩子,像鲁彦一样,把马路上

① 周立波:《谈方言问题》,载《文艺报》,1951 年 3 月 10 日。

② 《编辑部的话》,载《文艺报》,1951 年 3 月 10 日。

③ 周立波:《〈鲁彦选集〉序言》,载《人民文学》,1951 年第 4 期。

的孩子当做自己的儿女般欢喜，在旧社会里是很少见到的。鲁彦的这种情感，充分的表现在他的小说《小小的心》里。”①

2月

去北京石景山钢铁厂深入生活，并参加工会的报纸编辑工作，在那里待了5个月左右。

6月

1日　在《河北文艺》发表短论《关于写英雄人物》。

2日　参加文学研究所举行的欢迎中国人民赴朝慰问团归国大会，会上听取了慰问团代表田间等的报告。响应中国人民抗美援朝总会关于捐献飞机大炮的号召，当场捐献150万元（合新币150元），丁玲捐500万元，康濯、马烽各捐100万元。

按：此次捐献是为了响应全国文联的号召。继6月2日中国人民抗美援朝总会发布“关于推行爱国公约，捐献飞机大炮和优待烈军属”的号召之后，6月6日，中华全国文学艺术界联合会发布了响应抗美援朝的三项号召的几点决定：“一、全国各地文联积极组织文学艺术工作者创作具有高度爱国主义与国际主义精神的作品，加强抗美援朝的文艺宣传工作；二、组织戏曲、电影、音乐、舞蹈的义演，举办各种艺术、艺展、艺卖，并大量捐献稿费、出版税、上演税等，争取在最短期间内全国文学艺术界首先完成捐献‘鲁迅号’飞机一架；三、全国文学艺术工作者必须通过各种方式协助各级政府做好优抚工作；四、各文学艺术团体与机关应不断派作家、艺术家、文艺工作者到朝鲜前线去。”②

本月初

调中央文学研究所创作组，给学员讲“创作经验”的课程，并兼任人民文学出版社副总编辑。

按：中央文学研究所成立于1951年1月，所长是丁玲，副所长是张天翼。文学研究所成立的初衷是“知识分子看不起工农的文化，工农看不惯知

---

① 周立波：《〈鲁彦选集〉序言》，载《人民文学》，1951年第4期。

② 《响应抗美援朝总会三项号召：推行爱国公约，捐献飞机大炮，优待烈军属！》，载《人民音乐》，1951年第5期。

识分子的生活习惯”,“现在希望能有几个人搞理论。有意搞理论的只有五六人。因此打算把这些知识分子编成一组,搞理论批评,将来有可能再扩充成一个研究室,和《文艺报》的工作结合起来”。①中央文学研究所刚成立时,只有理论批评小组,孟冰任组长,沙驼铃任副所长。后来成立了创作组,组长是雷加,组员有周立波、西戎等。创作组的工作任务除了自己搞创作外,还要辅导学员的创作。后来,中央文学研究所改名中国作家协会文学讲习所,丁玲调离,创作组也随即取消了。②

18 日　为纪念高尔基逝世十五周年和瞿秋白逝世十六周年,中央文学研究所组织了一个茶话晚会,会场在天井里,周立波做了短报告,丁玲也到场被邀讲话。③

本月

开始动手创作《铁水奔流》初稿。

7 月

1 日　中央文学研究所晚上举行党成立三十周年纪念会,周立波到会讲话。写作《铁水奔流》,一天写了 5 000 字。

3 日　与徐肖冰及参与了《解放了的中国》制作的全体中国工作人员一起致信阿盖也夫④和格拉西莫夫,祝贺《解放了的中国》影片获斯大林奖金一等奖。

9 日　在中央文学研究所作临时学习的补充动员报告,“要大家忠诚老实,把自己的历史交待清楚”。

按:中央文学研究所学员的“临时学习”从学员们入学之前就已经开始了,而且一直持续到入学之后,这已经成为了所里一门重要的课程。这种临时学习主要是“帮助大家解决了创作思想上所存在的一些问题”,因为学员们中“有人以为文学研究所可以给什么写作的法宝;有人以为可以关起门写

---

①②③　王景山:《我所知道的中央文学研究所和所长丁玲》,载《新文学史料》,2002 年第 4 期。

④　时任苏联莫斯科高尔基电影制片厂厂长。

两年的作品;有人只想在这里听些大报告”。[①]此外,文学研究所对学员档案的再审查也非常严密,主要是为了核查学员思想上存在的问题。

13日 作为摄制彩色纪录影片《解放了的中国》的参与人员之一,获斯大林文艺奖金一等奖。

8月

7日 在《中国青年报》发表短篇小说《诸葛亮会》。

本月

将所得斯大林奖金1 500万元(旧币)全部捐献购买“鲁迅号”飞机支援抗美援朝。

9月

28日 在《人民日报》发表散文《从〈解放了的中国〉的摄制工作中所看到的苏联电影工作者》,后收入《苏联札记》。

29日 在《中国青年》发表评论《电影〈锦绣河山〉》。

10月

7日 女儿小涵出生,小名百穗。

按:周小涵1955年随周立波到益阳,1958年在长沙麻园岭小学入学,1960年因病在北京中苏红十字医院去世。关于女儿小涵,周立波在一次讲话中说:“我有个女孩,三岁多时,跟着我们到南方来。她头一次搭火车,在车上,对一切都感到新鲜,有趣。有一天,火车停在一个车站上,她下来玩,看见车下水管放水,她慌忙告诉我:‘爸爸,火车尿尿。’孩子的游戏过程常常就是学习过程,我的孩子看到电灯一开就亮,一关又熄了,感到有趣,老爱去开关。她又十分喜欢听故事,听到讲男人、女人时,她不大注意,但听到老虎和其他的动物的事情,就紧张起来,催着快讲。”[②]

---

① 谢蔚明:《访中央文学研究所》,载《文汇报》,1951年1月16日。

② 周立波:《几个文学问题——在中国作家协会长沙分会座谈会上的讲演》,载《周立波选集》第6卷,第478—479页。

11 月

24 日　参加北京文艺界整风学习动员大会。胡乔木、周扬、丁玲、华君武等在会上作了报告。胡乔木发表了《文艺工作者为什么要改造思想?》的讲话,批判了文艺界存在的小资产阶级文艺观的思想,周扬则在报告中说:“如果不纠正这种(小资产阶级)倾向,毛泽东文艺路线就不能够贯彻,人民文学艺术的事业就不能够前进。由于文艺工作的领导上,放松或放弃了毛泽东文艺思想的领导,放弃了对一切非工人阶级的思想批判、思想斗争和思想改造的工作,这就给了资产阶级、小资产阶级以很大的间隙来占领文艺工作的领导的地位。问题的严重性就在这里。”①

按:此次大会是新中国成立以后知识分子思想改造运动的产物之一。知识分子的思想改造运动最初在京津高校中展开,源于马寅初 1951 年 8 月在全国 18 个专业会议上听到的周恩来的报告《目前形势和任务》,报告指出过去的知识分子受到了封建思想和帝国主义奴化思想的侵蚀,“现在要为新中国服务,为人民服务,思想改造是不可避免的。只有这样,我们才能够进步,我们的思想感情,我们的行为,我们的生活方式才能够适合于人民的利益,而不违背人民的利益”。②马寅初听了这个报告后,深受鼓舞,决定响应报告,在全国高校的教职员工中推行政治学习运动。知识分子思想改造运动在高校开展后,迅速推广到了全国各界。11 月,中共中央发出了《关于文艺干部整风学习运动的指示》,要求各级党委开展整风学习运动。24 日,北京文艺界率先召开学习动员大会,会后,北京文艺界整风运动正式开始。

本月底　在文艺干部整风学习第九次会议上发言,谈了作为作家对党性和党的政策的看法。周立波认为“我们写小说是把它作为斗争的武器,是党的工作,所以一定要有党的立场,政策的立场”,“政策是国家的灵魂,如掌握不好,就要起坏作用”,掌握好政策不是“上一次课,进一个训练班就可以解决的”,“要长时期地看党报,听党课,加强理论学习,参加斗争,写出的作品请别人看,客观地倾听别人的意见,可以少犯些错误”。他自己的体验是“我每天看报要看两万字左右,特别是与我写作有关的文章,一定要看。我过去不愿意让别人对自己的作品提意见,现在就欢迎别人提。当然自己也要考虑别人的意见是否适合”。③

---

① 周扬:《整顿文艺思想,改进领导工作》,载《人民文学》,1952 年第 1 期。

② 中共中央文献研究室编:《周恩来年谱》(上卷),中央文献出版社,1998 年,第 175 页。

③ 周立波:《周立波在文艺干部整风学习第九次会议上的发言》,现存中央档案馆。

1952年　44岁

2月

调到《人民日报》编辑部，担任执行编委。《铁水奔流》初稿完成。周立波对《铁水奔流》的初稿写作情况有过回忆："我写完初稿，并改了两遍，和我过去的作品一样，初稿写得快，差不多是一气呵成。"①

3月

13日　《暴风骤雨》获斯大林奖金三等奖的消息在苏联广播电台播出。同时广播还播出了丁玲长篇小说《太阳照在桑干河上》和贺敬之、丁毅执笔的《白毛女》获二等奖的消息。

按：苏联广播电台广播了苏联部长会议关于以斯大林奖金授予1951年在科学发明和文学艺术创作方面有卓越成绩者的决定。

14日　接到驻苏大使馆戈宝权的祝贺电话。

20日　在《人民日报》发表短论《扑灭法西斯细菌》。此文4月1日在《人民文学》第3、4期合刊刊载。

21日　在《人民日报》发表《感想》。此文于3月22日在《光明日报》刊载。

4月

1日　任《人民文学》增设编委。

按：《人民文学》3、4月合刊号副主编丁玲，增设编委周立波、艾青、何其芳、赵树理。

4日　在《人民日报》发表散文《记森记工厂》。

① 周立波：《〈铁水奔流〉的创作经过及其他》，北京图书馆编印，1955年9月3日，第2页。

5 日 《中国青年报》为祝贺四位作家获得斯大林文艺奖，举办了一场讲演会。周立波应邀出席，在讲演会上讲述了《暴风骤雨》的写作经过。

18 日 在《中国青年》发表 4 月 5 日的演讲记录整理稿，题为《〈暴风骤雨〉的写作经过》。

本月

人民文学出版社出版《暴风骤雨》。

6 月

7 日 在苏联驻华大使馆举办的斯大林奖金授奖典礼上讲话。讲话中提到我国作家的成功是和苏联提出的社会主义现实主义原则分不开的："我国作家正确地领会了社会主义现实主义的原则，这个原则是斯大林同志对马克思、列宁文学理论的发展。毛泽东同志《在延安文艺座谈会上的讲话》中，向我们阐明了斯大林同志的这个有名的原则，使得我国作家走上了社会主义现实主义的广阔道路，从而获得了一些成功"。[①]授奖典礼在苏联驻华大使馆举行，由苏联驻华大使罗申主持，丁玲也在典礼上讲了话。

8 日 在全国文联为荣获斯大林文艺奖金的四位作家举行的庆祝会上宣布，把全部奖金 25 000 卢布（折合旧币 16 885 万元）捐献给中国人民志愿军作为购书款。会议由周扬主持，参加者有郭沫若等。同时丁玲也宣布将全部奖金 50 000 卢布（折合旧币 33 770 万元）捐给全国妇联儿童福利部，用于儿童福利事业。

21 日 《人民日报》报道了题为《作家周立波将所获斯大林文艺奖金献给志愿军》的消息（新华社消息），文中引用了周立波致彭德怀和全体指战员的信。"荣获斯大林文艺奖金的我国作家周立波，将长篇小说《暴风骤雨》奖金二万五千卢布献给中国人民志愿军作为购买书报的费用。奖金已交中国人民抗美援朝总会转送。周立波在写给中国人民志愿军彭德怀司令员和全体指战员的信中说：你们在朝鲜和英勇的朝鲜人民军一起，打击美国侵略者，保卫世界和平，保卫朝鲜人民，保卫祖国安全的行动，获得了全世界人民

① 周立波：《周立波荣获斯大林奖授奖仪式上的发言》，现存中央档案馆。

的尊敬。全中国人民把你们引为祖国的骄傲和光荣。在毛主席的教诲之下，在党的领导之下，我写了一本书，这本书获得了崇高的斯大林奖金，我现在把奖金二万五千卢布献给你们，作为购书报之用。”

25日　在《文艺报》第11、12号合刊发表论文《谈思想感情的变化》，此文是为纪念毛泽东《在延安文艺座谈会上的讲话》发表10周年而写。

27日　致信沙汀，信中说胡乔木希望沙汀深入生活，到朝鲜去看看。两人中华人民共和国成立后一直未通信件，周立波在信中邀请沙汀来京，并告知了自己的生活近况。“不久之前，乔木同志谈到过你，他看过你很多东西，对你的文章比我对你的远似乎熟悉。他说他希望你到生活中去，最好是到朝鲜去一下。我觉得他的这意见很好，到朝鲜去看一下不一定写什么大东西，这对于一个作家来说是极有益意的。我也想争取机会去一下。”“希望你不久来京，这样我们就可以见面恳谈。玉颀①是否写？你已经有几个孩子了？我在延安结了婚，妻名林蓝，在鲁艺曾和玉颀同班。我们有了一个小女儿，连前妻两个大儿子，共子女三人，命也不坏。”②

7月

22日　为祝贺波兰共和国国庆广播节目献贺词。贺词回顾了中波两国相似的历史，“我们同样地经受过多年的帝国主义的压迫，同样地遭受了法西斯的巨大灾难。日本法西斯蹂躏了半个中国，烧毁了我们无数美丽的城邦与乡村，德国法西斯在波兰建设集中营，疯狂地抢劫和屠杀波兰人民，并且毁灭了你们的华沙”，歌颂了两国的友谊，“中国和波兰相隔很遥远，但是我们两国人民的心，是很接近的。我们同是以苏联为首的和平阵营中强大的一员，我们同样是以爱国主义的热情，在恢复和建设自己的祖国，我们的国土同样的跟苏联的国土接壤。因此，我们两国人民好像是在一个国际大家庭里一样”。③

按：中央人民广播电台祝贺波兰国庆节目还播放了中华全国学生会赴波兰参加“五一”国庆劳动节观礼代表团团长安力夫，北京市师范第一附属小学五年级学生、该校少年儿童队12岁的大队长李国辉的贺词。

① 沙汀的妻子。
② 该信现存中国现代文学馆。
③ 周立波：《在祝贺波兰共和国国庆广播节目上的贺词》，现存中央档案馆。

28 日　在《天津日报》发表在天津人民广播电台主办的工人通讯员大会上的演讲记录——《怎样做个通讯员》。

8 月

10 日　在《大众电影》发表评论《一部真实描写农民向地主斗争的影片——谈匈牙利电影〈一寸土〉》。

16 日　在《中国青年》发表评论《英雄是从平凡中成长起来的——读〈我的儿子〉》。《我的儿子》的作者是苏联作家柯歇伐雅，译者为左海。

9 月

25 日　在《人民日报》发表评论《苏联影片〈在和平的日子里〉观后》。

10 月

1 日　在《中国青年》发表短篇小说《砖窑和新屋》。

同日　被任命为中国文艺代表团团长，率团到蒙古参加蒙古人民共和国政府举办的“蒙中友好旬”活动。

本月

参加全国文协机关整党运动。

11 月

1 日　在《人民文学》发表散文《忆巴甫连柯》。

10 日　在《大众电影》发表散文《我所知道的格拉西莫夫》。

16 日　在《新观察》发表散文《回忆莫斯科》。

28 日　在《人民日报》发表散文《怀波列伏依》。

12 月

16 日　在《中国青年》发表散文《祝贺伟大的斯大林的寿辰——忆莫斯

科斯大林礼物馆》。

21日　在《人民日报》发表散文《在金色的秋天里》，介绍了参加“蒙中友好旬”活动的情况。

1953年　　45岁

1月

因中宣部的一位负责人对《铁水奔流》的第三稿提出意见，再次到北京石景山钢铁厂深入生活修改小说，正好碰到高炉大修，以修理部的党的宣传工作者的身份在钢铁厂参加工作。

按：周立波对之前创作的《铁水奔流》的稿子不太满意，打算再次深入生活，继续修改。他回忆：“我的第三遍稿子经中宣部一位同志看了，提了许多的意见。我打算再深入生活，再加修改。1952年，我调《人民文学》工作，把稿子搁了一年。”①到石景山钢铁厂工作后，“这回了解的人和事都比较深入一些”。②

3月

7日　参加由周恩来率领的中国党政代表团，乘飞机赴莫斯科吊唁斯大林。

按：3月5日斯大林病逝。社会主义国家的领导人纷纷前往莫斯科参加悼念活动。中国代表团的团长是周恩来，成员除了周立波，还有李富春、张闻天、罗瑞卿、叶季壮、伍修权、郭沫若、廖承志、刘长胜、蔡畅等。

8日　傍晚抵达莫斯科，到工会大厦瞻仰斯大林遗容，献花圈。

9日　到莫斯科红场参加斯大林追悼大会与葬礼。

10日　参观列宁、斯大林陵墓。

---

①② 周立波：《〈铁水奔流〉的创作经过及其他》，第3页。

本月

与艾青、秦兆阳、艾青、舒群、陈学昭等一起被中央确定为第二批到农村、工厂、部队深入生活的作家。

4 月

10 日　在《中国青年报》发表散文《伟大的斯大林同志的葬礼》。文章记录了周立波在斯大林葬礼上的所见、所闻和所感。

本月

从苏联回国后继续到石景山钢铁厂深入生活。《苏联札记》出版，收录散文 14 篇。

5 月

16 日　应组织要求，撰写《自传》，原件现存中共中央宣传部。

本月

从石景山钢铁厂回全国文协，继续修改《铁水奔流》。

6 月

9 日　在《中国青年报》发表通讯报道：《战士和作家的友谊——志愿军和周立波的来往信件》。

15 日　参加全国文联举行的纪念屈原逝世 2 230 周年纪念会。周扬、冯雪峰等在会上讲话。

按：1953 年是屈原逝世 2 230 周年。郭沫若当时任世界和平理事会副主席，他大力提倡在全世界范围内宣传屈原。屈原本年也被世界和平理事会作为世界四位文化名人之一进行纪念，其他三位世界文化名人分别是哥白尼、拉伯雷和何塞·马蒂。在这一契机下，各地掀起了纪念屈原的文化热潮，如举办屈原展览会、发表纪念屈原的文章、出版屈原著作、进行以屈原为主题的文艺表演等。

21 日　在《新观察》发表短论《向光荣的和平烈士致敬》。

本月底

离开《人民文学》编辑部。仍担任全国文协党组成员。

7月

10日　在《人民日报》发表评论《歌颂了工人阶级的先进思想和创造力量——话剧〈四十年的愿望〉观后》。

8月

1日　收到舒群的来信。舒群在信中补正他自传里遗漏的一个问题。"大概在1935年，我通过白朗同志（那时她在国民党汗血书店当打字员）在《汗血周刊》发表过一篇哈尔滨游记，约一千左右字，收了一元多稿费。虽出于生活所迫，但也不能原谅我犯的错误。这个问题，在延安审干时做过交代。"

9月

23日　上午在怀仁堂出席全国文学艺术工作者第二次代表大会开幕式。

25日　下午出席全国文学工作者第二次代表大会开幕式。

10月

6日　出席第二次文代会闭幕式，当选为中国文联第二届委员会委员。

7日　出席作代会闭幕式，当选为中国作家协会理事会理事。

按：当日全国文协改组为中国作家协会。

9日　出席中国文联第二届委员会第一次会议。

16日　在《新观察》发表短论《略谈反映工厂》。

20日　参加《中国青年》创刊30周年纪念会。

按：《中国青年》创刊于1923年10月20日，到1953年10月20日正好30周年。《中国青年》杂志本日傍晚在中山公园来今雨轩举行了隆重的纪念会，100 多位知名人士参加，他们分别来自新闻界、学术界、教育界、科学界、文艺界等。除了周立波以外，还有陆定一、丁玲、于光远、王任叔、林默涵、高士其、冯雪峰、魏巍、许立群等参会。陆定一在会上讲了话，他肯定了《中国青年》是“以马克思列宁主义教育青年的专门刊物”，“所以它一问世，就立即受到广大青年群众的欢迎，并在革命运动中发生重大作用”，并提出了《中国青年》今后的任务，即“继承过去的光荣传统，要在中国共产党的领导之下，结合当前的政治任务，针对着与青年密切有关的问题，生动地宣传马克思列宁主义，教育青年为党的总路线总任务而奋斗”。①

22 日　致信周扬，谈到许多编辑和一些担负行政工作的作家每逢纪念节日，指定题目，限期要文，是造成“报刊上八股流行，文风不振，差不多看不出什么新鲜的语汇”的原因之一。另外对周扬的报告提了些意见和建议：“你的报告我读了，这回比上回更充实丰满，文字也更丰润。……巴金的《黄文元同志》，我以为还是可以提提篇名。新的作家的东西你提的不多。”②

本月

《铁水奔流》修改完毕，参加了中国作协召开的关于《铁水奔流》的座谈会，会上许多人提了意见，接受了其中的部分意见。③周立波回忆：“许多同志提了意见，有些是对的，有些我没有接受。”④

11 月

1 日　在《文艺月报》10 月、11 月合刊上发表论文《论人物的创造》。

19 日　回复中国作家创作委员会关于询问创作计划的来信，信中答复：“一九五三年的计划已经完成，长篇《铁水奔流》已修改完毕。修改时间比原计划长了一些，这是因为创作和修改创作的时间事先不能精确计算，只能估计一个大概。”⑤

23 日　出席中国文联举行的报告会，听取国务院财政经济委员会副主

① 邢方群：《主编〈中国青年〉10 年的杂忆》，载《新闻研究资料》，1992 年第 2 期。
② 该信现存中国现代文学馆。
③④ 周立波：《〈铁水奔流〉的创作经过及其他》，第 3 页。
⑤ 该信现存中央档案馆。

任李维汉作的关于国家过渡时期总路线的报告。

本月

到京郊官厅水库采访，搜集几位工程师的材料，了解一位“不敢负责任”的总工程师的情况，充实《铁水奔流》的内容。

致信周扬、邵荃麟和沙汀，汇报下一年的工作计划：“我改完长篇小说《铁水奔流》后，打算开始下述三个工作：一、修改《暴风骤雨》，根据几位领导同志和一些读者的意见，作点文字上的修改。二、修改和添写《南下记》。三、修正《被开垦的处女地》译文。三样工作，需时六月，也许还多，不能确定。……一九五四年下半年想以南下我军作战为背景，着手写军队生活的小说。”①

12 月

16 日　填写中国作协《1954 年度作家工作计划的调查表》，表中写到 1954 年的主要工作任务和计划是“上半年校稿新作《铁水奔流》及译作《被开垦的处女地》，并写一两个题目常识。下半年写军队小说，或农村，尚未定”，“如写农村打算下半年回湖南去”。文艺学习方面“看中国和苏联新小说，看中国古典小说和十九世纪欧洲较好的古典小说”。对作协 1954 年的工作建议是“召开小型的作品研究讨论会，首先是中国新小说，其次是苏联小说及中国古典作品，预会的有五人以上，十人以下就行，这样可不兴师动众”。对作协的内刊《作家通讯》，喜欢“实事求是的批评新作的文章”和“乔木同志的概括性的文章”，建议“应多注意新作者的扶植”。②

按：《作家通讯》创刊于 1953 年 6 月 30 日，是全国文协、中国作家协会主办的不定期的内部刊物，邵荃麟在发刊词中介绍过该刊的主要内容：“将经常刊载作家的来信，报道作家深入生活的体会与经验，作家的创作计划、情况和创作中的各种问题。这样可以使散处各地的作家互相了解，互相讨论，以促进创作上的竞赛。《作家通讯》将报道作家们政治学习和文艺学习的情况和经验、创作委员会和各创作组对于目前创作上主要问题的讨论，以交流作家们的学习经验。此外，有关文学的刊物、出版、教育、研究的计划和情况，全国文协的重要决定和组织情况的报道，也将是本刊内容之一，使所

① 该信现存中央档案馆。

② 《周立波 1954 年度作家工作计划调查表》，现存中央档案馆。

有会员能经常了解全国文协工作的状况。我们要求全国文协各地的会员，全国各地文协的负责同志，特别是正在深入生活或进行创作的作家同志们，经常把自己关于生活、创作的情况和问题，写成短稿或书信寄给我们；并且也希望作家们把他们之间互相讨论创作问题的信件，交给这个刊物发表。”①《作家通讯》虽然没有公开发行，但是记录了当时文学界的一些重要事件，反映了特定历史时期文坛的动态。正如该刊的创刊编辑束沛德所言：“《作家通讯》发表一些领导同志的报告，‘只此一家，别无分店’，这无形中也加重了它的分量”，“这本内刊时断时续，命途多舛，可说是反映风风雨雨文坛的一面小镜子”。②

本月

和丁玲分别捐献一笔稿费给中国作协机关开办幼儿园，并出席了开园仪式。

1954 年　　46 岁

1 月

5 日　在《工作人员登记表》的履历栏中写道：“1949 年 9 月至 1950 年在中央文化部编审处任编辑”，“1950 年至 1952 年上半年，在中央文学研究所，后在作协，专事写作”。级别为文艺一级，待遇为“包干每月津贴一千多万元(旧币)”。③

11 日　在《大众电影》杂志发表《一部有重大政治意义和历史价值的影片》，此文是根据评纪录片《伟大的土地改革》的讲话整理而成。

24 日　与丁玲、艾青被编为北京东单区东观音寺选区选民小组，参加选举该区人民代表大会代表的选举活动。

2 月

8 日　在《文艺报》本年第 4 号发表短论《斯大林继续鼓舞着我们

---

① 邵荃麟：《关于〈作家通讯〉》，载《作家通讯》，1953 年 6 月 30 日。

② 束沛德：《岁月风铃》，江苏文艺出版社，2006 年，第 68—71 页。

③ 该履历表现存中国作协档案室。

前进》。

本月

评论文章《英雄从平凡中来——读〈我的儿子〉》收入中国青年出版社出版的《向英雄学习——给青年推荐12本优秀文学作品》。

4月

8日　收到对外文化联络局转来的民主德国少先队赠予的《友好》一册。

5月

3日　参加中国人民对外文化协会成立会。5月5日《人民日报》刊载了理事名单，周立波、丁玲、周扬等116人当选为理事。

按：1954年，在周恩来的倡议下，由中国人民保卫世界和平委员会、中国文学艺术界联合会、中华全国自然科学专门学会联合会、中华全国总工会、中华全国民主妇女联合会、中华全国民主青年联合会、中华全国学生联合会、中国人民外交学会、中缅友好协会、中印友好协会等10个人民团体联合成立了中国人民对外文化协会（简称对外文协），楚图南任会长。副会长有：丁西林、阳翰笙、洪深、赵毅敏。新中国成立后，与新中国建立外交关系的国家很少，主要是苏联、东欧等共产党领导的国家及亚洲、欧洲、非洲少数一些非共产党领导的国家。由于新中国开展外交工作的紧迫需要，为了发展中国与世界各国的友好关系、促进文化交流，中国人民对外文化协会成立了，并开始了同各国的文化、艺术、科学、教育、经济界等领域的著名人士的民间外交工作。

26日　收到捷克戏剧文学现代社转来的捷译《暴风骤雨》五册。①

6月

3日　出席全国总工会、中国作家协会在北京联合召开的在京作家与文艺工作者座谈会，谈文艺创作如何表现国家工业建设问题。

---

① 收条现存中央档案馆。

8 月

15 日　周立波在湖南选区当选为出席全国第一届人民代表大会代表。

按：湖南选区共选出 49 人，其中有林伯渠、徐特立、蔡畅、帅孟奇、周谷城、齐白石等。

本月

在北戴河休假，重新修订《被开垦的处女地》译文，并写了《重校后记》。

9 月

3 日　到北京饭店第一届全国人民代表大会报到处报到，领取大会文件。

15 日　在北京参加第一届全国人民代表大会第一次会议，在《湖南文艺》发表散文《我的感激》。

20 日　参加全国人大一届一次会议讨论通过《中华人民共和国宪法》，写作《会场的一些角》，报道了宪法讨论通过的盛况。

按：此文发表于《湖南文学》1954 年 9 月号。这篇会议通讯后来被许多通讯选集收录。《中外新闻名著鉴赏大辞典》对此文进行过评介："此文以'现场目示'的形式，记述了宪法诞生这一重大历史事件。文中全部是作者本人所见、所闻和所思，因而令读者感到亲切、自然、如临其境。文中的描写尤其是人物肖像描写贴切生动，寓意深刻，对深化主题起到了积极作用。"①

27 日　在《文艺学习》发表《回答〈文艺学习〉编辑部的问题》。

10 月

1 日　在《人民日报》发表散文《永远和人民同甘共苦》。

18 日　参加中国作协党组会，会上听了毛泽东 10 月 16 日写的《关于红楼梦研究问题的信》的传达。

按：毛泽东的《关于红楼梦研究问题的信》源于两个"小人物"李希凡和蓝翎因偶然看到名不见经传的作者王佩璋对作家出版社新版的《红楼梦》提

---

① 《中外新闻名著鉴赏大辞典》(上卷)，新华出版社，2001 年，第 487 页。

出批评，并且得到作家出版社的回复，大受启发和鼓舞。作为文学爱好者的二人想起了红学研究大家俞平伯的《红楼梦简论》一文，他们正好对《红楼梦》的看法与俞不同，于是二人萌发了合写一篇文章提出与俞不同意见的冲动，于是写了《关于〈红楼梦简论〉及其他》一文。这篇文章首先在山东大学学报《文史哲》上刊发，文章发表后引起了毛泽东的注意，文章的观点与毛泽东对《红楼梦》的看法不谋而合，后来由江青找到《人民日报》的邓拓，要求《人民日报》转载此文，却遭到时任中宣部副部长周扬的反对。周扬认为此文只能作为学术问题进行探讨，不宜在《人民日报》发表。于是毛泽东便写了《关于红楼梦研究问题的信》，他在信中对周扬的做法提出了批评。

31日　参加中国文联主席团和中国作协主席团召开的第八次扩大联系会，学习毛泽东《关于红楼梦研究问题的信》，批判《红楼梦》研究中的资产阶级唯心论，批评《文艺报》。

按：毛泽东在《关于红楼梦研究问题的信》中还提到了两个“小人物”的文章最初投稿给《文艺报》，《文艺报》却“置之不理”。后来袁水拍“奉命”写作《质问〈文艺报〉的编者》一文，言辞激烈地批评了《文艺报》，毛泽东看后作了修改，此文发表在了10月28日的《人民日报》上。自此《文艺报》成了众矢之的，10月31日至12月8日，中国文联主席团和中国作协主席团召开了第八次扩大联系会，由郭沫若主持，会议的主要内容就是批判《文艺报》。《文艺报》主编冯雪峰、副主编陈企霞在会上作了检查。俞平伯、老舍、郑振铎、何其芳、丁玲、周扬等30多人在会上发言，批评《文艺报》“投降资产阶级权威，压制马克思主义新生力量的错误”。[①]周立波只参加了部分会议。

11月

回家乡湖南益阳。这次回乡共生活4个月，先住在益阳县谢林港区委机关(即第八区)，后住邓石桥乡政府机关。由其堂弟、时任益阳市互助合作委员会主任的周莘梅和益阳县委干部张镇南分别陪同，到谢林港区石岭村初级社、姚家湾村、高桥村、楠木塘村、中山村、谢林港村、株木潭村、牛角湖

① 参阅林默涵述，黄华英整理：《胡风事件的前前后后(林默涵问答录之一)》，载《新文学史料》，1989年第3期。

村、藕塘基村、金银山村(当时名三重塘村)与大海塘乡竹山湾村①采访。周立波回忆:“在运动的萌芽时期,我考察了一个名叫石岭村的农业社,这个社的规模小,材料不多,但也给予了一些启发。”②

按:周萼梅回忆:“1954 年冬,我在原益阳市互助合作委员会工作,带领一个工作组在市郊桃花仑乡、大海塘乡、会龙山乡开展农业合作化工作。一天,市委办公室通知我回机关开会,走进会议室,市委书记张麟珍指着一位头蓄短发、戴眼镜,穿着朴素,身材魁梧的人问我认识吗?我注视后表示不认识。‘我是周立波,你凤翔哥啊!’我赶忙走拢去和他紧紧握手,我们就这样认识了。他是昨天回益阳的,住在市委机关招待室。今天下午 3 时,张书记陪同立波听取我们作了市农业合作化情况的汇报后,我特请他和张书记到同院的鹅羊池我家吃晚饭,当晚立波睡在我家,我们畅谈到深夜才入睡。根据立波同志初步活动的意向,我们准备了下乡需带的用品。市委张麟珍书记指派我和《益阳市报》总编辑邹佐廷和市委机关干部昌载厚陪同立波同志从资江过河,经黄泥湖沿志溪河而上,访问了清塘乡最先建立的石岭村初级农业社,社长朱雨生作了简要情况介绍之后,开了社委座谈会,之后走访了几位入社的农民和未入社的农户。两天以后,我们步行去谢林港,一路上谈笑风生,立波说我这是跑马观花,以后还要来这里考察学习。”③

张镇南也对陪同周立波返乡的情景有过回忆:“见面的第二天,我们步行到了八区区公所。区公所设在谢林港,他被安排住在一间比较宽敞的房间里,既是他的卧室、办公室又是接待室。住在区里,他除了向区委了解全区合作化运动的情况外,主要下附近乡村找干部群众谈话。其中去得最多的是清塘乡和该乡办得最早的一个初级社——石岭农业社。这个社的社长朱雨生就是《山乡巨变》里刘雨生社长的原型之一。不久,立波同志搬到邓石桥乡政府住。条件比区里更差,床铺开在一间一面无墙的空荡荡的大厅里。这里是乡政府平常开会的会场。每逢开会,他和我的床铺就成了与会者最爱坐的‘软席’了,他住在这里,常去附近乡村观察和了解情况。他联系得最多的是邓石桥乡农会主席黎盖均。他对黎及黎的一家非常了解。后来,他以黎盖均为模特,写了个短篇小说《盖满爹》。”④

① 竹山湾村后来划归为桃花仑乡。
② 周立波:《谈创作》,载《光明日报》,1959 年 8 月 26 日。
③ 周萼梅提供给笔者的回忆材料。
④ 张镇南提供给笔者的回忆材料。

12 月

7 日　在《人民文学》以《最初的几天》为题发表《铁水奔流》第一至四章。

按:时任《人民文学》的编辑涂光群回忆,《最初几天》的发表有一个小插曲。1954 年,正是严文井主持《人民文学》工作的时期,有天,他忽然接到周扬的电话,周扬说“现在写工厂生活,写工人形象的人少,作品就更少。搞建设嘛,城市里工人劳动者是主要的。立波同志写出了一部新小说,你们可以要来看看,不能全部发表,也可以选一点发表,以示提倡嘛。”①编辑部听说后立即取来周立波的手稿,小说编辑、编辑部副主任葛洛看过后认为这部小说“对工厂生活写得比较浅,塑造人物不够丰满,艺术吸引力较差,不一定能使读者感兴趣,最好的是不要在《人民文学》选载”。②严文井看过后,也对小说的艺术质量不太满意,如在《人民文学》刊载,效果不一定好,考虑再三决定不发表。严文井报告周扬后,周扬还是坚持《人民文学》要选登,“篇幅不一定那样多”,《最初的几天》这样才得以发表。

29 日　当选为中苏友好协会总会第二届理事会理事。

按:中苏友好协会成立于 1949 年 10 月 5 日,它的前身是 1935 年由徐悲鸿、张西曼等成立的“中苏文化协会”,该协会的成立主要是为了促进中苏两国人民之间的友谊,总会每三年举行一次全国代表大会。1954 年 12 月 28 日举行的是第二次全国代表大会,有 355 位代表出席。这次会议修改了《中苏友协章程》,将友协“介绍苏联政治、经济、文化建设的经验与科学成就”改为“介绍和推动学习苏联政治、经济、文化建设的经验和科学技术成就”。③宋庆龄在这次大会上被选为会长,林伯渠、李济深、马寅初、邵力子等被选为副会长,同时选了周立波、丁玲等 60 人为理事。④

本月

继续在益阳市、益阳县的乡村作采访和调查研究,考察了石岭村农业社,参加了益阳县三级干部大会,到母校周氏蜚英学校向全体师生作讲演,回清溪村看望了大哥、大嫂与邻居。

本月

还参加了湖南省委召开的全省农村互助合作会议。

---

①② 涂光群:《严文井——一个真正的人》,载《新文学史料》,2006 年第 3 期。

③④ 张再:《我所知道的“中苏友好协会”始末》,载《中共党史资料》,2008 年第 4 期。

本年

再次到工厂深入了解生活，把《铁水奔流》的原稿修改了两遍。

与舒群、张天翼、艾青、刘白羽、胡风、谢冰心、白朗、罗烽、艾芜、陈学昭、赵树理、马烽、雷加、秦兆阳、白薇、孔厥、沙汀等 29 人一起被定为中国作家协会驻会作家，人事关系放中国作协机关。

1955 年　　47 岁

1 月

继续在家乡益阳县深入生活。

2 月

21 日　致信刘少奇，汇报了益阳农村的粮食问题和布、油、猪、鸡、鸭、公债、肥料及生育等问题的情况，并提出了一些建议。

按：原信如下：

少奇同志：

我于去年十月到湖南农村（益阳八区），今年二月回京。我现在把在农村看到的情况，向你汇报。

一、粮食问题比较严重

我接触的一部分贫农和新中农和旧中农，都叫口粮不够，虽然这中间也有假的，但据我看来，大都是真的。如今湖南农村都吃两顿，从省委到区委也是如此。农民都是把杂粮掺在大米里吃，纯粹吃大米的很少。杂粮是红薯、绿豆、荞麦、芋头、萝卜和萝卜菜等，小麦和洋芋在湖南也算杂粮，要到阳历四月才下来。我曾经听说，农民有吃“了米”①的，但我没有看见。“了米”是一种薰烟用的野草，益阳叫“活柳子”的根切成的。农民发现了“了米”能掺在米里煮饭吃，都到田畦上去挖，有人幽默地说是打开了“地下仓库”。

为了证明粮食问题的紧张，现在举下面一些事实作为例子。

1. 有一个农业社里好几户吃米称是称着下锅，扯常吃干团子，吃米豆腐。有一家有七口人，每天本来要吃六斤四两米，冬天只吃五斤四两（三升

① 即蓼米。蓼为一年生草本植物，叶为针形，花为淡绿或淡红色，茎叶有辣味可入药。根为白色，益阳农村粮荒时代作粮食。

米),省出一斤,留到春耕时节吃饱饭。

2. 有一户贫农,一家两口,缺粮三四个月。

3. 有一户中农,祖孙三口,就缺粮食,并且讲怪话,说中国人多,饿死几个冒得关系。

4. 益阳县委书记张宜林同志在渡船上碰到一个老汉说起他家里的情况,吃饭时,他媳妇先给自己盛一满碗,又给她孩盛一满碗,等到他去盛,没有饭了。

5. 我亲眼看见走人家的人带着吃米。

6. 有个七十多岁的老汉,戳着拐棍,从离城二十多里的九区到街上去,快到河边时,走得头眩了,在路边歇歇,跟我们交谈,他是到街上找他儿子要购粮证的。没有购粮证,有钱买不到米,而购粮证揣在他儿子身上,他儿子是驾船的,说到临了,老汉骂起来:"咯号贼㑚的世界啊!"

粮食问题招致的后果:

1. 引起了基本群众的相当普遍的不满,多少影响了中央威信。

2. 多少损害了工农联盟和党群关系。干部因为吃了饱饭,仅仅是吃了饱饭,并没有奢华浪费,却成了好像站在群众头上。

3. 好多农民喂不起猪、鸡、鸭。

4. 有些农民不愿多种田。我亲眼看见两个中农、一个贫农把田分一部分给别人作。农民子弟愿读书,不愿劳动,因为在学校里住,只要能交钱,有饱饭吃。

5. 农民手里活钱少,只想卖柴,或是贩点炭,不安心农业生产,一部分入农业社的人是为了丢包袱,有些山林败得不像样,新添了许多的溜光的荒山。

6. 治湖八十万大军中有一部分是为了解决几个月吃饭的问题才去的,并非觉悟高。

7. 坏分子趁机造谣。

由于上述的种种,我有下列建议:

1. 希望中央和代表大会常务委员会开个粮食问题专题讨论会,派有力干部到各省调查粮食情况和统购统销执行情况。

2. 城市非工业建设(如住宅等)除首都外,其他省市(特别是沿海城市和上海、天津、广州等)均在原地上踏步。

3. 职工暂停加薪,军人除外,因为军人薪水制,农民是没有意见的。

4. 布匹在农村有滞销现象,纺绣工业建设可略减速度。自然重工业和国防工业还是应该加快建设。

5. 调整农民的留粮标准，改善干部执行经购经销时的粗暴作风。

6. 提倡城市机关吃两顿饭，高干和从事脑力劳动者，吃点农民暂不需要的牛奶是无碍的，并可节粮。

7. 厉行节约，减少大宴会，减少必需要举行的酒会上作陪的人，实行同进午餐等等经济的小宴。按照精简原则控制出国代表团人数和留学生人数。

8. 严重缺粮区实行以工代赈，修桥补贴（南方道路多失修）或是小型水利。

9. 提倡在南方为数众多的塘坝里养鱼，以便增加副食品。

以上是关于粮食问题的情况和意见。

二、布、油、猪、鸡、鸭、公债、肥料和生育等等问题

布：有个地区的供销合作社，布匹滞销，要靠演戏来推销，农民的布票都用不完。

油：茶油每人一年留三斤，有的嫌少，说："粮不够吃，多留点油也好啊。"

猪：喂猪的农家比以前少，从前一只猪喂半年就能杀百把斤，现在，因为缺饲料，一只猪要喂一年才能长一百多斤。一只猪还税七万元，要是能多喂猪，可增加国家税收。

鸡、鸭：因粮、糠都少，鸡鸭也喂得少了些，影响蛋产。

公债：公债推销有勉强情况，把农民勉强答应了的公债在卖余粮时扣除，引起了一些人讲怪话。

肥料：乡下亟需肥料。在湖南山乡，一亩要四十石左右的肥料，农民最感兴趣的是大粪，常常为了争夺大粪而吵架。猪牛粪也好，但因为猪喂得少，粪也相应减少了。

生育：小孩普遍生得多，有位乡支书说："驼肚婆起了堆（孕妇多极了）。相应降低了农民的生活水平，有人提出了移民的要求。"

以上没有谈成绩，而所谈这些都只是在一县一区我个人的闻见，所提意见也不成熟，草率写来，仅供参考。①

刘少奇在周立波的信上作了批示："粮食问题已在国务院全体会谈过，还在政协机关会上谈一次，农村工作部和政法各部门组织了不少工作组下到多省已进行调查和检查。"

---

① 该信现存中央档案馆。

4月

在《中国青年》发表散文《我们创造了奇迹》。在这篇文章中，周立波介绍了石景山钢铁厂的有关情况。“我曾到过一个钢铁厂，看见了那里的两盘炼铁的高炉。其中的一盘是徐世昌修的。徐世昌是北洋军阀中间的一个。据说他在第一次世界大战期间，趁着欧美的钢铁不能东来的机会，为了赚钱，修建了这一盘高炉。修好不久，欧战停了，欧美的货物又源源东运，中国的军阀又开始混战。徐世昌打了一个败仗，下了台。他所主持修建的高炉没用过一天，冷落地竖立在空旷的露天底下，一搁几十年。在国民党统治之下，也没有人动用过它。日寇利用了一个短时期。等到国民党接收这个工厂的时候，高炉又搁着了。……新炉没有来，旧的就是那样子搁着，一直到解放。”

5月

20日　在《北京文艺》创刊号发表散文《毛泽东同志的故居》。

本月

长篇小说《铁水奔流》由作家出版社出版。周立波回忆，《铁水奔流》是他从1951年起，在工厂待了10个月，花了一年又两个月的时间写成，后在原稿的基础上总共改了六遍才出版。①

6月

8日　在《人民文学》发表反映湖南农业合作化运动的第一篇短篇小说《盖满爹》。

同期发表《清洗胡风，惩办胡风》，文章对胡风进行了严厉的批判：“胡风平日的文章总是吞吞吐吐，结结巴巴，使人一下难以看出他的真情和实意，而在这些密信里，他就毫无遮拦地露出了他的凶狠尖利的獠牙。布疑阵，挖心战，用火箭，用‘集束手榴弹的战术’，用‘微笑包着侮蔑和他们握手言欢’，用‘橡皮包着钢丝打囚徒的鞭子打伤了而又表面看不出伤痕’等等，这是胡风自己招供的对付党和革命的手段，这和国民党大小特务的手段有什么两样？”“对胡风这样一贯反对人民，反对革命的阴谋家，我们主张把他从文艺

① 周立波：《〈铁水奔流〉的创作经过及其他》，第4页。

界清洗出去，并依法惩办”。①

按：周立波对胡风的批判是在全国性的批判胡风文艺思想的背景下产生的。对胡风的全面批判从 1955 年年初就开始了。《文艺报》1955 年第一、二期合刊刊发了中宣部向党中央报送的开展批判胡风思想的报告，同时发表了林默涵、何其芳过去批评胡风的文章。林默涵回忆，毛泽东当时找到陆定一、周扬和他三人汇报关于批判胡风的计划，并表示了同意。1 月 26 日，中共中央发出通知：“胡风的文艺思想，是资产阶级唯心论的错误思想，他披着‘马克思主义’的外衣，在长时期内进行着反党反人民的斗争，对一部分作家和读者发生欺骗作用，因此必须加以彻底批判。各级党委必须重视这一思想斗争，把它作为工人阶级与资产阶级之间的一个重要斗争来看待。把它作为在党内党外宣传唯物论反对唯心论的一项重要工作来看待。”②2 月 5 日和 7 日，中国作家协会主席团召开扩大会议，茅盾、周扬、丁玲、巴金、老舍、沙汀、冯雪峰、赵树理、艾青、袁水拍等参加会议，决定开展对胡风文艺思想的批判。自此，一场全国性的批判胡风文艺思想的运动全面开始了。各地的作家、理论家、艺术家纷纷加入了对胡风的批判，写了许多批判文章，《人民日报》等各大报刊充斥着各种批判胡风的文章，其中包括郭沫若、茅盾、夏衍、田汉、曹禺、王元化、袁水拍等的文章。随着批判运动的深入，胡风问题从文艺思想论争演变成了反革命的政治问题，5 月 13 日《人民日报》发表《关于胡风反党集团的一些材料》，5 月 16 日，胡风被公安部拘捕。5 月 24 日、6 月 10 日《人民日报》又相继发表了胡风反革命集团第二、第三批材料。③

本月

在工人出版社出版短篇小说集《铁门里》，收录了在延安时创作的 5 篇短篇小说。

按：周立波原本打算将他 1932—1934 年上海西牢的一段生活和斗争经历写成一部长篇小说，但“当时由于别的原因，没有继续写下去”，“后来仅仅写成了几个短篇”。④

从《铁门里》系列的题材来看，这批短篇小说可以归结为牢狱文学一类。

---

① 周立波：《清洗胡风，惩办胡风》，载《人民文学》，1955 年 6 月 8 日。

②③ 林默涵述，黄华英整理：《胡风事件的前前后后(林默涵问答录之一)》，载《新文学史料》，1989 年第 3 期。

④ 周立波：《铁门里·序》。

牢狱文学是20世纪30年代左翼文学的一个重要题材。在30年代的中国，社会各界人士因为政治、救国的言行和其他原因而锒铛入狱，成为当时的普遍现象。左翼作家文人的被捕入狱，更是屡见不鲜。在上海和关内其他地区，就有左联五烈士的被捕牺牲，周立波、丁玲、艾青、陈白尘、陈荒煤、艾芜、彭家煌、楼适夷、洪灵菲、冯宪章、潘漠华、舒群等人都有过一段牢狱生活的经历。“牢狱事件”的普遍性自然引起了普遍的关注，成为时代性的政治、文化和文学话题之一。曹聚仁对此作了讽刺性的描绘，指出当时“中国第一流人才，有的在爬山，有的在牢狱里”。王造时也曾发表言论说：“要救国，就有坐牢的机会。”①此时以牢狱生活为题材的作品引起了人们的关注。艾芜、罗锋、陈荒煤、陈白尘等，都写过以牢狱为背景和对象的小说，中尤以陈白尘为甚，他30年代出版的《曼陀罗集》《小魏的江山》和《茶叶棒子》三个中短篇小说集，近三分之一都是写牢狱生活。此外，一些被捕入狱的政治领导人如方志敏，也写有《牢狱纪实》《可爱的中国》一类的纪实作品，在当时和后来产生了很大影响。除了国内知识分子自己的创作，《囚人之书》和《狱中记》等外国纪实作品也被翻译到中国。这些虚构和非虚构的“牢狱题材”作品，确实构成为整个30年代左翼文学中有意味的、比较独特的文学流脉。②

周立波是最早对这种文学现象以“牢狱文学”进行命名并做出评价的。在《一九三五年中国文坛的回顾》一文中，他首次对左翼的牢狱题材小说用“牢狱文学”加以概括，对整体的牢狱题材小说和具体的有代表性的作家作品进行了点评和概述。周立波提出和评论的“牢狱文学”，主要指的是左翼作家（包括有入狱经历和没有这种体验的）创作的描绘牢狱生活及其“内幕”的作品，他在《一九三六年小说创作的回顾》的年度小说述评中，仍然继续对东北作家罗锋和舒群表现“狱中生活”的作品予以点评和称道，他似乎对“狱中生活”作品情有独钟。

周立波在鲁艺创作的《铁门里》与陈白尘等写的左翼牢狱题材文学不同，他们是从阶级性视角——即通过牢狱这样一个特殊的空间和窗口、通过牢狱的地狱性存在与黑暗的描写，表达和揭示当时中国社会阶级斗争的尖锐与阶级压迫的残酷。而周立波写的《铁门里》系列表现的显然不单纯是阶级压迫和斗争，而是民族压迫与矛盾。这种压迫和矛盾同样通过牢狱这一具体的压迫形式具象地表现出来。因此，他的小说呈现出左翼牢狱文学主

① 转引自周立波：《一九三五年中国文坛的回顾》，《周立波三十年代文学评论集》，上海文艺出版社，1984年，第151页。

② 参阅逄增玉：《三十年代左翼“牢狱文学”》，载《粤海风》，2007年第5期。

题的另一方面：表现被压迫和被殖民国家文学的反帝反殖民的政治爱国主义和民族主义诉求，这种文学主旨十分契合他和周扬在30年代提出的“国防文学”的宏大政治诉求，可见他在鲁艺创作的《铁门里》系列是他30年代文学兴趣和文学追求的一个延续。

周立波在30年代点评左翼“牢狱文学”的时候，曾指出其一个不足：创作数量不能与俄罗斯和当时日本的牢狱文学相比，没有那些国家的长篇巨制。周立波最初构思《铁门里》系列的时候是想写成一个长篇，可能就是受了俄罗斯和日本长篇牢狱文学的影响。当然，他后来没有成功，这是与他的文学创作与左翼的政治和意识形态密切相关，有着过于急迫的政治与现实的功利性和目的性，以及对文学的“匕首和投枪”的武器作用与战斗性的追求，致使他的作品的构思和写作是粗线条的、速写式和平面化的，在总体上存在某些单向化和类型化现象。与左翼文学将其作为精神导师而景仰和接受其影响的俄罗斯批判现实主义的牢狱文学相比，30年代左翼牢狱文学普遍缺少俄罗斯文学对法庭、审判、牢狱、流放、苦行和罪与罚的全面而深刻的描写，特别是没有在这样的描写和叙述中像俄罗斯文学那样与历史、道德、宗教、人性、心理、哲学进行广泛深刻的联系和发掘，揭示丰富的意义与价值，从而造成了左翼牢狱文学的历史局限。这也是周立波的长篇最终没有完成的关键原因。

8 月

写作论文《谈〈三国志演义〉》。

9 月

8 日　在《文艺学习》发表论文《谈〈三国志演义〉(上)》。

本月

在中国作协与北京图书馆联合举办的读书会上介绍了《铁水奔流》的创作过程。后来根据讲话记录整理成《〈铁水奔流〉的创作》一文，收入文学论文集《文学浅论》。

与夫人林蓝携5岁的女儿百穗和保姆赵德珍阿姨从北京回湖南益阳深入生活。

10 月

6 日　在《中国青年》发表散文《王秉源与韩文恭》。

8日　在《文艺学习》发表论文《谈〈三国志演义〉(下)》。

本月

在益阳县大海塘乡和益阳市郊区桃花仑乡走访农户，在大海塘乡竹山湾村认识了贫农邓益廷。

按：邓益廷(1902—1987)是周立波的小说《山乡巨变》中"亭面糊"的原型，他世代居益阳桃花仑务农，育有三儿三女。周立波回忆："我在湖南农业合作化期间，和'亭面糊'的模特儿，一位辛勤劳动了大半生的贫农做了一年邻居。我们一家人和他们一家人朝夕相见，渐渐成为很好的朋友。在以他为模特儿进行创作的时候，他的音容笑貌、谈吐举止，甚至于他的性格里的弱点，都自然而然地涌上了笔端"，①"在那一年里，我们天天在一起，闲谈时候非常多。他每天劳动回来，总是显出气势汹汹的样子，骂小孩，骂鸡又骂猪。其实，他的心地倒是善良的。他又和我谈起他的旧社会里想要发财的故事，以及他抬新轿的逸事。他说，因为他和老婆是原配，娶亲的人家，非常高兴请他抬轿子。他还谈了许许多多关于他自己和他的亲戚的逸事"。②

全家搬到竹山湾一座带阁楼的木板房里，与邓益廷一家同屋为邻。

按：竹山湾这栋木板房，带有一个小阁楼，上下共五间。这是一家姓何的地主的房子，土改时分给邓益廷、卢国云、李玉珍三家。周立波搬来之前，李玉珍已搬走。周立波一家在这所房子里与邓益廷、卢国云两家相邻住了一年多时间。

关于周立波和邓益廷一家的交往，邓益廷的儿子邓焕章有过回忆："1955年秋，立波全家从北京迁到了益阳桃花仑落户。开头住在瓦窑坡，后来与父亲'亭面糊'成了好朋友，征得我家的同意，立波便搬到竹山湾与我家同屋共居了，立波不但向父亲学会了好些农活，而且从平常的交谈中，学习和收集了许多幽默的故事和方言土语。父亲习惯地称呼立波为'周部长'。立波称赞他是务农老作家，田状元。父亲听了笑得连嘴巴也合不拢。立波夫人林蓝为我母亲赠药，治好了稍受风寒就得感冒的病。立波得知父亲有风湿筋骨痛，特地从北京同仁堂买来虎骨酒送给他治病。我家的猪得病死了，母亲气得流泪。立波见我家吃饭人多，为帮助我们解决困难，便买了一只小猪送给我家喂养。我当时作为邓家的长子在市一中读书，因经济困难，

① 周立波：《深入生活，繁荣创作》，载《红旗》，1978年5月3日。

② 周立波：《谈创作》，《光明日报》，1959年8月26日。

父亲想让我回家务农，立波从多方面劝说和启发，坚持要让孩子多读点书，并建议让我中学毕业后去考大学，如果考不上时再看情况而定。立波鼓励我努力学习，并赠给我参考书和日记本。后来，我考取了华中工学院，在去武汉的路上，我在长沙立波家里住了一晚，立波一再勉励我好好学习，临行前还赠给了我 15 元，在当时可作两个月的生活费，我披着周立波送的一件大衣走上了求学的道路。”①

11 月

担任大海塘乡互助合作委员会副主任，到该乡帮助旦家村办初级农业合作社。与乡互助合作委员会主任陈桂香住在乡政府所在的葛彬公祠堂，一起参加建社工作。

本月下旬

参加益阳县三级干部大会，会议传达学习了中央农业合作化会议精神，学习了毛泽东主席讲话。会后，与益阳县团委副书记彭玉霞②一起从石码头过资江到邓石桥乡。

按：彭玉霞时任邓石桥乡合作化工作队副队长，住在清溪村周立波一个堂侄女家中，系《山乡巨变》主人公邓秀梅的原型。她在日记中记载了第一次见到周立波时的情形：“我第一次见到周立波同志是在一九五五年十一月的一天，在区里办社干部会上，地点是在现在的天城垸乡政府，他那时还只有四十七岁，我看见他穿一身灰布中山装棉制服，棉衣是公家发给他的，白内衬衣的领子露了出来。棉制服右边的上口袋佩一枝蓝色钢笔，插一把牙刷。他没有戴帽子，剪短了的头发略有花白。他脚上穿的是一双黄色面子的胶鞋，人们都称解放鞋，眉毛黑黑的、粗粗的，见人微笑。初次看来，他身材魁梧、高大，给人朴素真诚和平易近人的印象，是一位了不起的人物。他在办社干部会上说，‘我这次是来向大家学习的，和大家一起共同办好农业合作化，合作化是一个全国性规模的宏伟的运动，上至党中央毛主席，下至乡里党支部、党委、全国人民，都在参加和领导这场历史性的大变动，变农村私有制经济为公有制经济，我也和在座的同志一道学习和参加这个运动。希望同志们共同努力，来完成党中央毛主席和县委交给我们的这一光荣而

① 笔者 2006 年 6 月 12 日采访邓焕章，邓焕章口述。

② 邓石桥乡合作化工作队副队长，住在清溪村周立波一个堂侄女家中，系《山乡巨变》主人公邓秀梅的原型。

伟大的任务’。他喝了一口茶，接着说，‘这里会有私有观念和集体观念的尖锐冲突，这是一场极其深刻和广泛的社会主义革命，我们应以战斗的姿态迎接这场伟大的革命’。他谈话的声音响亮而坚定，受到我们的热烈掌声。”

“会后区委书记曾靖华同志①将我向立波同志作了介绍，靖华同志指着我说这是我们女区委委员彭玉霞同志，她担任我们区的团委书记兼妇女主任，分管今后合作化运动，具体深入罗家河乡的合作化工作。散会之后，我和立波同志一路同行，他回大海塘竹山湾，我回罗家河乡，我们一路打讲②，开始我有点紧张，立波同志问我家住在哪里，我说我是邓石桥乡癞子仑那边的人。立波同志说，‘俗话说，亲不亲故乡人，美不美山溪水，我们还是家乡人啊，我是邓石桥清溪村人，离癞子仑不远’。我说，请您多多关照，多多指教，我是一个不懂事的黄毛丫头。立波同志又问‘你工作中碰到困难哭过鼻子吧?’我说解放后我天天只笑不哭，无论遇到何种困难，我都能克服，我从未想到要哭脸，只有在解放前，我的妈妈死了，我哭得死去活来，哭我这一世没有书读了，哭我今后无依无靠，不知生活靠何人。解放了，有了毛主席，有了共产党，工作生活都有了依靠，连挤也挤不出我的眼泪来，只懒得哭。通过一段的谈话，他很平易近人，我也无任何拘束了，也不紧张了，说话也比较随便了。立波同志笑着说‘应该坚强，共产党员更应该坚强。这次合作化估计会有许多意想不到的困难，想必你一定能够克服。’”③

12月

22日　致信林默涵，汇报在湖南的工作情况：“到湖南快两个月了，在益阳下乡。上月底和本月初参加了湖南省委召开的第四次互助合作会议，回到乡下又参加了区的会议”，“我在乡下别无困难，唯今后必须直接研究农民的日常家庭生活，了解他们的心理，学习生产知识等。我过去的经验是在农民家里住一个时期。在工厂没有做到这点，作品的生活气息就差一些。这里农民文化水平高一些，保守思想比较少，对合作化运动积极性一般很高。自然也是会有困难的”。工作计划是“今后三年写农村。明年一月到春耕前在益阳乡下。春耕后或迟一点到湘潭等县去看看。计划明年下半年才能动笔写新作品”。④

① 《山乡巨变》里朱明的原型。
② 益阳方言，聊天的意思。
③ 彭玉霞提供给笔者的回忆材料。
④ 该信现存中央档案馆。

本月底

初级社办起来后，周立波根据这个社所在地地名“凤鹤嘴”给农业社取名为凤鹤社。此时林蓝在桃花仑小学担任少先队大队辅导员。周立波通过办社“对各个阶层的农民对于合作化的态度，才有了比较细致的了解”。①

按：《山乡巨变》中人物陈大春的原型——大海塘老人陈年春回忆：“大海塘乡当年共办了三个初级农业合作社，一个是中心社，由陈桂香负责；一个是民主社，由陈年春负责；一个是凤鹤社，由周立波负责。当时乡里只有陈桂香一个共产党员，周立波来后，向市委建议建立党组织，发展了陈年春、李汉成、陈焕林三个党员，建立了中共大海塘乡党支部，周立波在这个支部过组织生活。那时农村党员党费每月交一分钱，而周立波每月交五元。我对他说，你交这么多？周立波笑着回答：‘不多，我有工资，还有稿费，你们收下吧。’当时是互助组转初级社，办社过程中矛盾很多，周立波和大家一道学习党的政策、合作社章程，和群众谈心，了解情况，参加乡里的会议，研究如何处理土地入股与耕牛农具作价入社等具体问题，工作很忙。”②

1956 年　　48 岁

1 月上旬

和巴金应邀去德国柏林，参加德意志民主共和国第四次作家代表大会和《暴风骤雨》德文版首发式。

按：关于周立波这次的访德之行，与他同行的巴金回忆：“第一次我和他接触还是在 1956 年 1 月，和他同去柏林参加德国作家第四次代表大会的时候。这次去民主德国，他不愿意去，是陈白尘打了几次电报把他找来的。他到京较晚，我已经把发言稿写好了，他当时就说不愿出国，并说他在农村参加合作社建社工作，到合作社正式成立时，他却看不到，很有意见。我们同德国驻中国大使同机到达柏林，下了飞机，却没有人欢迎，那位德国大使也不管我们就走了。我们等了许久，不见人来，我托我们使馆商务处来接信使的人打电话给文化处去问。我们在机场等了一个多钟头，人们都走光了，后来机场工作人员也走了，有人把我们的行李搬到外面院子里。周立波一直

① 周立波：《谈创作》。

② 笔者 2007 年 12 月 23 日采访陈年春，陈年春口述。

在抱怨，说他真不该来，我们马上回国去！

“这次开会，德国作协派给我们的中文翻译不太负责，会场上人们发言，他只偶尔译出两三句，使我们感到莫明其妙。周立波坐在那里更不能安心。有一次德国作协请各国来宾吃晚餐，白天没有会。那天叶克约我们去使馆，说是朱老总（朱德）和聂老总（聂荣臻）要到使馆去接见使馆人员。我们那个翻译同意晚上到使馆接我们同赴宴会。使馆曾涛大使请两位老总吃饭，接我们作陪，但吃到一半，叶克通知我们，翻译员坐车来接我们去作协。周立波不想走，我问叶克怎么办，叶克还是主张我们两人都去。我便向曾大使和朱老总讲明情况告辞走了。周立波很不高兴，但还是一同去德国作协赴宴。宴会结束回到旅馆，周立波一直说，今天不该离开使馆，对朱老总不礼貌。我说，我们已经向大使讲明情况，我们是德国作协的客人，德国作协招待我们不能不去，不去显得对德国作协不友好。周立波反驳道：难道德国作协可以跟我们的朱老总相比吗？火气大得很。

“我的印象，周立波对国际斗争等等不感兴趣。但周立波对革命先烈却十分敬仰。那次到德国，叶克交给周立波四千马克（大约合人民币三千几百元），说是德国出版社送来的《暴风骤雨》的稿费，记得他自己拿了一千马克，又送了我五百马克，其余的都交了党费。德国作协也送了零用费给我们，但是我们两次献花就花光了。一次是在布廊瓦尔德集中营给台尔曼献花圈，另一次是在魏玛歌德像前献花圈，这是周立波的意思。在那里，冬天鲜花很贵。

“在他们离开柏林前一夜，曾大使要他们回国后写访问德国的文章。周立波断然拒绝，说，回去马上要到湖南乡下去深入生活，对德国一点也不了解，写不出访问的文章。曾大使听了颇不满意。周立波回到北京呆了一两天，就回湖南去了。

“本来，会后还要由德国对外文委安排访问两个星期，可是，周立波归心似箭，最后，我同意访问一个星期，周立波才不再坚持了。”①

陈年春对此也有过回忆：“1956 年 1 月，中国文联通知周立波参加巴金带队的中国作家代表团赴民主德国访问。那时，正是办社的高潮，周立波因办社事忙，发了几次电报请假，中国文联不同意，因为他的《暴风骤雨》德文版要在德国举行发行仪式。陈白尘打了几次电报把周立波催到了北京，第二天就出发。离开村里时，周立波向党支部请假，说要请两个星期假去德国

① 金振林：《“外调”巴金——谈周立波、蒋牧良》，载《新文学史料》，2007 年第 3 期。此文是金振林 1967 年 10 月采访巴金时巴金对周立波的回忆。

访问。他对我说，多则一个月，少则一星期，本来不想去，没办法只能去，家里工作只好辛苦你们了。十来天后，周立波回来了，他说，本来会议结束后安排两个星期参观，我对巴金讲归心似箭。巴金同意只参观一个星期。他还说，我在德国介绍了你们大海塘办农业社的经验。”①

1 月中旬

从东德回国返回益阳桃花仑，参加曾五喜担任社长的合丰初级农业社转高级农业社的建社工作。

按：曾五喜（1920—2005）世代居益阳桃花仑务农，合丰社转为桃花仑高级农业社后，担任副社长。从 1958 年到 1998 年，一直担任桃花仑大队、桃花仑村党支部书记。曾五喜是长篇小说《山乡巨变》的主要人物刘雨生的主要原型。后来周立波曾以《曾五喜》为题写作了一篇散文，描述了他办社的工作情况和经验。

2 月

14 日　到益阳市一中操场，参加大海塘高级农业社、桃花仑高级农业社联合举行的庆祝成立的群众大会。

26 日　在《新湖南报》发表散文《一个意义重大的庆祝会》，记录了 14 日群众大会的情况。

按：此次大会主要是为了庆祝大海塘社和桃花仑社两个高级社的成立，高级社成立后，“这两个社的农民们不再是土地私有者，而是按照社会主义的原则来进行劳动和分配的农村劳动者。从此，这两个社都可以更为合理地统一经营大片相连的田土，并且尽可能充分利用新式农具和先进技术。从此，社里所有的山林可以按照计划地种植和砍伐，替国家培育成片的森林，绿化乡村，改良气候。社里也能大量喂猪、养鸡和养鱼，或是建立其他的副业”，但高级社也面临着一些困难和矛盾，“农民们世代相传，都习惯了在一家私有的小块土地上耕作和收割。他们的合作历史是并不长的。现在，在党的正确领导下，仅仅经过很短的时间，四百零五户农民，就由九个初级社并成两个高级社，完全取消了土地报酬，山场竹木、园土、池塘也都入社

① 金振林：《“外调”巴金——谈周立波、蒋牧良》，载《新文学史料》，2007 年第 3 期。此文是金振林 1967 年 10 月采访巴金时巴金对周立波的回忆。

了。这情况，正如一位老太太说的‘我的生命财产都入到了社里’。这样重大的事件，开始的时候，不能不引起农民们内心剧烈的波动。他们中间有些人，观望、犹豫、疑虑和担心，都是自然的”。高级社的成立，改变了过去人们在正月里“吃春酒，走人家，打花鼓和推牌九”的习俗，“年轻的男女们情绪高涨，都摩拳擦掌，准备春耕”。

4月

22日　写作《致湖南青年文学创作者会议的贺信》，总结了“经、练、阅”三个字创作经验。“‘经’指经历，就是经历一些生活和斗争。没有经历，任何有才能、有修养的人都将没有办法动笔，这叫做‘巧媳妇难为无米之炊’”；“‘练’是练习，也就是练笔。一个文学工作者要经常练笔，正如一个拳师要经常练拳一样。长久不练，就会荒疏。我们如果每天能写一点东西，每天和笔杆子亲近一下，那就会把笔练得迅速而准确。如果一年能写五六篇东西，一天能写点日记或素描，那是最好了”；“‘阅’就是阅读。阅读马克思列宁主义理论著作、文学作品和文艺论文。古今中外的成功的作家都爱读书，不读书是不行的。读文学作品，必须保持经常性，每天读一点。好的，可以重读。”①

30日　在日记中记载：“昨夜，桃花仑高级农业社竹山队第一组，在下边屋里开小组会，讨论给奖的问题。全组奖了十四个人。组长宣布名单时，大家不作声，得奖的自然不好作声，没得奖的，不服气，也不说话。临了，有个人说‘搞了是的啰’。听口气，是有意见的。今天早晨和上午帮农业社插田，在田里看见两条蚂蟥，这是钉住腿巴子吸血的家伙，据说没有毒。我用手把它连泥带水地捧着，往别处一撩，撩了好远。竹山队从四月二十五日起开始插田，明天会全部插完。插田的头一日，离开秧谷下泥的那天，只有二十三个日子。老邓说‘只要七十天，就要吃早谷了。’”

5月

1日　在日记中记载：“今天是五一节。农民正插秧。下午，秧插完了。村里，塅里，显出一片清新的嫩绿。邻儿大满爬到屋角枇杷树上去，打下一些没熟的灰青的枇杷。今年枇杷结得不多。去年枇杷树开花的时节，一阵

① 周立波：《致湖南青年文学创作者会议的贺信》，载《文学浅论》，北京出版社，1959年，第28—30页。

风把花吹落了好些。山里有各种野花。到了春天，一种接着一种开。映山花，即杜鹃花，首先开得满山红，接着是喷香的野桂花，再后是鲜黄的老虫花。这花很美丽，只是有毒，因为有毒，老百姓叫它老虫花，即老虎花。映山花的生命力很强，折回供在花瓶里，一个月都不凋萎。这花又美，又能吃，孩子们在山里耙柴火，口干了，就摘这花吃。他们有时一篮一篮摘回来，在开水里漂一漂，有糖的，拌点糖吃，吃起来，微微有点酸，又很香甜。映山花开时，阳雀子(杜鹃)正叫，因此，这花又叫杜鹃花。老百姓的山歌里唱着'阳雀子本是催春鸟'。在阳雀子叫时开花的映山花给人一种特别浓烈的春天的感觉。"

2 日　在日记中记载："晚上七点钟，在乡政府开三乡党员大会。我们去早了，等到八点半，人才来齐。会开到九点半钟。"

3 日　在日记中记载："白天参加了田间检查，主要的是看耕作的进度和秧苗的好坏。各社各队都到了，来回走了二十多里路。在乡政府讨论了一阵。桃花仑的竹山队除开耕完插完自己队里的田以外，还调出了两只耕牛、两个老手去帮助桃花队翻田。胜利的红旗插到了竹山队。晚上八点钟，在乡政府学习省党代表会文件。"

按：此四则日记于本年 12 月 30 日发表于《文艺报》第 24 期《文艺家们在生活和劳动中》栏目。

4 日　受益阳市二中邀请，与林蓝一起参加青年团活动。在和学生谈话时，讲述了益阳市二中的历史。①

按：益阳市二中校址系资水边龟台山龙洲书院旧址，龙洲书院是明代嘉靖年间(1551 年)县令刘激所建。刘激修建了一座五贤祠，祭祀对益阳文化作出贡献的五位贤人：屈原、诸葛亮、张咏(宋代县令)、胡寅和张栻。

12 日　在常德地委大会堂为文学青年作演讲，讲解了"文学"的含义、典型环境中的典型性格和人物刻画中必须注意的问题等。

28 日　致信作协党组及周扬、刘白羽，汇报在益阳的长篇小说写作计

① 据益阳地区文联工作人员曹毅前、益阳市二中教师蔡济湘、郭乐光等回忆。

划。“今年八九月，益阳要全部高级化，我们打算参加。现在正动手写点东西。我的反映合作化的长篇，打算今年六七月打草稿，明年国庆节前完成。我们在这里，如没有不得已的变化，打算住到一九五七年五月左右，在此期间一面起草我的长篇，一面继续深入了解各种农民的日常生活和心灵。”①

6月

1日　和林蓝一起到益阳市二完小②参加少年先锋队活动。

本月

和林蓝到益阳县邓石桥乡，帮助筹办邓石桥高级农业社。捐献三千多元为邓石桥乡建农民俱乐部、畜牧场。

8月初

到常德采访聚宝农业社，写作散文《熊进五和他的蜜蜂》，发表于8月10日《人民日报》。

本月

人民文学出版社出版《暴风骤雨》。

9月

2日　由湖南省中山图书馆主办的“周立波与省会读者见面会”在湖南剧院召开，1 700多位读者参加会议。周立波在会上演讲，后来演讲稿《论创作》发表于《光明日报》。

4日　和林蓝到韶山参观访问，住韶山招待所。

5日　参加韶山区几个乡的党员大会，采访永义亭乡党总支书记苏小泉，了解韶山区农业合作化情况。

6日　参观毛泽东故居、毛氏宗祠，晚上采访韶山乡党总支书记毛伟昂，了解毛泽东1925年回韶山成立党组织、开展农运的情况。

---

① 该信现存中央档案馆。

② 现在的益阳桃花仑小学。

7 日　采访已 79 岁的毛月秋。毛月秋在 1927 年担任韶山农民协会委员长，当时任湘潭县委委员。晚上观看武汉杂技团在韶山的演出。

8 日　采访烈属、毛泽东的老师李漱清老人，阅读毛泽东写给李漱清的书信。

9 日　采访韶山高级农业社，拜会了社长庞仁广。

本年下半年

在桃花仑竹山湾动笔写长篇小说《山乡巨变》正篇。

本年底

与林蓝回北京写作。

1957 年　　49 岁

1 月

15 日　在《人民日报》发表短篇小说《禾场上》。

29 日　参加中国作协党组召开的王蒙小说《组织部新来的青年人》的讨论会，周立波在会上批评了小说的自然主义倾向。参加者还有张天翼、艾芜等，这些作家都对这部小说提了一些看法和批评意见，但“总的认为这小说是有毒素的”。①

按：1956 年，王蒙在《人民文学》发表《组织部新来的青年人》后，在读者和文艺界引发了热烈的争论，尤以批评性的意见居多。《文汇报》《人民日报》《中国青年报》等刊物在 1956 年末和 1957 年初刊发了大量的评论文章，中国作协主办的《文艺学习》杂志组织了讨论专栏，期间收到 1 300 多篇稿件。《中国青年报》于 1957 年 1 月召开了这篇小说的座谈会，在会上印发了王实味的《野百合花》，暗示这两部作品在政治性质上是有关联的。后来毛泽东也在不同场合多次谈到王蒙和他的这篇小说，他说“批评的目的，是要

① 郭小蕙整理：《郭小川日记（1957・上）》，载《新文学史料》，1995 年第 5 期。

帮助被批评的人”，对王蒙是持保护态度的，因此中国作协便不再持“有毒素”的看法，但王蒙后来还是被划分为右派分子。①

3月

9日　制订1957—1967年的十年创作规划。“1957年：完成反映农业合作化高潮的长篇小说（题未定）；1958—1960年：创作另一反映农村生活的长篇小说，中间有一年要进马列学院学习；1961—1963年：创作反映农业社内部矛盾的长篇小说（就是反映农村合作化高潮的长篇小说的续编）；1964—1967年：创作取材于南下抗日部队的战斗的长篇小说。除开完成以上小说外，这十年里，已准备写些散文、短篇小说和儿童阅读的作品。这十年以后，准备创作取材于井冈山起到抗日止的长篇历史小说。”②

4月

8日　在《人民文学》发表短篇小说《民兵》。

5月

8日　在《人民日报》发表评论《读〈六十年的变迁〉》。

19日　在《文艺报》发表短论《纪念，回顾和展望》。

25日　邀请来京参加全国青年团代表大会的彭玉霞和冯健③到王府井东总布胡同22号中国作协宿舍家中吃午饭。

按：彭玉霞在日记中记载了这次会面的详细情形：“我到立波同志家里时，立波同志开玩笑说，‘你一个山村姑娘，来到北京，拜了码头没有？’我说拜过了，是在天安门前拜过的。这时林蓝同志从柜子里拿来了苹果、橘子、糖果等大盆小盆，茶几上摆满了。他们对我们的热情招待，使我们反而不好意思，立波同志一边拿着小刀子给我削苹果吃，一边问我说，‘你这次来北京有什么收获啊？’”彭玉霞说了自己来京的感受后，“立波同志满脸带笑说，‘你要珍惜这种荣幸，把工作干得更好，更加出色’。他还继续问起了家乡的

---

① 参阅洪子诚：《材料与注释》，北京大学出版社，2016年，第5—6页。

② 周立波：《1957—1967年的十年规划》，现存中央档案馆。

③ 1938年出生于长沙市望城区，曾担任望城西塘农业社社长。也是参加这次全国青年团代表大会的代表，是当时全国的养猪能手。

变化情况，'合作社办得怎么样了？同志们都好吧？你已经吃喜糖了没有？'

"立波同志还招待了我们午饭，放的菜碗有一桌子，除了鱼、肉、蛋、鸡等菜外，我印象最深、最喜欢吃的是一碗味道鲜美的海虾，我和冯健同志都特别喜欢吃。立波同志说这是在益阳家乡很难吃到的菜，他一边这样说一边特意给我夹了一大块。饭后，立波同志陪我们一路参观了王府井大街，去王府井大楼特意买了两条裙子，一条是荷花色底子起白花，另一条是蓝色底子起红花，他将荷花色裙子送给了我，将蓝色起红花的裙子送给了我的住户的女儿周月娥。她是周立波的堂侄女，现在益阳麻纺厂工作。他要我代交给了她。我心里非常高兴，我从来没有穿过花裙子，我还是在解放前小时候穿过，妈妈替我改了一条青裙穿过几次，开始有点不敢穿，后来心里一高兴就穿起来了。我们还到了前门、天安门等地，在天安门前立波同志用照相机帮我们照了几张相片，意思是要我们永远学习继承革命先烈的革命精神。"①

6 月

6 日　参加中国作协党组扩大会，讨论"丁玲、陈企霞反党小集团"问题。

按：这次会议的主要目的是对 1955 年批判"丁陈反党小集团"进行检讨，并提出改写丁、陈事情的结论。郭小川回忆："下午二时半，开讨论丁、陈问题的党组扩大会议，会上邵（荃麟）、刘（白羽）、周（扬）三人先讲了话，然后是一些人谈感想，然后是一片对周刘的攻击声。……会议十分紧张，空气逼人，简直弄得我头都发胀。"②另据会议参加者徐刚回忆："1957 年 6 月初召开作协党组扩大会，是小规模的，在二楼北侧小会议室③，约有二十多人参加，周扬和党组的几个负责人，都主动表示 1955 年对丁玲的批判是不应该的。'反党小集团'的结论是站不住的，并且向丁玲等同志道了歉。"④

8 日　参加中国作协党组"碰头会"，对整风做新探讨，"一致认为还要大放大鸣"。

13 日　参加中国作协党组扩大会第三次会议。

按：郭小川日记记载："下午开党组扩大会议。丁玲发了言，态度尚平

① 彭玉霞提供给笔者的日记。

② 郭小蕙整理：《郭小川日记（1957・中）》，载《新文学史料》，1999 年第 3 期。

③ 指王府大街的文联大楼。

④ 邢小群：《丁玲与文学研究所的兴衰》，山东画报出版社，2003 年，第 129 页。

和，但内容十分尖锐，极力争取康濯‘起义’，追究责任，想找出一个阴谋来。”①

7月

6日　在第一届全国人民代表大会第四次会议上，与人大代表舒新城②、唐生智③、狄超白④等一起提案《请改革普通教育设施，适应当前社会需要案》。

8日　参加中国作协召开的反右派斗争动员会。邵荃麟作了长报告，白羽、臧克家、艾芜等讲了话。

14日　到中南海紫光阁参加由中宣部、文化部、中国文联召开的在京文艺界人士座谈会。郭沫若、茅盾、巴金、老舍、丁玲、常香玉、言慧珠等200多人参会，周恩来讲话，号召大家积极参加反右斗争。陆定一、康生、周扬也在会上发了言。

25日　参加中国作协党组扩大会第四次会议，批判丁玲、陈企霞，周扬讲话，反击丁玲的"追究责任"说："上次会开了三次开不下去了，有人将了军，提出责问，要追究责任，因此我不能不讲话了"，"前年对丁陈的斗争，包括党组扩大会，给中央的报告和向全国传达，我认为基本上都是正确的"。⑤邢野、张光年、田间也在会上发了言。

按：在作协党组扩大会第三次会议与第四次会议之间，相关党组人员曾经把会议情况向陆定一作了汇报，"定一同志坚持地认为丁、陈是歪风的代表，主张开展一个斗争，坚决把文艺界整顿一下"。⑥从此，会议对丁、陈事件的态度从道歉转向了反击。

---

①⑥　郭小蕙整理：《郭小川日记(1957·中)》。

②　舒新城(1893—1960)，湖南溆浦人，出版家，《辞海》的编撰者。

③　唐生智(1890—1970)，湖南永州人，中华民国陆军一级上将，解放战争末起义，曾任湖南省副省长。

④　狄超白(1910—1978)，江苏溧阳人，经济学家，著有《通俗经济学讲话》《经济学讲话》《论城乡关系》等。

⑤　《对丁、陈反党集团的批判——中国作家协会党组扩大会议的部分发言》，现存中国作协档案室。

27 日　上午参加中国作协党组扩大会第五次会议，在会上发了言。同时，杨犁、张松如、康濯也在会上发了言。下午参加第六次会议，黄其云、戈扬、沙汀发言。

29 日　与康濯、笑雨、金镜、葛洛、陈白尘、张光年等一起听郭小川念柳溪的材料，据郭小川的日记记载“大家都非常气愤”。①

按：柳溪（1924—2014）原名纪清侁，河北省献县人，1955 年被打为丁玲、陈企霞反党集团成员。

30 日　参加中国作协党组扩大会第七次会议。会上方纪发言，姚芳藻揭露柳溪，实际矛头直指陈企霞。会议叫陈企霞交待问题，他只承认了与柳溪的通讯，其他事情没有透露。

按：据《中国作家协会党组关于批判丁玲、陈企霞反党集团的经过报告》，从第七次会议开始，中国作协党组扩大会议的参会人员从最初的 20 多人扩大到 200 多人。

31 日　参加中国作协党组扩大会第八次会议。张天翼、艾青、沙汀联合发言，陈企霞“交待”了自己的问题，葛文、刘白羽也在会上发了言。

本月

写作《反党分子罗烽的一些言行》，收入《文学浅论》。

8 月

1 日　参加中国作协党组扩大会第九次会议。柳溪控诉陈企霞，曹禺、刘达成、艾青、魏巍等在会上发言。

3 日　参加中国作协党组扩大会第十次会议。丁玲、陈明、陈企霞、李之琏均讲了话，郭小川、茅盾发了言，指责丁玲、陈明不老实。

4 日　参加中国作协党组扩大会第十一次会议。邢野、丁玲、冯雪峰

① 郭小蕙整理：《郭小川日记（1957 · 中）》。

发言。

6日　参加中国作协党组扩大会第十二次会议。田间、李又然、林默涵发言。

7日　参加中国作协党组扩大会第十三次会议。白朗、李纳、康濯、何其芳、老舍发言。

按：同日，《人民日报》在头版头条位置以《文艺界反右派斗争的重大进展(肩题)攻破丁玲陈企霞反党集团(主题)》为题，报道了中国作协党组扩大会的消息："中国作家协会党组从6月6日到8月6日陆续举行了十二次扩大会议。从7月25日起，会议范围进一步扩大，参加会议的有党和非党的作家及文艺工作者200多人。会上揭发了以丁玲为首的反党小集团的活动。"

8日　参加中国作协党组扩大会第十四次会议。葛琴、张凤珠、丁玲、张光年、曹禺、阮章竞、孙唯实发言。

9日　参加中国作协党组扩大会第十五次会议，在会上发了言，并带头为海默、陈白尘的发言鼓掌。冯至、卞之琳、胡海珠、严文井等也在会上发了言。

13日　参加中国作协党组扩大会第十六次会议。臧克家、邵荃麟、蒋天佐、钱瑞俊发言。从这次会议开始，冯雪峰被批判。冯雪峰回忆："斗争我，记得是在作协党组扩大会停开几天之后，8月13日第十六次大会上开始的，由邵荃麟的发言开始揭发和批判。"①

14日　参加中国作协党组扩大会第十七次会议，在会上发言，批判冯雪峰"蒙蔽鲁迅"和"分裂文艺界"。蔡楚生、徐达、夏衍、许广平、沙汀、楼适夷、张光年等发言。

按：冯雪峰回忆："第十七次会上夏衍的发言最震动会场，发言中最主要

---

① 冯雪峰：《有关1957年周扬为"国防文学"翻案和"鲁迅全集"中一条注释的材料》，1966年8月8日。

的一点也就是说我 1936 年在上海勾结胡风，打击上海地下党，摧毁地下党，诬陷他和周扬是蓝衣社、法西斯；并且勾结胡风，蒙蔽鲁迅，假借鲁迅名义提出‘民族革命战争的大众文学’的口号，分裂了左翼文艺界等等。……几天中接连发言的有陈荒煤、周立波、沙汀、郭小川等等，都集中在‘蒙蔽鲁迅’和‘分裂文艺界’上。”①郭小川的日记也记载：“紧接着是夏衍发言，讲了雪峰对左联的排斥，他的野心家的面孔暴露无遗了，引起一场激动。”②

15 日　参加斗争萧乾的大会，并在会上发了言。大会由茅盾主持，陈笑雨、陈白尘、陈荒煤、沙汀等也发了言。

16 日　参加中国作协党组扩大会第十八次会议。郑振铎、李伯钊、冯雪峰、张天翼、袁水拍、陈荒煤、何其芳等发言。

20 日　参加中国作协党组扩大会第十九次会议，在会上发了言。艾青、王蒙、陈涌、袁水拍也在会上讲了话。

23 日　参加中国作协党组扩大会第二十次会议。郭小川任会议主席，韦君宜、戈扬、胡考、秦兆阳等发言，胡海珠在会上批评了萧三，公木和沙鸥批判李又然。

24 日　参加中国作协党组扩大会第二十一次会议。郭小川日记记载：“先由李又然开会（发言），半道被哄下去。……后半截，黄其云、崔毅发言，尚可。最后是曹禺发言，批评了艾青的错误，艾青也猛力鼓掌。”③

28 日　参加中国作协党组扩大会第二十二次会议。会上草明、井岩盾、罗立韵讲了白朗、罗峰的问题，华君武、丁宁、徐迟和李季讲了艾青的问题。

31 日　参加中国作协党组扩大会第二十三次会议。萧三、罗峰、艾青、黎辛在会上做检讨。

---

① 冯雪峰：《有关 1957 年周扬为“国防文学”翻案和“鲁迅全集”中一条注释的材料》。

②③ 郭小蕙整理：《郭小川日记（1957 · 中）》。

本月

写作批判刘绍棠的文章《根源在哪里?》,收入《文学浅论》。

9月

3日　参加中国作协党组扩大会第二十四次会议。丁玲、陈明在会上做检讨,袁水拍、胡海珠、赵树理、汪洋等发了言。会后,与张光年、沙汀等组织临时发言。

4日　参加中国作协党组扩大会第二十五次会议。冯雪峰在会上做了检讨,舒群、吴组缃、马峰、陈笑雨等发了言。

16日　参加中国作协党组扩大会第二十六次会议,邵荃麟、周扬讲话。

17日　参加中国作协党组扩大会第二十七次会议。周扬、郭沫若、茅盾、巴金、老舍、陆定一等发了言。

按:这次会议是总结会,参加者除了之前的200多位作家及文艺工作者外,还扩大到了各省、市委宣传部的负责人,共1 350人参加了此次会议。周扬在会上作了名为《不同的世界观,不同的道路》的报告,后经毛泽东修改后于1958年2月8日以《文艺界的一场大辩论》为题在《人民日报》上发表。

葛洛回忆了本年周立波参加会议的一些情况。“过去在延安的时候,他经常在各种会议上慷慨发言,今天,无论参加党内或党外的会议,他都发言不多,发起言来也不容易说到点子上。过去,他在待人接物方面虽不精明,却也不是一个迂夫子,今天,他最大的弱点好像就是不懂得搞好人事关系的重要性,并且极端缺乏处理私事的能力。”①

18日　在《文艺报》发表批判文章《隐含的敌意》,批判李国文的小说《改选》。认为这篇小说“因为‘反对工会经济主义倾向’,正是中央发动的一个运动。这样看来,作者对于地方以至中央的领导,都心怀不满,甚至于是有敌意的了。因为他的敌意比较地隐蔽,不是一下子就可以看出来,这就更有害,更需要揭开他的艺术的外套,露出他的反对党的领导的恶毒的原形”。

按:《改选》写的是一个工厂委员会改选的故事:一心一意为群众办事

---

① 葛洛:《悼念周立波同志》,载李华盛、胡光凡编:《周立波研究资料》,第131页。

的老郝深受工人的拥戴，在工厂委员会选举中以全票通过，却因受刺激死在选举现场。小说批评了工会领导的官僚主义。这篇小说发表于1957年《人民文学》7月革新特大号的头条。小说的发表正值“反右”斗争时期，因而遭到了严厉的批判，《人民文学》上发表了多篇文章批评这部小说“是株毒草，而且是以反对党的领导为最毒的毒草”，[①]“是一篇政治上有根本性错误的小说，它的画面不仅阴暗，而且带着绝望的、冷漠的控诉的性质，仿佛生活中有一种无法抗拒的巨大的压力，把正直的人都压倒了，压死了”[②]。当时作为文学新人的作者李国文也因此被划为“极右”派，遭受了牢狱之灾。

10 月

15 日　在《文字改革》杂志发表短论《汉字要改革》。

16 日　与郭小川一起在王震家闲聊、吃饭。郭小川对此有记载：“他（王震）同意把艾青送到一个农场去，在那里盖几间房，好好生活几年。在他那里吃了饭，谈了很久的文学作品，他主张对作家多加鼓励。他又说到主席曾鼓励了陈毅写的新诗，又说主席有很多幻想，在一次中央的会上，说我们从地球上穿一个洞就可以到纽约；有一次说，我们地球的事暂时没管好，暂时先不管别的星球的问题。”[③]

本月

返回益阳桃花仑乡，参加农村整党整社工作。林蓝和女儿周小涵（百穗）留北京。

11 月

18 日　在《人民文学》第11期发表短篇小说《腊妹子》。

23 日　看苏联的人造卫星纪录片和意大利电影《当心强盗》，偶遇张友渔、水华和郭小川。

---

① 马前卒：《一株攻击党的领导的大毒草——评〈改选〉》，载《人民文学》，1958年9月号。

② 孙秉富：《〈人民文学〉七月号上的几株毒草》，载《人民文学》，1958年10月号。

③ 郭小蕙整理：《郭小川日记（1959・下）》，载《新文学史料》，1999年第4期。

本月

在桃花仑竹山湾上午写作，下午参加劳动，晚上参加会议，一边修改《山乡巨变》正篇，一边收集《山乡巨变》续篇素材。

本月底

回北京，《山乡巨变》正篇定稿。

12月

短篇小说《民兵》被收入北京出版社编辑出版的短篇小说集《春天的风》。

按：周健明回忆，周立波在北京向周扬汇报在湖南益阳深入生活和写作情况，周扬建议他兼任湖南省文联主席，改变湖南文学创作落后状况。周立波对省文联同志说："关于湖南文联的工作，我挂不挂名都有责任。周扬同志很关心湖南文艺创作，要我们把培养人作为中心任务。""文革"中批判周立波时，说他是周扬派到湖南篡夺文艺领导权的黑干将。①

1958年　50岁

1月

8日　在《人民文学》发表长篇小说《山乡巨变(一)》。

本月

返回益阳桃花仑竹山湾。

2月

8日　在《人民文学》发表长篇小说《山乡巨变(二)》。

24日　《湖南报》发表消息《作家周立波等到我省农村落户》。消息说："为了紧密地和工农劳动人民相结合，深入地进行思想改造，以便创造出更多更好的社会主义的文学作品，首都和上海、武汉等城市的作家，都纷纷要求长期到工厂、农村落户。到湖南省的有周立波、蒋牧良、柯蓝、林蓝、未央

① 笔者2015年5月8日采访周健明，周健明口述。

等 5 位作家。周立波已于今年元月回到他的故乡益阳县农村。这次下乡以前，他曾经在益阳做过一年多的党的基层工作，和周围的农民群众建立了密切的关系，并从这里汲取了创作的源泉，写成了长篇小说《山乡巨变》。现在，他又和群众一起劳动，冒着寒风雨雪挑塘泥修水利。”

3 月

3 日　在《人民日报》发表散文《宁乡闻见》。

8 日　在《人民文学》发表长篇小说《山乡巨变(三)》。

本月底

由竹山湾迁居桃花仑乡的瓦窑村。

4 月

8 日　在《人民文学》发表长篇小说《山乡巨变(四)》。

15 日　《文艺报》发表了新华社记者胡坚采写的通讯《作家周立波在农村》,《新湖南报》4 月 18 日转载了此文。

24 日　任中共益阳市桃花仑乡委员会副书记。

本月

严文井到桃花仑看望周立波。

5 月

3 日　收到《人民文学》寄来的《山乡巨变(五)》的稿费 549 元，稿费为每千字 17 元。

7 日　在《湖南师范学院刊》发表短论《和语言系师生谈文艺问题》。

8 日　在《人民文学》发表长篇小说《山乡巨变(五)》。

25 日　在《新湖南报》发表散文《雨里的人们》。

在长沙妙高峰招待所参加湖南文学艺术工作者第二次代表大会。在会上作了《政治与文艺的关系》的发言。

按:发言中谈了两个问题:一是“政治是统帅,思想是灵魂。……不论什么样子的作品,都有一定的政治内容,不讲政治、光要技巧的作品,古今中外都是没有的。有一些人,凭着自己有一点写作经验,不站稳无产阶级立场,或是背叛无产阶级,对人民的事业,样样看着不顺眼,乱摇笔杆,存心歪曲新社会的生活,这样写出来的作品,人民是会唾弃的。丁玲的《三八节有感》就是个例子。文学要服从政治,我们要让政治挂帅,而思想是文学的灵魂”①;二是文艺工作者的修养问题,“作家们,尤其是学校出身的、阅世不深的年轻的作家们,应该长期地到群众中去,到工厂、到农村中去劳动,去参加工作和斗争来改变我们的思想和感情。而且,我们还要经常地加强政治修养。一个作家要是只注意技巧钻研,忽视政治的修养,他写的东西,就会容易犯错误。……当然,笔杆也不是那么好摇的,要不断地提高自己的业务水平,读一点文艺书,边读边写。不要光用眼睛,不动手,造成眼高手低的局面。要多写小东西,写大字报,写墙报稿子,不要看不起短小的作品。短小的东西,未必不伟大,我国的旧体诗词,都是短小而且小得有的只有二十八个字,有的只有二十个字,但许多这样的短诗,被人传诵了千年以上”。②

30日　参加湖南省第二次文代会闭幕式,当选为湖南文学艺术界联合会主席。陈曦、蒋牧良、魏东明、铁可当选为副主席。未央(常德报编辑)、向秀清(苗族,凤凰县水田乡池坪公社社员)、刘勇(湘乡县湘山公社俱乐部主任)、邓蜀艺(湘江机器厂车间团支书)等新人当选为湖南省文联委员。

6月

1日　出席中国作协长沙分会座谈会,就文学创作问题作了演讲,讲了四个问题:观察与分析、加工修改、真人真事和方言土语问题。还谈了创作《山乡巨变》的一些体会与经验。

8日　在《人民文学》发表长篇小说《山乡巨变(六)》。

---

①②　周立波:《政治与文艺的关系——在湖南省第二次文代会上的发言》,1958年5月25日,现存湖南省档案馆。

7 月

1 日　在《新苗》发表《在作协长沙分会座谈会上的讲话》，后收入文学论文集《文学浅论》时改题为《几个文学问题——在中国作家协会长沙分会座谈会上的讲话》。

8 日　在《人民文学》第 7 期发表《关于〈山乡巨变〉答读者问》。《人民文学》编辑部根据读者来信整理了关于《山乡巨变》的人物形象、语言特色、结构特点、爱情问题和作品结尾等五个问题，此文是对于这 5 个问题的回答。

按：这篇文章特别提到《山乡巨变》中的主要人物之一王菊生的形象塑造："王菊生的形象，有些是我的一位堂弟的缩影，有些是另外两个富裕中农的行状。"周立波在另一篇文章中还提到："王菊生是个很有特点的保守的中农，模特儿主要是我一位堂兄弟。他常到我家里来。有一次，乡政府封山，他是单干户，在封山的前一天砍倒了一株大树，后来柴被乡政府没收了，他来找我，帮他解决这个问题。这位堂兄弟，本是多年不见的，经过几回接触以后，我对于他了解多了。"①周立波的这位堂弟叫周志昌。周立波父亲周先梯有四个弟弟，五弟无子女，过继四弟第三子志昌为子。《山乡巨变》出版后，周志昌曾问周立波："书中的'菊咬金'是写我吗？"

本月

作家出版社出版长篇小说《山乡巨变》（正篇）；《人民画报》第 7 期发表了摄影记者黄鸿飞的摄影作品《周立波在农村》，共 5 张。

陪同周扬到益阳市一中视察。

按：益阳市一中原名信义学校，周扬在该校读初中。

8 月

1 日　在《新苗》第 8 期发表散文《曾五喜》。

8 日　幼子小仪出生。

按：周小仪 1993 年获英国兰开斯特大学英国文学博士学位，1994 年起在北京大学英语系从事英国文学与西方文论的教学与研究工作，现任北京

---

① 周立波：《谈创作》。

大学英语系教授，曾任香港大学比较文学系研究员(1997—2000)。著有《超越唯美主义：奥斯卡·王尔德与消费社会》《唯美主义与消费文化》等。

18日　参加中国作家协会在颐和园召开的“深入生活”作家座谈会，在会上发言。

20日　在《新湖南报》发表散文《泥湾社今昔》。

28日　致信沙汀。说已回北京，住北京西郊香山东宫村2号寓所。认为沙汀搬出机关有益创作，“你住郊区，我觉得很好。太深辟的乡间也不方便，住在郊区乡间，又近城市，总可接近农民，又能看见工人和其他的人”。对沙汀的作品予以肯定：“今年你在创作上是很活跃的，发表了几个短篇，《记贺龙》又得到了好评。今年是你跃进开始之年，祝你日益早健，写出更多好的东西。你的《在其香居茶馆里》把中国的茶馆的情调可以说是写绝了，希望你继续发挥你的长处。”同时提到下半年的计划：“我今年下半年行程未有定，也许再回湖南住一年，写《山乡巨变》的续篇，也许去写南下武装斗争的题材”，并告知了周扬、何其芳、艾芜等友人的近况：“在作协党组和中宣部会上，常见到起应，因此没有上他家里去。其芳也碰到过两次，他还住在原地方，工作非常忙。艾芜住在什坊院，在写作苏联游记和十三陵水库的工程，灵扬身体不大好。”①

9月

27日　与张天翼、艾芜三人联名在中国文联团扩大会议上倡议降低稿酬。

按：中华人民共和国成立后，我国在稿酬制度上效仿苏联，采取“基本稿酬加印数稿酬的方式，标准定得很高”②，书的印量越大，拿的稿酬越多，阎钢回忆：“往往一本书可以拿到五六万元的稿酬”，“当时北京一个小四合院，房价不过几千元，至多上万元，所以，许多作家都买了属于自己的房子。周立波在北京香山买了一座大院落。赵树理用《三里湾》的稿费买下煤炭胡同的房子。田间用他的诗集的稿费买了一座紧挨着后海的小四合院”。③较高

① 该信现存中国现代文学馆。

②③ 阎钢：《作家与稿费》，载《文史博览》，2004年第10期。

的稿酬令作家过上了富裕的生活，杨绛回忆："'三年困难'时期，钟书因为和洋人一同为英译毛选定稿，常和洋人同吃高级饭。他和我又各有一份特殊供应。我们还经常吃馆子。我们生活很优裕。而阿瑗辈的'年青人'呢，住处远比我们原先小；他们的工资和我们的工资差距很大。我们几百，他们只有几十。'年青人'是新中国的知识分子。'旧社会过来老先生'和'年青人'生活悬殊，'老先生'未免令人侧目。"①当时城市"职工的平均月薪只有 40 元左右"②，作家比普通居民的收入高了上十倍，如此巨大的悬殊引来了群众对作家高稿酬的不满，有群众批判萧乾："凭什么我七个小孩，一家九口人住一间房，他们才两个孩子，住这么大一片瓦房？这难道不是修正主义？"③1958 年毛泽东在成都会议、八大二次会议、北戴河会议上批评等级差别、特殊化。上海市委宣传部长张春桥在 1958 年 9 月 5 日出刊的《解放》杂志发表了《破除资产阶级法权思想》，受到毛泽东肯定。此时，已形成了降低稿酬的舆论环境。上海出版局发出通知，决定作家稿费降低一半。中国作协下属《文艺报》《人民文学》等 5 家刊物联合声明，响应倡议，稿酬降一半。田汉、夏衍、阳翰笙、陈白尘等在《剧本》当年第 11 期发表《我们热烈拥护降低稿酬》。

29 日　在《人民日报》发表《我们建议减低稿费报酬》。

本月

在北京香山寓所编辑《文学浅论》一书。《文学浅论》里收录的文章是周立波 1941 年至 1958 年写作的一批杂文。

赴河北省徐水县参观。

按：徐水县是"大跃进"的一个典型，1958 年 9 月 1 日康濯以《人民日报》特约记者的身份写作了一篇报道《徐水人民公社颂》，报道中说徐水一亩山药 120 万斤，一棵白菜 500 斤，小麦亩产 12 万斤，皮棉亩产 5 000 斤，全县粮食亩产 2 000 斤。④周立波看到这篇报道后前往徐水参观。

10 月

3 日　签发湖南省文联修订 1957 年制定的《湖南省文艺创作奖励办

① 杨绛：《我们仨》，三联书店，2004 年，第 121 页。

② 陈明远：《知识分子与人民币时代》，文汇出版社，2006 年，第 101 页。

③ 萧乾：《未带地图的旅人》，中国文联出版公司，1991 年，第 318 页。

④ 参阅康濯：《徐水人民公社颂》，载《人民日报》，1958 年 9 月 1 日。

法》，由湖南省人民委员会第84号文件颁布。规定一等奖奖金200元，二等奖奖金100元，三等奖奖金50元。①

8日　在《人民文学》发表诗歌《徐水归来》。此诗写于当年的9月11日，从徐水县参观回来之后。

10月底

从北京返回湖南。

陪同彭德怀到省展览馆参观湖南省经济建设成果展览。

本月

作为上海读书运动辅导丛书之一的《〈山乡巨变〉变得好》一书由小海文艺出版社出版，作者署名晓江。

11月

3日　在湖南省文艺创作会议上讲话。此次会议任务是贯彻中央宣传部9月召开的文艺创作座谈会精神。周立波在会上讲了六个问题：现在党的宣传中心是共产主义，宣传的人必须先受教育、普及与提高、百花齐放、作家与群众的结合、辅导工作和订规划的问题。他在会上提出："我们湖南是毛主席的故乡，又有许多将军，我们应该自告奋勇地报名，提出在一定的时间内拿出一定的作品，放出卫星。"②

5日　主持湖南省文艺创作会议。湖南省委宣传部长唐麟在会上作总结，要求文艺要宣传共产主义精神，真实地反映共产主义思想，表现英雄人物。要坚持厚今薄古原则，写重大题材。庆祝国庆十周年，工农业要放卫星，文艺更应该放出卫星，来迎接明年的国庆。

7日　湖南作家陈曦、蒋牧良、铁可、柯蓝、未央、任光椿、王以平、谢璞、邓蜀艺等9人响应周立波等关于降低稿费的倡议，在《湖南日报》发表《建议立即将现有稿费减半》。文章说："读了张天翼、周立波、艾芜三同志关于降

---

① 该文件现存湖南省档案馆。

② 刘娟之记录：《在湖南省文艺创作会议上的讲话》，现存湖南省档案馆。

低稿费的倡议后，我们非常同意，并且衷心响应。并建议立即减低现有稿费的一半。”

同日　担任湖南省文艺卫星指挥部副总指挥。总指挥陈曦，副总指挥有省文联副主席铁可、省文化局副局长刘斐章。

按：1958 年 9 月 13 日至 20 日，中央宣传部召开文艺人创作座谈会，提出文艺要跃进。10 月文化部召开全国文化会议提出文艺跃进目标，成立文艺卫星领导小组。以后各省成立了文艺卫星组织。当时湖南省制定的规划是，全省创作排演大型戏剧 10 个，皮影戏 10 个，木偶剧 10 个，现代题材故事片 1 部，文学创作集 100 本，美术创作集 20 本，音乐 10 本等向国庆十周年献礼。

本月

8 日　在《人民文学》发表短篇小说《山那面人家》。

按：《山那面人家》发表后，唐弢在 1959 年《人民文学》第 7 期发表评论《风格一例——试谈〈山那面人家〉》。他认为“作者是有意识地在尝试着一种新的风格：淳朴、简练、平实、隽永。从选材上，从表现方法上，从语言的朴素、色彩的淡远、调子的悠徐上，都给人以一种归真返朴、恰似古人说的‘从绚烂到平淡’的感觉”。①

同日　在《文学知识》第 2 期发表《回答青年写作者》，这是在《中国青年报》青年写作者会上的讲话的一部分记录的整理。

26 日　在湖南省文艺卫星指挥部召开的第二次会议上讲话。周立波认为目前左手力量强，声势大；右手活动较虚，要加一把劲赶上来，在创作上有露出苗头的要抓紧培养提高。他还要求，要抓紧重要题材，如炼钢铁、公社化、秋收起义等历史题材，抓好少数民族歌舞大会。各组要深入下去，了解重点作者生活创作情况，要发动群众一起搞。

12 月

27 日　签发湖南省文联关于编制机构问题的报告。

① 唐弢：《风格一例——试谈〈山那面人家〉》，载《周立波研究资料》，第 432 页。

29日　湖南省文艺卫星指挥部改名为国庆十周年文艺献礼工作委员会，任委员会副主任。

本年冬

住长沙市麻园岭125号，地址在湘雅路街道湘雅路与芙蓉中路交界处的西北角，在这里写作《山乡巨变》续篇。

本年

参与湖南电影制片厂筹备工作，为该厂取名为“潇湘电影制片厂”。

1959年　　51岁

1月

5日　在《新湖南报》发表散文《庆祝苏联宇宙火箭发射成功》。

本月

人民文学出版社出版《周立波选集》，收录1938年至1958年短篇小说12篇、散文23篇、文艺论文9篇，周立波为之写作《序言》一篇。

作家出版社出版《人民文学》编辑部编辑的评论集《〈山乡巨变〉变得好》一书。

作家出版社出版了人民文学编辑部主编的《评〈山乡巨变〉》一书，收录了周立波的《关于〈山乡巨变〉答读者问》、王西戎的《读〈山乡巨变〉》、唐庶宜的《对〈山乡巨变〉的意见》、江栈的《读〈山乡巨变〉的一点体会》等共9篇文章。

2月

在《湖南文学》第2期发表诗歌《喜闻苏联火箭发向月球》。

3月

作家出版社再版《山乡巨变》正篇。

4月

在《长沙文艺》第4期发表《略论革命的现实主义与革命的浪漫主

义——在长沙群众业余学校讲话纪要》。文章谈到了现实主义与浪漫主义的关系问题，认为“现实主义和浪漫主义加上革命的内容、工人阶级的立场观点、马列主义的思想方法，就是革命的现实主义和革命的浪漫主义。”

5 月

1 日　随同时任湖南省委第一书记的周小舟到益阳县沙头、沧水铺、衡龙桥等公社，调查“五风问题”。

按：《山乡巨变》原书名为《茶子花开的时候》，周立波曾把书稿送周小舟审阅，周小舟建议改名为《山乡巨变》。

2 日　当选为中苏友好协会总会第三届理事会理事。

22 日　参加中国作协湖南分会召开的献礼文学创作座谈会。出席会议的重点作者 20 人，会期为 6 天。会议听取了重点作者创作情况汇报，作协湖南分会副主席铁可传达了周扬在中国作协创作座谈会上的讲话。

26 日　在献礼文学创作座谈会上作了题为《关于文学创作的几个问题》的发言。该发言摘要发表于中国作协湖南分会《会员通讯》第 2 期。蒋牧良也在会上发了言。

6 月

1 日　在《湖南文学》第 6 期发表短篇小说三篇——《伏生和谷生》《割麦插禾》和《小青和老虎》。

8 日　在《人民文学》第 6 期发表短篇小说《北京来客》。

按：这篇小说歌颂了公共食堂。1962 年，周立波在一次讲话中说道：“食堂化，赞成的是少数，实际上是脱离群众，但不敢讲。”①他在这次讲话中作了自我批评：“1959 年我不但未及时反映，还推波助澜，要接受惨痛

① 周立波：《在中国作家协会第 3 期作家轮训班的发言》，收入湖南省委保密委员会存档材料。

教训。”①

本月

北京出版社出版文学集《文学浅论》，收入1941年至1958年文学论文24篇。

7月

3日　在《长沙日报》发表《谈通讯报道——为〈长沙日报〉创刊三周年而作》，此文是对《长沙日报》工人通讯员作的报告的整理。

8月

26日　在《光明日报》发表《谈创作》，此文是在长沙中山图书馆报告会上的讲演的整理。

本月

人民文学出版社出版长篇小说《山乡巨变》。

9月

3日　在湖南《学习导报》第17期发表短论《继续跃进，反对右倾》。

12日　在《人民日报》发表散文《窗外》。

本年秋

与诗人未央商量，请未央帮老红军、湖南省军区副司令吴自立把他亲自参加的平江“二月扑城”斗争写成电影剧本。未央1960年春到平江深入生活，写出剧本初稿。周立波首先作了修改，后经编剧郑洪修改后拍成电影《怒潮》。②

10月

1日　在《湖南文学》第10期发表长篇小说《山乡巨变》续篇中一章《女

---

① 周立波：《在中国作家协会第3期作家轮训班的发言》，收入湖南省委保密委员会存档材料。
② 笔者2015年3月5日采访未央，未央口述。

将》。益阳市花鼓剧团排演的花鼓戏《山乡巨变》正式公演。

按:《山乡巨变》花鼓戏是按湖南省委第一书记张平化的意见改编上演的,该戏的编剧为陈启烈、孙阳生和刘艳芳。

8 日　在《人民文学》第 10 期发表短篇小说《下放的一夜》。

19 日　陪同时任湖南省委第一书记的张平化到益阳县调研,察看了沙头、衡龙桥等公社双季稻生产情况。张平化希望周立波把关系转到湖南,主持省文联工作,还要求益阳市领导把《山乡巨变》改编为花鼓戏。回长沙张指示要为周立波等来湖南的作家修建住房。

11 月

1 日　致信沙汀。信中说肝炎在北京得到很好的医治,已有好转。劝沙汀保重身体,来京看病,并告知苏灵扬的病情:“灵扬的胃割去了三分之二,那天看见她的脸色很不好。”同时提到《山乡巨变》的写作进程:“《山乡巨变》续篇只剩一点点了,因病停顿了一下,上了一点年纪的人,都有一半是养身病。”①

在湖南《学习导报》第 20—21 期合刊发表评论《读〈红旗歌谣〉》。

8 日　在《人民文学》第 10 期发表长篇小说《山乡巨变》续篇中两章《早起》。

13 日　致信作协党组邵荃麟、严文井和郭小川,告知夫妇俩在长沙的住所、工作和湖南文艺的情况。“我们搬到了长沙,住址是长沙上麻园岭副 125 号,房子很好,有个小院子,只是离火车站太近,火车的呼啸,就好像起于窗前。我已动手写续篇②,但因为女孩患百日咳,稍稍分了心,林蓝因为火车叫,连夜失眠,她也准备写东西。湖南文艺大放卫星的精神十足。唐麟部长亲自抓了一下子,相信一年内能搞得出些东西。”③

12 月

湖南人民出版社出版湖南省戏曲工作室编的湘剧剧本《山乡巨变》。

---

① 该信现存中国现代文学馆。

② 这里指《山乡巨变》续篇。

③ 该信现存中央档案馆。

1960年　52岁

1月

上海文艺出版短篇小说《禾场上》,收入1941年至1959年创作的16个短篇小说。

女儿小涵病逝。

2月

18日　参加湖南省纪念"三八"国际妇女节五十周年筹备委员会会议,担任筹委会副主任。

4月

作家出版社出版长篇小说《山乡巨变》续篇。

6月

8日　向湖南省编委申请并争取到省文联增加30名文艺创作专业人员编制。在周立波的主持下,调入未央、谢璞、刘勇、孙健忠、向秀清等中青年作家,成立创作组。

7月

在第三次全国文代会上当选为全国委员,但因病未出席此次文代会。

按:巴金回忆:"1960年全国文代会后我和沙汀同去北戴河。任干和周立波在那里养病。据说周患肝炎,他女儿死后对他打击很大,他连文代会也不参加。他在北戴河游泳。我到后第二天曹禺一家也来了。当时在那里的人不少。在北戴河,我们在海滩上常见面,但谈话的机会不多。他心情不好,又有病。"①

8月

3日　经湖南省委同意,任湖南文联党组成员。

---

① 金振林:《"外调"巴金——谈周立波、蒋牧良》。

本月

茅盾在《人民文学》第8期发表《反映社会主义跃进的时代,推动社会主义时代的跃进》一文,概括了周立波创作的两个特点:一是鲜明的民族形式,二是强烈的个人风格。“从《暴风骤雨》到《山乡巨变》,周立波的创作沿着两条线交错发展,一条是民族形式,一条是个人风格;确切地说,他在追求民族形式的时候逐步地建立起他的个人风格。他善于吸收旧传统的优点而不受它的拘束。这是一眼就可以看出来的。《山乡巨变》续篇可以作为例子说明他在民族形式和个人风格所取得的成就;他是越来越洗练了,而且,在繁锣密鼓之间,以轻松愉快的笔调写一二小事,亦颇幽默可喜。这部作品,结构整齐,层次分明,笔墨干净,勾勒人物,朴素遒劲,这些都是他的特点。作者好用方言,意在加浓地方色彩,但从《山乡巨变》正续篇看来,风土人情、自然环境的描写已经形成了足够的地方色彩,太多的方言反而成了累赘了。”①

11月

8日　在《人民文学》第11期发表论文《关于民族化和群众化》。

按:这是周立波1960年写的唯一篇论文。这一年他未创作其他文艺作品。

1961年　　53岁

春

回到益阳,住在邓石桥公社。这时正是益阳农村最困难的时候,最大的问题是农民缺粮。

按:未央回忆:“1961年春天,正是我国经济困难时期,我陪立波同志在他的家乡小住。他身体不好,住在公社的一间小房里。白天或是出门走访,或是接待来客,晚上则写笔记。看似悠闲,实是紧张。人们把他当自己人,对他诉知心话。那个春天,农村里粮食很紧张,不少人家都搞瓜菜代了。立波同志的大哥家里也很困难,只好买些萝卜来掺和在米里面煮饭。他看到这些情况,轻声地叹气。有时也气愤地说几句‘瞎指挥,讲空话,有什么好呢,害得人饿肚子!’他十分关心养猪,访问了养猪场,看了社员饲养的猪。

① 茅盾:《反映社会主义跃进的时代,推动社会主义时代的跃进》,载《人民文学》,1960年8月。

他认真询问着饲养、品种等情况，仔细观察着猪的形态和动作。那些热爱这一工作的饲养员，特别使他感到兴趣。'猪是农家宝，户户少不了。'他说。立波同志对绿化也很关心，看到那些开满映山红的山坡上没有树木，非常惋惜。他说，'我小的时候，这些山上到处都长满了树，现在不晓得哪里去了！'立波同志对当地的生产、生活作了许多调查。他为农村遭到五风的破坏而痛心，赞扬调整农村经济的各项政策，对前途充满了信心。"①

邓石桥大队党支书莫梓群回忆，周立波1961年春对他说："自留地很重要，是农民的保健站。国家不能都包下来，就得靠自留地，要让群众种好自留地。发动群众开荒种红薯，挖土栽菜，打野菜喂猪，让大家改善生活，渡过困难。"②

2月

应益阳市二中邀请，回母校访问，了解中学语文教学和学生写作的情况。

3月

31日　约请蒋牧良、蒋燕、王之宪等在湖南省交际处就湖南省文联和作协的工作交换意见。周立波说这次来湖南，一是为湖南作协做些工作，第二才是自己的创作。他着重谈了湖南青年作家的创作情况和对他们的培养意见。他认为培养作家，"主要靠杂志培养，杂志能培养人"，要加强《湖南文学》编辑部的建设与人员充实工作，"此外还可以通过文化系统要文化馆培养，从群众中培养人材"，"一般先培养写短篇，这样十几年就会有些成绩"。"培养作者。首先是发现作者，从《湖南文学》、文化馆到地方报纸，同时注意发现培养。""关于推荐作者的问题，是否可以一次推荐几个，文联提个名，请示省委宣传部。我们几个分下工，我可以担任一两个。《文艺报》要我推介刘勇，只有一个刘勇不够，还应有其他人。蒋牧良同志也可推荐一两个。一方面推荐，一方面要防止骄傲。同时要注意各兵种，对长篇、短篇、诗、杂文、评论要一视同仁。不要只吹长篇。理论批评家可以送北京培养。"③

---

① 未央：《我们的楷模——悼念周立波同志》，载《周立波研究资料》，第160页。

② 笔者2007年12月12日采访莫梓群，莫梓群口述。

③ 此次谈话记录由湖南省文联秘书长王之宪于本年4月4日整理，现存湖南省档案馆。

4 月

1 日　询问王之宪，湖南省文联与文化局合署办公，省委是否批准。并表示合署办公的问题可以再研究，“周扬同志、中国作协很关心是有道理的，湖南是毛主席的故乡，应该搞得好一些，现在着急的是怕后继无人”。①

14 日　湖南省文联将上月 31 日周立波约请蒋牧良、蒋燕、王之宪等的座谈内容进行了整理。省文联党组认为：“周立波、蒋牧良的意见的基本精神是对的，我省文艺工作在省委领导下取得了很大成绩，但的确还有不够之处，作家少了一些。……我们认为文联和各协会，湖南文学编辑部确实需要充实。”②

5 月

8 日　参加益阳县公社书记会议，中南局第一书记陶铸在会上讲话，要求全面贯彻《农业六十条》，解散公共食堂，社员分自留地，增加口粮。

6 月

14 日　召开贯彻“双百”方针座谈会，会上发言认为贯彻“双百”方针还存在以下缺点：一、题材、形式方面还不够多样化，对文艺为政治服务强调到过分的程度；二、学术讨论的空气不够浓厚，文艺批评工作还缺乏全面的观点，缺乏认真的调查研究；三、对“双百”方针的长期性认识不足，开展鸣和放不够经常。

26 日　在《文艺报》第 6 期发表《略论题材问题》，此文源于《文艺报》发起的关于文艺的题材问题的讨论。周立波认为“社会主义的文艺，应该是社会主义现实生活的一种彩色缤纷的万花筒。无论题材和风格，都不宜于加以任何的限制”。

按：1961 年，党中央决定调整文艺政策，其中特别提到了题材问题。3 月，《文艺报》发表由张光年执笔，经周扬、林默涵审定的专论《题材问题》，提出：“为促进社会主义文艺的百花齐放，必须破除题材问题上的清规戒律”，“用一切办法广开文路”。③专论发表后，《文艺报》第六、七期组织《题材问题讨论》专栏，夏衍、田汉、周立波、冯其庸、胡可等都发表了相关的文章，使得

① 此次谈话记录由湖南省文联秘书长王之宪于本年 4 月 4 日整理，现存湖南省档案馆。
② 该文件现存湖南省档案馆。
③ 张光年：《题材问题》，载《文艺报》，1961 年第 3 期。

关于题材问题的理论探讨走向了深入。周立波的《略论题材问题》一文是《文艺报》编辑对他的采访谈话记录的整理。这篇文章在1966年到1970年"文革"期间遭到批判。周立波的这篇文章也被认为是文艺"黑八论"之一的"反题材决定论"。

本月底

上海人民美术出版社出版董之畏改编，贺友直画的连环画《山乡巨变》。

按：贺友直(1922—2015)，系上海人民美术出版社编辑，他的《山乡巨变》获得全国首届连环画评奖一等奖。他回忆："我在画《山乡巨变》时，是追求一种什么样的感觉呢？就是表现湖南农村的气息。……我之所以能画出《山乡巨变》这一件作品来，是因为我在农村生活了十几年，对作品中要表现的那些人物身上的幽默感，从旧社会带来的旧意识，以及江南的山山水水和农村的生活习气比较熟悉，再加上周立波的小说那种清秀、细腻的基调跟我的生活、性格和艺术兴趣很接近。"①

7月

2日　在《北京晚报》发表评论《集体的智慧——谈影片〈暴风骤雨〉》。电影《暴风骤雨》剧本由林蓝编写，谢铁骊导演，北京电影制片厂摄制。电影的主要内容集中在小说的上部，即农民与地主恶霸的斗争故事上。

按：电影《暴风骤雨》的上映经历了一个曲折的过程。导演谢铁骊为展现小说中描写的苦难环境和历史沧桑，将影片拍成黑白色差的基调。当样片送到北影厂审定时，北影厂的领导不满意，决定换人改拍彩色片。后来是因为得到北京市文教书记陈克寒的支持，影片才得以拍摄成功并上映。这部影片影像风格冷峻，充分地凸显了小说中的矛盾冲突和人物形象，堪称"十七年"电影中"北方风格"的代表作。影片上映后，受到了广大观众的欢迎，原著作者周立波也高度肯定了这部影片，谢铁骊因此片而名声大震，成为北影厂的重要导演。②

18日　下午在中宣部召开的文艺工作座谈会上讲话，其中讲到题材问题、文体问题、作家深入生活的6种方式、领导管作家的办法、作家和领导，

---

① 贺友直：《纸上做戏》，《读库》出品，2008年。

② 参阅饶曙光：《人生与艺术的多重变奏——缅怀谢铁骊导演》，载《文艺报》，2015年7月13日。

作家与作家之间“老死不相往来”、北京剧团太多等 6 个问题。

按：1961 年 6 月 1 日至 28 日中宣部召开了全国文艺座谈会。会议休会几天后，7 月召开后一段会议，吸收了一些作家、艺术家参加。周立波参加的是后一段会议，此次发言就是在后一段会议上的讲话。前段会议讨论了《关于当前文学艺术工作的意见（草案）》，提出了十条改进当前文学艺术工作的意见，又称《文艺十条》。《文艺十条》的初稿由吕骥、蔡若虹、张光年、袁水拍、郭小川、伊兵、李曙光（黎之）起草，署名是“周扬”。它的主要内容是：“正确地认识政治和艺术的关系”；“鼓励题材和风格的更加多样化”；“提高文学艺术的质量，发展群众业余创作”；“批判地继承民族文艺遗产和吸收外国文化”；“加强艺术实践，保证创作时间”；“加强文艺批评”；“重视培养人才”；“注意对创作的精神鼓励和物质鼓励”；“调动一切积极因素，加强团结”；“改进领导方法和领导作风”。①《文艺十条》的主要目的是贯彻“百花齐放、百家争鸣”方针，纠正文艺界存在的“左”的偏向。《文艺十条》后来经过多次修改，于 1962 年 4 月 30 日由中央正式批准颁布为《文艺八条》。它的主要内容是：“进一步贯彻执行百花齐放、百家争鸣的方针”；“努力提高创作质量”；“批判地继承民族文艺遗产和吸收外国文化”；“保证创作时间，注意劳逸结合”；“正确地开展文艺批评”；“培养优秀人才，奖励优秀创作”；“加强团结，继续改造”；“改进领导方法和领导作风”。②《文艺八条》除了对“批判地继承民族文艺遗产和吸收外国文化”和“改进领导方法和领导作风”这两条未做改动以外，对其他八条意见均做了较大的修改。

20 日　在《人民文学》第 7、8 期合刊发表短篇小说《爱嫂子》，后改为《艾嫂子》。

27 日　周恩来批阅同意派严文井、周立波、叶君健、谢冰心等赴开罗参加亚非作家会议。

8 月

14 日　主持召开湖南省会文艺座谈会，讨论研究了五个问题：关于“双

---

① 周扬：《关于当前文学艺术工作若干问题的意见（草案）》，载全国文艺工作座谈会档案：《全国文艺工作座谈会会议文件（十六）》。

② 《关于当前文学艺术工作若干问题的意见（草案）》，载中共中央文献研究室：《建国以来重要文献选编》第十五册，中央文献出版社，1997 年，第 363—383 页。

百”方针的理解和贯彻问题、关于政治与艺术的关系问题、关于艺术规律问题、关于继承传统问题和关于领导方法与领导作风和培养新人问题。会议为期 3 天。①

30 日　致信沅陵县委办公室，讲述了 1938—1939 年在沅陵做地下工作的情况。“一九三八年底到一九三九年五月，党派我到沅陵主持《抗战日报》兼任了中共沅陵县委宣传部负责工作，同时做了一些统战工作。党曾派我去跟国民党的赵君迈接过几回头，赵的盐警队有我们党的工作者，但力量很薄，且不稳定。赵为国民党中(央)军校的爪牙，人很滑头，不过是想利用我们，因此，盐警队的工作在我在时并没有多大开展”，“我到后，由徐特立同志迁沅陵办事处人员老戴(已忘其名)，提名我任沅陵县委作这两桩工作”，“在新路书店，我主持过一个学习会议，学习毛主席的《论持久战》”。②

10 月

15 日　在《人民日报》发表短篇小说《张满贞》。

11 月

30 日　以党组名义向湖南省委作关于湖南省文联编制、经费、办公房问题的报告，提出省编委定编省文联 20 人不够；现有经费 4 万元不够开支，要求增至 10 万元；关于省文联办公用房，五十年代由省委书记周小舟出面拨给蔡锷北路司马里王家菜园二号小公馆，此处太小，要求扩建或重建。③

12 月

16 日　在《红旗》第 24 期发表短篇小说《在一个星期天的早晨》。

1962 年　　54 岁

1 月

1 日　在《解放军文艺》第 1 期发表短篇小说《调皮角色》。

---

① 会议记录现存湖南省档案馆。

② 《周立波同志给沅陵县委的一封信》，载《辰州烽火》，第 287—288 页。

③ 该报告现存湖南省档案馆。

2 月

27 日　以党组书记名义签发湖南省文联办公用房与职工宿舍用房向省委的报告，提出由司马里王家菜园二号搬至中苏友好馆二楼办公，宿舍另建新址。①

3 月

2 日　在湖南省省会文艺界 100 多人参加的学习毛泽东文艺思想动员会上讲话，主要讲了四个问题：

一、文学艺术工作者必须长期的无条件全心全意地到工人群众中去，到火热的斗争中去；

二、深入生活以后，要认真地观察、体验、研究和分析一切人、一切阶级、一切群众、一切生动的生活形式和斗争形式、一切文学和艺术的原始材料；

三、要在普及的基础上提高，在提高的指导下普及，普及的着眼点是工农兵；

四、要学习马克思列宁主义，学习业务，还要向社会学习。②

3 日　在《中国青年报》发表散文《游南三联岛》。

本月

创作短篇小说《檀湾和石湾》，已在《人民文学》排出清样，后未发表，原因不详。手稿现存中国现代文学馆。

5 月

1 日　在《湖南文学》第 5 期发表在省会文艺界学习《在延安文艺座谈会上的讲话》动员会上讲话记录的整理稿《纪念一个伟大文献诞生的二十周年》。

本月

组织湖南省文艺单位 80 名骨干学习中央"文艺八条"，强调"文艺八条"是文艺工作的宪法。

---

① 该报告现存湖南省档案馆。

② 该讲话稿现存湖南省档案馆。

6日　在中国文联与北京市文联组织的报告会上作《谈谈普及与提高》讲演。

12日　在《人民文学》第5期发表散文《二十年前》。

22日　参加中国作家协会举行的纪念毛泽东《在延安文艺座谈会上的讲话》发表20周年座谈会并发言。座谈会由茅盾主持，老舍、邵荃麟、臧克家、谢冰心、萧三、何其芳、陈白尘、魏巍、阮章竟等60多名作家和诗人参加了会议。

26日　在《中国青年报》发表《读好两种书——答浩然同志》。文章谈到“作家经常要读两种书。一种是社会的书，人生的书，另外一种就是印了出来的思想和生活的本本”。读“社会的书”需要作者长期深入生活去观察、去体验，而阅读书籍，则需要采取“由博而约，注重在约的战略。涉猎群书的时候，看到了蛮对口味的佳品，就加以精读，一遍又一遍，细细地，慢慢地吟味，务求学取点手法，得到点启发，作为自己创作的‘借鉴’”。

按：浩然(1932—2008)，原名梁金广，河北宝坻人，1958年出版短篇小说集《喜鹊登枝》，后来创作了长篇小说《艳阳天》《金光大道》《山水情》等。1962年5月26日，浩然应《中国青年报》之约发表了《给周立波同志的信》一文，浩然在信中向周立波提出了许多有关创作的问题。周立波的这篇文章是对浩然的信的回复。

浩然与周立波的接触始于1961年他在《红旗》杂志担任文艺编辑之时。第一次见面是在这年的8月30日，浩然到周立波家拜访约稿，他们相谈融洽。在谈话中，“周立波一再向浩然强调：不要离开故乡，要多去，不要放弃；而冀东是个好地方，他非常喜欢那个地方。浩然也劝周立波到蓟县去落户”。①浩然曾因周立波的《在一个星期天里》的稿子多次到他家去交换修改意见，同时还组稿和编发了周立波的《李大贵观礼》。1964年，浩然调离《红旗》后一直未见到周立波，直到1977年，他在参加宴请日本文化代表团的一次活动上才跟周立波又见了面。这也是他们的最后一次见面。当时周立波正在病中，“看到他那苍老的面容，浩然心里有一种说不出来的滋味”。②周立波病逝时，浩然未去看望，后来他在给金振林的信中解释说：

①② 梁秋川：《浩然与周立波》，载《中国文化报》，2015年7月22日。

“我没有听从您的意见，在立波同志逝世前去看望他，尽管那些日子里我常常怀念他，盼他恢复健康。原因是当时我的处境很不好，北京文联的某些人，利用我的一点过失在作家中间煽动仇恨，把我丑化得不人不鬼；估计立波同志会是他们宣传的对象。那么，病中的他，会怎么看待我，我突然而至，将带给他什么？如果在那里碰到我不想见到的人，又该怎么样呢？所以我没有去看他，而且永远都看不到他了。……立波同志深深地留在我的记忆里，将来等我有了写回忆文章的资格之日，再倾吐吧！”①

本月

母亲刘昭珍去世。

7 月

主持成立湖南省作协文学评论研究小组，组员 20 人着重研究政治与文艺的关系、生活与艺术的关系、马克思主义者对遗产的态度等三个问题，同时总结了作家谢璞、童话作家邬朝祝的创作经验。

8 月

2 日　参加中国作协在大连市召开的农村题材短篇小说创作讨论会，也称大连会议。会议由茅盾、邵荃麟主持。与会者有赵树理、周立波、马加、束为、西戎、康濯、李满天、李准、刘树德、方冰、韶华、葛琴、陈笑雨、胡采、侯金镜等 15 人。茅盾、周扬在会上讲了话。

按：这次会议于 8 月 2 日至 16 日在大连召开。召开会议的起因是当时正值国内经济困难的时期，作家们开始反思大跃进的正确性。当时的文学创作中出现了浮夸风和粉饰现实、即赞颂大跃进的现象，未反映真实的人民内部矛盾，没有体现农民在集体化改造中的困难。基于这种情况，作协由邵荃麟起草了“1962 年至 1963 年一年半工作计划”，计划中拟定要召开一系列的创作座谈会，大连会议就是在这时提出来的。大连会议是这个计划的第一次座谈会，主要“讨论如何反映农村人民内部矛盾为中心”。②邵荃麟在这次会议上的讲话后来被概括为“中间人物论”和“现实主义深化论”而遭到批判。周立波后来也因在大连会议上的发言多次做检讨。

---

① 梁秋川：《浩然与周立波》，载《中国文化报》，2015 年 7 月 22 日。

② 参阅洪子诚：《“大连会议”材料的注释》，载《海南师范大学学报》，2011 年第 4 期。

5日　在大连会议上发言。发言中反映了湖南农村存在的一些问题："'五风'后果很严重，山林破坏很厉害，几十年不能恢复，这是从土改起就发生问题的。牲口，一个小队有二三条牛，喂得较瘦。生猪也有些问题，一是饲料(修万头猪场时，也有号称四万头猪场，其实只有几头猪)，一是猪场前两年破坏了，现在没有恢复，猪本来是不放的，不毁庄稼，可以积肥，现在就放出去，到处破坏庄稼。鸡恢复起来就容易些。这三年有的破坏大，一下子恢复不过来。我们乡下修了一条小铁路，鞍钢支援的钢轨，铁路还很必要，一天只通两次车，因为没有多少东西运，可是还修了一条平行公路，就没有必要了。我们又修了一条摆渡汽车的大船，一万来块钱，但也没用，老乡就拿来晒菜。那条汽车路到现在还空着。所以工业要收缩一下才好，不能遍地开花。"①另外发言还提到"写人物不要制造矛盾"，"生活里实际有什么去写什么，不要去找些偶然的东西。人物在矛盾中，自然会活起来的"，"内部矛盾是很细致的，微妙的，不要简单化，这还是要讲究毛主席说的'团结—斗争—团结'。写内部矛盾题材很多，但要研究五个'一切'。题材决不会相同，彼此角度是不相同的，还是要提倡个人不同风格"。②

按："五风"指的是1958年大跃进运动中发生的"官僚主义、强迫命令、瞎指挥、浮夸风、共产风"等五种不良风气。

7日　下午在大连会议上发言："文艺究竟是文艺，善、美、真三者应结合。善就是思想和政治，往往我们把它看得太高了，把美和真放在次要地位了。文艺是带着花瓶性质，一定要写得美，看到政治的意义外，另外还得有美的享受。狄更斯、契诃夫这些人很讲究的。我们有时候不如侯宝林讲究艺术的美的，他一定要引人笑。艺术之美或是很别雅、很优美、很庄严、很悲壮。我们现在总是强调政策，可是人家不买你的账。京剧就是很讲究美的。"③

8日　在大连会议上发言，发言中谈到如何写人物："写人物有两个过程，第一个是认识过程，第二个是表现过程。表现要讲究形式；认识要讲究心理学，一部分是你所描写的人的心理，一部分是读者的心理，如戏一定要注意观众的心理，主要的是描写对象，不光是心理，研究万事万物，注意的事情要很宽，同人搞得久点，机会多点，观察研究多点，写人物设身处地，观察

①②③　《周立波在大连会议上的发言记录》，现存中国作协档案室。

入微”,“人物对话是刻画人物性格的主要手段之一”,“行动,是人物性格的行动,情节是人物性格的行动的连续。古典小说有很多经验。我主张采用西洋的东西,但是自己有的东西首先研究我们自己的,外国的东西也可参考,很有作用”。①

11 日　在大连会议上发言,继续谈到写人物的问题:“小说家主要的还是写人物,小说没有人物就不成为小说。写人物主要感到困难的是,怎样把人物写深。这样观察很深,掌握材料很全面。稍带勉强,自己写出来都没有把握。还是要在深入生活、观察体验、分析研究上面下很大功夫。”②发言还谈到“写东西就要泡在生活里边”,“要想种种办法接近各种各样的人,不想办法一定会假造东西,那种虚构是捏造”,“湖南的年轻作者尽可能都要下去。我要是四十多岁,一定做个时期的农民或干部。四十岁以下,年富力强,要真正干它几年”,“每个人要培养自己的土壤,把自己栽在土壤里面”。③

下午在大连会议上发言:“我们写的文章,干部看得多,群众看得少。我们都焦虑,这是暂时没办法。只有两个办法,一个是尽量地接近群众,用老百姓喜闻乐见的形式,道路也是很宽广的,老百姓喜欢的东西多得很。如旧剧目,为数多,老百姓喜欢。我在海南岛看个琼戏狗咬金钗,也很新鲜。赵树理的《三里湾》,湖南农民不看,但改编成花鼓戏,就在群众中传开了。因之只要原料好。还有,电影是掌握群众的,只要改编得好。题材广泛好,我们就是要题材广泛。地方戏有很多宝藏。东北二人转很多好东西,我很喜欢,那个主题一复杂,不重要……那就是文学作品。”④

13 日　在大连会议上发言,再次强调写人物的两个过程:“一个是认识,一个是表现。”发言谈到《红楼梦》《水浒》《聊斋》《史记》《玉堂春》等古典文学作品写人物的技巧,批评当前的文学作品不究修辞,“我们有的文章连修辞都不讲究。我们现在有些旧诗实在是不入调,连平仄也不讲,拗口得很。赵朴初词本来写得很好,我本来觉得很好,可是现在愈写愈不好,拗得太多了。有的是从唐五代词来的。在海南岛上,他写词,我也还是给他提意见的。我们的语言总是模仿,没有一点新意”。⑤

当日下午在会上发言时谈到了湖南青年作家的问题。“湖南有几个阶

①②③④⑤　《周立波在大连会议上的发言记录》,现存中国作协档案室。

段：第一阶段是创作人员天天上班，是外行领导内行时候，后来把能写的年轻人都调上来了，采取个别辅导，这是蒋牧良同志的办法，但有些手工业方式，同时有些勉为其难，如要刘勇写长篇；后来又用了短期训练班的方式读点书，大家对此方式比较满意。蒋牧良讲了很多，如讲《红楼梦》，搞了五个月。后来我向他们提出，还是下去。刘勇现在是深度近视，刘勇的问题还是要关心他，他生活已经很多。未央没有下去，湖南有把他培养成民主人士的做法（因为他父亲的问题及历史上的小问题，未入党，对他的问题是照高级民主人士对待的。下去后，曾让他当生产队长，他比较为难，我建议他可当文书）。下乡落户的方式宜多样活泼。另外，回来后长沙应有几间房子，进修班也可隔一两年搞一次。我去的益阳，因为人熟，随便什么方式都可以。青年作家年纪也不小，刘勇三十六七岁了。湖南青年作家出得少，刊物一停我首先想青年作家发表作品怎么办。我并不是不主张刊物少办。"①

"这次我去湖南，省委第一书记等亲自招待我，且控制一些好房子亲自招待北京来的作家，不要车钱，曰'恢复名誉'。文联小机关有一部小汽车，别的地方精简文联不精简。华君武这次去，受到盛情招待。艺人，如徐德清现在他们要求很高，要一栋房子、秘书、小汽车等。除了小汽车，其他要求都满足了。以前的文化局长陈曦作风很坏。湖南毕竟比较富，中央作协去作家是招待得起的。湖南原来没有一个班子，抓得晚了一点，青年作家出得不多。但已经出来的水平不低，如谢璞等，很有希望。"②

29日　参加中国作协在北京举办的第三期作家轮训班。

按：8月29日至9月30日，中国作协党总支举办第3期十七级以上党员干部轮训班。周立波所在组共6人：周立波、赵树理、艾芜、陈白尘、关木琴、陈默。周立波任组长，副组长是时任《文艺报》编辑部主任的陈默。

30日　在轮训班上做自我检查："党员十条义务中，第9条，对党忠诚老实，作得不好。"③

31日　在轮训班上发言，谈到大跃进中农村实际存在的问题，比如食堂化对农民利益的损害、修公路和铁路造成浪费现象严重和农村生态环境

---

①② 《周立波在大连会议上的发言记录》，现存中国作协档案室。

③ 周立波：《在中国作家协会第3期作家轮训班的发言》。

的破坏、反右运动导致的弄虚作假问题等，并做了自我检讨："1959 年我不但未及时反映，还推波助澜，要接受惨痛教训。"发言还总结："这几年的问题，有的是作风问题，有的是认识问题，破坏民主集中制，应吸取教训，保证今后不重犯大规模的错误。目前情况已好转。"①

本月

湖南省文艺界座谈会召开，在会上贯彻全国文艺工作座谈会精神，学习"文艺八条"。

9 月

5 日　在中国作协第 3 期作家轮训班上发言，提出"党员必须有自上而下，自下而上的监督，党员自己要慎独。(确保)执政党的地位，(防止)有人逢迎拍马"。②

6 日　在轮训班上发言，谈到群众路线问题。"今天谈群众路线。这几年对上负责，但脱离群众，对党负责与对人民负责的一致性了解不够，不关心群众的痛痒。'从群众中来，到群众中去'，被作成假东西，如'大兵团作战''深挖'，挖坟等，群众非常不满。机构庞大，造成脱离群众，首长坐汽车住宾馆，与群众隔离。作协也要精简，作家应该到群众中去，不要走马观花。应该写一点反官僚主义的作品。"③

9 日　以党组书记名义签发给湖南省委关于举办短期学习会、组织文艺骨干学习"文艺八条"等的情况汇报。④

20 日　在轮训班上发言，谈到农村的山林保护问题。"以粮食为纲，要研究当地传统习惯。益阳半山半水，山村砍伐得厉害。油料作物如油茶，三四年结果实，七八年丰收，砍掉以后没有油吃，'竭泽而渔'，不能保持水土。新六十条特别增加保护山林一段，好极了。"⑤

25 日　在轮训班上发言，谈到青年作者的进修问题。"青年作者希望有进修的机会，愿意到编辑部，过去有鲁艺，现在没有这样的机构。只有业

①②③⑤　周立波：《在中国作家协会第 3 期作家轮训班的发言》。
④　该文件现存湖南省档案馆。

余写作者的生活经历，很难写出好东西。柳青、老赵扎根深。光采访只能写散文，不能写大作品。”①

本月

湖南人民出版报告文学集《战场三记》。此书为《晋察冀边区印象记》《战地日记》《南下记》的合集。

10月

1日　在《红旗》第19期发表短篇小说《李大贵观礼》。

15日　主持中国作协湖南分会与中国剧协湖南分会举办的青年作家、业余作者读书会。此次读书会从10月15日持续至12月31日，参加者有40人，包括农民作家刘勇、诗人未央、作家王以平、谢璞和演员孙阳生等。

16日　读书会举行开学仪式，湖南省作协主席铁可主持，周立波在会上演讲，着重谈到如何积累素材的问题：“为了积累丰富的素材，作家要在人民群众中，特别是工农兵中长期地生活。如果可能，最好一辈子都和他们在一起；如果不可能，也要想方设法和群众多多地接触”，“同志们提出怎样搜集素材的问题，我看就是深入生活的问题”，“到了生活里，还要会观察”，“为了便于熟悉人和观察人，作家应该建立一个生活基地，但也不妨到别处走走，旅行，参观，都是可以的”。②

本月

主编《1959—1961散文特写选》。周立波编选了48篇散文特写，由人民出版社出版。

按：周立波主编的《1959—1961散文特写选》是中国作协主持编选的全国文学创作年度选本之一，最早是1956年出版的1953.9—1955.12的选本，涉及各种文类，包括短篇小说、诗、散文特写、独幕剧、儿童文学等。这批年度选本从1956年开始到1958年，逐年出版。1959年由于国内政治、文学形势发生变化，原先的编选计划宣布叫停。1961年中国作协决定恢复年度

① 周立波：《在中国作家协会第3期作家轮训班的发言》。

② 周立波：《素材积累及其他——在读书会上漫谈创作的一段》，载《湖南文学》第1、2期合刊号，1963年2月1日。

选本计划，先编选出版 1959—1961 年的三年合编本，以后再逐年编选。后来只有周立波主编的《1959—1961 散文特写选》这一种得以出版，其他文类选本均未能面世。①

11 月

11 日　在《文艺报》第 11 期发表为《1959—1961 散文特写选》作的序言《战斗和建设的赞歌》。该序言篇幅约一万字左右，对其编选的 48 篇作品进行了详略得当的逐一评论，其中包括陶铸的《松树的风格》、赵树理的《实干家潘永福》、翦伯赞的《内蒙访古》、杨朔的《海市》和《茶花赋》等。

20 日　主持湖南省第三次文学艺术工作者代表大会（简称文代会），此次会议从 11 月 20 日持续至 12 月 4 日，会前成立了领导小组，周立波任组长，副组长是徐天贵、铁可。出席的嘉宾有曹靖华、赵树理、田汉、安娥、胡代炜等，与会代表共 366 人。

21 日　在湖南省第三次文代会大会作报告《当前的形势和文艺的任务》。报告着重谈了文学艺术工作中的四个问题：一是文艺是为什么人服务的。“文艺为工农兵服务，一直成为我国革命文艺工作者所拥护、所遵循，并为之奋斗的，坚定不移的方向。”二是关于百花齐放，百家争鸣。文学艺术应该从各方面反映社会主义的新时代，必须重视现代题材的创作；要加强文艺评论工作；在领导作风上既要反对瞎指挥，也要反对放任自流；既要发扬民主，又要注意集中。在政治上要严格地遵照标准，在艺术上不要乱加干涉。方向只有一个，但文艺为政治服务的方式、形式、体裁和风格却是多种多样的。三是树立坚定的共产主义世界观，提高艺术修养。强调艺术家应该积极地进行思想改造，要“严格划清政治问题、世界观问题和学术问题的界限”。四是面向农村，深入生活，继续加强跟群众的联系。②

21 日　晚上与与会代表一起观看花鼓戏《三里湾》。

24 日　主持召开部分代表座谈花鼓戏《三里湾》《山乡巨变》，赵树理在

---

① 参阅洪子诚：《材料与注释》，第 67 页。

② 周立波：《当前的形势和文艺的任务》，现存湖南省档案馆。

座谈会上讲了话。

30日

与第三次文代会全体代表合影。

12月

4日　主持省第三次文代会闭幕式，被选为省文联主席。副主席是蒋牧良、康濯、胡青坡、铁可、魏东明、蒋燕。

7日　与康濯、柯蓝、未央、刘勇、谢璞等11位作家发出《立即行动起来，到工农群众中去》的倡议书。

与康濯随参加读书会的青年作者一起参观长沙烈士公园。

按：据参加读书会的曹毅前[①]回忆："立波主动和我们谈起读书。他说我们要读《红楼梦》，要读古今中外的名著。还有一句话叫做'读万卷书，行万里路'。我们不能忽视这个'行万里路'。世界是一部大书，社会是一部大书，万里河山也是一部大书。人民群众的生活，他们的实践是一部读不完的大书。我们只有认真地深入生活，才能汲取源泉，写出好作品。他说，他很喜欢袁修广写的小型花鼓戏《牧鸭会》，生活气息浓厚，人物形象生动。他尤其欣赏剧中把鸭棚比作'半边月'的台词，表现了牧鸭人豪迈、幽默而又不失风雅。这也说明作者很熟悉资江、洞庭湖的鸭民生活。资江和洞庭湖就是一部值得我们反复研读的大书。立波同志举了许多反映资江流域和洞庭湖区深厚历史文化底蕴的事例，如数家珍。我至今记忆犹新的有两点：一是邵阳为什么叫宝庆，那是因为宋理宗谪居那里多年，后来他作了将近40年皇帝，登基时，他就将邵州改名为宝庆，他的第一个年号也是'宝庆'。二是蒲松龄是到过益阳的，他的《水莽草》就是写的益阳的民间传说，其中不仅有'楚中桃花江一带''楚人'等语，而且许多描述也符合资水流域的风情和习俗。这说明他不仅到过益阳，而且很深很细地了解和访问过资水。写鬼写狐，他也是要深入生活的。他到益阳，可能是桃花江之名对他的诱惑。果然不虚此行，他大有收获。蒲留仙'行万里路'的壮举，是值得借鉴的。资水、洞庭这部大书，我们应该认真去读。"[②]

---

① 中国作家协会会员，曾任益阳市文联秘书长。

② 曹毅前提供给笔者的回忆材料。

24 日　以文联党组名义签发给省委并中南局宣传部关于贯彻执行“文艺八条”的情况和今后工作意见的报告。①

30 日　以省文联主席名义签发给湖南省委关于省第三次文代会情况的报告。②

31 日　参加母校长沙市第一中学(原省立一中)五十周年校庆，并写下对联:“想当年虎狼阻道，寒窗内外，愁云低压;看今朝人民专政，讲坛上下，意气高扬。”湖南省第三次文代会闭幕后，继续回到益阳农村深入生活，住邓石桥公社清溪村老家。

1963 年　　55 岁

1 月

4 日　签发给湖南省委的报告，报告了两个问题:一是关于《湖南文学》杂志的发行问题，请求各级地方党委支持;二是解决几名老作家、老艺术家生活困难的问题。③

2 月

1 日　在《湖南文学》第 1、2 期合刊发表论文《素材积累及其他——在读书会上漫谈创作一段》。

12 日　任湖南省文联党组书记，康濯任副书记，党组成员有蒋牧良、铁可、井岩盾、谷曼、王剑青、王之宪等。

26 日　保加利亚人民文化部出版社拟出版《山乡巨变》，获文化部批准。

3 月

12 日　在《人民文学》第 3 期发表短篇小说《卜春秀》。

---

①②③　该报告现存湖南省档案馆。

同月

为潘世征遗著《忆陈冬尧》写《序言》。《序言》分别对陈冬尧和潘世征做了简要的介绍，并对这本书的艺术特点进行了评析："通篇的行文朴质而流畅，叙述简洁，描绘鲜明。作者长期生活在军队里，无论行军和作战，他都有着丰富的经验。从自己的生活体验里，从他对于战友的平日的观察中，他采摘了一些典型的琐事和关键的细节来表现这位可敬的烈士的英勇的平生。"①

按：潘世征(1916—1961)，湖南省宁乡县人，14岁参加红军，自学医学，20岁成为一名医生，曾经做过白求恩的助手。陈冬尧(1908—1945)，湖南省茶陵县人，18岁参加革命，24岁参加红军，曾担359旅南下第二支队司令，1945年6月8日在岳阳县黄岸寺与国民党部队的战争中牺牲。潘世征与陈冬尧是亲密的战友，《忆陈冬尧》一书是潘世征的革命回忆录，于1964年1月由作家出版社出版。周立波与潘世征、陈冬尧共同参加过南下抗日支队，有过一些接触，遂为此书写序。

春

回益阳县邓石桥公社清溪村老家深入生活，请人修缮了老家房子，为方便读书、写作，在卧房东面木板墙安装玻璃窗，平时在大哥周挹梅家吃饭。母亲去世时，因公务在身未能回家奔丧，这次回家专门为母亲扫了墓。

与时任益阳市委办公室副主任、原桃花仑乡党委书记的蹲点干部陈清亮研究如何发展生产，改善农民生活。向邓石桥大队捐献三千元，用于恢复已毁坏的果园，并建大队文化站和猪场。

收集素材，并创作了三篇短篇小说——《张闰生夫妇》《参军这一天》和《扫盲志异》。将1935年到1937年在上海左联时写的15篇文学论文编成合集《亭子间里》一书，并写《后记》。

5月

11日　在《文艺报》第5期发表评论《山里人》。《山里人》是湖南青年作家胡英创作的短篇小说。

19日　签发《湖南省文学艺术界联合会十年(1963—1972年)工作规划

① 周立波：《忆陈冬尧·序言》，载《忆陈冬尧》，作家出版社，1964年。

(草案)》,主要内容是:“1.大力培养人才。千方百计提高各方面创作、表演、理论研究人员和文艺干部的政治思想水平和业务水平,力争在五到十年内在新一代文艺工作者中出现全国影响较大的作家、艺术家。2.大力繁荣创作。千方百计采取有效措施,提高创作和表演质量,力争五年内在文艺创作各方面产生出全省和全国质量较高影响较大的作品;在十年内产生出全国第一流的作品。”①

6 月

1 日 在《湖南文学》第 6 期发表论文《为了魔高一丈的农民》。

2 日 参加湖南省委召开的湖南省文艺教育工作会议,主要内容是贯彻八届十中全会精神,揭阶级斗争盖子。

11 日 在《文艺报》第 6 期发表短论《高举革命的红旗,反对现代修正主义》。

主持省文联第三届委员会第一次(扩大)会议,会期十天,会议传达了周扬 4 月 20 日在全国文联委员会扩大会议上的报告《加强文艺战线,反对修正主义》的精神,即进行阶级和阶级斗争教育、社会主义教育和反修防修。

12 日 参加湖南省文艺界、教育界工作会议并发言。会议的主要内容是贯彻党的八届十中全会精神,抓好阶级斗争。

在《人民文学》第 6 期发表短篇小说《张闰生夫妇》。

21 日 主持湖南省文联第三届委员会第二次扩大会,会议从 21 日持续至 30 日。省委书记李瑞山作报告,传达周恩来、周扬在全国文联委员会扩大会议上的讲话,讨论苏联变修的问题。周扬的报告题为《加强文艺战线,反对修正主义》。周立波在会上设置了要讨论的问题:1.根据苏联文艺界的教训,如何开展反修防修的学习;2.进一步认识“二百”与“二为”的关系;3.创作如何面向农村;4.关于批判继承遗产与民族化问题。会议补选了两名党外人士——湘剧演员贺华元和省文化局副局长刘斐章为省文联副主

① 该文件现存湖南省档案馆。

席，并决定出版面向农村的不定期连环画报。①

本月

作家出版社出版长篇小说《山乡巨变》。

8 月

1 日　在《解放军文艺》第 8 期发表短篇小说《参军这一天》。

9 月

25 日　任《湖南文学》编委，主编是康濯。

本月

审定湖南省基本建设局设计院制作的省文联春华路宿舍图纸。

在青年作家学习会上讲话。会上讲了他写作的四个经验：广、深、细、博。广即广泛地积累生活，“要能写啥像啥，就得了解所写的生活。必须有广泛的生活知识，包括生产知识。……千闻不如一见，很适合于我们，到一处总要到处看看，可以不听故事，但一定要看许多人，有了人，自会编出故事来”。深即深刻的社会经验。“好的方法是和群众一起生活，一起成长，那样容易深刻。……自己不能体验的生活，就要靠观察。曹雪芹写那么多女性，就靠深刻的观察”。细即细致，观察要细致，要“眼、鼻、耳、手、心五到”，“作品的题材要大，大题材大矛盾激动人心，但描写却要细，两个方面要结合起来”。博即知识的渊博，“主要方面是读书，要养成读书的习惯。光有生活没有文学修养就不行”，“学习、读书不在于多，更重要的是要精，能吸收、消化，不囫囵吞枣，精而博当然更好”。

同时，周立波在会上还谈到他个人风格变化的原因：“一是题材的关系，写《暴风骤雨》是阶级斗争，斗争单纯而激烈，就得金刚怒目，环境也是有很尖锐激烈的。写《山乡巨变》，是内部矛盾，斗争复杂了，但表现却比较温和，环境也不同。题材也不同了，表现形式就不一样。另外，年纪也有关系，语言也由于一是北方一是南方而有了变化，写东北话，外行人看起来还挺像，写时有多少本钱全用上了。写南方话，家乡话，就能作些提炼。”②

---

①　该会议纪要现存湖南省档案馆。

②　《周立波在青年作家学习会上的讲话》，现存中央档案馆。

10 月

1 日　在《湖南文学》第 10 期发表短篇小说《扫盲志异》。

本年秋

到益阳县迎丰公社民主大队参加社会主义教育运动，也称四清运动。与公社党委书记匡爱国同住一间房，据匡爱国回忆，大约住了一个半月。曾以益阳迎丰桥事件为蓝本，创作反映四清运动的中篇小说《龙虎斗》，未发表，原稿"文革"中遗失。

按：四清运动发生于 1963—1966 年，运动开始时在农村"清工分、清账目、清仓库和清财物"，后来在城乡中发展成"清思想、清政治、清组织和清经济"。当年益阳县迎丰公社在四清运动中发生了一桩全国闻名的事件。1963 年 8 月 30 日，迎丰公社被当地地委政府作为全地区社教运动的试点，由地委书记带队，到迎丰公社开展四清运动，历时三个月。工作队入驻后，开始发动群众清算干部、批斗干部，公社、大队、生产队的各级干部成了被批斗、清算的对象。在三个月的时间里，经过工作队的"调查"，认为迎丰公社中绝大部分干部存在经济问题、反革命问题和乱搞男女关系等问题，将干部中存在的一些一般性问题进行夸大，甚至捕风捉影，凭空捏造，并上升到阶级斗争的高度来处理。这些干部因此有的受到行政处分、有的被撤销职务、有的被开除党籍、有的受到党纪处分。工作队的做法激化了迎丰公社基层干部和一般群众的矛盾，使他们产生了互相对立的不满情绪。

工作队走后，县委布置各公社召开公社、大队、生产队三级干部会，学习双十条。迎丰公社党委书记匡爱国在会上提出前段时间四清运动对干部整狠了，过头了，干部中很多人存在"怨气"。公社党委委员黄月藻在会上发了一通牢骚："社教运动把公社党委一脚踢开，工作队干部把我当地主看待，他们是什么家伙，是么子阶级，把我搞成这样，要周书记（指周继舜）负责……四清，清的什么家伙，人都要逼死了。"[①]结果，在公社三级干部大会上，很多干部都借机提出自己的意见，出了口"怨气"。参加会议的贫下中农协会干部和组织成员因在前期四清运动中积极地配合了工作队，成为了其他干部出"怨气"的对象，因此倍感压力，在讨论中双方对立的情绪也十分突出。后来益阳地委向湖南省委报告了迎丰公社这次召开的三级干部会议情况，认为这是"以党委书记匡爱国为首对社会主义教育进行反扑的严重事件"，

① 《迎丰公社反革命事件的严重教训——省委对益阳地委报告的批示》，现存益阳市档案馆。

并决定“将匡爱国开除出党，撤销公职，并建议司法部门，追究刑事责任”；“成立工作队，对迎丰公社的社教运动进行复查补课，放手发动贫下中农和广大群众，深入揭发，坚决打退资本主义和封建势力的反扑”，“对有关人员，再分别情况严肃处理”。①湖南省委同意益阳地委的报告和处理意见，将迎丰桥事件定性为严重的“反革命事件”。

在这次反击中，被打倒的干部有一大批，有的还进行了上下左右株连的所谓追查。1979年，中央为迎丰桥事件平反。②

11月

9日　签发给湖南省委的报告，谈到三个问题：一是抓好戏曲创作问题，二是办好《湖南文学》并发行三万份；三是生产电影文学剧本三至四部。③

12日　在《人民文学》第11期发表论文《谈“红”琐记——为纪念曹雪芹逝世二百年而作》。

本月

以文联党组书记名义向湖南省委签发《关于干部工作及编制分配情况的报告》，明确省文联重点培养的作家有：未央、刘勇、谢璞、王以平、黄起衰、向秀清（苗族）、孙建忠（土家族）。④

12月

7日　与康濯联名签发上报湖南省委的《关于举办文艺学习会及与会人员名单的报告》，提出每月二三次不定期举行文艺学习会，并拟订了72名与会人员名单。⑤

1964年　　56岁

1月

4日　以党组书记名义签发给湖南省委的请示报告，报告中提出两个

---

① 《迎丰公社反革命事件的严重教训——省委对益阳地委报告的批示》，现存益阳市档案馆。

② 参阅姚时珍：《一桩不应忘记的往事》，载《湘潮》，2010年第5期。

③④⑤ 该报告现存湖南省档案馆。

问题：一是关于《湖南文学》杂志的发行问题，请求各级地方党委支持；二是解决几名老作家、老艺术家生活困难的问题。①

本月

写诗一首："说是清溪没有溪，田塍路上草萋萋。山边大树迎风啸，村外机车逐鸟啼。"并作注："我出生地为益阳清溪村。如今有小铁路过村外。"

2 月

12 日　在《人民文学》第 2 期发表短篇小说《新客》。

18 日　在《人民日报》发表短篇小说《翻古》。

本月

回北京与家人团聚过春节。春节后赴大庆油田参观并慰问石油工人，访问劳模王进喜，并写诗《大庆颂歌》。

3 月

8 日　致信沙汀。沙汀妻玉颀生病，信中劝慰沙汀不要过分着急，希望他能带妻子到北京来看病，并告知沙汀新家地址已迁至后海北河沿鸦儿胡同三十号后门。②

16 日　在湖南省作家协会关于专职作家生活基地的安排中，生活基地安排在益阳县邓石桥公社和长沙县春华公社。曾随省委书记张平化到春华公社武塘大队蹲点调研。

30 日　主动自降工资，以湖南省文联党组名义签发相关文件向中国作家协会党组汇报。

按：文件的内容是：周立波工资是文艺一级，按长沙地区工资类别（四类）计算，每月工资为 312.84 元。立波同志几次要求减少工资，每月只同意拿工资 245 元，少拿 67.84 元。我们考虑工资级别既经定下来了，不好随便

---

① 该报告现存湖南省档案馆。
② 该信件现存中国现代文学馆。

减少，也不应减少，因此没有同意，并已请示省委宣传部，宣传部也不同意这样做。但立波同志表示很坚决，自去年9月份算起，自动只拿245元，多余的都已暂存总务部门。我们认为立波同志是党内老作家，这种精神是很好的，现将此一情况告诉你们，同时征求你们的意见，并请指示。①

本月

中央新闻电影制片厂摄制的《新闻简报》1964年第8号在全国各电影院放映，曹炳山摄制的《作家周立波在农村》一节摄制地点在益阳县邓石桥公社清溪村，其中包括晒谷、砍柴、和群众谈心、在故居卧室写作等4个内容。

按：《新闻简报》诞生于1949年，是用电影胶片纪录和传播的新闻，播出频率通常为每周一期，每期集长约十分钟，以“×年第×号”进行编号，但有时也有不定期制作的情况出现，比如在“文革”时期，1967年仅出了10号，1969年出了14号。《新闻简报》是电视机进入中国家庭之前的“新闻联播”，一般播放在故事片开映前，是一种“加片”，内容包括时政、经济、军事、文化、社会生活等各类新闻。每号有五节内容，其中放在前面的一般是国内重大新闻，像新闻头条一样。

4月

9日　致信康濯。嘱咐康濯注意身体，机关的事务在大事上出出主意即可，不必事事亲为；湖南青年作家的小说在北京反映很好，周立波很高兴湖南培养小说作家的成绩。康濯十分在意他的小说《东方红》的反响，周立波说还未看完，看完后再提意见。周立波还谈到了北京文艺界的情况：“北京文艺界也在学大庆。最近作协派了一个四十个人的代表团到大庆去，我也去了，住了十来天。那里真是朝气勃勃的，有点像延安。最近，文艺界，由于定一同志的提议，整了一次风。作协主要整党纪，目的是要机关革命化，人革命化。作协打算从领导起，都轮批下去。《人民文学》经常有一小半人在下边，这风气很好。天翼同志说今年还要到湖南来。”②

10日　在《诗刊》第4期发表《诗一首》。

---

① 该文件现存湖南省档案馆。

② 该信现存湖南省档案馆。

11 日　在《文艺报》第 4 期发表评论《迎冰曲》。

25 日　致信沙汀。沙汀的妻子玉颀去世，信中劝慰沙汀，希望他尽快恢复，走出悲伤。“我还希望你多想到党的事业，想到创作。常想着起应那年对我说的一句富有哲学意味的话，‘不自然的死，在人生里占绝对多数’。的确，很少有几个能尽其天命，因为天命是应在百岁以上的。希望你能很快恢复，要不，到什么地方去走一走，暂时离开她久住的地方。”此外，还向沙汀介绍了几个熟人、朋友的近况：“起应夫妇听说到天津养病去了，也许在稍带准备文艺会议的报告。……作协在学大庆的精神，似乎朝气比过去多一些了，荃麟同志还是病一阵，又好一阵，循环不息。白羽同志在医院，作协管日常工作的是文井和张僖两同志。艾芜同志学习热情高，这次也到了大庆。”①

本月

湖南人民出版社出版短篇小说集《卜春秀》，收短篇小说 5 篇。此书为农村文学读物丛书之一。

5 月

25 日　在《收获》第 3 期发表短篇小说《霜降前后》。

6 月

5 日　在《湖南文学》第 6 期发表短篇小说《飘沙子》。

7 月

23 日　签发给湖南省委的《关于文艺界贯彻毛主席指示开展整风问题的请示》的文件。

8 月

3 日　参加中国作家协会全体党员会，严文井主持会议。刘剑青在会上发言，提到周立波的《扫盲志异》在艺术描写上要比《亲家公》高明，思想内容上和《亲家公》差不多，都没能“以小见大”。周立波不同意刘剑青的观点，

① 该信现存中国现代文学馆。

在会上与他发生了争论。此次会后因胃病住院一段时间。

本月

参加中国作协为贯彻毛泽东关于文艺问题的两个批示而开展的整风学习。

按:1963年下半年,毛泽东对戏曲工作多次提出批评。他认为戏曲中帝王将相、才子佳人之类的主题太多,这些都是封建落后的东西,而反映社会主义主题的作品太少。在9月召开的中央工作会议上,他指出文学艺术部门、戏剧、电影等要注意推陈出新,把封建主义、资本主义这些"陈旧"的东西推出去,要多出社会主义"新"的作品。12月,中宣部文艺处的一位干部去上海了解了当地的曲艺群众艺术工作后写下了《柯庆施同志抓曲艺工作》的材料。12月12日,毛泽东看过这份材料后,提笔写下批示:"彭真、刘仁同志:此件可一看,各种艺术形式——戏剧、曲艺、音乐、美术、舞蹈、电影、诗和文学等等,问题不少,人数很多,社会主义改造在许多部门中,至今收效甚微。许多部门至今还是'死人'统治着。不能低估电影、新诗、民歌、美术、小说的成绩,但其中问题也不少。至于戏剧等部门,问题就更大了。社会经济基础已经改变了,为这个基础服务的上层建筑之一的艺术部门,至今还是大问题。这需要从调查研究着手,认真地抓起来。……许多共产党人热心提倡封建主义和资本主义的艺术,却不热心提倡社会主义的艺术,岂非咄咄怪事。"①彭真、刘少奇等接到批示后,先后召开会议传达毛泽东的指示。

正当文艺界贯彻毛泽东的批示之际,中国剧协又发生了"迎春晚会事件"。1964年2月3日,中国剧协举办迎春晚会,各类艺术家们通过写字、作画和跳舞来庆祝节日。晚会后,有人向中宣部写信指责这次晚会只讲吃、喝、玩、乐,部分节目庸俗、低级。中宣部领导看过信后批评剧协腐败,因此各协会的工作人员都应该下放锻炼,加强政治学习。5月8日,中宣部草拟了《关于全国文联和各协会整风情况的报告(草稿)》,报告指出了文联和各协会在贯彻执行党的文艺方向时存在的一些主要问题。针对这些问题,毛泽东于6月27日再次作出批示:"这些协会和他们所掌握的刊物的大多数(据说有少数几个好的),十五年来,基本上(不是一切人)不执行党的政策,做官当老爷,不去接近工农兵,不去反映社会主义革命和建设。最近几年,

---

① 中共中央文献研究室编撰:《毛泽东年谱(1949—1967)》第五卷,中央文献出版社,2013年,第263页。

竟然跌到了修正主义的边缘。如不认真改造,势必在将来的某一天,要变成像匈牙利裴多菲俱乐部那样的团体。”①下达这个批示后,毛泽东亲自召开了一次布置文艺界整风的会议。在这次会议上,毛泽东提名彭真、陆定一、康生、周扬、吴冷西成立以“贯彻中央和主席关于文学艺术和哲学社会科学问题的批示”为职责的五人小组,彻底整顿文化部。②

9 月

18 日　以湖南省文联党组书记名义拟订关于省文联整风学习的初步计划。组织开展对电影《早春二月》《北国江南》等的讨论和批判。

按:《早春二月》由谢铁骊编剧、导演,改编自柔石的小说《二月》。小说描述了知识分子萧涧秋为了帮助和救济烈士妻子文嫂,牺牲自己的爱情,与文嫂结婚,但是招致人们的流言蜚语,导致文嫂自杀。最后萧涧秋被迫逃往上海,不知所终。电影《早春二月》基本忠于原著,它遭到批判是因为“宣扬资产阶级的‘人道主义和人性论’、歌颂一个‘逃兵’、宣誓‘阶级调和’、抹煞‘阶级斗争’……”③《北国江南》由阳翰笙编剧,沈浮导演,影片讲述的是党支部书记、社长吴大成带领广大群众建设家乡的故事。影片塑造的吴大成不是“高、大、全”式的英雄,他身上既有优点也有缺点,比如他的工作方法简单粗暴,遇到困难和挫折不冷静,脾气暴躁等。影片上映后被批判宣扬“阶级斗争熄灭论”“中间人物论”“人性论”等。1964 年 8 月,中宣部向中央写报告,公开放映和批判电影《早春二月》《北国江南》。毛泽东在报告上作了批示:“不但要在几个大城市放映,而且应该在几十个至一百个中等城市放映,使这些修正主义材料公之于众。可能不只这两部影片,还有别的,都需要批判。”④

22 日　参加中国作家协会党员大会,并在会上发言,检讨了自己写的《略论题材》及大连会议发言中的错误,比如存在“离开政治谈技巧”和“自由主义”等的问题。批判了邵荃麟在大连会议讲话中提倡写“中间人物”和“现实主义深化”等问题。

---

①② 中共中央文献研究室编:《毛泽东年谱(1949—1967)》第五卷,中央文献出版社,2013 年,第 367 页。

③ 谢铁骊:《往事难忘怀——忆夏公与〈早春二月〉》,载《电影艺术》,1999 年第 4 期。

④ 中共中央文献研究室编:《毛泽东年谱(1949—1967)》第五卷,第 372 页。

10月

4日　在《北京文艺》本年第10期发表短篇小说《林冀生》。

11月

10日　参加湖南省文联党组会议，制订省会文艺界讨论写“中间人物”资产阶级的文学主张的计划。

24日　主持湖南省文联会议，组织讨论批判“写中间人物论”和“现实主义深化论”。

本年冬

从长沙市麻园岭125号搬到八一路227号新建的宿舍。同时搬入的还有蒋牧良、康濯、柯蓝和一些青年干部。

按：1962年以前，湖南省文联机关条件很差，没有独立的办公地点，当时借用了长沙五一路中苏友好馆三楼进行办公，生活区也十分狭小，职工没有像样的住房。周立波等作家来到省文联主持工作后，条件也不好：“周立波扎根家乡益阳农村，住在他哥哥家里，开会或研究工作来长沙，只能在宾馆住几天；康濯已举家迁来长沙，他的爱人王勉思从北京《工人日报》调来任《湖南文学》编辑部副主任，一家人没有住房，只好暂住湖南宾馆；蒋牧良、柯蓝的境况也是如此。”①1962年第三次全省文代会后，经中南局第一书记陶铸、省委第一书记张平化批准，拨发一笔专款，给四位作家每人修建一幢别墅。房子修好后，四位作家起初不肯搬入，后经省委做工作，将四幢独居别墅改为双居，另从原专款中拨出一笔钱，为近20户职工修建了一栋三层楼的宿舍，解决了文联职工的住房问题，这样四位作家才搬进新居。

1965年　57岁

3月

26日　在湖南省重点文学作者读书会讲话，强调了两点：一是要坚持在下面，边工作边写作。年轻作家“不要贪大贪急”，“多看些东西，多读多

① 彭仲夏、谭士珍：《四位湘籍名作家返乡忆旧》，载《中国文化报》，2012年8月29日。

写，多参加四清”，“这是好机会，同时不脱离生产”，“我觉得你们尽可能少在剧团，多在农民中间。尽可能不要在文艺圈子里搞文化，下面还有文艺圈子的”。“毛主席说，人最重要的是生产实践，所以，你们一定要长期下去。陆定一说，又会劳动又会搞文艺的人是最好的文艺工作者，是真正的文艺工作者，这才是我们社会主义共产主义的新人，新的作家。”二是要努力学习毛泽东著作，提高思想水平。“不学马列主义也不接近群众，叫上不着天下不着地，只到生活里去也是不行的。当然，马列主义是从下面来的，但是，中央文件，毛主席著作是用辩证方法总结了经验，从群众中来再到群众中去的”，“我们不学马列主义，可以变成修正主义，也可以变成只管生产的人，那很危险。所以，我们党特别提出政治挂帅”。①同时，周立波对已出版的《亭子间》里有鲁艺关门提高的错误作了检讨，会议由蒋牧良主持。

按：文学作者读书会是由作协湖南分会与湖南人民出版社在出版社机关联合举办的，从 3 月 16 日持续至 4 月 10 日，共 25 天，参加读书会的作者有 9 人。

6 月

5 日　签发关于湖南省文联现状与第三个五年计划指标的报告。报告中说：“1956 年以前，我省无专业作家队伍，后周立波、蒋牧良回湖南安家落户，着手组织专业创作队伍，选拔未央、刘勇、谢璞、向秀清、孙健忠、周健明、王以平等 7 人为专业作家，1960 年成立专业队伍，1962 年康濯、柯蓝、王文秋调回湖南，专业队伍共 12 人。”②

6 日　亲笔起草湖南省文联党组在全省党代会上的书面发言——《大力培养文艺接班人》，并写下批语：“此件请打印五份，一份即送省人委文教办公室，最好今天打好今天送出。他们规定是十二号交稿。”③

7 月

4 日　参加湖南省音乐工作者协会召开的学习会，在会上作了关于学习与创作的讲话。讲话中谈到音乐工作者也要讲思想政治，“如果我们发现

---

① 金振林记录：《在湖南省重点文学作者读书会上的讲话》，1965 年 3 月 26 日，收入湖南省委保密委员会存档材料。

② 该报告现存湖南省档案馆。

③ 该发言稿现存湖南省档案馆。

下面有坏歌流行，应该要制止，用好的东西来代替它。坏思想不改掉，总会要表现出来的。思想改造是长期的，要参加劳动和各项运动，努力学习马列主义和毛泽东思想，要面向农村，把文艺贡献给工农兵”。关于音乐的洋与土，“西洋的要借鉴，按毛主席说的，要为此时此地的群众服务。民族的东西要更好地学，民歌不能轻视”。周立波建议：“音协要加强活动，多搞点音乐会。多做些歌子，我个人是喜欢听唱。多发展一点声乐，这点我对吕骥同志谈过。……现在音乐工作不如戏剧受领导重视，大家要努力，争取省委重视。我省的音乐工作比较落后，对在座的同志我寄予了很大的希望。希望明年听到你们的好歌（子）。”①

6日　在《新体育》第7期发表诗歌《题响应毛主席号召，参加江河湖海游泳的青年同志们》。

20日　在中共湖南省第二届代表大会第三次会上作了题为《大力培养文艺接班人》的发言，发言中谈到湖南省在培养文艺接班人上存在的问题：一是“我省的文艺队伍，特别是文学队伍还远不能适应新的形势的需要”；二是“我们的文艺运动不能单靠文化单位进行。经验证明，只在文艺圈子里办文艺是办不好的”；三是“我省业余作者队伍水平不高，情况也不大稳定，这就是说，有些业余作者还不能独立写作。……这是因为他们虽说没有脱离生活和斗争，但思想水平和艺术水平往往还不高”。解决这些问题的措施有：一是“发现、辅导和巩固业余作者。……我们还打算要求所有专业作者和重点业余作者每人每年要发现和培养一个新人，就是说，一人一年要带一个徒弟。……为了巩固新作者，提高他们的思想和业务水平，作协湖南分会每年将要举办文学进修班或读书会，至少一次，还要举行业余作者代表座谈会，每年一次”；二是“为了把文艺搞好，正和要把生产搞好一样，书记挂帅，党委动手是必要的条件。我们希望，在培养新人的工作中，省委、地县委都能抽出一定时间来亲自领导”；三是为了培养业余作者，建议“把目前的‘湖南省戏曲学校’改为综合性的文艺学校，添设文学、音乐和美术的班或系。为了使这样的学院避免脱离实际，脱离群众的倾向，采取半工半读，或是半农半读的办法是很合适的”。②

---

① 何干譬记录：《在湖南省音乐家协会学习会上的讲话》，1965年7月4日，收入湖南省委保密委员会存档材料。

② 《中共湖南省第二届代表大会第三次会议大会发言材料之三十五》，现存湖南省档案馆。

22日　在《羊城晚报》发表评论《欢迎新歌手》。此文对青年作家陈鑫的诗歌《哨所短笛》作了评论。

8月上旬

担任湖南省戏剧代表团副团长，赴广州参加中南区戏剧观摩演出大会。

按：中南区戏剧观摩演出大会于1965年7月1日在广州召开，历时一个半月，参加大会的有河南、湖北、湖南、广东、广西和武汉、广州部队的共3 000多位戏剧工作者，一共演出了49个大型和小型的现代剧目。全部剧目中，有6个剧目题材是反映革命历史的，还有一小部分是反映抗美援越斗争的，其他大部分是反映社会主义革命和建设的。这次观摩演出涉及19个剧种，包括歌剧、话剧、京剧、豫剧、汉剧、楚剧、湘剧、桂剧、粤剧、广东汉剧、琼剧、曲剧、越调、花鼓戏、祁剧、采茶戏、彩调、湘昆、花朝戏等。整个演出在广州的4个剧场上演，共演出了7轮。湖南省的各个剧种都参加了这次中南地区现代戏会演，花鼓戏《打铜锣》《补锅》和《烘房飘香》在会上一炮打响，引起了轰动。[①]

25日　在广州部队总医院大礼堂召开的400余人参加的湖南省戏剧代表团会议上讲话。讲话谈了戏剧的两个问题：一是矛盾问题。戏剧必须要写矛盾，“现实主义要求真实地反映生活，生活中是充满矛盾的，敌我矛盾，人民内部矛盾，即使两口子也常有矛盾，反映生活的戏，不写矛盾就等于抽掉了生活的本质的东西，取消了生活发展的动力”。写矛盾势必要反映“中间人物”，“‘写中间人物’我们又反对又不反对”，“我们不以中间状态的人物为主，写他们缺点，不写矛盾，就没有戏了。但我们不以中间状态的人物为主，写他们，是为了陪衬英雄人物，写他们是为了改造他们，不是从旧现实主义观点出发，欣赏他们。为了显出英雄人物的高大，必须用中间人物和落后分子作他们的对立面”。二是结构问题。“结构包括的内容很多，这里只讲构成情节的事件。戏剧舞台有许多限制，有空间限制、时间限制以及其他的一些限制，要把戏编好，就要考虑这些限制，才能说是从实际出发”，“戏不能单凭抽象地说话，要形象化。形象是美的生命，而细节是形象的细胞。但细节要和故事的人物有关。有关的就是必要的、好的，无关的就是多余

---

① 陶铸：《革命现代戏要迅速地全部地占领舞台——一九六五年八月十五日在中南区戏剧观摩演出大会闭幕会上的总结报告》，载《中国戏剧》，1965年8月。

的、不好的，细节的取舍和安排要花一番思考的功夫”。①

11月

2日　主持湖南省文联会议，研究组织作者深入韶山灌区工地进行创作活动，参加活动的作者们半天劳动半天学习或写作。活动时间为40天，参加活动的文学作者12人、美术作者13人、音乐作者12人、剧作者2人，共39人。

3日　向省委宣传部签发湖南省文联党组关于成立文艺研究室的报告，呈报韩罕明为研究室主任。

5日　与蒋牧良、王剑青、柯蓝、未央等39人一起从长沙出发到湘潭韶山灌区指挥部。

7日　参观韶山灌区工地。

9日　分组到各工区采访。

14日　因病返回长沙。

12月

27日　在湖南省文联二楼会议室召开的中国戏剧家协会湖南分会创作学习班上讲话。讲话中指出，戏剧创作要注意形象，善于抓细节，这样才能写活人物。“要想把人物写活，先得对人物的心理看得准，挖得深，对他们的言行，摸得透。选用的细节，应与人物的性格有关联。凡是不符合人物性格的细节，哪怕再好，也是多余的。”周立波还十分推崇把小说改编成戏剧，但改编时“要注意在矛盾中写人，特别是在大矛盾中写人”。关于戏剧的语言，他特别举了花鼓戏的例子，指出它是“从民间小戏发展起来的，有深厚的群众基础，有浓烈的泥土气息，善于表现人民的生活。写花鼓戏的人，一定要好好向群众学习湖南地方语言，不要用普通话挤掉了湖南话的特色。当

---

①　周立波：《关于戏剧创作的矛盾与结构问题——在广州部队总医院大礼堂向参加广州会演的湖南省戏剧代表团的讲话》，1965年8月，收入湖南省保密委员会存档材料。

然，我们不能搞自然主义，既要体现地方色彩，又要把美的东西提高。”①

31 日　主持制订湖南省文联任务要点：

一、在中共湖南省委和省委宣传部领导下，学习和宣传毛泽东思想，贯彻文艺为社会主义服务，为工农兵服务，为世界人民的革命斗争服务的方向；进行文艺战线上反对资产阶级思想，反对修正主义思潮的斗争；进行社会主义和资本主义道路的斗争；研究和评价现代文艺作品，特别是本省的新人新作，以期达到繁荣社会主义文艺的目的。

二、在广大工农兵群众及其干部中不断发现和培养文艺创作、理论和组织工作方面的新生力量。

三、组织创作，办好杂志，联系全省各地专业和业余作者，鼓励他们进行创作。

四、开展各级文联和各个协会的组织活动。②

1966 年　　58 岁

1 月

5 日　在《湖南文学》第 1 期发表散文《韶山灌区两日记》。本文写于 1965 年 11 月参观韶山灌区之后。

21 日　在《羊城晚报》副刊《花地》发表散文《韶山的节日》。

按：1959 年 6 月，毛泽东回到阔别 32 年的故乡韶山，看了自己早年居住过的故居，还到父母的坟前鞠躬献松枝。周立波得知此事后，先后 6 次到韶山参观、采访，向当地的群众了解毛泽东回故乡的情况，后来写成了《韶山的节日》一文，记叙了毛泽东回乡的情景。此文的发表还有一个契机，就是《羊城晚报》与《广州日报》合并后复刊，编辑希望刊登一些好的稿件，便向当时颇有名气的作家周立波约稿，此文才得以刊发。文章发表后，在读者中反响很好，时任中南局第一书记的陶铸对此文也十分赞赏。然而韶山毛泽东陈列

① 周立波：《在湖南省戏剧家协会创作座谈会上的讲话》，1965 年 12 月 27 日，收入湖南省委保密委员会存档材料。

② 该文件现存湖南省档案馆。

馆的一位同志向报社写信，反映文中的一些细节不准确。周立波便按照来信提供的情况，对文章进行了修改，而且提出了两个方案："一个是把来信登出，加个按语，对来信的同志表示感谢；一个是按照提出的意见改正，在《羊城晚报》上重新发表。"①《羊城晚报》采取了第二个方案，即把修正稿又重新刊登了一遍。《羊城晚报》第一次刊登《韶山的节日》时就引发了江青、张春桥等的不满，认为这文章很坏，是丑化毛泽东的作品，并通知"全国报刊一律不准转载"。《韶山的节日》第二次刊登后，掀起了轩然大波。林默涵后来在了解了事件的全部后分析认为，江青最不愿意毛泽东回韶山，最不喜欢别人提杨开慧，《韶山的节日》提到了杨开慧，这自然犯了她的禁忌。周立波后来在"文革"时受到批判，罪名之一便是"写了大毒草《韶山的节日》"。1978年1月，周立波写了《〈韶山的节日〉事件的真相》，对他因此文受批判的原因进行了揭露。

2月

在湖南省文联会议上作《湖南省文联任务要点》的说明讲话，布置全年四项工作任务，即两抓两新——"抓斗争，抓活动，出新人，出作品"，其中培养新人是四项工作中最重要的。②

3月

5日　主持湖南省青年业余文学创作积极分子大会，蒋牧良传达周扬在全国青年业余文学创作积极分子会上的报告。

14日　在湖南省青年业余文学创作积极分子大会上作总结报告，讲了四个问题：一是突出政治，突出学习毛泽东思想；二是关于政治与艺术的关系；三是关于写英雄人物和写中间人物；四是要把基层文化革命闹起来，让社会主义文化占领阵地。

按：此次湖南省青年业余文学创作积极分子大会，从3月3日开始，到14日结束，由省文联、团省委、省总工会联合召开。蒋牧良在会上作报告，周立波作总结讲话。这次会议的任务是贯彻1965年11月29日至12月17

① 周立波：《关于散文〈韶山的节日〉——在湖南省文联党组会上的讲话》，1966年6月11日，收入湖南省委保密委员会存档材料。

② 参阅周立波：《〈湖南省文联任务要点〉的说明》，1966年2月，收入湖南省委保密委员会存档材料。

日由中国作家协会与团中央联合召开的全国青年业余文学创作积极分子大会精神。

15 日　在重点专业、业余作者创作座谈会上讲话，提出创作要突出政治和学习毛泽东思想的重要性，同时还谈到深入生活的问题。

4 月

23 日　《羊城晚报》重刊散文《韶山的节日》。

本月

到北京新侨饭店参加中国作家协会会议，会上受到批判，会议由作协党组书记刘白羽主持。此次会议是为贯彻《部队文艺工作座谈会纪要》精神而召开的。

按：1966 年 2 月 2 日林彪委托江青在上海召开部队文艺工作座谈会，会议纪要经毛泽东审阅修改，于当年 4 月 10 日以中央文件发出。《纪要》的主要内容是："文艺界在建国以来，却基本上没有执行，被一条与毛主席思想相对立的反党反社会主义的黑线专了我们的政，这条黑线就是资产阶级的文艺思想、现代修正主义的文艺思想和所谓三十年代文艺的结合。'写真实'论、'现实主义广阔的道路'论、'现实主义的深化'论、反'题材决定'论、'中间人物'论、反'火药味'论、'时代精神汇合'论，等等，就是他们的代表性论点。我们一定要根据党中央的指示，坚决进行一场文化战线上的社会主义大革命，彻底搞掉这条黑线。"①

周立波的长篇小说《暴风骤雨》写赵玉林之死被《纪要》认为是"塑造起一个英雄形象却让他死掉，人为地制造一个悲剧的结局"。周立波回忆当时被批判的情形："我参加了今年四月北京的专业会议。有人说这次会议是黑帮会议。会议把我当对立面。会议大量散发了《北京日报》假批判真掩护的材料。会议上批判我的东西，有的我承认，有的我不接受。我写的'除四害'的东西，还有《韶山的节日》，他们都批判了，批判我 30 年代的东西。批判我的作品倾向，我是接受的。四月会议，我是他们点名去的，我冒(没)带组织关系，他们说我是自由兵。我在会上发了脾气。最后其他东西都不搞我了，

① 《文艺座谈会纪要》，人民出版社，1967 年，第 3 页。

只整我在会议期间的态度。”①

周健明对周立波参加作协新侨饭店会议时的情景有过回忆:“1964 年夏季我在中国人民大学进修,听了一个传达报告,主讲人是周扬,江青在会上插话。当周扬谈到对京剧等传统戏曲改革要特别慎重时,江粗鲁地插话说‘不见得!’会后我的老师何洛悄悄对我说‘要拿周扬开刀了!’后来我把这话告诉我父亲,他还不相信,直到他被通知回京参加新侨饭店的会议,他才得到这方面的信息。那次会上批评了赵树理和周立波。父亲有个火暴性子,在吃饭桌上同别人吵起来。会议的主持人为了按下他的火气,低声对他说‘上面要批判周扬了!’父亲回到湖南后把这话告诉了我。后来我听一位参加这次会议的人说‘事情确实是这样。当时因为周扬在五人小组中的错误,上面已确定要对他进行批判。赵树理与周立波是外围,新侨饭店会议打了他的外围。’”②

5 月

5 日　到益阳看益阳市花鼓剧团彩排花鼓戏《山乡巨变》和《叶里藏金》。看完戏后在益阳地委招待所会议室座谈,参加人员有:省文化局艺术处处长金汉川、剧作家李果仁、戏研室干部闵敏、剧协干部鲍训端、益阳地区文教办主任沙成章、益阳地区文联干部詹岳高等。

按:周立波在座谈会上简单地谈了对《叶里藏金》的看法后,重点谈了对《山乡巨变》的观后感,主要集中在如何塑造好亭面糊、菊咬金、刘雨生三个人物上。“亭面糊是穷,过去也穷,是不是在出场时,在土地庙那一段,或者不背竹子,背竹子不好看。这个人,大事不糊涂、小事糊涂。亭面糊不是中间人物,邵荃麟的‘中间人物’的特殊概念是‘动摇于社会主义与资本主义之间的人’。亭面糊是跟着党走的人,听了砍竹子就沉不住气了,遇到刘雨生就停住了。现在戏里亭面糊这个人物没有活,看怎么改?……王菊生,富裕中农,一定要突出。富裕中农恐怕要成为主要反面人物,因为地富没有合法地位,富裕中农可以出点洋相,也不要出得太多了。……对陈先晋要关心,很温和,告诉陈大春要等待。菊咬金不同一些,但也是等待,不要敌视,不要讥笑他,告诉他不要怕,都是自己人,用事实来教育。菊咬金不要

---

① 周立波:《在湖南省文联党组会议上的讲话》,1966 年 6 月 10 日,收入湖南省委保密委员会存档材料。

② 周健明:《我所见到的周扬》,载《周健明自选集》(上卷),第 254 页。

太丑化了，不是依照对象，但是团结对象。……邓秀梅、刘雨生都是体现指示的。干部要丰满，就是要有思想性。把刘雨生的家庭矛盾、儿女情搞得多了，整个印象，刘雨生搞合作化的行动，讲合作化的话不够多。现在刘雨生很突出，关于刘雨生下面的人物还不突出，他可以依靠的还没有形成一个核心。”①

6 月

10 日　参加湖南省委文化革命工作组进驻省文联机关与群众见面会，后在省文联党组会上讲话。会上讲到 4 月北京会议被批判的情况，为自己作了一些辩护，并提出希望改组省文联，提名柯蓝代替康濯的工作。

按：1965 年，康濯因提倡“写中间人物”论被大连会议点名批判。1966 年 4 月，又被报纸点名批判。

11 日　在湖南省文联党组会上讲话，这是周立波最后一次在党组会上讲话。会上为《韶山的节日》和《铁水奔流》被批判作了一些辩解，并念了在 4 月北京会议上作的检讨：“1.文艺思想问题，世界观改造问题；2. 1960 年之后出的书中的一些问题，如《亭子间里》，但不是有意反党反毛主席；3.进城后党给了荣誉，产生了骄傲自满、固步自封、自我欣赏。”②

16 日　参加中共湖南省委召开的三级干部大会，会议决定下一步主要任务是把运动逐步转入揪出本单位的“反党反社会主义分子”和“反动学术权威”。

本月

在中共湖南省委的一次会议上，陶铸、张平化说，周立波只是写过一些错误作品，是人民内部矛盾。

8 月

被当作“周扬文艺黑线的黑干将”“反革命修正主义分子”“叛徒”，被大字报点名，并在批斗会上被批斗。

---

① 鲍训端记录：《在益阳看花鼓戏〈山乡巨变〉彩排后的讲话》，1966 年 5 月 5 日，收入湖南省委保密委员会存档材料。

② 周立波：《关于散文〈韶山的节日〉——在湖南省文联党组会上的讲话》。

9 月

湖南省文联文化革命委员会编印《周立波毒草选》，目录如下：

《禾场上》

《民兵》

《山那面人家》

《伏生和谷生》

《割麦插禾》

《小青和老虎》

《北京来客》

《张满贞》

《扫盲志异》

《韶山的节日》

《战场三记》（选）

《从河北南来》（节录）

《徐海东将军》（节录）

《田守尧同志》（节录）

《玲巧的沙盘》（节录）

《几叶日记》（节录）

《五台山麓》（节录）

《一个没有爆炸的炸弹及其他》（节录）

《几个战斗的例子》（节录）

《从五台到崞县》（节录）

《晋北途中》（节录）

《晋西旅程记》（节录）

《劫后的东冶头》

《封建，受难和解放》

《敌兵的忧郁》

《小宜子打电话》

《胡桂花》

《略论题材》

《纪念一个伟大文献诞生的二十周年》

《素材积累及其他》

《散文特写选》序言

《亭子间里》(选)

《我们现在的文学》

《中国文学的新发展》

《观察》

《试议阿 Q》

《1935 年中国文坛的回顾》

《1936 年小说创作的回顾》

《亭子间里》后记

《在大连会议上的发言》(记录稿)

1967 年　59 岁

6 月

6 日　长沙发生震惊全国的“六六”武斗事件,该事件发生后被造反派关进牛棚,失去自由。

按:1967 年 6 月 6 日,长沙市五一路中苏友好馆发生长沙工联造反派与“高司”红卫兵武斗,成为震惊全国的“六六惨案”。

8 月

24 日　湖南省文艺界造反派在长沙红色剧院召开“斗争中国赫鲁晓夫伸向文艺界的黑爪牙,陆定一、周扬文艺黑线的得力干将、反革命修正主义分子周立波”大会。省文联副主席康濯、魏东明及中共湖南省委宣传部、省文化局领导被拉上台陪斗。

9 月

14 日　在益阳市体育场召开的“批刘①批周”万人大会上被批斗。批斗会结束后,益阳市五中红卫兵押周立波上汽车,步枪走火,子弹从他脚旁穿过,未受伤。当晚睡益阳市文化馆,第二天被押送回长沙。

按:周立波堂弟周萼梅回忆,当日,周立波被造反派抓到益阳批斗,被斗

① 刘少奇哥哥刘作衡。

得精疲力竭，不让吃饭也不让喝水。周蕚梅看到这种情况，冒着很大的危险，趁人不防之际，把事先准备好的饼干和水迅速递给在挨斗的周立波。周立波接过饼干和水后，以最快的速度将饼干藏入上衣内，把水喝了。①陈启烈回忆，当天晚上周立波一行没有回长沙，睡在文化馆二楼。吃晚饭时，他看到了陈启烈在一楼，就用铅笔在纸条上写下“能否弄几个皮蛋来吃吃”。纸条上没有署名，也没有说写给谁，只是要看守他的人交给一楼的陈启烈。陈接到纸条后，便用自己的饭菜票买了10个皮蛋，交给那个看守。第二天，押周立波的汽车去长沙，陈启烈也同车前往。上车后，周立波与陈启烈目光相对，周立波说了一句：“谢谢你的皮蛋”。到省文联门口后，陈启烈送周立波下车，这时，周立波握着陈启烈的手说：“以后等情况好转后，到长沙我请你吃饭。”②

本月下旬

被拉到常德、湘潭、株洲、邵阳、洞口批斗。在常德澧县批斗时，有青年学生递上《毛主席语录》或日记本请他签名。周立波用中文签名，后发现英文签名比中文签名快一些，就签上英文“Liberty”。青年问他什么意思，他回答：“我的名字，自由的意思。”③

10月底

在外游斗回长沙，在长沙轮船码头上坡后失踪。当时正是傍晚，外面大风大雨，儿子周健明、儿媳徐裕豪十分着急，到处寻找，后得知已关进省公安厅。

按：金振林回忆：“那次批斗大会以后，周立波突然失踪，事后才晓得，省军管会‘三办’奉江青的旨意，在大会后，派出架着机枪的一卡车全副武装的士兵，把他押送回长沙，关进了省公安厅的囚室。”④

11月

14日 《人民日报》派文艺部记者到湖南组织批判周立波的文章。省

① 笔者2015年3月12日采访周蕚梅，周蕚梅口述。

② 笔者2015年3月5日采访陈启烈，陈启烈口述。

③ 参阅金振林：《周立波文革蒙难记》，载张永健主编：《永远的周立波，不了的乡土情》，中国文联出版社，2007年，第132—133页。

④ 同上书，第133页。

革命委员会主任、47 军军长黎原接见记者，记者说批周是湖南主要任务，黎原说前段抓得不够，今后要赶上。①

16 日　《人民日报》记者传达《人民日报》社的计划：周立波是全国文艺界重点批判的五人之一，主要批判他如何充当刘少奇在农村复辟资本主义的吹鼓手，以批《山乡巨变》为主。

12 月

18 日　在湖南省“五七”总校挨批判，被编在专政一班。

按：湖南省革命委员会决定，将原中共湖南省委党校改为湖南省“五七”总校。下辖福田(零陵)、贯塘(衡东)、清水坝(汉寿)三所分校。全省有一批厅局干部和学术权威集中在这里挨批判。

1968 年　　60 岁

1 月

中央周扬专案组派人来湖南，传达中央指示，建立周立波专案组，隶属中央周扬专案组的一个分组，任务有两个：一是协助中央周扬专案组调查周扬问题；二是审查周立波历史。周立波专案组由湖南负责。②

4 月

30 日　湖南省文联造反组织工农战团编印《周立波罪行录》。

5 月

湖南省文联造反组织工农战团编印《打倒大叛徒周立波(一)》。

6 月

湖南省文联造反组织工人战斗队、工农战团、红旗战斗队编印《打倒大叛徒周立波(二)》和《打倒大叛徒周立波(三)》。

① 参阅李振祥编：《四十七军在湖南“三支两军”纪实》(内部印刷)，2004 年 3 月，第 263 页。

② 参阅湖南省公安厅档案材料。

本年

被湖南省革命委员会人保组奉命“监护审查”，关进省公安厅。

1969年　　61岁

7月

从公安厅转送至长沙岳麓区石佳村湖南省“五七总校”（原省委党校）“专政班”。谭冬梅回忆：“周立波由一辆卡车押送到湖南省革命委员会‘五七’总校专政一班接受批判。我当时是看守人员之一，按规定不能与专政对象谈话。他当时很关心毛泽东在八届十二中全会上和九大期间的谈话内容。”①

10月

28日　《人民日报》文艺部负责人给湖南省革命委员会政工组宣传组打电话，传达上级指示，安排批判周立波。

按：批判文章指出：“批判周立波，要把他的全部作品、几十年来的创作倾向、文艺理论，进行系统的分析研究，抽出其中要害的东西。这样才能打得准，打得有力。周立波不光是创作，还有理论，在几次黑会上都发了言，平时还散布了很多谬论。赵树理和周立波比较，赵树理还是土的，周立波有些洋，受苏修的影响，《被开垦的处女地》就是他翻译的，很崇拜萧洛霍夫。我个人看了他一些作品，觉得丑化工农兵，《山乡巨变》是很典型的。这个作品很阴险，把农村两个阶段、两种道路、两条路线完全颠倒了。所谓山乡巨变，看到末尾，不是‘巨变’，而是‘倒变’，我看了后很愤怒。他把合作化写成洪水猛兽，写成灾难，好像合作化不是给贫下中农带来幸福，而是给贫下中农带来痛苦。刘雨生，这个合作社的社长，被搞得妻离子散、家破人亡，活寡夫等人也是。毛主席在《关于农业合作化问题》的报告里告诉我们，我国实现农业合作化是有基础的，广大农民愿意走社会主义道路，他们的热情像火一样。可是在《山乡巨变》里，农民都不愿意走社会主义道路。有个亭面糊是什么人？被丑化得不成样子。‘中间人物论’‘现实主义深化论’，必然落脚

① 笔者2015年6月17日采访谭冬梅，谭冬梅口述。

到写所谓英雄人物的阴暗面，导致丑化工农兵。《山乡巨变》没有一个正面人物，每一个人都有阴影，都有创伤，内心世界都很复杂，这不是苏修的理论。周立波受萧洛霍夫的影响很深，《山乡巨变》里面的亭面糊，就比《暴风骤雨》里的老孙头更突出，这里面很有东西……”①

1970 年　62 岁

1 月

重新关进湖南省公安厅“监护审查”。

9 月

22 日　《湖南日报》开辟“高举毛泽东思想伟大红旗，深入开展革命大批判”专栏，发表了湖南省革命委员会写作小组的《中国农村“变向何方”?》和署名文锋的《把反动小说〈山乡巨变〉彻底批臭》两篇文章批判周立波。

本月

23 日　《湖南日报》批判专栏发表四篇文章批判周立波，题目分别为《贫下中农是农村社会主义革命的擎天柱——彻底批臭反动小说〈山乡巨变〉》《狂犬吠日，无损太阳的光辉》《不许为孔孟扬幡招魂》和《我们一心为着社会主义》。

10 月

10 日《湖南日报》批判专栏发表五篇文章批判周立波，题目分别为《紧跟伟大领袖毛主席永走社会主义幸福道——益阳县邓石桥大队贫下中农批判反动小说〈山乡巨变〉座谈纪要》《铲除鼓吹“阶级斗争熄灭论”的大毒草——彻底批判反动小说〈山乡巨变〉》《政权就是生命权生存权》《革命就是幸福》和《我们贫下中农最恨剥削》。

28 日　《湖南日报》批判专栏发表一篇题为《鼓吹在农村资本主义复辟

① 刘锡诚:《渴望自由的立波》，载《南方文坛》，1998 年第 2 期。

的黑作品》的长文批判周立波。

11月

12日　《湖南日报》批判专栏发表两篇文章批判周立波，题目分别为《农村党支部是农村社会主义的战斗堡垒——怒斥〈山乡巨变〉对农村党支部的攻击丑化》和《不许周立波丑化农村共产党员》。

20日　《湖南日报》批判专栏发表四篇文章批判周立波，题目分别是《黑作家周立波和他的反动哲学》《阶级斗争的事我们就是要管》《砸烂鼓吹物质刺激的破喇叭》和《为革命操心就是好》。

本年

重新关进湖南省公安厅"监护审查"。

1971年　　63岁

2月

湖南人民出版社出版《抓紧革命大批判丛书》第三集《批判周立波反动小说〈山乡巨变〉》，载有17篇文章。

10月

26日　湖南省革命委员会保卫组向省委写出《关于周立波专案有关问题的请示报告》。

按：报告中提到"周立波是周扬的亲信和死党，解放后周扬将他安插到湖南任文联主席，是周扬在湖南文艺界的代理人。一九六八年元月，中央周扬专案组根据中央首长的指示，派人来湖南建立了周立波的专案，属中央周扬专案组的一个分组，周立波由我们监护。几年来，在中央周扬专案组和上级党委的正确领导与关怀下，遵照伟大领袖毛主席'重证据，重调查研究'的教导，专案组对周立波的政治历史进行了全面审查。现已查明周立波是一个长期隐藏在党内的叛徒，已将周立波被捕叛变和充当周扬假党反革命集团骨干的罪证材料和审查报告上报中央，至今还没有批示。关于在报纸上公开点名批判的问题，除《湖南日报》已公开批判周立波的毒草《山乡巨变》

以外，上海《文汇报》《深入开展对修正主义的批判》一文中，也公开点名周立波是'黑作家'，但中央报刊尚未点他的名。根据以上情况，我们意见在中央未正式批示以前，对各地来函的答复，只提'周立波有严重政治历史问题，正在审查中'，暂不作具体回答"。①

11 月

10 日　湖南省委常委批示同意省革委人保组请示报告。"关于周立波专案有关问题的请示报告，经省委常委批示，同意，亦可告其，周属中央专案，是否请他们请示中央有关部门。"②

1972 年　　64 岁

8 月

15 日　湖南省革命委员会人保组向省革命委员会主任华国锋写报告，汇报周立波的身体检查状况。"七月中旬转来林蓝要求中央批准周立波回京治眼病的信件。遵照您的指示，经研究，当即派人送周立波到医院进行了全面体检，现将体检情况报告如下。血压正常，心律齐，无明显杂音，心电图检查，心脏无明显冠心病或其他受损现象；肝功能检查和胸部爱克斯光透视，均正常；消化道经钡餐检查，未发现溃疡或其他异常现象，原患十二指肠溃疡，已愈。其他各部位亦正常。唯有双目患白内障病，且已多年。近年来视力减退。根据医生意见，白内障尚未成熟，不宜手术治疗，因此目前不需要医院治疗。为保护其眼睛，已联系给他配一副专用阅读书报和写字的眼镜。月内即可配好，特此报告，当否，请指示。"③

10 月

中央周扬专案组要周立波专案组派人到北京汇报专案情况。汇报后，中央周扬专案组的领导指出，周立波的问题属敌我矛盾，建议作内部矛盾处理，在中央未批下来之前，尚不能解除监护。

---

①②③　湖南革命委员会保卫组：《关于周立波专案有关问题的请示报告》，现存湖南省公安厅档案室。

12月

20日　湖南省人保组作《关于周立波隔离审查情况报告》。《报告》中提出对周立波的问题应按中央周扬专案组指示精神执行。另外谈到周立波的病情，“经163医院和湖南医学院第一、二院检查，眼患白内障(以前的老病，不是监护时间患的)，未成熟暂不能动手术，未发现关节炎和其他疾病。遵照省委指示，并请示中央周扬专案组后，于12月12日将他送至湖南医学院附属二医院眼科住院治疗”。①

1973年　　65岁

7月

12日　湖南省公安局《关于解除周立波监护审查的请示报告》认为“周立波的问题已基本审查完毕，考虑到他的定案性质和年老体弱等情况，建议在中央没有批示以前，先解除周立波的监护，送省‘五七’总校管理。”②随即转至湖南省“五七”总校，星期日可回儿子周健明家。在“五七”总校时，由孙女周仰之陪同。

12月

7日　批准离开省革委“五七”总校，等待分配工作，与儿子周健明一家人团聚。

本月底

在长沙烈士公园与儿子周健明一家人合影。

1974年　　66岁

1月

带孙女周仰之回北京过春节，和妻子林蓝、小儿子周小仪一起住在北京

① 湖南省公安局:《关于周立波隔离审查情况报告》，现存湖南公安厅档案室。
② 湖南省人保组:《关于解除周立波监护审查的请示报告》，现存湖南公安厅档案室。

西城区百万庄简易楼房“宇宙红”四楼二门 7 号。这栋楼房无供暖设施，要靠自己烧煤炉取暖。

2 月

25 日　给儿子周健明、儿媳徐裕豪写信。非常关心儿媳裕豪的病情，嘱她注意休息。还谈到自己养病的“经验”，“我过去没有注意胃，患了急性胃穿孔，动手术后，自己十分注重胃的情况；十年以来，一直没有生过胃病了。对于白内障，过去我不大注意，以致在一九七二年左右两眼几乎不能看书报，以后，我注意治疗和保养，渐渐好转。回到北京，我的眼病，续有好转。目前，我一天能看两万字左右的书报了。‘久病成良医’，我觉得这话，有一点道理”。信中还谈到，“我们的生活，平常还是很愉快的，只是小仪一病，家里就乱套了。他的身体差，需要慢慢养”，“林蓝党小组和学习小组，最近编在城里，不用跑干校了，这样对她方便多了。他们干校离城几十公里，相当不便”。①

8 月

19 日　致信周健明、徐裕豪。主要谈及户口的事，“关于户口事，前些日子曾致信周河源同志，要求干校（不必由省委）只证明下列三点：1.我还没有分配和担负工作。2.眼病需要在京治疗。3.由于眼病和年老，将来可能退休，户口暂行不动为妥。现在我想只要证明前两项就行了。他们后来回信，可能把这事看得太严重了。其实，像我这样在五七干校，户口在北京的人相当地多，派出所将来会有统一规定；现在并未要我迁出。你去看看周，说明一下”。②

1975 年　　67 岁

7 月

22 日　致信周健明、徐裕豪，在困难的生活面前表现出乐观的精神。“阿姨一走，林兰（蓝）又病，困难不少，但可以克服，任何时候，我都是个乐观

①② 该信件由周健明夫妇提供。

主义者，最近还常去游泳，身体颇好。”①

8月

回湖南长沙，在湖南省革命委员会专案组关于周立波的结论材料上签字，结论为“犯政治错误”。湖南省革命委员会本安排周立波作湖南省文化厅顾问，他未同意，要求调北京工作。周健明回忆：“结论与周立波见面时我也在场，发现其中还保留着一条尾巴，即提倡国防文学反对鲁迅，犯了严重的政治错误。”②

按：1975年7月2日，毛泽东写了批语，送政治局委员传阅：“周扬一案，似可以从宽处理，分配工作，有病的养起来并治病。久关不是办法。请讨论酌处。”③

7月14日，毛泽东说：“鲁迅在的话，不会赞成把周扬这些人长期关起来。”④根据毛泽东7月2日、7月14日关于“周扬一案”的批示，7月16日中央专案组写出《关于周扬一案处理情况的报告》，对“周扬一案”的76名专案对象作了结论，其中田汉、章汉夫、刘芝明、邵荃麟、何干之、焦菊隐、蔡楚生、穆木天等12人已故；夏衍、阳翰笙、王昆仑、徐平羽等20人“养起来并治病”；周立波与周扬、林默涵、肖望东、刘白羽、石西民、钱俊瑞、张致祥等32人“分配工作”。⑤7月27日毛泽东审阅《关于周扬一案处理情况的报告》，对报告作了修改，把周扬“问题性质严重”圈掉，写上“人民内部问题”，并批示送政治局同志传阅。⑥因此，周立波的问题才最终有了结论。

12月

29日　致信林蓝堂弟王自珍。王自珍回忆：“‘文革’前期，有几年立波家中是非常困难的。那时林蓝姐在大兴干校劳动，家中仅有一个还未成年的外甥在中学读书。家不像个家，雪上加霜的是姐姐和外甥还轮着生病，我看到这种情境也深感忧虑。北京看病不容易，排队挂号，等待就诊，对老弱病人来说也难坚持。后来我想到在北京有个同事，过去同我关系还不错，他的爱人是位有名的医生——张怡芳大夫，她曾为国际友人斯诺看过病。想

---

① 该信件由周健明夫妇提供。

② 周健明：《我所见到的周扬》，载《周健明自选集》，湖南文艺出版社，2004年，第256页。

③ 中共中央文献研究室编：《毛泽东年谱（1949—1976）》第六卷，第595页。

④ 同上书，第597页。

⑤⑥ 参阅夏杏珍：《共和国重大文化纪事》，九州出版社，2013年，第125页。

来医术一定很好，不如给他写信求助。这位同事接到我的信后很快与姐家联系上了。这时立波给我来了一封信，我心里感到宽慰多了。”①

1976 年　　68 岁

1 月

作古体诗《悼周总理》。

6 月

写诗三首《赠步涵》。

按：此诗为周立波赠林蓝之作，载于《周立波选集》。

8 月

为躲避地震，携夫人林蓝和小儿子周小仪回长沙，在“文革”时相识的友人徐平蒋家住了一个多月，后又在二哥周道生家和侄女周惠娥家各住了十多天。

9 月

作古体诗《悲悼毛主席》。

10 月

作古体诗《粉碎“四人帮”》。

1977 年　　69 岁

1 月

8 日　致信王震，请求离开湖南，以顾问名义调文化部。“我原在湖南是为了下乡创作，现在由于年纪大了，不能再在湖南下乡，我的家一直在北京，家人因病也不能去湖南，我再留在湖南，对那里的工作没有帮助。……

---

① 王自珍提供的回忆材料。

我的情况，您多少有所了解，因此，我还写了这封信，请您在适当时候跟文化部或学部领导同志讲一讲，能否以顾问名义调我到文化部，给以适当安置，这样可以使我还能在晚年尽自己的微薄之力，为党为人民做一点工作。”①

按：该信得王震批示：“周立波同志抗战初期在晋西北我旅一时期，延安整风学习是我的组员，以后随我南下。请华山同志阅议审定。”②

本月　撰写《暴风骤雨》的《重印后记》。“这次重印，由于时间急促，来不及多加修改。我只删去了几句，并在全书文字上略有改动。经过伟大的无产阶级文化大革命，特别是经过批斗‘四人帮’，广大革命群众的政治思想和艺术鉴赏的能力大大提高了。希望读者对本书多予批评，使我能够听到一些珍贵的意见，作为再次修订的依据。”③

年初

向何其芳提出希望调到中国社会科学院文学研究所从事研究李白的工作，被何其芳婉拒。

按：陈涌回忆：“何其芳同志去世前不久，还和我说过，立波同志想去文学研究所，想研究李白。其时，其芳同志的处境还不太好，受压抑的心情还时时使人觉察到。因此他有顾虑，他并不主张太多的熟人在一起工作。”④贺仲明在《何其芳评传》中也提到这件事，“有一次，何其芳在鲁艺时期的好朋友周立波与他联系，希望调到文学研究所从事研究李白的工作。老朋友找上门，确实让何其芳为难不小，但最终他还是跟周立波谈了文学研究所的情况，认为周立波的优势在于创作，不适合做文学研究，让周立波打消了调动的念头”。⑤

3月

2日　致信外甥运洲。谈到工作可能调北京，“以后来湖南将比较少了”，“几年来，累了运洲不少。听说，有几个副总理（包括王副总理）管你们部门，希望你们做出好成绩。对湖南亲人，依依不舍”。⑥

---

①② 该信现存中央档案馆。

③ 周立波：《重印后记》，载《暴风骤雨》，人民文学出版社，1977年，第491—492页。

④ 陈涌：《我的悼念》，载《周立波研究资料》，第138页。

⑤ 贺仲明：《何其芳评传》，南京大学出版社，2012年，第344页。

⑥ 该信由周健明提供。

4 月

1 日　致信沙汀，信中说，“写了个短篇，好(不)容易才抽空改了几遍，这是十二年来第一篇小说创作，我想慎重一点，再改一下”，“这篇是我写长篇以前的试笔，写完以后，有了点信心”。并称“以后，我要谢绝一切小文章的订货，专门准备那一个长篇。不然不得了，精力来不及”。①

按：这里的短篇应该指的是周立波“文革”后创作的短篇小说《湘江一夜》。长篇应指周立波计划写而又未完成的以王震和王首道为原型的长篇军事题材小说《风雪汾河》。

24 日　致信沙汀，劝他不要来北京。“你那里很好，千万不要退掉。……北京房子紧，许多人都在旅馆里。这是你所知道的。”②

28 日　致信周健明。谈到《山乡巨变》和《秘密的中国》的重印，“《山乡巨变》可开始改，但何时能够重版，不是我能作主的。《秘密的中国》的重印问题，我对上海人民出版社几位同志提出过。他们是来约我写文章的，我趁便提出。他们说，回去商量一下，至今无回话。目前出书，没机关统一管理，文化部只管电影、戏剧、美术等等，文学是不管的”。还谈到诗歌和小说的创作，“去年‘四人帮’倒台后，我写了不少东西，单是旧体诗就有七八首，好多未寄出。我也打算译点诗，以备中国诗人的借鉴；但这也是不容易的事，鲁迅也叹其艰难，也许在我是不能做到的事。中国诗歌，五四以来，有一时期，完全抛弃了几千年的传统，对外国东西，也没有机会借鉴；对民间东西，有些人接受了一些，有的人根本不接触；因此，中国诗歌，诗味甚稀薄，形式不完美，有些不过是标语口号。中国小说，发展较好，近年被‘四人帮’破坏，也没有好好向前发展。《金光大道》我看过电影，矛盾太小，太勉强，不大吸引人。又有人说，这部作品没有依据历史唯物主义观点，人物都不是当时历史环境下的产物，所谓更理想，决不是违背恩格斯的‘典型环境的典型性格’这个原则所可做到的”。③

5 月

4 日　致信谢璞，鼓励他创作。“去年我曾返湘，因那时‘四人帮’正横

①② 该信现存中国现代文学馆。

③ 该信由周健明提供。

行中，我不愿给别人和自己惹麻烦，没有访问文学界的任何熟人。‘四人帮’倒台，我又有兴趣提笔了，但还没有写出什么。看到你常有新作，又在创制长篇，非常高兴，希望努力为文苑添植新花。”①

20日　在《人民文学》第5期发表散文《一个伟大文献的诞生》。

6月

27日　在日记中摘抄本日《参考消息》上刊登的“用半导器冷冻法可以干脆利落地剥除白内障的仪器”，另外还摘抄了一则“止瘤偏方”。②

7月

25日　接见来访者，谈30年代有关两个口号论争的一些情况。

8月

11日　致信周健明。谈到对何其芳与张化任的逝世感到难过，“到了老年，人就会常常听到这类不幸的消息，因而受到一种精神上的冲击。我想起了陆放翁晚年的诗句‘旧事已无人共说，征途犹与梦相联。’说得多好啊！熟人越来越少，只有青年时期跃马挥鞭的梦了”。信中谈到近期做的工作，“最近我把《暴风骤雨》英译本校阅了一遍，起应夫妇劝我不要自己校，并且介绍了一位熟人为我做；林蓝尤其不同意我做这个工作。但我还是自己做了。一个作家，不但要向本国人民负责，也要向外国读者负责。我改正了一些必须改正的错误。这个工作原定三个月，‘四人帮’倒台后，情绪高涨，我只用了一个半月就完成了这三个月的工作，现在准备开始收集战争小说的材料”。③

12日　致信沙汀。对何其芳的离世感到震动和难过。称赞何其芳“是一个认真的博学的文艺作家，一位热情的诗人”。信中谈到30年代的文艺问题：“据我所知，上海复旦等大学文科有些学生在研究鲁迅时，注意了运宜和我都给鲁迅写过信，鲁迅都回了信。我相信，有关三十年代的问题，一定会澄清的。”信中还谈到他最近的创作情况：“《暴风骤雨》我已略加修改，不

---

① 该信由谢璞提供。
② 该日记由周小仪提供。
③ 该信由周健明提供。

久将重版。现在正改《山乡巨变》，也只稍稍改动。在一定的历史条件下产生的东西，不应改动太大了，你以为何如？最近我试着收集一点战争年代的回忆材料，看看能否写一点反映战争生活的小说？”①

21 日　在《光明日报》发表短论《坚持继续革命》。

22 日　致信沙汀。信中谈到他的创作计划和对三十年代文艺问题的看法。“今年写了好几篇小文章，现在打算不再写短文，正开始搜集战争年代的材料；并着手研究毛主席的军事著作；在思想上为创作作些准备。”“毛主席的《讲话》开辟了一个新的时代，但他肯定了鲁迅，也肯定了三十年代的文学艺术是有成绩的。我相信，将来总有一天，人们会出你和艾芜的短篇选集。你们是从三十年代初期就写短篇小说的。解放后，因为担负了工作，你比艾芜似乎写得少一些。我提议，趁现在目力还好，你把你的短篇自己选一个集子，以备将来的出版。‘四人帮’不但践踏了三十年代历史，也否定了《讲话》以后的时代，他们本身和他们的胡说，已被扫进历史的垃圾堆里了。”②

本月

修订后的长篇小说《暴风骤雨》由人民文学出版社重新出版。

9 月

23 日　上午到天安门马克思、恩格斯像前瞻仰。

10 月

7 日　致信沙汀。信中说苏灵扬为他安排了住处，来京可住周扬家。另告诉沙汀“有个编辑告诉我，‘青年出版社’准备出你的《记贺龙》”。③

14 日　致信陈漱渝，对鲁迅 1935 年 12 月 13 日在日记中记载的“得立波信，即复”的来龙去脉进行了说明④，并确认鲁迅日记中的“立波”就是自己。“我一直没有发现鲁迅三五年十二月十三日这段日记。今年七八月，上海复旦大学有两个学生来问我：这段日记中的‘立波’是不是我，我说，是我；

---

①②③　该信现存中国现代文学馆。

④　详见前文 1935 年 12 月 10 日的按语。

那时在上海，写文章时，‘立波’二字上不冠‘周’字。”①

按：陈漱渝本月写信给周立波，向他请教关于鲁迅日记中“得立波信，即复”的情况。陈漱渝回忆：“一九七七年十月，因阅读一九三五年十二月十三日的鲁迅日记，发现有‘得立波信，即复’的记载——这是《鲁迅日记》中唯一提到周立波同志的地方——而周立波同志的这封来信和鲁迅的复信均佚，这就给注释《鲁迅日记》、编写《鲁迅年谱》带来了困难。于是我冒昧地给周立波同志写了一封信，请求他介绍跟鲁迅通迅内容。十月十四日，周立波同志在百忙中热情作复，解决了我学习和工作中的上述难点，使我深受感动。”②

20日　在北京远东饭店参加《人民文学》编辑部举办的短篇小说创作座谈会，并在会上作了题为《关于小说创作的一些问题》的发言。会议由《人民文学》主编张光年主持。这是周立波平反后第一次参加文学界的大型活动。

按：此次会议是“文革”后文学界的第一次聚会，聚集了老、中、青三代作家和评论家。这也是周立波“文革”后参加的第一个文学界的会。时任《人民文学》编辑的刘锡诚回忆了这次座谈会召开的缘由：“我所供职的《人民文学》杂志社的编辑同仁们，在编稿过程中深感‘四人帮’那些文艺教条仍然严重地束缚着作者的头脑，来稿、甚至已发表的作品，‘帮’也还相当浓重。‘文革’前的一大批作家，如沙汀、艾芜，和年纪稍轻一些的王汶石、李準、白桦等，都还没有动起来；一大批被划为右派的作家也还没有出来；编辑部团结的一批中青年作者，如湖北的吉学沛，湖南的萧育轩，陕西的邹志安，河南的叶文玲等，愿意写，但都感到苦恼。鉴于这种创作态势，1977年9月27日一次编辑部碰头会上，副主编刘剑青同志在谈第11期设想时，提出了召开一次短篇小说座谈会的初步设想。”③

周立波参加座谈会是因为他“已经知道，他的老朋友沙汀同志已应邀从四川来京，准备参加会议，就住在西直门南边的国务院二招，老朋友要在这个会上见面了，也高兴地同意了”。④

① 周立波：《有关鲁迅的两封短信》，载《鲁迅文丛》1980年第1辑，第66页。
② 陈漱渝：《谈谈我收到的几封信》，载《鲁迅文丛》1980年第1辑，第69页。
③④ 刘锡诚：《渴望自由的立波》。

按：刘锡诚回忆了周立波参加座谈会时的情形。“这是他自‘文革’以来第一次应邀出席文学会议，所以他积极准备了一份发言稿。他的发言的题目是‘关于小说创作的一些问题’，旁征博引、细致入微地阐述小说的艺术。他的发言很慎重，富有逻辑性和说明力，但也显得很拘谨，很像当年在延安鲁艺讲授外国文学的那个老师。他那种与生俱来的文质彬彬的书生气质，和博学多才的文学造诣，特别引起到会者的敬重。他事先阅读了编辑部提供的一些比较好的短篇小说，如王愿坚的《足迹》、叶文玲的《丹梅》、贾大山的《取经》等。他对这些青年作者的小说给予了肯定的评价。他说，青年作者们对生活熟悉，反映生活及时，使短篇小说的创作向前迈进了。‘四人帮’这一题材，不仅可以写，而且应该写，现在已出现了几篇不错的作品，如曹大澄所写的小说，比《奥德萨档案》写得要好，但这还仅仅是开始，对‘四人帮’的残酷性揭露得还不够。”同时，周立波还谈到他因《韶山的节日》一文遭到“四人帮”迫害的事件，“因为我在这篇散文里写到了杨开慧，张春桥就给康生写了一份报告，康生又将其转给江青。于是对我的迫害就这样开始了。开始批斗我时，问我毒在哪里？我茫然不知道。他们说，‘你的东西坏到了什么程度？坏到不能登报批评，也不能公开检讨！’因为这篇东西，连当年主持《羊城晚报》的王匡同志都被勒令检讨，陶铸同志也受到连累。”①

同日

写七绝二首赠老友沙汀。

一

西蜀文章老益雄，
清秋霜叶吐深红。
纵横健笔恣情舞，
瑰丽峨嵋映碧空。

二

燕地嘉陵隔万山，
何时再见故人还。
登高遥望峨嵋秀，
别绪离情漫两间。

---

① 刘锡诚：《渴望自由的立波》。

11月

7日　致信陈漱渝，否认《秘密的中国》有鲁迅提供的素材。周立波在信中说："《秘密的中国》有鲁迅提供的素材，此事我无所闻。记得鲁迅在什么文章上提到过基希。基希已牺牲于希特勒之集中营。"周立波还谈道："我打算再版《秘密的中国》译文，想校对一下，但找不到英译本。我自己的一本，早已丢失。"①

按：陈漱渝因见到唐弢的回忆文章中提到基希的《秘密的中国》里有许多素材是由鲁迅提供的，遂写信给周立波，问"作为《秘密的中国》的中文译者，他是否知道鲁迅为该书提供过素材？"同时告诉周立波，"广大读者正期待他和其他一些被'四人帮'长期打击、摧残的老作家重新焕发青春，为人民提供更多更好的精神食粮"。②收到周立波有意愿再版《秘密的中国》的回信后，陈立即联系了天津人民出版社，出版社也很快派人跟周立波进行了商洽。遗憾的是，这一出版计划最终未能实现。

12日　于《光明日报》副刊《文学》刊登在短篇小说创作会议上的发言摘要，并附文《熟悉人是第一位的工作》。

21日　致信沙汀。信中说将去大庆油田学习和参观几天。沙汀在《人民文学》编辑部举办的短篇小说创作座谈会上的发言稿，"《光明日报》还没有发。我已嘱咐他们，请把大样送我看看，也委代为详校，务期不错一个字"，"那次座谈会，《人民日报》和新华社又发了消息，充分表现了以华主席为首的党中央对文艺，对我们的关怀，我们要不辜负中央的殷切期望"。③

22日　致信沙汀。告诉沙汀要成立"文联"和"作协"的消息。"听《人民文学》的同志说，平化同志宣布了要成立'文联'和'作协'等机构，并且已把这事交文化部办。又听说，黄镇同志将任中宣部副部长兼文化部长。这样。文化界就会有一番新气象。平化同志和黄镇同志资历深，既懂行，又都是支持文艺的热心家。"信中谈到他最近的写作情况和当前长篇小说的现状："我准备明年开始写长篇，现在正在修改《山乡巨变》，出版社有意重版这书。现在有些长篇，据灵扬说，比较沉闷和粗糙，有些作家，后来之作往往赶

---

① 周立波：《有关鲁迅的两封信》。
② 陈漱渝：《谈谈我收到的几封信》。
③ 该信现存中国现代文学馆。

不上最初的作品。有些人只写,不‘借鉴’,我认为是原因之一。有些作家中了‘四人帮’的流毒,一时还没有清除。”①

本月

写诗两首,分别题为《赠王震》和《赠王首道》。

写作古体诗《新区石油战士赞歌》,歌颂大庆油田工人的劳动面貌和精神。后发表于1978年《诗刊》的第一期。

按:周立波还给这首诗作了注:“‘三老’‘四严’是大庆创立的规章制度。‘三老’即做老实人,办老实事,说老实话。‘四严’即严密组织,严格要求,严明纪律,严肃态度。”②

12月

11日　致信谭冬梅。信中说“我时常想到你,听说你还在《长沙日报》,希望你常常写点文学评论文章。我因为病,不能多写了。”③

按:谭冬梅曾于1969年与周立波一起在省“五七”总校,对周立波多有照顾,因此结下了深厚的友谊。在北京开会的作家金振林、叶文玲当日去看望周立波时,周立波写了此信托金振林带回湖南转谭冬梅。

18日　参加《人民文学》编辑部召开的“文艺界向‘文艺黑线专政论’开火座谈会”,在发言中批驳“文艺黑线专政论”,同时回顾了两个口号论争的一些情况。

按:此次会议堪称“劫后文坛大聚会”,邀请了100多位曾被称作“文艺黑线人物”的作家、评论家参加,后来刘锡诚回忆:“出席会议的作家中,有多少人是受到严重迫害的,我没有统计;但仅从秦城监狱里活着出来的作家,就有好几位。有的被‘四人帮’打断了腿——夏衍就是拄着双拐来会场的,有的被折磨得精神失常——峻青在监禁期间精神受到严重刺激。整个会场上的人像是从战场上下来的残兵败将一样,令人不堪目睹。”④茅盾、周扬等50多位文艺家在会上发言,批驳“文艺黑线专政论”,郭沫若致了贺信。

---

① 该信现存中国现代文学馆。

② 诗发表时未加注,加注的诗手稿现存中国现代文学馆。

③ 该信由谭冬梅提供。

④ 刘锡诚:《渴望自由的立波》。

20日　在《人民文学》第12期发表《关于小说创作的一些问题》。

23日　致信沙汀。信中说"北京要成立各协，这是平化同志根据各方意见作出的决定，但何时成立，还有不同意见"。并且，"最近中宣部平化同志召开了一个三十年代文艺界座谈会，这会开得好。可能有内部材料"。①

本年

编制转到文化部文艺研究院。

1978年　　70岁

1月

在《湘江文艺》第1期发表散文《〈韶山的节日〉事件的真相》。

按：此文于本年2月1日由《南方日报》转载。《湘江文艺》第1期至第4期发表了多篇对《韶山的节日》一文的平反文章：第1期发表了秦牧的《〈韶山的节日〉一文的奇祸——从一个典型事例戳穿"文艺黑线专政论"的黑幕》；第3期发表了罗瑞卿的关于《韶山的节日》事件的来信；第4期发表了《人民日报》关于《韶山的节日》事件的"编者按"和金尧如的《读罗瑞卿同志关于〈韶山的节日〉事件的一封信有感》。

1月上旬

《暴风骤雨》《山乡巨变》等一批"文革""禁书"在北京图书馆重新开放。

15日　在《黑龙江文艺》第1期发表论文《暴风骤雨的创作》。

在日记中记载，应《红旗》约稿，2月中旬交稿。②

19日　致信益阳市文艺工作团。信中谈到对花鼓戏《山乡巨变》通过重新整理和修改后准备参加全省会演感到高兴，"这是一个好消息，也是在舞台上对'四人帮'的一个有力批判，预祝你们获得成功"。还谈到了对该花

① 该信现存中国现代文学馆。

② 由周小仪提供。

鼓戏的修改意见,“《山乡巨变》花鼓戏,我过去看过几次,印象比较鲜明,但要我提修改意见,现在还不能,希望你们将来把修改本寄我一份,我看后,如有意见,再函告你们”。[①]另外还谈到《山乡巨变》小说正在修改,但改动不大,晚些时候将会重印。

按:益阳市花鼓剧团在“文革”时期改名为“文工团”,后又名“花鼓剧团”。

24日　写七绝诗两首,赠周扬、苏灵扬夫妇。

30日　日记中记载,致信湖南出版社,提议重版《卜春秀》,《亭子间里》不重版。从《三记》[②]中抽出《晋察冀边区印象记》和《战地日记》两部编成一册,交山西出版;《南下记》扩大加《万里征尘》编成一册,交湖南出版。[③]

本月

在日记中记载,天津出版社人来访,允诺将《秘密的中国》书名改为《归中国札记》,校改后,交他们出版。[④]

2月

5日　致信沙汀。信中说胡乔木提议沙汀任社会科学院文学研究所所长,他对此十分赞同,也十分高兴。周立波在信中还提到:“光年同志又云,默涵同志提议,请吴伯萧同志任副所长。吴很能干,可以帮助你多做点事”,“我认为,你在文研所挂个名,还是可以搞创作,让吴多做点事,这倒是很好的安排;最要紧的,你又调北京了,我们可以经常见面,但不知道你自己意见如何”。[⑤]

按:吴伯萧(1906—1983),山东人,翻译过海涅的诗《波罗的海》,发表过散文《战斗的丰饶的南泥湾》《一坛血》《黑红点》《化装》等反映抗战军民英勇斗争的文章,后来这些文章由作家出版社收入在《烟尘集》中,于1955年出版。解放战争至中华人民共和国成立后,吴伯萧曾先后担任东北大学社会科学院副院长、东北师范大学副教务长兼文学院长、东北教育学院副院长、人民出版社副社长兼总编辑、中国文联委员、社会科学院文学研究所副所长

---

① 该信由陈启烈提供。

② 即《战场三记》。

③④ 由周小仪提供。

⑤ 该信现存中国现代文学馆。

等职务。

同日

文化部党组下发文件，同意周立波在作协恢复关系以前先转到文化部文研所。

15日　写七绝诗一首赠胡乔木。

24日至3月8日

被推选为全国政协委员，出席全国政协第五届第一次会议。

4月

24日　致信益阳市花鼓剧团。对《山乡巨变》花鼓戏剧本的修改提出意见："一、不要引起爱挑眼的人们觉得是丑化了贫农。二、对富裕中农的讽刺，也要有分寸，贴在他门上，被他撕掉的标语，应是合作化标语，他不理解的是合作化，对党对毛主席他还是拥护和尊敬的。三、背犁人不是重要角色，背个犁上台，似无必要，又不好看，我想可删。"还谈到《山乡巨变》小说的修改与出版事项，"《山乡巨变》小说已略改（未大改动），交出版社，下半年出版"。

按：陈启烈回忆了《山乡巨变》花鼓戏剧本的修改与上演的过程："一九七六年十月，党中央一举粉碎'四人帮'。我们和《山乡巨变》一起获得了解放。次年年底，《山乡巨变》剧作者刘艳芳同志找我商量，（那时我在学校教书）要我给立波同志写信，重新拿起十年前再改《山乡巨变》剧的计划，为复兴社会主义戏剧舞台贡献力量。我欣然应诺，以剧团的名义，写了一封长信，邮寄北京全国文联转交立波同志，向他汇报将《山乡巨变》剧重新搬上舞台的打算。一九七八年一月十九日，他写来了回信，称把《山乡巨变》剧重新搬上舞台为'一个好消息'，'预祝你们获得成功'。字里行间，洋溢着这位文学巨匠对家乡文艺工作的高度关怀。不久，剧团遵嘱将修改后的油印剧本寄去。当年五月，立波同志派他的侄儿，给剧团送来他四月二十四日写的又一封回信，就剧本的修改原则提了三条意见，并委托省文化局搞戏的同志前来指导排练。六月，省文化局派人来市看戏，提出了具体加工意见。在恢复'双百'方针的锣鼓声中，此剧又出演了四十多场，得到观众的广泛好评。当年秋天，参加地区创作剧目调演，连获十几个集体和个人奖，成为全区获奖最多最高的剧目。《山乡巨变》的修改和再度上演获得了巨大的成功，我急于要把这个喜讯告诉立波同志。正巧，我的一位好友新华社记者曹安固同志回益省亲。我们特地拍了恢复上演的《山乡巨变》剧全套剧照，托他回北京时送到立波同志手中，并代我向他汇报演出的情况和观众的反映。没想到，一个月后曹记者来信说，立波同志病重，医嘱不准会客，托办的事也就无法完成。”①

29 日　致信周健明。“我在被审查期间，有一部分写作材料和稿件曾经集中于专案组，现因创作和整理旧稿，需要这些材料和手稿，请你和有关单位联系查明，开一清单，代我要求省委批准还我。”②

5 月

25 日　修改有关两个口号论争的一些情况的谈话记录稿，在《湘潭大学学报》(社科版)1978 年第 2 期发表。文章回忆了 20 世纪 30 年代“国防文学”口号提出的原因及过程，以及参加“两个口号”论争的一些经历。文章还提到了一些鲜为人知的参加过“两个口号”论争的人物，“两个口号论争时，写文章的人很多，许多人我都不知道，例如刘少奇化名莫文华，写了文章，我到文化大革命中才知道这事。张春桥写了文章，我到‘四人帮’垮台以后才知道。刘少奇的文章，在当时没有什么影响”。

26 日　就上海师范大学中文系印发的《访问周立波谈话记录》和《人民文学》本年一月号发表的周立波在《人民文学》编辑部召开的座谈会上的《发言摘要》写作《一个声明》。《谈话记录》和《发言摘要》记录的都是周立波对 20 世纪 30 年代“两个口号”问题的参与经历和看法。《声明》指责《谈话记录》和《发言摘要》均未经本人校改而擅自印发，并未附上声明信件，“记录者这种随便把我的谈话不经本人校阅和核对，擅自印发全国的行为，不仅是对我个人的政治上的粗暴行为，也是对于学术探讨的态度的不严肃”。《声明》中指出《谈话记录》中有很多错误，“有的是由于对材料的调查不足，我讲错了的，例如我说介绍‘国防文学’与周扬同志无关。现在查明，他在我写那篇介绍以前就介绍了，不过当时我没有看到罢了。记录的有些地方，是他们记

① 笔者 2015 年 3 月 5 日采访陈启烈，陈启烈口述。
② 该信由周健明提供。

错了，或者甚至歪曲了我的原话，例如说，‘两个口号这件事早已作了结论’，‘认为外国人放个屁都是香的’，‘我们是硬把这些作品拉进国防文学作宣传的’，等等。还有关于田汉和阳翰笙的谈话，也是不妥当的”。“研究两个口号论争的问题，我们应当一反‘四人帮’的那种别有用心的态度，那种横蛮无理、颠倒事实的作法，那种唯心主义、夸大和简单化的看法。我们应当采取历史唯物主义的方法，实事求是地全面研究当时的情况，当时的国内外环境，当时第三国际反对法西斯的统一战线的精神，以及上海地下党和以毛主席为首的党中央完全隔绝的困难的处境，从而得出正确的结论，恢复历史的本来面目，这是我对于年轻的同志们的热烈的期望。在卅年代的革命文学运动中，我虽然也做过一些工作，但也有过一些错误，如在两个口号的论争中对鲁迅尊重不够等，这些都是应该作为历史教训来吸取的。”《声明》中还指出《人民文学》发表的有关他的《发言摘要》，“大部分和我的谈话没有出入，但也有两处不符合我的原意。在那发言摘要里，有一处说，周扬同志提倡‘国防文学’和‘王明后来的右倾路线相一致’。我没有说这样的话。我那段话的意思是说，王明左倾机会主义路线发生于1931年到1935年初。王明右倾机会主义路线形成于1938年。而‘国防文学’口号的正式提出是在1936年，和王明两次路线错误都挨不到边。《人民文学》记录在另一处说，‘本来可以不解散左联’，我没有这样地说。解散‘左联’，是否错了？我当时没有提出自己的看法。我只说了，既然鲁迅不赞成解散‘左联’，那就可以把这问题搁一搁嘛；当时的领导同志因为年轻，政治经验不足，不知道搁一搁这种办法”。

27日　参加中国文联全国委员会第三次扩大会议，谈了关于培养文学新人的看法。

按：这次会议还宣布中断活动达10年的中国文联及所属5个协会恢复工作。

6月

写作悼念郭沫若的长诗《魏魏郭老，一代诗宗》，称赞郭沫若为“文章司令”“革命元勋”。

本月

在《湘江文艺》第6期发表报告文学《万里征尘(一)》。

按:《万里征尘》是根据周立波 1944 年跟随 359 旅南征的日记(1944 年 11 月 10 日至 12 月 29 日)整理的日记体报告文学。

因患肺癌,经叶剑英批示,住进中国人民解放军总医院治疗。

7 月

20 日　在《人民文学》第 7 期发表短篇小说《湘江一夜》。《湘江一夜》后被评为全国 25 篇优秀短篇小说之一,并获一等奖。

按:《湘江一夜》作品成型之时,时任《十月》丛书编辑的刘心武曾到周立波家向他约稿。刘心武回忆:"我跟他讲起十几岁的时候读《铁水奔流》的印象。他严肃地说,那部长篇艺术上粗糙,如果能够再版,他想做比较细致的修改。又微微一笑'时间哪里还够哟? 这不是,你也来约我写新的。'我提到读过林蓝的《杨永丽和江林》,还有拍成影片的《祖国的花朵》,他似乎惊异我连林蓝的作品也熟悉,我说来这里也是想跟林蓝约稿,他告诉我林蓝有事外出了。""我还跟周立波提到,读过由他翻译的、苏联作家肖洛霍夫的《被开垦的处女地》。他说,作家最好至少掌握一门外语,能直接阅读原著,对于自己的写作,肯定有好处,他鼓励我学外语,告诉我'口语对作家不那么重要。你能读懂就行。建议先在读上下功夫'"。①刘心武的约稿没能开花结果,周立波"文革"后写的第一篇短篇小说最终发表在了《人民文学》上。

本月

在《湘江文艺》第 7 期发表报告文学《万里征尘(二)》。

8 月

在《湘江文艺》第 8 期发表报告文学《万里征尘(三)》。

9 月

在《湘江文艺》第 9 期发表报告文学《万里征尘(四)》。

10 月

在《湘江文艺》第 10 期发表报告文学《万里征尘(五)》。

---

① 刘心武:《向周立波约稿》,载《文汇报》2015 年 3 月 11 日。

11月

在《湘江文艺》第11期发表报告文学《万里征尘(六)》。

12月

3日　因病不能参加由《文艺报》《文学评论》于12月5日联合举行的"为作家、作品落实政策"大会,为大会写了一封信,信中谴责"四人帮""实行文化专制主义,把一切文艺书籍,一切作品都打成毒草禁锢起来"的罪恶行径,为"粉碎'四人帮'两年多来,被禁止的书刊大都出版了,有的正在出版中"感到高兴,"但可惜评论还没有跟上来。粉碎'四人帮'以后,人民不但争购这些'禁书',争看遭到同样命运的旧戏和旧电影,而且希望在'双百'方针的指引下,大家动手写出反映四个现代化的新作品来"。并写作一首小诗献给会议:"四人帮派狠如狼,绮丽文章一扫光。霹雳一声惊破晓,工农争盼百花香。"①此信由刘锡诚在会上宣读。

按:此次座谈会提出为《山乡巨变》《三里湾》《保卫延安》等长篇小说和《暴风骤雨》等54部电影平反。

1979年　　71岁

1月

4日　湖南省委决定给周立波平反。

按:中共湖南省委发出文件《关于解决文化大革命中几个遗留问题的决定》,对"文革"中几起重大错案给予平反。文件指出:"文革中点名批判周立波、康濯、魏东明、林增平、马积高、羊春秋,给予平反,恢复名誉。"

16日　湖南省委宣传部召开的省直文化系统落实政策座谈会,周立波及其作品《暴风骤雨》《山乡巨变》《韶山的节日》等正式平反。会议由省委宣传部副部长张兰明主持,副部长王驰讲话,周季平、康濯分别代表省文化局、省文联发言。

18日　《湖南日报》第1版发表署名范良钧的长篇文章《〈山乡巨变〉有

① 刘锡诚:《渴望自由的立波》。

何罪》,为《山乡巨变》平反。

2月

17日　湖南省委复议了1975年《关于周立波政治历史问题的审查结论》,认为该结论不当,予以撤销。至于周立波1932年在上海被捕的问题,维持1956年中国作家协会对其所做的结论。

本月

《周立波短篇小说集》由中国青年出版社出版,共收短篇小说32篇,其中《胡桂花》写于1964年,1965年修改,未发表。

《湘江文艺》1、2期合刊发表署名谭冬梅、李震之的长篇文章《农业合作化的壮丽史诗——为〈山乡巨变〉昭雪》。

3月初

致信周扬,声明加入国民党一事属误会,加入共产党的时间需要更改,把1934年9、10月间改为1934年冬或12月。

按:信的原文如下:

周扬同志:

最近湖南省委派人通知我:1976年给我作的结论不当,已予撤销,维持1956年中国作协给我作的结论。这个结论我第一次看见,内容我都同意。只有两个小地方要根据事实更正一下。

一、结论里有下列这句:"一九二七年春,由同学中的共产主义青年团介绍加入国民党,'马日事变'时即脱离国民党。"这个问题本来不大,因为"马日事变"前,国民党是革命外围,但事实是,我并未加入国民党。我认为当共产主义青年团员吴培元是介绍人,但吴培元在大约一九五七年会见我时,否认他曾介绍我加入国民党。他说,不久前,作协一位同志来问这事,他说他清楚记得,没有介绍我入国民党。现在想来,大概在我参加过全班都参加的班的会议,因为挂有孙中山的像,我就误以为自己是入了国民党,而且猜想,我敢接近的朋友吴培元是介绍人,我记得在延安鲁艺东山,我同样也讲过,我在大革命时加入过国民党,这也是自己弄错了的,一并向组织说明。

二、结论还有一句:"出狱后于一九三四年九月十月间在上海经周扬同志介绍入党"。在这里,"九、十月间"应改为"冬"或"十二月"。根据是,我入党后,编入何干之党小组。党员还有梁药之,加上我,归阿英领导。阿英积极，一礼拜开一次会，一共开了四次。即在第二年头一个月里，以后没有开了；阿英也因田汉被捕离沪。这两点声明，你看后，是否转作协党组归档？请你酌处。①

9日　周扬致信张僖，授意中国作家协会将周立波信存档。②

5月

17日　致信益阳地区文联，认为地区文联的刊物以《资水》为刊名比较好，"资水虽不只流经益阳地区，但主流是流经益阳地区。过去武汉曾出过一刊《长江文艺》，长江不仅是流经湖北，以此为借鉴，所以我认为定名为《资水》较好"。信中还说："你们要我为刊物题名，很抱歉，我的字写得不好，加之有病，故请另请高明。关于稿件，近因病，手头无稿，不能应命，甚歉！"

按：周立波后来还是坚持在病中为刊物题写了刊名。

本月

人民文学出版社出版经修订的长篇小说《山乡巨变》。

按：1977至1979年周立波对作家出版社1958年7月出版的长篇小说《山乡巨变》正篇和1960年4月出版的《山乡巨变》续篇进行了修改。

6月

19日　湖南省文联邀请周立波、沙汀来长沙参加将于7月召开的关于30年代文艺问题的讨论会。周立波因病未参加。

7月

湖南人民出版社出版短篇小说集《山那面人家》，共收入23篇作品，是周立波在益阳深入生活时所写，题材反映的都是益阳的农村生活。

8月

29日　因病不能参加即将召开的第四次全国文代会，遗憾之余写下一首小诗献给大会，以代发言。"艺术群英集一堂，放谈国庆好时光。扬眉奋笔歌四化，万里文苑百艳香。"

---

①②　该信现存中国作协档案室。

9 月

14 日　丁玲来医院探视。

25 日　在中国人民解放军陆军总医院逝世，享年 71 岁。

11 月

18 日　周立波的追悼会在北京八宝山革命公墓礼堂举行。胡耀邦、王震、王首道、宋任穷、胡愈之、张平化、夏衍等以及来自文学艺术界的 500 多人参加了追悼会，华国锋、叶剑英、王震、邓颖超、胡耀邦、王首道、茅盾、胡愈之、王昆仑等和各级党委、协会、组织等送了花圈。追悼会由时任中国文联副主席的巴金主持，时任中国文联主席的周扬致了悼词。①

按：悼词全文如下：

中国共产党忠诚的党员，我国无产阶级的优秀作家，第一、二、三届人大代表，第五届政协委员周立波同志和我们永别了。他的逝世是我国文艺界的重大损失，我们怀着十分悲痛的心情悼念周立波同志。

周立波同志原名周绍仪，湖南省益阳县人，1908 年出生于一个中农的家庭里。他 1927 年毕业于湖南省立第一中学，从 1928 年起开始写作活动，1929 年考入上海劳动大学，因参加革命活动被开除学籍。1931 年至 1932 年，立波同志在上海神州国光社当校对，由于参加党领导的工作罢工活动而被捕。立波同志在敌人的监狱和法庭上，表现都是好的。1934 年出狱后，革命斗志弥坚，在上海参加左翼作家联盟，同年参加中国共产党，参与左联领导工作，积极推动革命文学运动，除了写散文、文艺论文外，还翻译了《被开垦的处女地》、《秘密的中国》等文学名著，对推动广大青年走上革命道路起了积极作用。

1937 年抗日战争爆发后，立波同志离开上海，到八路军前线司令部和晋察冀边区，作为战地记者，走遍华北前线，写了《晋察冀边区印象记》等报导八路军英勇抗战的报告文学，受到群众的广泛欢迎，扩大了我党我军的政治影响。1939 年到延安，先后在鲁迅文学艺术学院任教和主编《解放日报》文艺副刊。1942 年参加了延安文艺座谈会。1944 年随王震将军率领的 359 旅南下，参加建立新根据地的斗争。1945 年日本投降后，又随军回师北

① 参阅《五届政协委员、杰出的作家周立波同志追悼会在京举行》，载《人民日报》，1979 年 11 月 19 日。

上，在这次路经两万里、被誉为小长征的艰苦卓绝的征战中，立波同志和359旅的指战员一起，出生入死，在枪林弹雨里经受了严峻考验。

1945年冬，立波同志调中原地区工作。1946年国共和谈期间，调北平军调部中共代表团工作。同年十月去东北参加土改工作。他以这一段丰富的斗争生活为基础，创作了长篇小说《暴风骤雨》，荣获了斯大林奖金。

中华人民共和国成立后，立波同志因参加《解放了的中国》彩色影片的工作，再次荣获斯大林文学奖金。

全国解放后，我党工作重点从农村转到城市，立波同志怀着反映社会主义工业建设的巨大热情，去石景山钢铁厂深入生活，创作了反映我国工业建设恢复时期的长篇小说《铁水奔流》。1955年立波同志任湖南省文联主席兼党组书记期间，回故乡益阳乡下落户，在伟大的农村合作化运动中，创作了反映我国农村社会主义革命的又一部长篇小说《山乡巨变》和反映我国社会主义农村新人新貌的大量短篇小说和散文。文化大革命前夕，江青、张春桥亲自出面，把立波同志歌颂毛主席的优秀散文《韶山的节日》污蔑为毒草。此后，江青又和康生几次点名攻击立波同志，从政治上到创作上对他进行无端的诬陷，使他遭到长期的打击和迫害。立波同志坚持真理，表现了共产党人不屈的斗争精神和高尚品德。1975年在党中央和华国锋同志的过问下，立波同志获得解放。粉碎了“四人帮”后，准备开始他的关于南下战争题材的长篇小说的创作，他先写了短篇小说《湘江一夜》，曾获1978年短篇小说一等奖。令人痛心的是，由于“四人帮”的长期打击迫害，立波同志身心健康受到极大的摧残，终于一病不起，致使他晚年的创作计划未能实现。

立波同志的一生，是一个革命战士的一生，他胸怀坦荡，光明磊落，生活艰苦朴素，作风平易近人，对党对革命忠心耿耿。从他年轻时候开始便坚决跟党走，相信无产阶级革命事业必然胜利。在他整个的革命历程中，他总是把革命利益放在前面，坚决服从革命需要，一生为革命为党做了大量工作，不愧是中国共产党的一个好党员。

立波同志坚决实践毛泽东同志的文艺路线，使文艺创作为无产阶级和劳动人员服务，为我国的文学事业作出了优异的成绩。立波同志的作品，已经成为我国文艺的宝贵财富，将被载入我国革命文学的史册中。

立波同志把自己一生的精力，都贡献给无产阶级的革命文学事业，数十年如一日。他不计较个人的名利地位，不满足于已有的成绩，不把自己的成绩和社会荣誉作为谋私立的资本。为了无产阶级的革命文学事业，甘愿和群众一起过艰苦的生活，这是他在文学上始终保持着旺盛的热情和丰富的创造力，并且不断取得新的成绩的一个重要原因。

立波同志和我们永别了！我们失掉了一位好战友，我们文学战线失掉了一位好战士。让我们化悲痛为力量，学习立波同志的革命精神和高尚品质，为繁荣我国文学事业，为实现我国四个现代化的宏伟目标而努力奋斗吧！①

① 该悼词原文现存中国作协档案室，《人民日报》曾于 1979 年 11 月 19 日部分转载此文。

谱　后

1979 年

10 月

12 日　在《文艺报》本年第 10 期发表诗歌《祝第四次文代会召开》，署名周立波。本诗写于 1979 年 8 月 29 日。

11 月

30 日　《社会科学战线》第 4 期发表刘锡诚的长篇文章《谈〈暴风骤雨〉及其评价问题》。

按：刘锡诚回忆，《湘江文艺》曾约他写一些关于《山乡巨变》的平反文章，"因涉及当地一些人，他们还是希望由我们北京的人来写，他们宁可提供材料。为此，《湘江文艺》的负责人张盛裕同志为我提供了当年《湖南日报》等批判《山乡巨变》的有关资料，并多次来信催促我把文章写出来。出于义愤和责任，我于 1979 年 5 月 7 日写完了一篇《谈〈暴风骤雨〉及其评价问题》的长文，批驳了污蔑不实之论，恢复了这部中国新文学史上的重要作品的地位和名誉"。①

1980 年

1 月

1 日　《芙蓉》创刊号发表散文《长沙大火前后》，本文写于 1976 年冬。

---

① 刘锡诚：《渴望自由的立波》。

2 月

20 日 《人民文学》第 2 期发表散文《朱总司令事迹片断》，本文写于 1977 年秋。

3 月

《鲁迅研究文丛》第 1 辑发表《有关鲁迅的两封短信》。第一封信写于 1977 年 10 月 14 日，第二封信写于 1977 年 11 月 7 日。

4 月

10 日 《诗刊》第 4 期发表札记《读诗杂拾》，于 1978 年 12 月至 1979 年 1 月在病房作，原题为《诗歌片语》。

5 月

23 日 《收获》第 3 期发表《诗二首》。第一首写于 1965 年，第二首写于 1964 年。

7 月

15 日 《新港》发表散文《毛主席的青少年时代》。本文写于 1977 年 5 月 20 日。

10 月

《小溪流》第 2 期发表散文《小宜子打电话》。本文写于 1961 年 9 月。

1981 年

3 月

译著《秘密的中国》由群众出版社出版。

9 月

湖南人民出版社出版《周立波小说选》，收短篇小说 35 篇。

1982年

2月

上海文艺出版社出版《周立波文集》,共5卷,由林蓝编辑,历时5年。林蓝写了《〈周立波文集〉编后记》发表于1981年11月20日出版的《人民文学》第11期。《编后记》中说:“此五卷中,根据立波同志病中的嘱咐,参照东北读者的意见,对《暴风骤雨》的个别方言口语作了修订;对发表前未经他过目的《万里征尘》这一原始日记的初步整理稿,在文字上作了某些改动。其余各书,均按原稿和原来的版本付印。”“两年来,为搜集、查找、编辑修订和校注立波同志一生几百万字的文稿,在伤痛隐隐、余哀漠漠的心情下,倏忽之间,已送走了两个寒冬与春夏。在这倾注着立波同志毕生心血、历经几个革命时候、时越五十年的字里行间,留下了我的无尽的忆念和模糊的泪迹。谨以即将陆续出版的此文集五卷,作为采有那逝去的岁月中的悲苦与欢乐之花,捧献在立波同志的灵前。”

1983年

3月

湖南人民出版社出版林蓝编辑的《周立波选集》,共七卷,其中包括短篇小说卷、长篇小说卷(2卷)、散文诗歌卷、报告文学卷、文学论文卷和翻译作品卷。

8月

湖南人民出版社出版李华盛、胡光凡编辑的《周立波研究资料》。

1984年

8月

上海文艺出版社出版由林蓝编辑的《周立波三十年代文学评论集》,收论文 53 篇。周扬写序言《怀念立波》。

本月

上海文艺出版社出版林蓝编辑的《周立波鲁艺讲稿》。林蓝作《校注附记》,对周立波的"名著选读提纲"进行了介绍和评价,并对此书的整理过程作了详细的说明。"延安当年物资极端匮乏。立波同志的这些讲稿,是在那时书籍奇缺、难以找到参考资料的情况下,是在那时极为珍贵的棉籽油的昏黄闪烁的灯苗下,是在那时视为最高级的各色油光纸上,是在那时鲁艺东山窑洞里的无数寒冷的冬夜与凉爽的夏日写成的。在讲稿上那些细小难辨的密密麻麻的字里行间,倾注着立波同志为党培养文艺接班人的无尽的赤诚和心血!当时,立波同志讲授的'名著选读',不仅使文学系的同学为之痴迷,也受到其他各系同学及教职员工的热烈欢迎,大大提高了同学们的文学知识和欣赏写作水平。故此,解放后,工作在全国各条文化战线上的延安鲁艺的老同志们,每当回忆起在延安鲁艺度过的可贵的青春岁月时,必然要谈起立波同志的'名著选读'课,都对立波同志怀有深切的尊敬之情。"①"此讲稿并非成文,只是立波同志供自己讲课时用的详细提纲。因此,稿上横拉竖划,各种标注和补写的段落,杂乱地填满了纸页的每一处空白;并间以英文的引语,或德文、法文的书名与人名;再经过战争岁月与十年浩劫的消损与磨毁,许多字迹模糊不清,以致难以辨识的程度犹如'天书',致使此讲稿的整理工作艰辛无比,断断续续地进行将近一年之久。"②

按:《周立波鲁艺讲稿》的译注者之一李明滨回忆,周立波逝世后,林蓝想把周立波在延安鲁艺时的讲稿整理、出版,讲稿的内容大部分涉及外国文学,而且使用了很多简字、代号和外文,需要进行辨识和注解。林蓝不懂外文,便到北大想寻请一位外语系教师进行协助。听了林蓝来意后,当时在北大讲授俄国文学史的李明滨便约了讲授西欧文学史的孙凤城一同来做。他们初次见到手稿时,"只见讲稿用印有方格的各色油光纸竖行写成,纸张有大有小,有的是简要的讲稿,有的是讲课提纲,有的仅列篇名或章、节名,还有的是残稿,字迹辨认起来相当困难。用的纸是久违了的那种油光纸,我在抗战时期上小学用的练习本就是那种纸,质地发脆,正面光滑,背面布满小小的纸颗粒,用铅笔写时要

① 林蓝:《〈周立波鲁艺讲稿〉校注附记》,载《周立波鲁艺讲稿》,上海文艺出版社,1984 年,第 159—160 页。

② 同上书,第 161—162 页。

小心躲开小颗粒，以免划破纸面。由此足见延安时期物质条件的困难”。①因为讲稿的22讲中俄国文学部分有约10讲，占了全稿的三分之二，后来孙凤城便不去了。李明滨说：“在1981—1982年有整一年时间，我多次来到南沙沟公寓，有时要呆一整天，大量的工作是辨认字迹和读解原意。讲稿并非都是成文，仅系讲课的详细提纲。讲课前后随时补充，增删。所有稿纸上打了各种标记，加入许多段落，随意填写在稿纸上，几乎占满了一切空白处，也有许多英、德、法文的书名与人名，包括作品主人公的名字，以及收入的英文句、段。讲稿经年累月随主人南征北战，时间的磨损，已令字迹模糊。故此需要反复读诵和猜度，直至与人共同讨论确认。整理的工作最为艰难。”②

1986年

10月

湖南文艺出版社出版湖南省社会科学院文学所研究员胡光凡所著的《周立波评传》。

11月

16日　由湖南省社会科学院牵头，省文联、省社联、湖南省作家协会、省文化厅、省出版局、湖南师范大学、湘潭大学、湖南教育学院、湘潭师范学院、长沙水电师范学院、湖南文艺出版社、益阳地区文联等单位共同发起召开全国首次周立波学术讨论会，100多名学者、教授、作家、编辑参加。会议前三天在周立波故乡益阳召开，后三天在长沙蓉园宾馆5号楼召开。此次研讨会主要集中讨论了周立波小说创作的艺术风格、审美情趣、人物形象和语言特点等问题，将周立波研究推向了高潮。

1987年

5月

湖南文艺出版社出版首次周立波学术讨论会论文选集《战士、作家、学

---

① 李明滨：《周立波荣获斯大林文学奖的历史回顾》，载《湖南城市学院学报》，2008年第6期。

② 李明滨：《〈周立波鲁艺讲稿〉整理经过》，载邹理主编：《周立波评说——周立波研究与文化繁荣学术研讨会文集》，长江文艺出版社，2013年，第278页。

者》，由王驰、胡光凡、李华盛编，共收入论文 36 篇。

1988 年

为纪念周立波诞辰 80 周年，益阳市委市政府请雕塑家朱惟精在南京铸造周立波坐在扁担上的铜像，该铜像高 4 米、重 6 吨，于 1989 年安放在益阳市景区会龙山。

1995 年

5 月

花山文艺出版社出版长篇小说《暴风骤雨》。

1997 年

12 月

《暴风骤雨》作为红色经典之一由人民文学出版社出版。

2002 年

12 月

25 日　林蓝因病在医院辞世。

2004 年

6 月

25 日　周立波故乡湖南省益阳市成立三周（周谷城、周扬、周立波）研究会。

2005年

5月

《暴风骤雨》《山乡巨变》作为“中国当代长篇小说藏本”由人民文学出版社出版。

按：新中国成立至1966年十余年间，我国长篇小说创作盛极一时，涌现了大量讴歌土地改革、抗日战争、解放战争及社会主义建设等不同历史时期我国人民不畏牺牲、艰苦奋斗的抗争历程和积极向上的精神风貌的作品，在中国当代文学史上具有非常重要的地位。它们的艺术魅力感染了几代读者，历经时间的打磨，流传至今。人民文学出版社为了展现那个时代中国长篇小说的源流和创作面貌，编辑出版了“中国当代长篇小说藏本”丛书。本套丛书收集了《青春之歌》《太阳照在桑干河上》《创业史》《三里湾》《艳阳天》《暴风骤雨》《林海雪原》《大波》《山乡巨变》《上海的早晨》《敌后武工队》《三家巷》《欧阳海之歌》《保卫延安》《苦菜花》《红旗谱》《铁道游击队》《高玉宝》《平原枪声》《风云初记》等长篇小说。

2006年

8月

24日　由中国新文学学会、湖南城市学院、湖南师范大学中文系、益阳三周研究会联合召开的“周立波创作与中国乡土小说”学术研讨会在益阳市举行。本次研讨会探讨的是周立波的创作与中国乡土小说的关系，并把周立波的小说放到了中国乡土文学发展中进行研究，为周立波研究开拓了一个新的视角。有100多名学者、教授和作家参加了这次研讨会。

本月

湖南人民出版社出版《周立波故乡生活短篇小说集》，收入短篇小说23篇。

2007 年

8 月

中国文联出版社出版论文集《永远的周立波，不了的乡土情》，收入“周立波创作与中国乡土小说”学术讨论会论文 50 多篇。

2008 年

9 月

15 日　由三周研究会筹备主办的纪念周立波百周年诞辰学术讨论会在益阳市召开，来自全国各地 60 多余名学者、教授、作家参加。

2009 年

4 月

湘潭大学出版社出版“湖湘文库”之一《周立波作品选》，收入长篇小说《暴风骤雨》及短篇小说、散文、诗歌、文论共 15 篇。

5 月

长篇小说《暴风骤雨》作为“红色经典，励志中国”丛书之一由吉林省时代文艺出版社出版。

7 月

人民文学出版社出版长篇小说《暴风骤雨》。

2012 年

8 月

15 日　由中国新文学学会、益阳三周研究会筹备召开的“周立波研究与文化繁荣”学术研讨会在益阳举行。100多名学者、教授、作家参加会议，会议论文集《周立波评说》由湖北长江文艺出版社出版。

2013年

1月

人民文学出版社出版“朝内人文文库”当代长篇小说之一《暴风骤雨》。

11月

中国民主法制出版社出版长篇小说《暴风骤雨》。

2015年

8月

中国青年出版社出版长篇小说《暴风骤雨》。

2018年

10月

中共益阳市委、益阳市人民政府举办周立波诞辰110周年纪念活动。在纪念周立波诞辰110周年学术研讨会上，参会学者研讨了周立波的文学书写、世界眼光与社会史意义等，重点讨论了《山乡巨变》的重新解读问题。

2019年

12月

中国社会科学院文学研究所“20世纪中国革命与中国文学创新团队”与湖南省社会科学院、湖南省作家协会等联合举办的“周立波与中国现当代文学”学术研讨会在长沙召开。会议研讨了周立波的文学史意义、周立波小说创作与现实经验之关系、周立波翻译和以周立波为例的革命历史语境下的中国现当代文学研究等问题，为周立波研究在新的语境、方法与视野下进一步探索了新的路径。

征引文献

专著：

艾芜：《艾芜文集》第1卷，四川人民出版社，1981年。

蔡元培：《蔡元培全集》第六卷，浙江教育出版社，1998年。

陈明远：《知识分子与人民币时代》，文汇出版社，2006年。

程远主编：《延安作家》，陕西人民教育出版社，1992年。

贺友直：《纸上做戏》，《读库》出品，2008年。

贺仲明：《何其芳评传》，南京大学出版社，2012年。

胡光凡：《周立波研究资料》，湖南文艺出版社，1983年。

胡光凡：《周立波评传》，湖南文艺出版社，1986年。

荒煤、沙汀：《左联纪念集1930—1990》，百家出版社，1990年。

黄秋耘：《黄秋耘文学评论选》，湖南人民出版社，1983年。

李华盛、胡光凡编：《周立波研究资料》，知识产权出版社，2010年。

李洁非、杨劼：《解读延安——文学、知识分子和文化》，当代中国出版社，2010年。

李景彬：《周立波代表作》，黄河出版社，1989年。

李云峰：《湖南名校志》，湖南人民出版社，2000年。

林曼叔著：《中国当代文学史稿1949—1965》，法国巴黎第七大学东亚出版中心，1987年。

鲁迅：《鲁迅全集》第十三卷，人民文学出版社，2005年。

罗果夫主编：《普希金文集》，时代书报出版社，1947年。

茅盾：《世界文学名著讲话》，开明书店，1936年。

毛泽东：《毛泽东选集》，人民出版社，1977年。

[美]米契尔·布赖克福特著，刘山等译：《卡尔逊与中国》，三联书店，1985年。

任立、周信：《湖南省志第十七卷·教育志》，湖南教育出版社，1995年。

［美］史沫特莱著，孟胜德译：《史沫特莱文集》，新华出版社，1985年。

舒群：《西线随征记》，上海杂志公司，1938年。

束沛德：《岁月风铃》，江苏文艺出版社，2006年。

孙家杰编：《益阳之胜地与名人》，益阳民报社，1946年。

孙坤荣、赵登荣编选：《基希报告文学选》，外国文学出版社，1984年。

孙美玲编选：《肖洛霍夫研究》，外语教学与研究出版社，1982年。

孙中田、周明编：《茅盾书信集》，文化艺术出版社，1988年。

王驰主编：《战士作家学者》，湖南文艺出版社，1988年。

汪流：《中外影视大词典》，中国广播电视出版社，2001年1月。

王元培：《抗战时期的延安鲁艺》，广西师范大学出版社，1999年。

王增如、李向东编：《丁玲年谱长编》上卷，天津人民出版社，2006年。

文天行等编：《中华全国文艺界抗敌协会史料选编》，四川省社会科学院出版社，1983年。

夏杏珍：《共和国重大文化纪事》，九州出版社，2013年。

夏衍：《巨星永放光芒——夏衍杂文随笔集》，三联书店，1980年。

萧军：《萧军全集》，华夏出版社，2008年。

［苏］肖洛霍夫著，草婴译：《肖洛霍夫文集》第八卷，人民文学出版社，2000年。

萧乾：《未带地图的旅人》，中国文联出版公司，1991年。

邢小群：《丁玲与文学研究所的兴衰》，山东画报出版社，2003年。

许广平：《鲁迅回忆录》，作家出版社，1961年。

徐懋庸：《徐懋庸回忆录》，人民文学出版社，1982年。

杨绛：《我们仨》，三联书店，2004年。

张有煌主编：《以群文艺论文集》，上海文艺出版社，1983年。

张永健主编：《永远的周立波，不了的乡土情》，中国文联出版社，2007年。

［美］珍妮斯·麦金龙、斯蒂芬·麦金龙著，汪杉等译：《史沫特莱》，中华书局，1991年。

周健明：《周健明自选集》(上卷)，湖南文艺出版社，2004年。

周宪新主编：《三周解读》，中国当代文艺出版社，2015年。

周仰之：《人间事都付于流风——我的祖父周立波》，团结出版社，2010年。

朱子南：《中国报告文学史》，百花洲文艺出版社，1995年。

庄汉新著:《周立波生平与创作》,光明日报出版社,1985年。

邹理主编:《周立波评说——周立波研究与文化繁荣学术研讨会文集》,长江文艺出版社,2013年。

东京大学中国文学研究室编:《中国名著鉴赏与批评》,东京劲草书房,1962年。

《王震传》编写组:《王震传》,人民出版社,2008年。

《"一二九"以后上海救国会史料选辑》,上海社会科学院出版社,1987年。

中共中央文献研究室编撰:《毛泽东年谱(1949—1967)》第五卷,中央文献出版社,2013年。

中共中央文献研究室编:《周恩来年谱》(上卷),中央文献出版社,1998年。

中共中央文献研究室:《建国以来重要文献选编》第十五册,中央文献出版社,1997年。

中央档案馆编:《解放战争时期土地改革文件选辑》,中共中央党校出版社,1981年。

《中外新闻名著鉴赏大辞典》(上卷),新华出版社,2001年。

期刊:

阿英:《第一次文代会日记》,载《新文学史料》,1978年第1期。

陈瘦竹:《唆罗诃夫的近作〈处女地〉》,载《国闻周报》,1936年13卷5期。

陈漱渝:《谈谈我收到的几封信》,载《鲁迅文丛》,1980年第1辑。

陈友谅:《托翁的生涯和他的思想》,载《东方杂志》,第25卷第19期。

谌震:《记湖南〈抗战日报〉》,载《新闻资料研究》,1982年第6期。

[日]川口浩著,冯宪章译:《德国的新兴文学》,载《拓荒者》,1930年2月10日。

[日]川口浩作,沈端先译:《报告文学论》,载《北斗》第2卷第1期,1932年1月20日。

方来:《〈七七报〉和它的三任社长》,载《党史天地》,2000年第4期。

费鉴照:《爱尔兰作家乔欧斯》,载《文艺月刊》第3卷第7号,1933年1月1日。

冯牧:《窄的门和宽广的路》,载《中国作家》,1988年第2期。

葛涛:《抗战期间解放区纪念鲁迅的活动》,载《中共党史资料》,2007年第1期。

古远清:《"为政治而文学"的叶青》,载《武汉文史资料》,2001年第8期。

郭小蕙整理:《郭小川日记(1957·中)》,载《新文学史料》,1999年第3期。

郭小蕙整理:《郭小川日记(1959·下)》,载《新文学史料》,1999年第4期。

胡秋原:《论鲁迅并说到周扬》,载《中华杂志》,1982年11月号。

胡慧翼、温儒敏:《第一次"文代会"与新文学传统的规范化阐释》,载《河北学刊》,2008年5月第28卷第3期。

黄静汶:《我所知道的赤色革命互济会》,载《武汉文史资料》,2011年第9期。

黄秋耘:《谈〈铁水奔流〉》,载《光明日报》,1955年11月19日。

金振林:《"外调"巴金——谈周立波、蒋牧良》,载《新文学史料》,2007年第3期。

鞠新泉:《论神州国光社的政治意图与文化策略(1930—1933)》,载《历史教学》,2009年第4期。

康濯:《徐水人民公社颂》,载《人民日报》,1958年9月1日。

[苏]劳格司门著,唐弢译:《普式庚的流行之基础》,1937年《译文》新2卷第6期。

李焕之:《回忆在延安时的新秧歌运动》,载《文史精华》,1996年第2期。

李明滨:《周立波荣获斯大林文学奖的历史回顾》,载《湖南城市学院学报》,2008年第6期。

黎辛:《延安文艺座谈会的前前后后》,载《纵横》,2002年第5期。

梁秋川:《浩然与周立波》,载《中国文化报》,2015年7月22日。

林默涵述,黄华英整理:《胡风事件的前前后后(林默涵问答录之一)》,载《新文学史料》,1989年第3期。

刘锡诚:《渴望自由的立波》,载《南方文坛》,1998年第2期。

刘心武:《向周立波约稿》,载《文汇报》,2015年3月11日。

鲁迅:《文艺与政治的歧途》,载《新闻报》,1928年1月29日。

罗之扬:《晋察冀边区印象记》,载《全民周刊》,1938年7月2日。

马前卒:《一株攻击党的领导的大毒草——评〈改选〉》,载《人民文学》,1958年9月号。

茅盾:《〈人民文学〉发刊词》,载《人民文学》,1949年第1卷第1期。

茅盾:《反映社会主义跃进的时代,推动社会主义时代的跃进》,载《人民文学》,1960年8月。

茅盾:《"左联"的解散和两个口号的论争——回忆录(十九)》,载《新文学史料》1983年第2期。

毛泽东:《关于红楼梦研究问题的信》,载《安徽师范大学学报》,1974年第1期。

梅方义:《回忆〈神州国光社〉与〈时代日报〉》,载《中华杂志季刊》,1993年12月号。

逄增玉:《三十年代左翼"牢狱文学"》,载《粤海风》,2007年第5期。

彭仲夏、谭士珍:《四位湘籍名作家返乡忆旧》,载《中国文化报》,2012年8月29日。

企:《"国防文学"》,载《大晚报·火炬》,1934年10月2日。

饶曙光:《人生与艺术的多重变奏——缅怀谢铁骊导演》,载《文艺报》,2015年7月13日。

邵荃麟:《关于〈作家通讯〉》,载《作家通讯》,1953年6月30日。

孙秉富:《〈人民文学〉七月号上的几株毒草》,载《人民文学》1958年10月号。

唐群雄:《郭亮:一盏永不熄灭的灯》,载《长沙晚报》,2011年12月2日。

唐弢:《风格一例——试谈〈山那面人家〉》,载《人民文学》,1959年7月号。

陶铸:《革命现代戏要迅速地全部地占领舞台——一九六五年八月十五日在中南区戏剧观摩演出大会闭幕会上的总结报告》,载《中国戏剧》,1965年8月。

涂光群:《严文井——一个真正的人》,载《新文学史料》,2006年第3期。

汪朝光:《军调部论述》,载《军事历史研究》,1998年第4期。

王德芬:《萧军在延安》,载《新文学史料》,1987年第4期。

王景山:《我所知道的中央文学研究所和所长丁玲》,载《新文学史料》,2002年第4期。

王礼锡:《战时日记》,载《读书杂志》,1932 年第 2 卷第 4 期。

文热心、李敏、周如冰:《王震:铁军南下二万里》,载《湖南日报》第 7 版,2015 年 9 月 12 日。

吴蒙:《略谈〈秘密的中国〉》,载《中流》第 1 卷第 3 期,1936 年 10 月 5 日。

萧军:《第八次文艺月会座谈拾零》,载《文艺月报》,1941 年 7 月 1 日。

谢铁骊:《往事难忘怀——忆夏公与〈早春二月〉》,载《电影艺术》,1999 年第 4 期。

谢蔚明:《访中央文学研究所》,载《文汇报》,1951 年 1 月 16 日。

谢文清:《我在解放战争中的三年采访》,载《炎黄春秋》,2007 年第 11 期。

谢文耀:《我们在卢沟烽火中的要求》,载《七七报》,1939 年 11 月 20 日。

邢方群:《主编〈中国青年〉10 年的杂忆》,载《新闻研究资料》,1992 年第 2 期。

徐家俊:《周立波在狱中》,载《钟山风雨》,2003 年第 6 期。

许觉民:《忆桂林〈救亡日报〉的人和事》,载《出版史料》,2003 年第 1 期。

徐庆全整理:《周扬关于三十年代"两个口号"论争给中央的上书》,载《鲁迅研究月刊》,2004 年 10 月。

徐行:《评"国防文学"——张尚斌:〈"国防文学"和民族性〉》,载《礼拜六》第 128 号,1936 年 2 月 22 日。

雪苇:《〈在医院中〉、〈麻雀〉及其它》,载《解放日报》,1941 年 12 月 5 日。

阎钢:《作家与稿费》,载《文史博览》2004 年第 10 期。

严文井:《评过去四期〈草叶〉上的创作》,载《草叶》,1942 年 7 月 1 日。

严文井:《心灵的回忆:忆延安》,载《人民日报》,2002 年 5 月 23 日。

姚时珍:《一桩不应忘记的往事》,载《湘潮》,2010 年第 5 期。

袁可嘉:《西方现代主义在中国》,载《文学评论》,1992 年第 4 期。

袁殊:《报告文学论》,载《文艺新闻》,1931 年 7 月 13 日。

张光年:《题材问题》,载《文艺报》,1961 年第 3 期。

张铁夫:《普希金与中国》,载《俄罗斯文艺》,1999 年第 2 期。

张再:《我所知道的"中苏友好协会"始末》,载《中共党史资料》,2008 年第 4 期。

赵浩生:《周扬笑谈历史功过》,载《新文学史料》,1979 年第 2 期。

赵振鹏:《劳动大学的回忆》,载《传记文学》第 37 卷第 4 期。

郑振铎:《现代的斯堪德那维亚文学》,载《小说月报》,1929 年 8 月。

芝:《推荐暴风骤雨》,载《生活报》,1948 年 5 月 11 日。

[日]中野重治著,陶晶孙译:《德国新兴文学》,载《大众文艺》,1930 年 3 月 1 日。

周楞枷:《一个疑问》,载《文学青年》创刊号,1936 年 4 月 5 日。

周扬:《整顿文艺思想,改进领导工作》,载《人民文学》,1952 年第 1 期。

周允中:《周立波与我父亲的一场磨擦》,载《世纪》,2006 年第 2 期。

朱建国:《勃兰兑斯对鲁迅文学史研究的启发性意义》,载《鲁迅研究月刊》,2014 年第 2 期。

《文学界》(创刊号),1936 年 6 月。

《〈暴风骤雨〉座谈会记录摘要》,载《东北日报》,1948 年 6 月 22 日。

《编辑部的话》,载《文艺报》,1951 年 3 月 10 日。

《响应抗美援朝总会三项号召:推行爱国公约,捐献飞机大炮,优待烈军属!》,载《人民音乐》,1951 年第 5 期。

未刊稿:

周立波《自传》。

周立波《反省笔记》。

周立波《补充说明》。

《看了〈解放了的中国〉所提意见》,现存中央档案馆。

《周立波在文艺干部整风学习第九次会议上的发言》,现存中央档案馆。

《周立波荣获斯大林奖授奖仪式上的发言》,现存中央档案馆。

《在祝贺波兰共和国国庆广播节目上的贺词》,现存中央档案馆。

《周立波 1954 年度作家工作计划调查表》,现存中央档案馆。

《1957—1967 年的十年规划》,现存中央档案馆。

《周立波在青年作家学习会上的讲话》(周立波讲话稿),现存中央档案馆。

《政治与文艺的关系——在湖南省第二次文代会上的发言》(周立波讲话稿),1958 年 5 月 25 日,现存湖南省档案馆。

《关于当前文艺创作的几个问题》(周立波讲话稿),1958 年 11 月 3 日,湖南省委保密委员会存档材料(胡光凡提供)。

《作家深入生活的方式与写作题材可以多样化——湖南省文艺创作会上的讲话》(周立波讲话稿),1961年7月18日,湖南省委保密委员会存档材料(胡光凡提供)。

《对大跃进左倾错误中有关创作问题的反思——在中国作家协会第3期作家轮训班的发言》(周立波讲话稿),1962年8月30日至9月25日,湖南省委保密委员会存档材料(胡光凡提供)。

《素材积累及其它——湖南青年作者读书会上的讲话》(周立波讲话稿),1962年10月16日,湖南省委保密委员会存档材料(胡光凡提供)。

《周立波、蒋牧良与工农作者谈文艺——湖南重点文学作者读书会的上讲话》(周立波讲话稿),1965年3月26日,湖南省委保密委员会存档材料(胡光凡提供)。

《谈谈音乐创作——湖南音乐工作者协会学习会上的讲话》(周立波讲话稿),1965年7月4日,湖南省委保密委员会存档材料(胡光凡提供)。

《大力培养文艺接班人》(周立波讲话稿),1965年7月20日,湖南省档案馆。

《关于戏剧创作的矛盾与结构问题——在广州部队总医院大礼堂向参加广州会演的湖南省戏剧代表团的讲话》(周立波讲话稿),1965年8月25日,湖南省委保密委员会存档材料(胡光凡提供)。

《谈谈剧本创作——湖南省剧协创作座谈会上的讲话》,(周立波讲话稿),1965年12月27日,湖南省委保密委员会存档材料(胡光凡提供)。

《在益阳看花鼓戏〈山乡巨变〉彩排后的讲话》,湖南省委保密委员会存档材料(胡光凡提供)。

《当前的形势和文艺的任务》,现存湖南省档案馆。

《湖南省文联向湖南省委宣传部的报告》,现存湖南省档案馆。

《中共湖南省第二届代表大会第三次会议大会发言材料之三十五》,现存湖南省档案馆。

《在湖南省文艺创作会议上的讲话》(周立波讲话稿),现存湖南省档案馆。

《关于农村题材小说创作的几个问题》(周立波讲话稿),1962年8月2日至16日,现存中国作协档案馆。

《迎丰公社反革命事件的严重教训——省委对益阳地委报告的批示》,现存益阳市档案馆。

《关于周立波专案有关问题的请示报告》，现存湖南省公安厅档案室。

《关于周立波隔离审查情况报告》，现存湖南公安厅档案室。

《关于解除周立波监护审查的请示报告》，现存湖南公安厅档案室。

《对丁、陈反党集团的批判——中国作家协会党组扩大会议的部分发言》，现存中国作协档案室。

甘融：《省立第一中学创办概况（节录）》，载《湖南省长沙市第一中学校志 1912—1987》。

《湖南省长沙市第一中学校史陈列室文字稿本 1912.3—2002.9》。

中共沅陵县委党史办公室编：《辰州烽火》（内部资料）。

中共尚志市委宣传部编：《中国土改文化第一村》（内部资料）。

李振祥编：《四十七军在湖南"三支两军"纪实》（内部印刷），2004 年 3 月。

2006 年 6 月 12 日笔者与邓焕章的谈话（北京）。

2007 年 12 月 12 日笔者与莫梓群的谈话（益阳）。

2007 年 12 月 23 日笔者与陈年春的谈话（益阳）。

2015 年 4 月 1 日笔者与周萼梅的谈话（益阳）。

2015 年 3 月 5 日笔者与未央的谈话（长沙）。

2015 年 3 月 12 日笔者与陈启烈的谈话（益阳）。

2015 年 4 月 20 日笔者与胡光凡的谈话（长沙）。

2015 年 5 月 8 日笔者与周健明的谈话（长沙）。

2015 年 6 月 17 日笔者与谭冬梅的谈话（长沙）。

2017 年 9 月 1 日笔者与周萼梅的谈话（益阳）。

周小仪提供给笔者的周立波日记。

彭玉霞提供给笔者的回忆材料。

周萼梅提供给笔者的回忆材料。

张镇南提供给笔者的回忆材料。

曹毅前提供给笔者的回忆材料。

王自珍提供给笔者的回忆材料。

周立波致毛泽东信（1950 年 6 月），现存中央档案馆。

周立波致刘少奇信（1950 年 8 月 11 日，1950 年 2 月 21 日），现存中央档案馆。

周立波致袁牧之信（1950 年 8 月 3 日），现存中央档案馆。

周立波致周扬信（1953 年 9 月 22 日），现存中国作协档案室。

周立波致中国作协党组信(1955年11月13日,1956年5月28日),现存中央档案馆。

周立波致林默涵信(1955年12月22日),现存中央档案馆。

周立波致王震信(1977年1月8日),现存中央档案馆。

周立波致谢璞的信(1977年5月4日),谢璞提供。

周立波致谭冬梅的信(1977年12月11日),谭冬梅提供。

周立波致益阳市文工团信(1978年1月19日),陈启烈提供。

周立波致益阳市花鼓剧团信(1978年4月24日),陈启烈提供。

周立波致益阳地区文联的信(1979年5月17日),现存益阳市文联。

周立波致沙汀的信(共13封),现存中国现代文学馆。

周立波给周健明的信(共7封),周健明提供。

外文:

Harold. B. Segel, Egon Erwin Kisch, the Raging Reporter: *A Bio-Anthology*, Purdue Research Foundation, 1997.

Hugh Deane, Evans F. *Carlson on China at War, 1937—1941*, China and Us Publications New York, 1993, p.11.

Keith Williams, *The Will to Objectivity: Egon Erwin Kisch's "Der Rasende Reporter"*, the Modern Language Review, Vol. 85, No. 1 Jan., 1990.

附录一　周立波作品一览表

一、翻译作品

［苏］皮尔阿尼克著，周绍仪译：《北极光》，载《摩登月刊》第 1 期，1930 年。

［苏］顾米列夫斯基著，周起应、立波合译：《大学生私生活》，上海现代书局，1932 年。

［美］马克特温著，立波译：《驰名的跳蛙（一）》，载《申报・自由谈》，1935 年 2 月 7 日。

［美］马克特温著，立波译：《驰名的跳蛙（二）》，载《申报・自由谈》，1935 年 2 月 8 日。

［美］马克特温著，立波译：《驰名的跳蛙（三）》，载《申报・自由谈》，1935 年 2 月 9 日。

［苏］高尔基著，立波译：《论戏剧中的言语》，载《大美晚报・文化街》，1935 年 5 月 13 日。

［美］马克特温著，立波译：《驰名的跳蛙（四）》，载《申报・自由谈》，1935 年 2 月 11 日。

［巴西］洛多巴著，立波译：《贵客（一）》，载《时事新报・青光》，1935 年 7 月 28 日。

［巴西］洛多巴著，立波译：《贵客（二）》，载《时事新报・青光》，1935 年 7 月 29 日。

［巴西］洛多巴著，立波译：《贵客（三）》，载《时事新报・青光》，1935 年 7 月 30 日。

［巴西］洛多巴著，立波译：《贵客（四）》，载《时事新报・青光》，1935 年 7 月 31 日。

［巴西］洛多巴著，立波译：《贵客（五）》，载《时事新报・青光》，1935 年 8 月 1 日。

［巴西］洛多巴著，立波译：《贵客（六）》，载《时事新报·青光》，1935 年 8 月 2 日。

［巴西］洛多巴著，立波译：《贵客（七）》，载《时事新报·青光》，1935 年 8 月 3 日。

［巴西］洛多巴著，立波译：《贵客（八）》，载《时事新报·青光》，1935 年 8 月 4 日。

［巴西］洛多巴著，立波译：《贵客（九）》，载《时事新报·青光》，1935 年 8 月 5 日。

［巴西］洛多巴著，立波译：《贵客（十）》，载《时事新报·青光》，1935 年 8 月 6 日。

［巴西］洛多巴著，立波译：《贵客（十一）》，载《时事新报·青光》，1935 年 8 月 7 日。

［巴西］洛多巴著，立波译：《贵客（十二）》，载《时事新报·青光》，1935 年 8 月 8 日。

［巴西］洛多巴著，立波译：《贵客（十三）》，载《时事新报·青光》，1935 年 8 月 9 日。

［巴西］洛多巴著，立波译：《贵客（十四）》，载《时事新报·青光》，1935 年 8 月 10 日。

［爱尔兰］詹姆斯·乔易斯著，立波译：《寄宿舍（一）》，载《申报·自由谈》，1935 年 9 月 17 日。

［爱尔兰］詹姆斯·乔易斯著，立波译：《寄宿舍（二）》，载《申报·自由谈》，1935 年 9 月 18 日。

［爱尔兰］詹姆斯·乔易斯著，立波译：《寄宿舍（三）》，载《申报·自由谈》，1935 年 9 月 19 日。

［爱尔兰］詹姆斯·乔易斯著，立波译：《寄宿舍（四）》，载《申报·自由谈》，1935 年 9 月 20 日。

［爱尔兰］詹姆斯·乔易斯著，立波译：《寄宿舍（五）》，载《申报·自由谈》，1935 年 9 月 23 日。

［美］帕索斯著，立波译：《美国计划：它的兴起和衰落》，载《知识》半月刊第 1 卷第 7 号，1936 年 3 月 1 日。

［苏］V·吉尔波丁著，立波译：《多勃洛留波夫诞生百年纪念》，载《时事新报·每周文学》，1936 年 3 月 24 日。

［捷克］基希著，立波译：《黄包车！黄包车！》，载《申报周刊》第 1 卷第

13期,1936年4月5日。

[捷克]基希著,立波译:《吴淞废墟》,载《通俗文化》半月刊第3卷第8期,1936年4月。

[捷克]基希著,立波译:《士兵墓地的吉原》,载《文学界》月刊第1卷第1号,1936年6月5日。

[捷克]基希著,立波译:《污泥》,载《文学界》月刊第1卷第1号,1936年6月5日。

[捷克]基希著,立波译:《纱厂童工》,载《文学界》月刊第1卷第2号,1936年7月10日。

[捷克]基希著,立波译:《死刑》,载《文学界》月刊第1卷第3号,1936年8月10日。

[美]帕索斯著,立波译:《西班牙游记》,载《光明》半月刊第1卷第6号,1936年8月25日。

[苏]肖洛霍夫著,立波译:《被开垦的处女地》,上海生活书店,1936年11月。

[俄]普希金著,立波译:《复仇艳遇》,上海生活书店,1937年2月。

[捷克]基希著,立波译:《秘密的中国》,汉口天马书店,1938年4月。

[苏]柯尔佐夫著,立波译:《意大利法西斯蒂在瓜达拉哈拉的遭遇》,载《抗战文艺周刊》第2卷第9期,1938年11月5日。

[苏]亚历山德洛夫著,立波译:《歌曲在苏联红军中》,载《新华日报》,1939年8月17日。

[苏]斯帕斯基著,立波译:《为什么莎士比亚为苏联人民所珍爱》,载《救亡日报》,1939年8月20日。

[美]哥尔德著,立波译:《一个琴师的故事》,载《大众文艺》月刊第1卷第6期,1940年9月15日。

二、评论文章

周绍仪著:《我希望于〈大众文艺〉的》,载《大众文艺》月刊第2卷第4期,1930年5月1日。

张一柯著:《文学中的典型人物》,载《大晚报·火炬》,1934年12月31日。

立波著:《美国市民的嘲笑者的马克特温》,载《申报·自由谈》,1935年1月14日。

张一柯著:《〈文学〉新年号的创作》,载《大美晚报·文化街》,1935 年 1 月 21 日。

一柯著:《一九三四年的日本文坛(上)》,载《大晚报·火炬》,1935 年 1 月 26 日。

一柯著:《一九三四年的日本文坛(下)》,载《大晚报·火炬》,1935 年 1 月 29 日。

立波著:《艺术的幻想》,载《申报·自由谈》,1935 年 3 月 7 日。

立波著:《外国文学中的死》,载《申报·自由谈》,1935 年 4 月 12 日。

立波著:《詹姆斯·乔易斯》,载《申报·自由谈》,1935 年 5 月 6 日。

立波著:《现代艺术的悲观性》,载《申报·自由谈》,1935 年 5 月 23 日。

立波著:《文艺的特性》,载《读书生活》半月刊第 2 卷第 2 期,1935 年 5 月 25 日。

立波著:《诗人马查多的六十诞辰》,载《时事新报·青光》,1935 年 6 月 4 日。

立波著:《一个古巴的半个中国诗人及其作品》,载《时事新报·青光》,1935 年 6 月 11 日。

立波著:《纪念普式庚》,载《时事新报·青光》,1935 年 6 月 14 日。

一柯著:《理论检讨——评苏汶先生的〈作家的主观与社会的客观〉》,载《大美晚报·文化街》,1935 年 6 月 17 日。

立波著:《萌芽五十年》,载《申报·自由谈》,1935 年 6 月 28 日。

立波著:《西班牙文学近况(一)》,载《时事新报·青光》,1935 年 6 月 29 日。

立波著:《西班牙文学近况(二)》,载《时事新报·青光》,1935 年 6 月 30 日。

立波著:《西班牙文学近况(三)》,载《时事新报·青光》,1935 年 7 月 1 日。

立波著:《西班牙文学近况(四)》,载《时事新报·青光》,1935 年 7 月 2 日。

立波著:《西班牙文学近况(五)》,载《时事新报·青光》,1935 年 7 月 3 日。

立波著:《自卑与自尊》,载《太白》半月刊第 2 卷第 8 期,1935 年 7 月 5 日。

立波著:《文学的永久性》,载《读书生活》半月刊第 2 卷第 5 期,1935 年

7月10日。

立波著:《怎样读小说》,载《读书生活》半月刊第2卷第6期,1935年7月25日。

立波著:《肖伯纳不老——为纪念他的生辰作》,载《时事新报·青光》,1935年7月26日。

立波著:《剽窃与删削》,载《时事新报·青光》,1935年7月27日。

张一柯著:《马克特温的读者》,载《大晚报·火炬》,1935年8月8日。

立波著:《最近的波兰文学(一)》,载《时事新报·青光》,1935年8月24日。

立波著:《最近的波兰文学(二)》,载《时事新报·青光》,1935年8月25日。

立波著:《观察》,载《读书生活》半月刊第2卷第8期,1935年8月25日。

立波著:《悼念巴比塞》,载《时事新报·青光》,1935年9月1日。

立波著:《今天的感想》,载《大晚报·火炬》,1935年9月18日。

一柯著:《略谈刘海粟先生的海外画展》,载《大晚报·火炬》,1935年9月19日。

立波著:《选择》,载《读书生活》半月刊第2卷第10期,1935年9月25日。

一柯著:《形象的思索》,载《礼拜六》周刊第610期,1935年10月5日。

立波著:《纪念巴比塞》,载《生活知识》半月刊第1卷第2期,1935年10月20日。

立波著:《中亚诗人沙德内丁·艾尼(上)》,载《时事新报·青光》,1935年10月28日。

立波著:《中亚诗人沙德内丁·艾尼(下)》,载《时事新报·青光》,1935年10月29日。

一柯著:《评〈给初学写作者的一封信〉》,载《大晚报·火炬》,1935年11月4日。

一柯著:《纪念托尔斯泰》,载《生活知识》半月刊第1卷第4期,1935年11月20日。

立波著:《安德森的“谜一般的美国”自述》,载《文艺大路》月刊第2卷第1期,1935年11月29日。

立波著:《替阿Q辩护》,载《读书生活》半月刊第3卷第3期,1935年

12月10日。

立波著:《关于"国防文学"》,载《时事新报·每周文学》,1935年12月21日。

立波著:《我们目前所需要的文学》,载《大晚报·冬至》专刊,1935年12月22日。

立波著:《辟胡适之谬——读了他的〈为学生运动进一言〉之后》,载《大晚报·火炬》,1935年12月23日。

一柯著:《我们也来谈谈:"国防文学"和"国难文学"》,载《大晚报·火炬》,1935年12月30日。

立波著:《一九三五年中国文坛的回顾》,载《读书生活》半月刊第3卷第5期,1936年1月10日。

立波著:《怎么办——给文学者的几句话》,载《知识》半月刊第1卷第4号,1936年1月16日。

立波著:《谈"亡国奴"》,载《大众生活》周刊第1卷第10期,1936年1月18日。

立波著:《四年来的沉痛的教训》,载《大晚报·火炬》,1936年1月28日。

立波著:《"国防文学"和民族性》,载《大晚报·火炬》,1936年2月9日。

立波著:《希望于文学者们——反对漫骂要求团结》,载《大晚报·火炬》,1936年2月10日。

立波著:《亨利福特》,载《新中华》半月刊第4卷第3期,1936年2月10日。

立波著:《非常时期的文学研究纲领》,载《读书生活》半月刊第3卷第7期,1936年2月10日。

立波著:《怎样使国防戏剧运动深入民间》,载《生活知识》半月刊第1卷第10期,1936年2月20日。

立波著:《纪念罗曼·罗兰七十岁生辰》,载《大晚报·火炬》,1936年2月23日。

立波著:《美国计划:它的兴起和衰落》,载《知识》半月刊第1卷第7号,1936年3月1日。

立波著:《读〈南行记〉》,载《读书生活》半月刊第3卷第10期,1936年3月25日。

立波著:《“泰初有为”——读哥德的〈浮士德〉有感》,载《申报·文艺专刊》,1936年4月24日。

立波著:《谈谈报告文学》,载《读书生活》半月刊第3卷第12期,1936年4月25日。

立波著:《我们应该描写什么》,载《读书生活》半月刊第4卷第1期,1936年5月10日。

立波著:《中国新文学的一个发展》,载《光明》半月刊第1卷第1号,1936年6月10日。

立波著:《一个巨人的死》,载《光明》半月刊第1卷第2号,1936年6月25日。

张尚斌著:《为“国防文学的民族性”问题答周楞伽先生》,载《生活知识》半月刊第2卷第4期,1936年6月25日。

立波著:《无可言喻的悲哀》,载《光明》半月刊第1卷第10号,1936年10月25日。

立波著:《一九三六年小说创作的回顾》,载《光明》半月刊第2卷第2号,1936年12月25日。

立波著:《基希所看到的“一·二八”》,载《大晚报·火炬》,1937年1月28日。

立波著:《普式庚的百年祭》,载《现世界》半月刊第1卷第12期,1937年2月1日。

立波著:《科学小品文学家高士其(一)》,载《大晚报·火炬》,1937年2月2日。

立波著:《科学小品文学家高士其(二)》,载《大晚报·火炬》,1937年2月3日。

立波著:《文学的限界和特性》,载《自修大学》两周刊第1辑第4号,1937年3月6日。

立波著:《春天》,载《希望》半月刊第1期,1937年3月10日。

立波著:《西班牙的法西文化》,载《光明》半月刊第2卷第10号,1937年4月25日。

立波著:《在“罗密欧与朱丽叶”座谈会上的发言》,载《大晚报·剪影》,1937年6月13日。

立波著:《为高尔基报仇》,载《群众》周刊第1卷第14期,1938年3月19日。

立波著:《谈阿 Q》,载《中国文艺》第 1 卷第 1 期,1941 年。

立波著:《思想、生活和形式》,载《解放日报》,1942 年 6 月 12 日。

立波著:《后悔与前瞻》,载《解放日报》,1943 年 4 月 3 日。

立波著:《秧歌的艺术性》,载《解放日报》,1944 年 3 月 2 日。

立波著:《答霜野同志》,载《东北日报》,1948 年 2 月 23 日。

立波著:《〈暴风骤雨〉是怎样写的》,载《东北日报》,1948 年 5 月 29 日。

周立波著:《反对美帝扶植日本侵略者》,载《文学战线》月刊创刊号,1948 年 7 月。

周立波著:《纪念鲁迅》,载《知识》半月刊第 9 卷第 1 期,1948 年 10 月 15 日。

周立波著:《谈谈鲁迅先生的杂文》,载《东北日报》,1948 年 10 月 19 日。

周立波著:《思想·文学短论》,光华书店,1949 年 1 月。

周立波著:《〈民间故事〉小引》,载《东北日报》,1949 年 2 月 14 日。

周立波著:《我的两点意见》,载《生活报》第 66 期,1949 年 5 月 1 日。

周立波著:《纪念高尔基》,载《东北日报》,1949 年 6 月 18 日。

周立波著:《现在想到的几点——〈暴风骤雨〉下卷的创作情形》,载《生活报》第 76 期,1949 年 6 月 21 日。

周立波著:《我们珍爱的苏联文学》,载《人民文学》创刊号,1949 年 10 月 25 日。

周立波著:《关于写作》,载《文艺报》第 2 卷第 7 期,1950 年 6 月 25 日。

周立波著:《读书札记》,载《新观察》第 2 卷第 3 期,1951 年 2 月 10 日。

周立波著:《谈方言问题》,载《文艺报》第 3 卷第 10 期,1951 年 3 月 10 日。

周立波著:《关于〈四十八天〉》,载《文艺报》第 3 卷第 11 期,1951 年 3 月 25 日。

周立波著:《〈鲁彦选集〉序言》,载《人民文学》第 3 卷第 6 期,1951 年 4 月 1 日。

周立波著:《关于写英雄人物》,载《河北文艺》第 2 卷第 8 期,1951 年 6 月 1 日。

周立波著:《电影〈锦绣河山〉》,载《中国青年》杂志总第 75 期,1951 年 9 月 29 日。

周立波著:《扑灭法西斯细菌》,载《人民日报》,1952 年 3 月 20 日。

周立波著:《〈暴风骤雨〉的写作过程》,载《中国青年报》,1952 年 4 月 18 日。

周立波著:《谈思想感情的变化》,载《文艺报》第 11·12 号合刊,1952 年 6 月 25 日。

周立波著:《怎样做个通讯员》,载《天津日报》,1952 年 7 月 28 日。

周立波著:《一部真实描写农民向地主斗争的影片——谈匈牙利电影〈一寸土〉》,载《大众电影》第 6 期,1952 年 8 月 10 日。

周立波著:《英雄是从平凡中成长起来的——读〈我的儿子〉》,载《中国青年》第 14 期,1952 年 8 月 16 日。

周立波著:《苏联影片〈在和平的日子里〉观后》,载《人民日报》,1952 年 9 月 25 日。

周立波著:《向光荣的和平烈士致敬》,载《新观察》第 13 期,1953 年 7 月 1 日。

周立波著:《歌颂了工人阶级的先进思想和创造力量——话剧〈四十年的愿望〉观后》,载《人民日报》,1953 年 7 月 10 日。

周立波著:《略谈反映工厂》,载《新观察》第 20 期,1953 年 10 月 16 日。

周立波著:《谈人物创造》,载《文艺月报》第 10·11 月号合刊,1953 年 11 月 1 日。

周立波著:《一部具有重大政治意义和历史价值的影片》,载《大众电影》第 1 期,1954 年 1 月 11 日。

周立波著:《斯大林继续鼓舞着我们前进》,载《文艺报》第 4 号,1954 年 2 月 28 日。

周立波著:《回答〈文艺学习〉编辑部的问题》,载《文艺学习》第 6 期,1954 年 9 月 27 日。

周立波著:《永远和人民同甘共苦》,载《人民日报》,1954 年 10 月 1 日。

周立波著:《谈〈三国演义〉(上)》,载《文艺学习》第 9 期,1955 年 9 月 8 日。

周立波著:《谈〈三国演义〉(下)》,载《文艺学习》第 10 期,1955 年 10 月 8 日。

周立波著:《读〈六十年的变迁〉》,载《人民日报》,1957 年 5 月 8 日。

周立波著:《纪念、回顾和展望》,载《文艺报》第 7 号,1957 年 5 月 19 日。

周立波著:《汉字要改革》,载《文字改革》10 月号,1957 年 10 月 15 日。

周立波著:《关于〈山乡巨变〉答读者问》,载《人民文学》7月号,1958年7月8日。

周立波著:《略谈革命的现实主义和革命的浪漫主义》,载《长沙文艺》4月号,1959年4月。

周立波著:《文学浅论》,北京出版社,1959年6月。

周立波著:《谈通讯报导》,载《长沙日报》,1959年7月1日。

周立波著:《谈创作》,载《光明日报》,1959年8月26日。

周立波著:《继续跃进,反对右倾》,载《学习导报》第17期,1959年9月3日。

周立波著:《读〈红旗歌谣〉》,载《学习导报》第20·21期合刊,1959年11月1日。

周立波著:《关于民族化和群众化》,载《人民文学》11月号,1959年11月8日。

周立波著:《略论题材》,载《文艺报》第6期,1961年6月26日。

周立波著:《集体的智慧》,载《北京晚报》,1961年7月2日。

周立波著:《纪念一个伟大文献诞生的二十周年》,载《湖南文学》5月号,1962年5月1日。

周立波著:《读好两种书》,载《中国青年报》,1962年5月26日。

周立波著:《战斗和建设的赞歌》,载《文艺报》第11期,1962年11月11日。

周立波著:《散文的特点》,载《中国青年报》,1962年11月17日。

周立波著:《当前的形势和文艺的任务》,载《湖南文学》12月号,1962年12月1日。

周立波著:《素材累积及其他——在读书会上漫谈创作一段》,载《湖南文学》1·2月号合刊,1963年2月1日。

周立波著:《亭子间里》,湖南人民出版社,1963年4月。

周立波著:《山里人》,载《文艺报》第5期,1963年5月11日。

周立波著:《为了广大的农民》,载《湖南文学》6月号,1963年6月1日。

周立波著:《高举革命的红旗,反对现代修正主义》,载《文艺报》第6期,1963年6月11日。

周立波著:《读"红"琐记》,载《人民文学》11月号,1963年11月12日。

周立波著:《迎冰曲》,载《文艺报》第4期,1964年4月11日。

周立波著:《欢迎新歌手》,载《羊城晚报》,1965年7月22日。

周立波著:《一个伟大文献的诞生》,载《人民文学》第5期,1977年5月20日。

周立波著:《继续坚持革命》,载《光明日报》,1977年8月21日。

周立波著:《熟悉人是第一位的工作》,载《光明日报》,1977年11月12日。

周立波著:《关于小说创作的一些问题》,载《人民文学》第12期,1977年12月20日。

周立波著:《〈暴风骤雨〉的创作》,载《黑龙江文艺》第1期,1978年1月15日。

周立波著:《深入生活,繁荣创作》,载《红旗》第5期,1978年5月3日。

周立波著:《谈谈培养青年文艺工作者》,载《光明日报》,1978年6月17日。

周立波著:《创作经验漫谈》,人民文学出版社,1979年。

周立波著:《读诗杂拾》,载《诗刊》4月号,1980年4月10日。

周立波著:《周立波文集》(七卷),上海文艺出版社,1983年。

周立波著:《黎明文稿》,四川人民出版社,1983年。

周立波著:《周立波鲁艺讲稿》,上海文艺出版社,1984年。

周立波著:《周立波写作生涯》,百花文艺出版社,1985年5月。

三、散文

小妮著:《买菜》,载《申报·本埠增刊》,1929年11月29日。

雅歌著:《向瓜子》,载《大晚报·火炬》,1934年12月11日。

雅歌著:《游行妓》,载《大晚报·火炬》,1934年12月25日。

雅歌著:《船上》,载《大晚报·火炬》,1934年12月26日。

雅歌著:《汨罗》,载《大晚报·火炬》,1935年1月5日。

雅歌著:《当》,载《大晚报·火炬》,1935年1月21日。

雅歌著:《农家的冬夜》,载《大晚报·火炬》,1935年2月7日。

雅歌著:《二等兵》,载《大晚报·火炬》,1935年4月21日。

雅歌著:《竹林》,载《大晚报·火炬》,1935年5月9日。

立波著:《雨》,载《申报·自由谈》,1935年8月22日。

立波著:《募捐种种》,载《光明》半月刊《战时号外》第1号,1937年9月1日。

立波著:《战时旅行日记》,载《抵抗》3月刊第27号,1937年11月

16日。

立波著:《为叶紫喜》,载《救亡日报》,1939年10月30日。

立波著:《这样纪念高尔基》,载《新中华报》,1940年6月18日。

立波著:《悼田守尧同志》,载《解放日报》,1943年9月10日。

周立波著:《毛主席的心有窝棚大》,载《东北日报》,1948年5月9日。

周立波著:《人不闲一个,地不荒一垄》,载《翻身乐》月刊第4本,1948年6月1日。

周立波著:《老者安之》,载《生活报》第8期,1948年6月6日。

周立波著:《关云风出担架》,载《翻身乐》月刊第6本,1948年8月。

周立波著:《庆祝胜利,我们要打到南京去!》,载《生活报》第38期,1948年12月15日。

周立波著:《叫人永远忘不了》,载《知识》半月刊第9卷第5期,1948年12月15日。

周立波著:《全世界的人心向着斯大林》,载《人民日报》,1950年11月5日。

周立波著:《泰尔曼集体农场》,载《人民日报》,1950年11月5日。

周立波著:《披着人皮的恶鬼——"军调部"工作的回忆》,载《人民日报》,1950年12月17日。

周立波著:《全世界人民祝贺斯大林》,载《中国少年儿童》第30期,1950年12月23日。

周立波著:《托尔斯泰的故乡》,载《人民文学》第3卷第3期,1951年1月1日。

周立波著:《莫斯科工具工厂》,载《人民日报》,1951年1月14日。

周立波著:《莫斯科红军博物馆》,载《人民日报》,1951年1月20日。

周立波著:《庆祝爱伦堡六十岁寿辰》,载《人民日报》,1951年1月28日。

周立波著:《从〈解放了的中国〉的摄制工作中所看到的苏联电影工作者》,载《人民日报》,1951年9月28日。

周立波著:《记森记木厂》,载《人民日报》,1952年4月4日。

周立波著:《忆巴甫连柯》,载《人民文学》本年第11期,1952年11月1日。

周立波著:《我所知道的格拉西莫夫》,载《大众电影》本年第12期,1952年11月10日。

周立波著:《回忆莫斯科》,载《新观察》本年第20期,1952年11月16日。

周立波著:《怀波列伏依》,载《人民日报》,1952年11月28日。

周立波著:《祝贺伟大的斯大林的寿辰》,载《中国青年》杂志本年第22期,1952年12月16日。

周立波著:《在金色的秋天里》,载《人民日报》,1952年12月21日。

周立波著:《苏联札记》,人民文学出版社,1953年4月。

周立波著:《伟大的斯大林同志的丧礼》,载《中国青年报》,1953年4月10日。

周立波著:《我的感激》,载《湖南文艺》第6本,1954年9月15日。

周立波著:《毛泽东同志的故居》,载《北京文艺》创刊号,1955年5月20日。

周立波著:《王秉源和韩文恭》,载《中国青年》杂志本年第20期,1955年10月16日。

周立波著:《一个意义重大的庆祝会》,载《新湖南报》,1956年2月26日。

周立波著:《灯》,载《长江文艺》本年5月号,1956年5月1日。

周立波著:《熊进五和他的蜜蜂》,载《人民日报》,1956年8月10日。

周立波著:《宁乡闻见》,载《人民日报》,1958年3月3日。

周立波著:《雨里的人们》,载《新湖南报》,1958年5月25日。

周立波著:《曾五喜》,载《新苗》本年8月号,1958年8月1日。

周立波著:《泥湾社今昔》,载《新湖南报》,1958年8月20日。

周立波著:《庆祝苏联宇宙火箭发射成功》,载《新湖南报》,1959年1月5日。

周立波著:《窗外》,载《人民日报》,1959年9月12日。

周立波著:《游南三联岛》,载《中国青年报》,1962年3月3日。

周立波著:《二十年前》,载《人民文学》本年5月号,1962年5月12日。

周立波著:《韶山灌区两日记》,载《湖南文学》本年6月号,1966年1月5日。

周立波著:《韶山的节日》,载《羊城晚报·花地》,1966年1月21日。

周立波著:《〈韶山的节日〉事件的真相》,载《湘江文艺》本年第1期,1978年1月。

周立波著:《长沙大火前后》,载《芙蓉》创刊号,1980年1月1日。

周立波著:《朱总司令事迹片断》,载《人民文学》本年第2期,1980年2月20日。

周立波著:《小宜子打电话》,载《小溪流》本年第2期,1980年。

周立波著:《毛主席的青少年时代》,载《新港》本年7月号,1980年7月15日。

四、报告文学

立波著:《彭德怀将军论抗战形式》,载《新学识》半月刊第2卷第5期,1937年12月10日。

立波著:《晋北途中所见》,载《救亡日报》,1938年2月7日。

立波著:《从河北归来》,载《新华日报》,1938年3月21日。

立波著:《从河北归来(续)》,载《新华日报》,1938年3月22日。

立波著:《娘子关前(上)》,载《救亡日报》,1938年3月23日。

立波著:《娘子关前(下)》,载《救亡日报》,1938年3月24日。

立波著:《东冶头一瞥》,载《全民周刊》第1卷第16号,1938年3月26日。

立波著:《战地归雁》,载《救亡日报》,1938年3月31日。

立波著:《洪子店的劫火余烟》,载《战地》半月刊第1卷第2期,1938年4月5日。

立波著:《北行一日》,载《救亡日报》,1938年4月7日。

立波著:《致〈新华日报〉编者信》,载《新华日报》,1938年4月11日。

立波著:《师生游击队》,载《群众》周刊第1卷第18期,1938年4月17日。

立波著:《几叶日记》,载《战地》半月刊第1卷第3期,1938年4月20日。

立波著:《五台山麓》,载《新华日报》,1938年4月21日。

立波著:《战地日记》,上海杂志公司,1938年6月。

立波著:《晋察冀边区印象记》,读书生活出版社,1938年6月。

立波著:《在山西沁州》,载《新学识》半月刊第3卷第1期,1938年6月10日。

立波著:《给友人》,载《文艺》旬刊第1卷第2期,1938年6月25日。

立波著:《南陵归来》,载《救亡日报·十日文萃》,1938年9月15日。

立波著:《九华山下》,载《抗战文艺·武汉特刊》第2号,1938年9月

24日。

立波著:《三至长沙》,载《新华日报》,1938年10月15日。

立波著:《湘西行》,载《中学生》战时半月刊第6期,1939年7月20日。

立波著:《湘西行(续)》,载《中学生》战时半月刊第7期,1939年8月5日。

立波著:《晋西北战区四十日记》,载《新知》半月刊第2卷4·5期合刊,1939年10月10日。

立波著:《雾里的湘西》,载《中国青年》月刊第2卷第6期,1940年4月5日。

立波著:《湘西苗民的过去和风俗——一个备忘录》,载《救亡日报·十日文萃》,1940年11月10日。

立波著:《战斗的故事》,载《解放日报》,1944年3月8日。

周立波著:《彭氏兄弟被难记》,载《解放日报》,1945年12月2日。

周立波著:《夜涉》,载《热潮》半月刊第1卷第3期,1946年7月1日。

周立波著:《王震将军记》,载《解放日报》,1946年9月17日。

周立波著:《南下记》,光华书店,1948年2月。

周立波著:《战场三记》,湖南人民出版社,1962年9月。

周立波著:《万里征程(一)》,载《湘江文艺》本年第6期,1978年6月。

周立波著:《万里征程(二)》,载《湘江文艺》本年第7期,1978年7月。

周立波著:《万里征程(三)》,载《湘江文艺》本年第8期,1978年8月。

周立波著:《万里征程(四)》,载《湘江文艺》本年第9期,1978年9月。

周立波著:《万里征程(五)》,载《湘江文艺》本年第10期,1978年10月。

周立波著:《万里征程(六)》,载《湘江文艺》本年第11期,1978年11月。

五、短篇小说

立波著:《牛(一)》,载《解放日报》,1941年6月6日。

立波著:《牛(二)》,载《解放日报》,1941年6月7日。

立波著:《麻雀》,载《草叶》双月刊第1期,1941年11月1日。

立波著:《第一夜》,载《谷雨》双月刊第1卷第4期,1942年4月15日。

立波著:《夏天的晚上——铁门里的一个片断》,载《解放日报》,1942年8月22日。

立波著:《纪念——铁门里的一个片断》,载《解放日报》,1942 年 11 月 10 日。

立波著:《金戒指》,载《东北文艺》月刊第 2 卷第 1 期,1947 年 6 月 15 日。

周立波著:《懒蛋牌子》,载《人民文学》第 1 卷第 4 期,1950 年 2 月 1 日。

周立波著:《诸葛亮会》,载《中国青年报》,1951 年 8 月 7 日。

周立波著:《砖窑和新屋》,载《中国青年》杂志本年第 17 期,1952 年 10 月 1 日。

周立波著:《铁门里》,工人出版社,1955 年 6 月。

周立波著:《盖满爹》,载《人民文学》本年 6 月号,1955 年 6 月 8 日。

周立波著:《桐花没有开》,载《长江文艺》本年 12 月号,1956 年 12 月 1 日。

周立波著:《禾场上》,载《人民日报》,1957 年 1 月 15 日。

周立波著:《民兵》,载《人民文学》本年 4 月号,1957 年 4 月 8 日。

周立波著:《腊妹子》,载《人民文学》本年 11 月号,1957 年 11 月 8 日。

周立波著:《山那面人家》,载《人民文学》本年 11 月号,1958 年 11 月 8 日。

周立波著:《伏生和谷生》,载《湖南文学》本年 6 月号,1959 年 6 月。

周立波著:《割麦插禾》,载《湖南文学》本年 6 月号,1959 年 6 月。

周立波著:《小青和老虎》,载《湖南文学》本年 6 月号,1959 年 6 月。

周立波著:《北京来客》,载《人民文学》本年 6 月号,1959 年 6 月 8 日。

周立波著:《下放的一夜》,载《人民文学》本年 10 月号,1959 年 10 月 8 日。

周立波著:《禾场上》,上海文艺出版社,1960 年 1 月。

周立波著:《爱嫂子》,载《人民文学》本年 7・8 月号合刊,1961 年 7 月 20 日。

周立波著:《张满贞》,载《人民日报》,1961 年 10 月 15 日。

周立波著:《在一个星期天里》,载《红旗》本年第 24 期,1961 年 12 月 16 日。

周立波著:《调皮角色》,载《解放军文艺》本年第 1 期,1962 年 1 月 1 日。

周立波著:《李大贵观礼》,载《红旗》本年第 19 期,1962 年 10 月 1 日。

周立波著:《卜春秀》,载《人民文学》本年3月号,1963年3月12日。

周立波著:《张闰生夫妇》,载《人民文学》本年6月号,1963年6月1日。

周立波著:《参军这一天》,载《解放军文艺》本年第8期,1963年8月1日。

周立波著:《扫盲志异》,载《湖南文学》本年10月号,1963年10月1日。

周立波著:《新客》,载《人民文学》本年2月号,1964年2月12日。

周立波著:《翻古》,载《人民日报》,1964年2月18日。

周立波著:《卜春秀》,湖南人民出版社,1964年4月。

周立波著:《霜降前后》,载《收获》本年第3期,1964年5月25日。

周立波著:《飘沙子》,载《湖南文学》本年6月号,1964年6月5日。

周立波著:《林冀生》,载《北京文艺》本年10月号,1964年10月4日。

周立波著:《湘江一夜》,载《人民文学》本年7月号,1978年7月20日。

周立波著:《山那面人家》,湖南人民出版社,1979年7月。

周立波著:《周立波短篇小说选》,湖南人民出版社,1981年9月。

六、长篇小说

立波著:《暴风骤雨(第一节)》,载《东北日报》,1947年12月25日。

立波著:《暴风骤雨(第二节)》,载《东北日报》,1947年12月26日。

立波著:《暴风骤雨(第三节)》,载《东北日报》,1947年12月27日。

立波著:《暴风骤雨(第四节)》,载《东北日报》,1947年12月28日。

立波著:《抓地主(〈暴风骤雨〉第十六节)》,载《东北日报》,1948年1月5日。

立波著:《欢天喜地(〈暴风骤雨〉第十八节)》,载《东北日报》,1948年1月25日。

周立波著:《暴风骤雨(上)》,东北书店,1948年4月。

周立波著:《暴风骤雨(下)》,东北书店,1948年12月。

周立波著:《铁水奔流》,作家出版社,1955年5月。

周立波著:《最初的几天》①,载《人民文学》本年第12期,1955年5月20日。

① 长篇小说《铁水奔流》第一至第四章。

周立波著:《山乡巨变(一)》,载《人民文学》本年1月号,1958年1月8日。

周立波著:《山乡巨变(二)》,载《人民文学》本年2月号,1958年2月8日。

周立波著:《山乡巨变(三)》,载《人民文学》本年3月号,1958年3月8日。

周立波著:《山乡巨变(四)》,载《人民文学》本年4月号,1958年4月8日。

周立波著:《山乡巨变(五)》,载《人民文学》本年5月号,1958年5月8日。

周立波著:《山乡巨变(六)》,载《人民文学》本年6月号,1958年6月8日。

周立波著:《山乡巨变(正篇)》,作家出版社,1958年7月。

周立波著:《女将》①,载《湖南文学》本年10月号,1959年10月1日。

周立波著:《早起》②,载《人民文学》本年11月号,1959年11月8日。

周立波著:《山乡巨变(续篇)》,作家出版社,1960年4月。

七、诗歌

雅歌著:《海滨拾诗》,载《大晚报·火炬》,1935年8月25日。

立波著:《饮马长城窟》,载《文学》月刊第6卷第6号,1936年6月1日。

立波著:《可是我的中华》,载《文学》月刊第7卷第2号,1936年8月1日。

立波著:《牵引你的》,载《申报·文艺专刊》,1936年12月11日。

立波著:《也曾想》,载《大晚报·火炬》,1937年2月7日。

立波著:《南方与北方》,载《救亡日报·十日文萃》,1939年1月12日。

立波著:《一个早晨的歌者的希望》,载《解放日报》,1941年10月28日。

立波著:《我们有一切》,载《草叶》双月刊第2期,1942年1月1日。

立波著:《春夜纪事》,载《解放日报》,1942年2月4日。

① 长篇小说《山乡巨变》续篇中的一章。

② 长篇小说《山乡巨变》续篇中的两章。

周立波著:《张丕谟抓坏蛋》,载《松江农民》第4期,1947年6月1日。

周立波著:《徐水归来》,载《人民文学》本年10月号,1958年10月8日。

周立波著:《喜闻苏联火箭发向月球》,载《湖南文学》本年2月号,1959年2月。

周立波著:《诗一首》,载《诗刊》本年4月号,1964年4月10日。

周立波著:《题赠响应毛主席号召,参加江河湖海游泳的青年同志们》,载《新体育》本年7月号,1965年7月6日。

周立波著:《祝第四次文代会召开》,载《文艺报》本年第10期,1979年10月12日。

周立波著:《诗二首》,载《收获》本年第3期,1980年5月23日。

附录二　周立波佚作举例

说明：周立波佚作即指未收入《周立波选集》(1983)、《周立波文集》(1985)等一类周立波作品(文论、散文、诗歌、小说、翻译)的通行集，包括佚文、翻译与短篇小说等，共计75种(类)。

一　佚作名录

1.《买菜》(散文)，刊于《申报·本埠增刊》，1929年11月29日，署名小妮。

2. 皮尔阿尼克的短篇小说《北极光》(译作)，刊于《摩登月刊》第1期，1930年，署名周绍仪。

3.《〈文学〉新年号的创作》(文)，刊于《大美晚报·文化街》，1935年1月21日，署名张一柯。

4. 马克特温的短篇小说《驰名的跳蛙》(译作)，刊于《申报·自由谈》，1935年2月7日、2月8日、2月9日、2月11日，署名立波。

5. 高尔基的《论戏剧中的言语》(译作)，刊于《大美晚报·文化街》，1935年5月13日，署名立波。

6.《剽窃与删削》(文)，刊于《时事新报·青光》，1935年7月27日，署名立波。

7. 洛多巴的短篇小说《贵客》(译作)，刊于《时事新报·青光》，1935年7月28日、7月29日、7月30日、7月31日、8月1日、8月2日、8月3日、8月4日、8月5日、8月6日、8月7日、8月8日、8月9日、8月10日，署名立波。

8. 詹姆斯·乔易斯的短篇小说《寄宿舍》(译作)，刊于《中报·自由谈》，1935年9月17日、9月18日、9月19日、9月20日、9月23日，署名立波。

9.《略谈刘海粟先生的海外画展》(文)，刊于《大晚报·火炬》，1935年

9月19日，署名一柯。

10.《形象的思索》(文)，刊于《礼拜六》周刊第610期，1935年10月5日，署名一柯。

11.《安德森的"谜一般的美国"自述》(文)，刊于《文艺大路》月刊第2卷第1期，1935年11月29日，署名立波。

12.《希望于文学者们——反对漫骂要求团结》(文)，刊于《大晚报·火炬》，1936年2月10日，署名立波。

13.《亨利福特》(文)，刊于《新中华》半月刊第4卷第3期，1936年2月10日，署名立波。

14.《美国计划:它的兴起和衰落》(文)，刊于《知识》半月刊第1卷第7号，1936年3月1日，署名立波。

15. 帕索斯的《美国计划:它的兴起和衰落》(译作)，刊于《知识》半月刊第1卷第7号，1936年3月1日，署名立波。

16. V.吉尔波丁的《多勃洛留波夫诞生百年纪念》(译作)，刊于《时事新报·每周文学》，1936年3月24日，署名立波。

17. 帕索斯的《西班牙游记》(译作)，刊于《光明》半月刊第1卷第6号，1936年8月25日，署名立波。

18.《基希所看到的"一·二八"》(文)，刊于《大晚报·火炬》，1937年1月28日，署名立波。

19.《在"罗密欧与朱丽叶"座谈会上的发言》(文)，刊于《大晚报·剪影》，1937年6月13日，署名立波。

20.《募捐种种》(散文)，载《光明》半月刊《战时号外》第1号，1937年9月1日，署名立波。

21.《彭德怀将军论抗战形式》(报告文学)，刊于《新学识》半月刊第2卷第5期，1937年12月10日，署名立波。

22.《为高尔基报仇》(文)，刊于《群众》周刊第1卷第14期，1938年3月19日，署名立波。

23.《致〈新华日报〉编者信》(文)，刊于《新华日报》，1938年4月11日，署名立波。

24.《给友人》(文)，刊于《文艺》旬刊第1卷第2期，1938年6月25日，署名立波。

25. 柯尔佐夫的《意大利法西斯蒂在瓜达拉哈拉的遭遇》(译作)，刊于《抗战文艺周刊》第2卷第9期，1938年11月5日，署名立波。

26. 亚历山德洛夫的《歌曲在苏联红军中》(译作),刊于《新华日报》1939 年 8 月 17 日,署名立波。

27. 斯帕斯基的《为什么莎士比亚为苏联人民所珍爱》(译作),刊于《救亡日报》,1939 年 8 月 20 日,署名立波。

28. 哥尔德的短篇小说《一个琴师的故事》(译作),刊于《大众文艺》月刊第 1 卷第 6 期,1940 年 9 月 15 日,署名立波。

29.《春夜纪事》(诗),刊于《解放日报》,1942 年 2 月 4 日,署名立波。

30.《后悔与前瞻》(文),刊于《解放日报》,1943 年 4 月 3 日,署名立波。

31.《张丕谟抓坏蛋》(诗),刊于《松江农民》第 4 期,1947 年 6 月 1 日,署名周立波。

32.《毛主席的心窝有棚大》(散文),刊于《东北日报》,1948 年 5 月 9 日,署名周立波。

33.《人不闲一个,地不荒一垄》(散文),刊于《翻身乐》月刊第 4 本,1948 年 6 月 1 日,署名周立波。

34.《老者安之》(散文),刊于《生活报》第 8 期,1948 年 6 月 6 日,署名周立波。

35.《反对美帝扶植日本侵略者》(文),刊于《文学战线》月刊创刊号,1948 年 7 月,署名周立波。

36.《关云风出担架》(散文),刊于《翻身乐》月刊第 6 本,1948 年 8 月,署名周立波。

37.《庆祝胜利,我们要打到南京去!》(文),刊于《生活报》第 38 期,1948 年 12 月 15 日,署名周立波。

38.《我的两点意见》(文),刊于《生活报》第 66 期,1949 年 5 月 1 日,署名周立波。

39.《披着人皮的恶鬼——“军调部”工作的回忆》(文),刊于《人民日报》,1950 年 12 月 17 日,署名周立波。

40.《庆祝爱伦堡六十岁寿辰》(文),刊于《人民日报》,1951 年 1 月 28 日,署名周立波。

41.《关于写英雄人物》(文),刊于《河北文艺》第 2 卷第 8 期,1951 年 6 月 1 日,署名周立波。

42.《从〈解放了的中国〉的摄制工作中所看到的苏联电影工作者》(文),刊于《人民日报》,1951 年 9 月 28 日,署名周立波。

43.《电影〈锦绣河山〉》(文),刊于《中国青年》杂志总第 75 期,1951 年 9

月29日，署名周立波。

44.《扑灭法西斯细菌》(文)，刊于《人民日报》，1952年3月20日，署名周立波。

45.《一部真实描写农民向地主斗争的影片——谈匈牙利电影〈一寸土〉》(文)，载《大众电影》本年第6期，1952年8月10日，署名周立波。

46.《苏联影片〈在和平的日子里〉观后》(文)，刊于《人民日报》，1952年9月25日，署名周立波。

47.《忆巴甫连柯》(文)，刊于《人民文学》本年第11期，1952年11月1日，署名周立波。

48.《我所知道的格拉西莫夫》(文)，刊于《大众电影》本年第12期，1952年11月10日，署名周立波。

49.《回忆莫斯科》(散文)，刊于《新观察》本年第20期，1952年11月16日，署名周立波。

50.《怀波列伏依》(文)，刊于《人民日报》，1952年11月28日，署名周立波。

51.《祝贺伟大的斯大林的寿辰》(文)，刊于《中国青年》杂志本年第22期，1952年12月16日，署名周立波。

52.《在金色的秋天里》(散文)，刊于《人民日报》，1952年12月21日，署名周立波。

53.《向光荣的和平烈士致敬》(文)，刊于《新观察》本年第13期，1953年7月1日，署名周立波。

54.《略谈反映工厂》(文)，刊于《新观察》本年第20期，1953年10月16日，署名周立波。

55.《斯大林继续鼓舞着我们前进》(文)，刊于《文艺报》本年第4号，1954年2月28日，署名周立波。

56.《我的感激》(散文)，刊于《湖南文艺》第6本，1954年9月15日，署名周立波。

57.《王秉源和韩文恭》(散文)，刊于《中国青年》杂志本年第20期，1955年10月16日，署名周立波。

58.《喜闻苏联火箭发向月球》(诗)，刊于《湖南文学》本年2月号，1959年2月，署名周立波。

59.《小青和老虎》(短篇小说)，刊于《湖南文学》本年6月号，1959年6月，署名周立波。

60.《北京来客》(短篇小说),刊于《人民文学》本年 6 月号,1959 年 6 月 8 日,署名周立波。

61.《汉字要改革》(文),刊于《文字改革》本年 10 月号,1957 年 10 月 15 日,署名周立波。

62.《泥湾社今昔》(散文),刊于《新湖南报》,1958 年 8 月 20 日,署名周立波。

63.《徐水归来》(诗),刊于《人民文学》本年 10 月号,1958 年 10 月 8 日,署名周立波。

64.《庆祝苏联宇宙火箭发射成功》(散文),刊于《新湖南报》,1959 年 1 月 5 日,署名周立波。

65.《继续跃进,反对右倾》(文),刊于《学习导报》本年第 17 期,1959 年 9 月 3 日,署名周立波。

66.《读〈红旗歌谣〉》(文),刊于《学习导报》本年第 20・21 期合刊,1959 年 11 月 1 日,署名周立波。

67.《集体的智慧》(文),刊于《北京晚报》,1961 年 7 月 2 日,署名周立波。

68.《散文的特点》(文),刊于《中国青年报》,1962 年 11 月 17 日,署名周立波。

69.《当前的形势和文艺的任务》(文),刊于《湖南文学》本年 12 月号,1962 年 12 月 1 日,署名周立波。

70.《高举革命的红旗,反对现代修正主义》(文),刊于《文艺报》本年第 6 期,1963 年 6 月 11 日,署名周立波。

71.《继续坚持革命》(文),刊于《光明日报》,1977 年 8 月 21 日,署名周立波。

72.《熟悉人是第一位的工作》(文),刊于《光明日报》,1977 年 11 月 12 日,署名周立波。

73.《〈暴风骤雨〉的创作》(文),刊于《黑龙江文艺》本年第 1 期,1978 年 1 月 15 日,署名周立波。

74.《深入生活,繁荣创作》(文),刊于《红旗》本年第 5 期,1978 年 5 月 3 日,署名周立波。

75.《读诗杂拾》(诗),刊于《诗刊》本年 4 月号,1980 年 4 月 10 日,署名周立波。

二 佚作选刊

买 菜

小 妮

买菜是劳大同学们享了吃饭的权利以后的一门必尽的义务，每学期每人至少一次轮流。

“先生，请起来买菜去呵。”大司务在大清早晨硬要从温暖的睡乡唤出买菜的同学。

“碰鬼，这样早……”买菜的钻在被窝的深处免不了要这样喃喃的回响。

“先生，不早了，快要到四点半钟了。”

在校的北面数百步有一个江湾市集，在那里街道是狭而不平，铺面是东倒西歪，虽是在繁盛的上海的远郊，但丝毫没有染到一点都市的气息，家庭手工业依然在那里流行着，打铁呀、编竹篮呀、做鞋呀、制衣呀，虽然远远地他们听得到隆隆的汽机声，他们依然是用他们微弱的双手制造一切。

一到早晨，江湾市的街道概化为了嘈杂的小菜场，买菜者的目的地，就是在此。

菜场到了。

“先生带了铅笔没有？请写酱油一元、料酒五百文……”

“大司务，卷心菜要吧，今天的卷心菜交关好罗。”中年的卖菜妇尖着声音这样的唤，后面跟着的两个同学她全没有注意到，她所要拉拢的只是大司务，她是明白大司务有支配的全权的。在她——他们一切的人——的眼中，两位买菜的同学不过是两个阿木林（傻瓜）吧，或者客气一点是两个不谙事的 bookworm 吧。

真的阿木林倒有点像，他们一听大司务的布置，计划喽、讲价喽、数钱喽，一概都是大司务的事，他们不过代他记记账，参一点不重要的意见罢了，食事会所以派他们同去，也不过监督的意思吧。

“都买好了，先生，我们称肉去，今天还剩下十块钱，一概称肉吧。”

“辣椒买点吧。”他大约是湖南人，湖南人有好多没有辣椒是不能下咽的。

“买五百钱的就够了。”

肉铺到了，歪斜的门面，挂着几块鲜血淋淋的猪肉，里面的一位红光满面的操着刀的屠户，还有一个二十来岁的红润丰肥的娘子掌柜。

“肉铺里的老板娘大都是胖胖有光泽的。”

“怕莫是多吃了猪肉的缘故吧。”

两个人斜睨着妇人无聊的说着。

“好了，先生，请回去吃稀饭，写下的账目请不要掉了，要交食事委员的。”

买菜的第二个必然获得的报酬是两个人享受八个人所吃的早餐。

“今天的菜蹩脚，嘶——”

“嘶、嘶”是买菜的必然获得的一种报酬。

一天，在女生桌子周围起了一阵吵闹，听说是为着两位女同学没有同去买菜的事。

“今天的菜这样差。”

“这要怪她们没有同去。”

“她们没有权利吃饭。”

“原谅她们吧，她们生理上是比较不同，在这么的冷天气她们是干不来的哟。”

“男子不是有血有肉的。”

在嘈杂声中隐约的听得了这一段话，最后的一句比较激昂。

一个琴师的故事

哥尔德作　立波译

拉丁美洲像古代希腊；北美像罗马，这两个文明相互的完成。看到勇敢愉快的古巴“龙巴舞”和波内罗的歌曲，热情甘美的华尔兹舞和墨西哥的短歌，开始俘虏着我们北方的幻想的时候，我真是欢喜。

在太晤士方场的四围，在格林威兹村的曲折的街道上，现在有着可称浪漫的南方的前哨的几十家小小的酒馆。有些是精美的场所，是典型的百老汇的夜总会。但多数是像一碗农民的豆饭一样的卑微。

几张家制的桌椅，一间啤酒和葡萄酒的小小酒吧间，只能做出几样简单的菜的一个小厨房，墙壁上几幅书画火山或棕榈树的粗糙的彩画，这就是他们所有的一切。统治这里的不是物质的精华，而是更好的东西，这些地方的灵魂是吉搭(注:六弦琴)。

我想谈谈这种酒馆之一和一个琴师的一点故事。

从墨西哥一个由岳州郡瓦哈卡来的一位印第安农民，潘其多，像许多墨西哥人一样，在大景气时被引诱到了这里。他在支加哥钢铁工厂做工，但并没有像他所希望一样，储蓄了钱。这“罗马”的景气溃灭了时，这位忠着怀乡病的印第安人发现他自己是搁浅在一个寒冷的异国土地上。

但是他的吉搭救了他。这位肩膊像牡牛，脸孔像阿色特克(注：以前住在墨西哥的一个民族)人的偶像一样，有神秘的不祥之貌的，黛黑，肥矮的人，正是产生自然蔓术家的南美民族中常见的土著音乐天才。

潘其多在支加哥的墨西哥移民中，在跳舞会上，婚筵中，洗礼仪式和其他社交情事中，以及小工人餐室中，演奏他的吉搭。人们养活他。他从不需要睡觉的寓所，他需要亲衣的时候，有人给他。所有的人也买酒给他喝；他的音乐使他们感奋，他们总是需要他演奏，而潘其多也总可以演奏，他爱他所创作的音乐，音乐对于他就是家庭，希望和生活。除了少许一点点食物和一个吉搭之外，人们还需要什么呢?

他满足了。但是皮普插进了他的生活。皮普是一个瘦弱，华美，娇饰的墨西哥青年，他是从美国的商业精神和游历精神浸入了，而且腐化着许多人的边境上来的，他说一口非常流利的英语。土语都能说，他懂得一些秘诀。不，皮普不是一个傻子，听到这个农民用他的粗大手指演奏他的消魂的吉搭时，他知道机会来了。

他自己有一个轻细的，微弱的嗓子，只能勉强和吉搭唱几个无线电台的合同的时候。

他们成功了。潘其多的艺术就够了；皮普在音乐上只需藏在背后，做着一切义务上的事。他得到一个好的合同。后来他设法使这两人乐队订了几个纽约的合同。在纽约，在两年的成功的无线电台工作以后，这个两人乐队在太晤士方场附近开设了一家酒馆，这也很快成功了。一个优美的吉搭演奏者在这家酒馆演奏的消息传播得很快，树立了酒馆。潘其多征服了新的世界。

这个馆迁移到了更广大更精巧的地址。它有夜总会的性质，现在有了一个跳舞的乐队和其他的献艺者。但是潘其多依然统治着这里，他是一个有特色的明星；夜夜牵引他的无数的热爱者，人们以为酒馆是他的，都想帮助他，潘其多是很得人心的。

但是这家大的酒馆赚了多少钱？他从不知道，他从最初起，从来没有和皮普订过一个合同，他从不过问事务上的事。皮普给他买衣服，付房租，给他零用钱。

有一天，灵巧的皮普对他说："潘其多，我们完了。你酒喝得太多，主顾们都在埋怨。走开吧。"

潘其多说："我想，我们是伙友——要同享。"

不，没有正式合同——这是我的酒馆。

这样，潘其多走开了。他想着这事，长久的，慢慢的，像这农民一样。他怀恨，决定要杀了这叛徒皮普。但是美国的监狱是寒冷的，而且不像墨西哥，囚人不能带进他的吉搭。这是真正使他恐慌的事——他只得沉浸在酒里。

他变成了一个抑郁的酒徒，在各个不同的酒吧间和跳舞场，和几家公寓演奏，但现在是再也不像一个浮浪的人一样的快乐了。有几次——他被当作醉汉和扰乱秩序的人逮捕了。一位法官有一次对他说："下次我们要驱逐你出境。"潘其多脸上呈现着欢喜："是的，那正是我所愿意的。"

看着他，是一件忧愁的事，龌龊，有浮肿的眼睛，旧日的威仪早已从他的阿色特克人的脸上消逝了。但是，他的黎明到来了，皮普的酒馆的音乐师和献艺者罢业了。他们参加了职工会。现在成为了一个傲慢的老板的皮普，不肯承认这个职工会。因此他们在酒馆的四周布置了哨线。

上一个礼拜，我看见潘其多，脸上浮着快乐的微笑，清洁而且清醒的，在那哨线中走动。他是一个最好的哨兵，因为一切顾客都认识他而且爱护他。潘其多和他们说了之后，他们就从门边走开了。皮普是这样暴怒，有一次他威吓着要把潘其多枪杀。潘其多对于这威吓，快乐的大笑。这样，他是真的报复了叛徒！

是的，潘其多又快乐了。他为了这些罢业者作了许多歌，而且用他的吉搭演奏了。罢业胜利了时，罢业者们答应给潘其多一点帮助，为他募集几百块钱，他可以回墨西哥。除了墨西哥和一个吉搭以外，人还需要什么呢？

为什么莎士比亚为苏联人民所喜爱

［苏］У·斯帕斯基作　周立波译

一

采用和保存着革命以前舞台艺术一切现实主义的成就，苏维埃演剧保持而且发展了俄国剧坛对于莎士比亚的兴趣。

他的戏剧在苏维埃剧坛得到了广泛的流行，不只是在剧坛，而且在我们的文学和我们的定期刊物上，也都显露了对莎士比亚的强烈的兴趣。莎士比亚是苏维埃人民文化的一个成分。在文化真正变成了人民的物事的国家，这伟大的剧作家和现实主义的诗人，带着他的一切力量和他那些神雄的形象的不朽的意义，来到了他自己的家乡。

1. 千千万万人研究莎士比亚

千千万万的工人和集体农民的戏剧工作室和爱美艺术界都正在莎士比

亚戏剧上用工夫。没有一个工人俱乐部，没有一个甚至于是在偏僻省份的工人俱乐部，不在梦想上演《哈姆雷特》、《李尔王》、《马克白》或是《罗密欧与朱丽叶》。伟大的剧作家的作品，在我们的各首府和各省会的最大的剧场演出了(他的剧本现在正在莫斯科八个戏院的剧目上)。莎士比亚的作品，已经而且正在继续译成苏联各民族的文字。许多已经译成乔其亚文，亚美亚尼文和亚志培强文。它们第一次出现于东方各民族的文字中。启尔其兹、卡扎克斯坦、巴士克里亚各民族和其他民族的共和国的人们，除了有机会读到莎士比亚以外，还能够看到他的剧本用他们自己的语言上演。人类共有的莎士比亚，对于苏维埃更广大的群众，成为了可亲近的人。

并不单是借剧场演出，苏维埃人民得以深深的了解伟大诗人的天才，和认识他的人物。

2. 非常的注意诗人

苏联的文学和戏剧思想，非常的注意这位英国的诗人，注意显示和说明他借以表现他对于他的时代的批评态度，和他对于生活的热情的信仰的不朽人物的世界。

为什么莎士比亚这么接近苏维埃读者和戏剧爱好者？他的主人公是为了什么斗争，而且怎样进行这斗争的呢？这个问题的解答，应该从他表现人们争取自由和社会和谐的斗争的事实中寻觅。

二

今日，正和莎士比亚的时代一样，愚昧和伪善的残忍，在世界的大部分维护着本身。十八世纪，资产阶级革命时代的开明和人道主义，只剩了一些可怜的碎片。虚伪、愚昧、暴虐都公开无耻的作了出来，在法西斯主义的“太阳”之下，傲慢和恶毒的傲世的气概，放姿的统治着。法西斯主义的“英雄们”和莎士比亚所描绘的自私自利、毫无信义的人物是相像的。

但应该说，甚至像理查第三和马克白一样的人物，都要比法西斯蒂猛兽优越；前者还保存了一点点他们的封建的豪气。埃亚果，爱德门特，放毒者克劳笛阿斯，李尔王的两个大女儿——和他们，第三帝国的“英雄们”倒可相比。

心理学者的莎士比亚，辉煌的揭去了他的同时代人的伪善的面具：从埃亚果，揭去了伪善的无耻的面具；从安其洛，揭去了伪君子的面具；从马尔伏理亚，揭去了伪善的修行者的面具。

和蔼的年老的酣饮者，托贝爵士的那句清雅的问话，就象是越过马尔伏里亚的头，向现在的千千万万的伪善和伪君子发问的一样：

“……你是想着因为你的有德,就不该再有点心和麦酒了么?”

好象是莎士比亚剧中的恶徒们预想到了现代一样;他们现在装起一种新的,活现的腔调,而且得到了一种新的满足。这里面存着英国剧作家和诗人的永久,普遍的人性的,现实主义天才的伟大成功,他的艺术,号召着反对黑暗,虚伪和腐朽的斗争。

三

莎士比亚的主人公和女主人公,李尔王,奥赛罗,考地里亚,德斯德蒙拉,都浸染着卓越的真实性,而且就是在今日,也还是有血有肉,活跃如生的。在这些人物中,他的现实主义天才上升到了最高之处。

为什么他的理想的主人公对于苏维埃人民是这样的接近和亲近呢?为什么我们和他们,同苦痛和欢喜?对于创造了新的人间关系的苏维埃国土的各民族,他们的亲近,是因为他们的普遍的人性的正直、廉洁、真实,对于死的藐视,为了自由的热情的斗争,为了他们的理想,他们随时可以献出他们的生命。哈姆雷特是为了正义的胜利而灭亡,罗密欧是为了封建偏见所束缚的爱情的自由而死去。

诗人的现实主义是这样的完全,因为他的主人公,当表现他的时代的社会矛盾和“时代精神”的时候,却常常保存了他们的深深的明确的个性。这种个性表现了和我们接近和亲近的物事。他的理想的主人公的巨大的热情,反抗着苏维埃人民正在毫不妥协的,胜利的搏斗的丑态。

莎士比亚的艺术在人民中深深的生着根,借着它,那时代的英国人民诉说了他们的忧愁的命运和苦痛。他是在古代悲剧以后把人民放到舞台上登场人物之中来的第一个人。是从那种民间的精神,他的理想的主人公的稀有的魅力和他们的无穷无尽的诗的力量发生了。

哥德以后,莎士比亚的资产阶级的生徒们保持沉默,或是曲解了他的艺术的这种根本的特点:浸染着人民的精神的事实。这特质,对于苏维埃莎士比亚学者都是特别接近而且易于理解的。

四

人可以说,近年来西欧给了莎士比亚许多严重的打击。真正的莎士比亚在法西斯蒂国家的被压制和被残害,毫不足惊异,因为他们剧里的恶徒们的每一个特异和特质,都是对于法西斯蒂的一个打击。

他的剧本在法西斯蒂剧场禁演的事件并不鲜见,而且在不被禁演的时候,就一定要被窜改,这是法西斯蒂对世界文化所犯的无数罪恶之中的一种。

在苏联，用欧洲戏剧界的许多显著人物的话来讲，可以说莎士比亚在这里找到了另一个祖国。

苏联的莎士比亚学者们并不纠缠着莎士比亚是不是他的作品的作者的这种无谓的问题。苏联的莎士比亚研究，志在正确的、完满的理解和向群众显示世界最伟大的剧作家的不朽作品的真正意义。莎士比亚的名字，对于我们的所以神圣，是因为他是一个伟大的人民诗人的名字，他表现了他的时代的观念和情热，创造了作为自由和勇敢的人类精神所从事的反抗暴虐、压迫和伪善的斗争的具形的，会要永远活着的许多形象。

后悔与前瞻

立　波

三月十日，中央文委和中央组织部所召集的党的文艺工作者会议，是要把毛主席去年所指示的新的文艺运动的方针向前推进的一个重大的会议。在这个会上，党的许多领导同志都作了亲切而透辟的讲话。开过这个会以后，我们的新文艺一定会有更多的成果，我们的文艺工作者会安心的，长期的担负着实际工作，为了彻底的改造自己，为了写出真正的为工农兵服务的好文章。

参加了这个会以后，我觉得受了很大的教育。在这里，谈谈我自己的事情，反省自己，也给下乡的同志们作一个参考。

在过去，我到过前方，也到过乡下，但是没有写出好东西。因为我在那里是“做客”，客居的时间又很短。在前方，我敬爱战士，但止于敬爱，对于他们的生活，心理和感情，我是毫不熟悉的。我只晓得他们会打仗，很艰苦，总之是不到前方也能知道的一般的情形。而我又错过了许多和他们结识，了解他们的机会。离开了前方，有人要我写前方，我就只能写出一些表面的断片，写不出伟大的场面和英雄的人物。

在延安的乡下，我也住过一个多月，但是我是在那里写我过去的东西，不接近农民，不注意环境。对于农民的生活和心理，我本来比较的熟悉，我是在南方的乡下长大的，我的哥哥和好几个叔叔，都是动手动脚的“赤脚佬”。但那是旧式的农民。而边区的农民大都是经过了土地革命，呼吸于新天地里的新人，这个我又不熟悉。因此回到学校来，有人要我写乡下的时候，我只能写写牛生小牛的事情，对于动人的生产运动，运盐和纳公粮的大事，我都不能写。

回忆这些，为的是要暴露“做客”的害处，作为凯丰同志的文章的一个小注脚。同时也希望自己和别人不再走这条旧路。要走新的路。

过去，为什么走了这条旧的错误的路呢？我现在反省，这原因有三。第一，还拖着小资产阶级的尾巴，不愿意割掉，还爱惜知识分子的心情，不愿意抛除。譬如在乡下，我常常想到要回来，间或我还感到过寂寞，这正是十足旧的知识分子的坏脾气，参加生产和斗争的群众，不会感到寂寞的，恐怕连这个字眼也不大知道，为了群众的利益而斗争的战士，在边区，也是不会感到寂寞的，只有犯着偏向的小资产阶级的知识分子们，才会有这样的病态的感觉。有着这感觉，就自然而然的和群众保持着距离，而且自然而然的退居于客人的地位，这是我的错误的头一个原因。

其次，是中了书本子的毒。读了一些所谓古典的名著，不知不觉成了上层阶级的文学俘虏。在这些开明的地主和资产阶级的精致的书里，工农兵是很少出现的，有时出现，也多半是只是描写了消极的一面，而那些寄生虫，大都被美化了。贾宝玉，安娜・卡列尼娜，都是一出场，就光彩夺目，特别是安娜，在鲁艺的文学系，有一个时期，连她的睫毛也都被人熟悉，令人神往。自然，掌握了马列主义的人们，不仅不会上这些书本子的当，而且还会从那里面吸取他所需要的东西，例如，列宁就是极高地也是极正确地评价了托尔斯泰的作品的。但是对于一般的立场还不稳定的小资产阶级者，它是有毒的，它会使人潜移默化，向往于书里的人们，看不见群众，看不清这现实里的真正的英雄。这是过去的错误的第二个原因。

第三，在心理上，强调了语言的困难，以为只有北方人才适宜于写北方，因为他们最懂得这里的语言。一个南方人来表现这里的生活，首先碰到的就是语言的困难，这是事实。但这困难可以克服的，只要能努力。夸大语言的困难，是躲懒的借口。

有了这三个原因，使我走了错误的二段路，没有好好的反映我所热爱的陕甘宁边区。后悔已无及。我只希望我们能够很快被派到实际工作去，住到群众中间去，脱胎换骨，“成为群众一分子”。现在，在毛主席指示了方针以后，在整风以后，关于下乡的办法，凯丰同志又指示得十分的周到，关于党的作家在组织上的问题，陈云同志作了恳切透辟的讲话，这回下乡运动的思想上的准备，可以说是非常的充分而且周密的。在不远的将来，我们的新文艺，一定会有丰富的收成，毛主席的方针，一定会好好的实现。在不远的将来，革命历史上和现实生活里的真正的英雄，刘志丹、赵占魁、吴满有和申长林，会光彩夺目的走进我们的书里，鼓舞我们，并且教育我们的年青的一代。

北京来客

周立波

吃过夜饭，天下着雨，大家收了工，又来了远客，就都挤在胡子老倌的房间里，抽烟，喝茶，并随意谈天。淡黄的煤油灯光照着人的脸和肩，强烈的烟味飘满一房间。话题是食堂。

“不会取消吧，你看呢？”胡子老倌问。

“不会的。”客人回答。

“那就好了，我就是怕，才吃几天自在饭，又翻枯了。”

“不会的。”客人又肯定一回，他好象是晓得多一些。

“你说几多好？早晨起来，敲梆吃饭，柴米油盐，都不要私人措忧。不象早先，作兴没有柴禾，一烧湿柴子，我婆婆就吵。”

“我儿几时吵了？”婆婆反问他。

“才过几天，又不认账了？你没有吵，算猪吵了，好不好？”老倌子的话来得重了。

“是呀，”看见这对老夫妻略有吵架的趋势，一个戴灰绒绳子帽子的壮实后生子移开吧着的烟袋，插进来说：“粮食有计划的无价供应真是太好了。要不，我们这些人确实不得了。我跟我堂客又都吃得多。”

“吃得做得，有何不可？”胡子老倌说。

“奇怪的是我们那个小崽子也蛮吃得饭。”绒帽子又说。

“这有什么奇怪呢？他们小孩子正是吃长饭。”胡子笑着说，摸摸站在身边的他的孙子光头，“我们这一个，我吃他不赢。”

“早先，一听堂客刮得来桶底子响，心里就发慌。如今党给我们扶艄了。梆一响，全家都来了。筷子一放，嘴巴一抹，就出工了，好省心呵，我是越做越来劲。”

绒帽子才讲到这里，还想说下去，门外闯进一个敦敦实实的中年的女人，她的头上挽条白毛巾，腰上系条蓝布围裙子，一跨进门口，就扯起她的钝喉咙说道：

“来了远客，我也瞅瞅。呵，是你老人家，我们好象见过面。”

“你几时见过，大嫂子？”绒帽子笑笑，把那装好烟丝的旱烟袋递给胡子。

“没有见过，也是一样。如今四海一家。你在这里多住几天吧，一日三餐没菜饭，是款待得起的。”

“你这不是借香敬佛了，大嫂子？”胡子老倌说。

“你反正是这个大家子人人都有份。”大嫂子坐在人家让出的一截竹凉床子上，变得严肃了，“同志，我有一句话要动问一下。”

“什么话，只管问吧，客人是从北京来的，有要紧的信还可以托他带到北京去。”胡子老倌郑重地介绍了一番。

“北京来的？”大嫂子的兴致更浓了，“北京到这里，怕有好几百里吧？是坐飞机来的吗？你在京里，见过毛主席没有？”

“没有见过。”来客说。

“没有见过？一条街上住，还有见不到手的？”大嫂子不信。

“北京不止一条街，城大着呢。”胡子老倌说。

“北京的金銮殿到底有好大？”大嫂子又提一个新问题。

“比这禾场大。”来客用眼睛望望窗外。

“哎哟哟，要这样大做么子呀？砌了风火垛子吗？”

“没有。”

“没有风火垛子，唤声失火，怎么办呀？”大嫂子说，“后山里栽竹子没有？”

“没有栽竹子。”

“哎哟哟，那不连个遮阴的地方都没有？”大嫂子发现金銮殿有好多缺点。

“没有人要你去住，你管这些做什么？”胡子老倌提醒她。

“是倒是的，我管这些闲事做么子？几乎把正事都耽搁了。同志，我是特意来问问，我们这个食堂不会散板吧？粮食还会无价供应吗？”

“会无价供应。”北京客人说。

“是的罗。有人吓我，说是食堂如何如何的，靠不大住了。真靠不住吗？”大嫂子重复问一句。

“哪里会靠不住呢？”

“你这一说，我放一百个心了。你不晓得呵，同志，我是为过难的呢。解放以前不必提了，就说这几年，我家里一个病的，几个小的，靠我一双手，我的天老爷，哪里做得吃饭谷回来？”

“大嫂子，那几年，我也替你着急呢。”胡子老倌说。

“如今这食堂一办，全家大小，没有一个不欢喜，我们那一个病都好了一半了。真正是饭来伸手，菜来张口，一屋穷人，享起福来了。叫我拿什么来感谢共产党呢，我一个乡下婆子？真是……”大嫂子扯起蓝布围裙的沿边擦擦眼睛。

“据我所知，粮食的无价供应，不但不取消，”客人郑重地又说，“食堂将来还会办好些，比方，你们这里已经种了好多菜，又划出了一丘大田，准备养鱼；这一回权力下放，你们分了二十三只猪，国家只征购九只，其余都是你们食堂的。家务不小呵，经管得法，月月可以打牙祭，鱼虾小荤还不算在内。”

“这就太好了，”大嫂子眼睛已经擦干了，“不过喂猪要找停当的人才行呵。”

“顶好叫大嫂子去喂，”胡子老倌笑着说，“她有一个巧法子叫猪长肉，说长就长。”

“是个什么法子呢？可以传授吗？”客人忙问。

“看见猪不长，她就开口骂。”胡子老倌道：“说也奇怪，猪一挨了骂，就见风长。”

“是真的吗？”绒帽子问。

“是倒是的。”大嫂子回答。

“那是什么讲究呢？”绒帽子问老倌子。

“要她自己说。”

“人畜一般同。”大嫂子认真地说明，“猪跟人一样，受不得气。它听到骂，心里就想，不如长吧，省得挨骂。”

大家都笑了，满屋小孩笑得嘎嘎的。

“所以，”客人又转到正经话题，“只要劲头鼓得足，再干一些年，日子会更好，无价供应的东西，还要增加。猪肉也会无价供应的。”

“真的吗？”绒帽子很感兴趣。

“一点也不假。”客人保证，“将来，猪肉、鸡蛋、水果，还有牛奶，都无价供应。”

“牛奶喷腥，慢点供应也不要紧。”胡子插嘴。

“你怕腥气，这倒好办，让给我吃就是了。”大嫂子笑笑。

“这个将来，还有好远呢？”绒帽子问。

“只怕我们这号人看不到手了。”胡子老倌用手掌抚抚垂在胸前的花白的胡子。

“看得到手的。”客人对他说。

“究其实，看不到，也不顶要紧。前人栽树，后人歇凉嘛。”胡子老倌看看身边自己的孙子，情绪又高了。

“不要扯远了。”大嫂子说，“我这个人是，多得不如现得。我只要问个准信，粮食无价供应，定了局没有？”她还有点不放心。

“定了局，不会变动了。将来，除开食品，还有布草，也会无价供应的。”

“还有布草吗?”几个农民都感兴趣,同声发问。

“是的。在将来的共产主义社会里,由于生产的充分发展,一切产品都格外丰富,一切东西都无价供应,这叫做‘各尽所能,按需分配’。你需要什么,经过考虑,认为合理,就会送得来,不要你的钱。”

“我翁妈要吃药呢?”胡子老倌的孙子这样地忙问。

“你这个鬼崽子,为什么不想好路,只想我吃药?”他翁妈拧了他一下。

“我要吃棒棒糖呢?”一拧的结果,孙子改问自己的事了。

“药,糖,和别的百样的东西,都无价供应。人人都不要操心自己的生活,只认得工作、学习和娱乐。”

“那不人人变成皇上了?”大嫂子笑道。

“是呀,请你去坐金銮殿。”绒帽子也很称心。

“我才不去呢。金銮殿没有风火垛子,又没有竹子。好了,不陪你老人家打讲了。”大嫂子站起身来,对客人说,顺便用手理理蓝布围裙的卷角,“粮食既然是俱照旧规,我们安心落意了。不过,”她走到房门口,又回头对客人笑笑,“金銮殿不砌风火垛子,又不栽竹子,我看是要改一改。”

“不改也算了。”客人说道,“把它当古迹,叫后生们看看,皇帝的标准不算高,人又发懒,不栽竹子。”

大嫂子头上的白毛巾消逝在门外的黑暗里,房里的人们也三三两两,快快活活,吧着烟袋或是不吧烟地告别了。雨落着。附近的房里风快地发出了鼾息。大家都睡了,准备明天早出工,为了丰衣足食的现在,为了共产主义的不久的将来。

小青和老虎

周立波

小青天天上山砍柴禾,天天到断黑,才用扦担把柴捆一担担挑回。

这一天清早,照例地,他唱着歌,掮起扦担,用柴刀的背在那竹杠上敲得梆梆地发响,给自己的歌打着拍子,又进山去了。

砍了半天,不觉到晌午,回来吃了三碗茶淘饭,他又上山了。

天黑时分,他收了工,挑起一担翡青的柴禾正要往家走,忽然听得背后柴蓬里,有个东西在走动,擦得霍嚓霍嚓响,小青吓一跳,慌忙撩下柴禾担,回身去察看,心里默神:“怕莫是野物,是黄豺狗吧?”

那家伙越响越近了,小青一眼不瞬,盯住响动的地方,只见茂密的巴茅丛里,露出一只巨大的、毛拂拂的圆脑壳。

“一只老虎!”

小青失声叫起来。他吓呆了,腿子发软,眼前一阵黑,想逃,脚不听使唤。那家伙也没有动弹。它站在那里,喜得发昏了,鼓起两只灯笼一样的亮闪闪的眼睛,盯住小青子,不时伸出红舌子,舐舐嘴巴。它要饱餐一顿了。

过了一阵,小青首先恢复了清醒的神志,连忙往身边一棵松树上爬去。他四肢抱树,连梭带伸,迅速上到了树顶,骑在一条横枝上。这时候,老虎也窜到了树下。它抬起脑壳,暴怒地望着小青,大吼一声。这声音惊天动地,把小青吓得差点从树上掉下。他闭了眼睛,不敢看下边。

又过了一会,小青的心镇定了一些。他睁开眼睛,看见老虎正用牙齿使劲啃树干,那目的是很明显的,松树一倒,小青自然是它口里的食了。

松树啃去了一半,老虎累了,嘴巴又被松脂油粘住,好象吃了最粘最粘的奶油太妃糖,动作不方便。它用舌子舐,也舐不干净。小青看了这情景,心生一计,骑在树枝上,满脸赔笑,谦和地叫道:

“虎大哥,您累了,口巴住了吧?快到山下小溪里去漱一漱口,喝两口水,润一润喉咙,歇歇气再来。”

老虎一听,觉得有理,就问:

“小溪在哪里?”它四面乱看。

“在山脚下。”小青用手指一指右边。

“你不会跑吧?”老虎望一望小青,又看一看山下,想去漱口,又不放心。

“哪里?”小青忙道,“您说哪里话?您太看不起人了。跑?我怎么会跑?我怎么会想到跑呢?我跑什么?为什么要跑?”

“你怕我……”老虎亮一亮牙齿,舐一舐嘴唇,显然觉得下边的话说不出口来,就顿住了。

“我怕您什么?”小青活泼地说,“我才不怕呢,况且是您口里的食,跑也跑不了,逃也逃不掉。俗话说:‘人不犯虎星,虎不乱伤人。’您既然看得起我,决定要吃我,可见我犯了虎星,该原是要归您吃的了。我很高兴做您肚里的客人,虎大哥,使您满意。”小青说得很动听,他看穿了,这老虎只有把蛮劲,其实是一个傻角,就说了这么一篇。老虎听了,觉得有理,高兴非常。它放心落意,摇头摆尾,往右边山下的小溪里漱口和喝水去了。

小青看见老虎走远了,慌忙从树上梭下,刀也不要,扦担也不拿,飞也似地往老虎相反的方向,左边的山脚狂奔猛跑,两只脚板被尖柴蔸子,刺蓬里的刺,扎得稀烂,血糊里搭的,他不觉得,也顾不得了。

他气喘呼呼地跑回家里,把这遭遇一五一十告诉爸爸和妈妈。他二叔在旁，听了这话，一声不响，起身找了枝鸟枪，掮起就走。

“到哪里去？”小青爸爸问。

“寻那家伙去。”

“你一个人去还行？”

“怎么不行？我没见过么？”小青二叔是个猛胆子，是打猎能手，他跟一群老猎户打死过三只老虎。

“个人英雄主义是不好的。”小青爸爸一面批评他二叔，一面找枪。“要去，我也跟你去，再邀几个民兵小伙子。”

“要得。”

小青爸爸和二叔跟民兵们一起，都拿着鸟枪梭标，往山里跑去，小青也要去。

“你去做什么？还没有吓得足呀？”小青妈妈从灶屋里伸出头来，这样地说。

“我怕什么？人家去得，我也去得。”小青一面回复他妈妈，一面拿一枝梭标，一颠一跛地跟在大家的后臀走。

才到山下，他们听见起了一声巨大钝重的吼声。他们知道，这是老虎找不到小青，在发躁气了。进到山里，二叔吩咐大家四散摆开，一齐上山，对着老虎所在的大松树底下，展开一个八面包抄，越缩越紧的形势。

“快上树。”看到了老虎，二叔发令，自己首先爬上一株大槠树。看见大家都爬上树了，他对准老虎，开了一鸟枪，枪子打中了老虎的肚子，它咆哮着，奔到了他的树下，跳起老高。落下地时，那家伙的脑壳上又中了一枪，是小青爸爸在另一株树上瞄准射击的。老虎倒下了。

“虎大哥，还要吃我吗？”小青从树上梭下，跑到死老虎跟前，这样发问：

人们抬着死虎下山去了，小青寻到了柴刀和扦担，也下山了。

第二天清晨，小青用柴刀的背敲着扦担，给自己唱的歌打着拍子，又要上山砍柴禾。

“小青，你还没有吓得足呀？”妈妈从灶屋里伸出头来问。

“还怕什么？老虎早见阎王了。”

“这普山普岭，只有一只？”

“再有，再打。”

小青唱着歌，快快乐乐地又上山去了。村里人都说，小青是个勤劳、勇敢、机伶而又十分快乐的孩子。

周立波在青年作家学习会上的讲话

（1963 年 9 月）

李季同志让我和大家见见面，谈一谈，大家都是写东西的，我知道的大家也知道，也还是老生常谈。大家是写小说的，首先要写下去，想游泳，就得跳下水去。当然有些方向性的要看，如毛主席的《讲话》，也不是一下子能看懂。前一个时期，湖南开会，我给他们写了三个字：经、练、阅。

经——写什么，先要有所体验，自己经历过，不经历战争，写打仗就不可能。

练——练基本功、练笔。莫泊桑三十岁才发表作品，在这以前他写了许多都没发表。曹雪芹在写《红楼梦》以前有很长时间的文学修养。

阅——读书、充实知识。

今天想和大家提出四个字来。

广：看了一些青年同志的作品，都写得不错，大家的作品都写得流利，也能刻画出人物。如果要严格一些，不管老作家、新作家的作品，离《三国》《红楼梦》的水平还是差得远一些。过去的作家都有丰富的生活知识，笔之所触，人物都很象。红楼中几百个人物各有不同，我看只有一个巧姐不太象，没写好。作家对每个人物都有观察，而我们自己的毛病不在于没有思想的光辉，在思想上，我们比过去高得多，而在于没有丰富的人生知识，因此往往写着写着就写出外行话来了。我们观察人很少有到四年之久的。

我看徐慎的《三人行》，觉得开头写得好，写得很真实，写一个女孩子虽然不喜欢一个年青的寡妇，但仍然照顾她，可后来有些地方情节就不太合理，不合生活的逻辑，显出了编造的痕迹。作品要做到细节真实，就要有丰富的生活知识。有位医生就对作品提出过批评意见，说作品中描写一个好青年一次输 1 000 cc 的血，这是不可能的。作品可以想象，但想象得有生活基础。要能写啥象啥，就得了解所写的生活。必须有广泛的生活知识，包括生产知识。我观察过孩子，每个年龄的孩子都有不同的语言。观察过农民，没有马的，一匹马和两匹马的农民，讲起话来就不同。过去谈老旦，一出来就一拐一拐——小脚，现在老太婆就不是这样了，而且表现老太婆也不限于脚，可以有许多方面。作品里写保守、落后，总是老头子，其实也不尽然。

千闻不如一见，很适合于我们，到一处总要到处看看，可以不听故事，但一定要看许多人，有了人，自会编出故事来。我在农村就想看算命的，思想落后但又能说会道的女人，等等。总之，呆在屋子里不行，要到生活里面去，生活总是千差万别的，没有什么公式。过去我总是作创作计划，总是没有完成，现在我不作计划了，只有一个打算——下乡。

多看，多了解，积累生活还不要过于功利主义，要有长远打算，有时候观察到的东西，往往不一定马上用得上，但放着有朝一日就可能有用。我最近写了一篇东西，就是四年前的材料。没有用上也不要紧，并不吃亏，处处是功利，生活就太无乐趣了，人们就会怕你。因此还是要作一个普通的人，否则自己没有出过一个计谋，办法都是别人的。以我自己的经验，虽有生活积累，一年不下去，也不能写，因为生活是前进的。

向群众学习不要学费，只要和他作朋友就行了，而群众总是把你当领导。但自己就不能以领导自居，坐到太师椅上。

有了广泛的知识，并不排斥从生活出发的幻想，没有幻想，就没有小说，也不会有《聊斋》那样的作品。问题是要从生活出发。

深：深刻的社会经验。鲁迅说挖掘得深，从哪里挖？从社会经验去挖。经历得多了，就会看得深。我观察孩子，孩子的知识是很狭隘的，他的知识全是从环境里学来，挖掘人物也得了解环境对他的影响。对这些缺乏观察，就不可能了解深刻。我的作品里有个护士，由于对护士了解不深，就无法写。我在军队中生活过，但在司令部，老行军，不了解连队，不了解人的性格，所以没法写。

在生活里要注意到群众里去，呆在机关里边不能了解得很深的。当然好的方法是和群众一起生活，一起成长，那样容易深刻。我到工厂去过，但深入下去比较困难，总是只能在招待所，办公室，深入不下去。将来只好靠那些和工人在一起生活的人来写工人生活。

不论写什么样的人物，都要有细致入微的观察。30 岁以前，有自己作参考，写老头子最好有几个老朋友。观察细致了，才可以发现差别，表现差别。曹雪芹写女性，梅兰芳扮女性，都比女性更女性，都是观察细致深刻的结果。

我的生活经历不算少，工农兵生活都经历过，但比较熟悉的还是农村生活。最好的观察生活的机会，是参加生活中的各种运动和变革。在运动和变革中，各种人物、各种社会力量的各种关系，各个方面都暴露得更清楚。我写两个反映农村的小说，材料都是在运动中得到的。

作品里的人物不能就生活中的模托儿照搬，我写过特写，完全真人真事，但不如小说的人物有力量，说明作品应从生活出发，不能照抄，应该再新加工和改造。小说不能当作信史，但是在表现现实、反映生活上都有很大的作用。小说总要求集中和典型化，典型化就不是照抄。即便要创造，也还要有生活经验，否则加上去的看来就不真实。作品中动人的形象往往不是真实的人，当然就不是说现实中没有伟大的、完整的人，一般说比较少，因此作品中的人物往往要拔高，或对某些方面加以强调。张飞的特点是粗暴，是有些强调的。打督邮的情节生活中实有其事，但出自刘备之手，写在作品里把它搞到张飞身上，就使两个人物的性格都更完整，更得到了强调。人的性格是复杂的，但是要在某几点或某一点加以强调，使之更突出更鲜明。

做到这一点，就要有比较深刻的社会经验，目前作品中人物个性往往不强，我想写不出来不是没作努力，而是缺乏生活经验。

我们在鲁艺有关门提高的现象，死读书，毛主席就号召我们到大鲁艺去——生活里去。有了深刻的生活经验，才能看得深，看得出哪是表面现象，哪是本质。

在生活里要和青年交朋友，也要和老年人来往。瞎子算命的也可以成为反面材料。过去认为农村姑娘都是穆桂英，生产积极分子，但现在穆桂英们都要坐花轿。这就告诉我们，看事物要多看几眼，不要只看假象。巴基斯坦不是社会主义国家，但某些地方却支持我们。赫鲁晓夫也是看了好几年才看清楚的。穆桂英坐花轿也有社会原因，坐的时候虽也不好意思，有愧疚，但不坐，她也怕将来男的说她是自己跑来的。

过去的观念里，好男不当兵，好铁不打钉，不愿当兵，现在很多人当兵，原因是什么？就要分析分析。对生活能看得透，才能充分，就能写得深刻。

自己不能体验的生活，就要靠观察。曹雪芹写那么多的女性，就靠深刻的观察。

细：细致。老话讲“才大如海，心细如发”，能做到这一点很不容易。写作如绣花，作品的题材要大，大题材大矛盾激动人心，但描写却要细，两个方面要结合起来。《红楼梦》写得细，但是大矛盾。《三国》《水浒》都写的重大题材，大题材没有很好的细节描写和具体的生活内容，就不可能很好地得到表现。

细是一门功夫，我观察过牛，轻轻地搔搔牛，它的尾巴会半翘起来，这是它舒服的表现，在这个时候无论如何也不会踢你。把这些细节写到作品里，就会使人信服，感到新鲜。观察人也要如此。《红楼梦》里，人物有大致相同的人物，但同之中又有不同，能写出共同中的小异，就能吸引人，引起兴趣。仔细观察，就会看出没有彼此相同的人。表面上的差别容易看出来，但内心里的差别就不是那么容易写。

观察要眼、鼻、耳、手、心五到。观察不细，就没有什么东西好写。写女孩子总是大大的眼睛，黑头发，中国人都是黑头发，不象西方人。粗看农村，不外贫农、中农、富农……细看则非常复杂。

观察也不是书呆子似的看他半天，而是要和人们接近，交朋友。没有细致的观察，往往就无法写。看跳水，都穿游泳衣，皮肤黑黑的，没法写。写护士，都穿白衣，戴口罩，也没法写。新闻报道不动人，往往就因为没有细致的观察。在生活中司令员千差万别，有的个性很强，有的象书生，作品里往往一个样，有的还往往插上一个恋爱故事，司令员都要抱孩子了，还谈什么恋爱？有的描写爱人换衣服，还不好意思，还有人逗几句，啧啧，看了真恶心，完全以年轻人的那一套代替老年人的生活。

写大矛盾也要有细的描写，就跟房子的门窗需要雕花一样。

我对东北的生活不熟悉，不知道什么时候会有什么鸟，我有一次在作品中写野鸡在夏天飞到路边来，自己没把握，经过调查才知道事实上完全相反，野鸡冬天才会飞到路边来，夏天山上有吃的不会飞到路边上来。

有的是生活中常常碰到，但没有细心的观察，写起来往往没有把握。如写长辫子姑娘跑的时候头发什么样子？自己就没有把握，想写头发飘起来，但经过观察才知道并不会飘起来。

幻想和细心观察要区别，要结合，虚了的不怕夸张，实的则不能离生活太远，有一首诗写激动说："我们的心破腔而出"，看了不感动，而感到可怕。

写姑娘是狐狸精可以，写姑娘的辫子飘起来不可以。因为前者是幻想，虽然是幻想其实有真实生活内容，《聊斋》里的狐狸精都是写少女内心，写恋爱的感情，是经过对许多少女作过细致观察的。

博：指学习，知识的渊博。主要方面是读书，要养成读书的习惯。光有生活没有文学修养就不好。部队里有很多生活丰富的人，很有才能，但才能更多地发挥在打仗方面，而且没有文学修养，因此就不一定能写出文学作品来。我们要看各种书，看各家的作品，做比较，总结经验，学习经验。当然读书不能妨碍工作，妨碍生活。有了生活经验，看书时吸收的东西，受书的启发也会多一些。

我写东西以前看作品，与写过一阵子后看作品就有很大的不同。写小说的也要看电影，电影很集中，很讲究结构，看看电影也会有启发。读读诗词对我们也有好处，至少可以学学怎样用字精炼：二十个字写出形象、意境来。柳永的《雨霖铃》语言很少，却交待了很多情节，描写了人物的环境。诗词里描写男女爱情的超过了《红楼梦》，"记得绿罗裙，处处怜芳草"，很细致，深刻地写了人物的心理。柳永的《雨霖铃》写情人分别也细致入微。好的诗总是凝聚了很多生活经历。听听音乐也有好处。《黄河大合唱》就对我写长篇小说有启发，体会到作品也要有节奏感，写斗争不能光斗，写苦也不能一直苦到底，否则受不了，看完了会发疯。短篇小说虽然不一定有节奏，但也需要有曲折，有起伏。生活本身如此，不是一个老调子。看画也会有用，兄弟艺术对文学创作都有影响和启发。有了深厚的修养自然会影响到作品的深厚。有了各方面的积累，自己就会丰富起来，本钱就会多起来，将来的发展会更远大。

学习、读书不在于多，更重要的是要精，能吸收，消化，不囫囵吞枣，精而博当然更好。

曲波同志看书较少，他的《林海雪原》可以写得更精练一些。

毛主席写诗就因为他看了很多诗。

杜甫学习了不少的前人成果，所以集诗之大成，成为诗圣，杜甫不仅读诗，而且也看跳舞，看画。

李白有点看不起人，但他偷偷地学习了好多人，否则不可能写得那么好。希望大家能把文学传统传承下去。

最近看了《论语》《左传》《资治通鉴》，感到很有益处。《论语》里写孔子，简直可以编成电影，《资治通鉴》也都是小说，看了不想放下。《聊斋》《西游》是幻想小说，放得开，但又写的都是生活。

五四时代对传统的态度过于偏，今后我们要批判，还要继承，希望你们今后更好地努力，写出好作品来。

大家还希望我能谈谈风格变化的过程和体会。文学是集体的事业，随着时代的前进而变化。

我个人风格上的变化，原因有几：一是题材的关系，《暴风骤雨》是写阶级斗争，斗争单纯而激烈，就得金刚怒目，环境也是很尖锐激烈的。写《山乡巨变》，是内部矛盾，斗争复杂了，但表现都比较温和，环境也不同。题材不同了，表现形式就不一样。另外，年纪也有关系，语言也由于一是北方，一是南方而有了变化。写东北话，外行人看来还挺象，写时有多少本钱全用上了。写南方话，家乡话，就能作些提炼。

《山乡巨变》结构比不上《暴风骤雨》，在人物描写上，自觉要描写得深刻一些。

谈到长进，就很难。自己生活不是很深入，不如赵树理、柳青，今后写东西，自己也觉得没有把握。写工人，以后也可能，但还需要到生活中去。就我自己的爱好，还在农村。

《暴风骤雨》矛盾显明一些，《山乡巨变》矛盾则微妙一些，当然也有“夺印”那样的题材，但我自己喜欢更生活化一些，不喜欢离生活太远的，不是生活是典型化的东西。

我们的短篇洋化的成分还是比较多(包括我自己在内)，可以研究一下，还可以更民族化一些。洋化主要在结构上，对话比较口语化，叙述语言则有洋化的好。

(说明：这是周立波 1963 年 9 月在青年作家学习会上的讲话，未发表，笔者抄于中央档案馆。)

附录三　周立波交游名录表

根据周立波的《自传》、书信和各个阶段所填的履历表等列出周立波的交游情况，列举的人物和材料以介绍为主，有些材料是通过查阅档案和笔者的调查所得，有些材料借助了"百度百科"。因表中涉及的部分人物，特别是周立波的一些同乡、同学、同事、朋友等不为广大读者熟知，加上资料搜寻的困难，无法获知他们准确的生平信息。本表人物大致按与周立波交往的先后顺序编排。

一、青少年时代

林岳皋(1900—1939)，湖南益阳人，字伯陶，毕业于上海沪江大学，曾任益阳信义女中校长，信义中学教务主任，周立波表兄，也与周扬是同学，1926年介绍周立波与周扬相识。

张尚斌，益阳龙洲师范校长兼益阳县第二学区高级小学校长，开明士绅，与周立波父亲周仙梯是多年同事。因为周立波在益阳县第二学区高级小学当教员时有进步言论，益阳县团防局长曹明阵要抓他，由于张尚斌担保而逃过一劫。周立波在上海时曾用"张尚斌"作笔名。

叶紫(1910—1939)，本名余鹤林，益阳县龙光桥镇新茶坊村人。叶紫是周立波二舅父刘润林的养子，与周立波是儿时伙伴，亦是左联战友，1936年5月他们在上海见面，叶紫逝世后周立波在桂林为他的妻儿发起募捐。

吕骥(1909—2002)，湖南湘潭人，周立波湖南省立一中初中同班同学，同时也是上海劳动大学的同学，在延安鲁艺、东北等地共过事。吕骥1935年加入中国共产党，曾任延安鲁迅艺术学院音乐系主任，兼教务主任、副院长。东北大学鲁迅文艺学院院长，东北音乐工作团团长，中央音乐学院副院长，中国音乐家协会主席。

周扬(1907—1989)，又名周起应，周立波的本家族叔。周立波在湖南省立一中读书时与他相识，在他的影响下走上了革命文学道路，他同时也是周立波加入中国左翼作家联盟和中国共产党的介绍人、培养人。周扬与周立波一生交往密切，上海十年同住闸北北四川路亭子间，延安时期他们同在鲁艺共事，中华人民共和国成立后他们也有着比较频繁的往来，他们是“比较亲近，相知又最深的人”。①

二、左联时代

赵铭彝(1907—1999)，四川江津人，1926年考入上海大夏大学，后转入上海大学社会学系学习。1928年进南国艺术学院并参加南国社。1929年创立摩登社，深入大中学校发动学生演剧，为后来的左翼戏剧活动开展了阵地。1929年冬，赵铭彝加入上海反帝大同盟，任闸北区盟秘书。1930年他发起成立了由中国共产党领导的左翼剧团联盟(后改为中国左翼戏剧家联盟)，任组织、宣传干部。1932年起任书记，主编机关刊物《艺术新闻》，并参与领导了各地剧联分支组织的建设以及剧联大道剧社活动，还深入工厂建立工人蓝衫剧团。同时，参与建立左翼电影和音乐组织。抗战爆发后参与筹建怒吼剧社，1938年被选为中华全国戏剧界抗敌协会理事。1943年和金山、于伶、宋之的等人发起成立中国艺术剧社。1930年，赵铭彝介绍周扬、周立波参加中国左翼戏剧家联盟。

徐懋庸(1911—1977)，原名徐茂荣，生于浙江上虞，周立波上海劳动大学同学，左联时期和周立波一起编辑《每周文学》。徐懋庸曾与鲁迅交往密切，后因左联解散与鲁迅绝交。他1933年参加左联，任常委、宣传部长、书记，1938年赴延安，后任抗日军政大学政教科长，晋鲁冀鲁豫边区文联主任、冀察热辽联大校长等职。中华人民共和国成立后，任武汉大学党委书记、副校长，中南文化部副部长、教育部副部长等职。1957年被错划为右派。

沙汀(1904—1992)，原名杨朝熙，四川安县人，毕业于四川省立第一师范学校，1929年流亡到上海，1932年加入左联。左联时期与周立波同住上海辣斐德路，来往较多。沙汀决定离开上海时，周立波曾苦言相劝，后沙汀返回上海，周立波又为他求职的事情奔走。1938年，沙汀赴延安，任鲁迅艺术学院文学系代主任。中华人民共和国成立后沙汀曾任中国作协副主席、中国社科院文学研究所所长等职。与周立波一直保持密切的关系，彼此有

---

① 周扬:《怀念立波》，载林蓝编:《周立波三十年代文学评论集》，上海文艺出版社，1984年，第1页。

较多的书信往来。

艾芜(1904—1992),原名汤道耕,四川省新繁县清流乡人,1921 年考入成都省立第一师范学校。1931 年到上海,1932 年加入左联,在上海时与周立波来往较多,周立波对他的《南行记》《春天》等作品写过评论。1939 年,周立波与艾芜同在广西桂林《救亡日报》工作,同住报社一层楼上。中华人民共和国成立后,艾芜曾任重庆市文化局长、中国作协理事等职,曾撰文回忆周立波。

吴黎平(1908—1986),又名吴亮平,浙江奉化人,上海大夏大学肄业。1925 年赴苏联莫斯科中山大学学习,1927 年加入中国共产党,1929 年回国后在中共中央宣传部《环球》周刊工作,1930 年 11 月在上海被捕,判刑两年,关在提篮桥监狱,与周立波是狱友。1932 年 10 月吴黎平出狱后,赴中央苏区,参加长征,到陕北后曾任中宣传部副部长,担任过毛泽东与斯诺谈话的翻译,中华人民共和国成立后曾任化学工业部副部长。吴黎平与周立波在延安、东北时来往密切,曾撰文回忆周立波。

阿英(1900—1977),原名钱杏邨,安徽芜湖人。1927 年到上海,与蒋光慈等发起组织“太阳社”,编辑《太阳月刊》《海风周报》等。1930 年冬参加中国左翼作家联盟的筹建工作,在左联成立大会上被选为主席团成员。在左联,周立波与阿英、何干之等在一个小组,阿英担任领导。1941 年阿英去苏北参加新四军,1946 年任华东局文委书记。中华人民共和国成立后任中国文联副秘书长。

舒群(1913—1989),原名李书堂,黑龙江阿城人。1935 年到上海,加入左联。1937 年 10 月,周立波与舒群陪美国记者史沫特莱到华北采访八路军,12 月舒群返回延安。1940 年舒群到延安,周立波与他在鲁艺文学系共事。舒群曾校阅过周立波的《暴风骤雨》,对他书中的东北方言作了一些校正。舒群曾任东北局文委副主任、东北大学副校长、东北电影制片厂厂长。中华人民共和国成立后曾担任中国作家协会秘书长。

戴万平(1903—1945),原名戴均,又名戴万叶,广东潮安县归湖乡溪口村人。1922 年秋,考进国立广东高等师范学校(中山大学的前身)西语系。1924 年国共合作时投身革命,先参加国民党左派组织,随即又加入中国共产党,1926 年被党组织派到泰国开展工作。1927 年大革命失败后回到上海,与蒋光慈、杜国庠、洪灵菲等人一起出版《我们》月刊、《太阳》月刊。后加入左联,成为《拓荒者》的撰稿人之一,在左联时期与周立波来往较密。1937 年抗日战争爆发后,在上海从事《新中国文艺丛刊》和《文艺新闻》的编辑工作。1940 年冬到达苏北根据地，从事党的新闻工作和教育工作。

何家槐(1911—1969)，浙江省义乌县人。曾就读于上海暨南大学外文系。1932 年加入中国左翼作家联盟，1934 年担任“左联”党团成员、组织部长，与周立波在左联时同组，交往较多。中华人民共和国成立后何家槐曾任马列学院教员、广州暨南大学文学系主任。广东省文联副主席等职。

关露(1907—1982)，原名胡寿楣，出生于山西省右玉县。关露是一位传奇女杰，称为“红色间谍”，曾就读于南京中央大学文学系，1932 年参加左联后，在上海文坛十分活跃，写作了许多诗歌、散文。关露曾负责左联创作委员会工作，后来由廖承志、潘汉年安排，打入汪伪政权从事地下工作。左联时期，与周立波分在同组，交往较多。

陈荒煤(1913—1996)，原名陈光美，湖北襄阳人。上海左联时期与周立波有一些往来。1938 年到延安鲁艺戏剧系、文学系任教，与周立波共事，此时二人来往较多。教学之余，二人与何其芳、严文井等共同组织了文学社团“草叶社”。新中国成立后，陈荒煤担任过中南军区文化部部长、中南军政委员会文化部副部长、文化部电影局局长、文化部副部长和顾问，中国社会科学院文学研究所副所长、《文艺报》副主编、中国作协副主席和书记处书记等职。

夏衍(1900—1995)，原名沈端先，浙江杭州人。1929 年与鲁迅筹建左联，任执行委员。中华人民共和国成立后历任上海市委常委、宣传部长、文化部副部长、中国文联副主席等职。左联时期，他和周扬、周立波等一起提出“国防文学”的口号。1938 年，夏衍任广州《救亡日报》总编辑时，周立波与他通信报告前线的情况，他还将周立波的信登在了《救亡日报》上。

杨骚(1900—1957)，福建华安县丰山镇人，左联成员，1918 年中学毕业后留学日本，曾与白薇有过一段长达 20 年的感情纠葛。左联时期，他根据日译本，帮助周立波翻译了三万多字的《被开垦的处女地》的初稿。1938 年加入“中华全国文艺界抗敌协会”，1939 年参加“作家战地访问团”到抗日前线访问，被誉为“抗战诗星”。皖南事变后在新加坡主编闽侨总会的刊物《民潮》，开展抗日宣传。

三、抗日战争时期

史沫特莱(1892—1950)，生于美国密苏里州奥斯古德，1916 年到纽约投身政治斗争。1929 年初作为《法兰克福日报》记者来到中国。1937 年到了延安，后到前线采访八路军、新四军，写了大量报道。1938 年她动员白求恩、柯隶华等外国医生来中国支援抗日。她与毛泽东、朱德、宋庆龄、鲁迅等关系密切。1940年她返回美国，继续为支援中国抗战事业而写作、演讲、募捐。她创作了《中国红军在前进》《中国的战歌》《伟大的道路》等一批反映中国及中国抗战的著作。史沫特莱访问前线时，周立波作为翻译陪同了她两个多月，在这期间他与史沫特莱结下了友谊。周立波后来接受《史沫特莱》的作者麦金龙夫妇的采访时回忆，史沫特莱像母亲一样关心着他的智力和健康的发展，而周立波则亲切地称呼她为“老太”。

卡尔逊(1896—1947)，出生于美国纽约州西德尼，曾四次来中国。1927年他作为海军陆战队第四团情报官第一次来到中国，结识了美国记者斯诺，斯诺影响了他对中国的认识。1933年他以美国驻北平使馆警卫队副官身份第二次来到中国，加深了对中国的认识。1935年卡尔逊回国担任罗斯福总统的保卫工作，成为总统的侍卫官。1937年中国全面抗战开始，罗斯福派卡尔逊到中国了解战争情况。1937年8月18日，他到上海，12月3日到西安，接着到了山西洪洞县八路军总部见到了朱德总司令。周立波作为翻译一路陪同他考察八路军前线，访问了聂荣臻、薄一波、陈赓、陈锡联、徐海东等将领。

林煦春(1920—1984)，湖南益阳人。1937年到叔父林伯森在长沙创办的蔚南女中工作，与周立波有书信往来。1938年冬随蔚南女中迁益阳邓石桥，担任蔚南女中支部书记。1939年3月担任中共益阳县委宣传部部长，1940年担任中共益阳县委书记，同年9月赴延安，在《解放日报》与周立波共事，1944年与周立波一同参加359旅南下。

田守尧(1915—1943)，安徽六安人。1931年参加工农红军，1934年任红25军营长，参加长征。抗战时任八路军115师344旅团长、旅长，新四军3师8旅旅长。在平型关战役中受伤，1937年12月底，田守尧伤愈后与周立波一起随美国友人卡尔逊到晋察冀边区。1938年1月25日，田守尧与周立波分别回部队。两人在一个多月的行军中结下了深厚友谊，周立波在报告文学《晋察冀边区印象记》中专门写了《田守尧同志》一文。田守尧1943年在战争中牺牲，周立波在《解放日报》发表散文《悼田守尧同志》。

黄洛峰(1909—1980)，原名黄垲，云南鹤庆县人。1936年与李公朴、艾思奇等创办读书生活出版社，参与创办《读书生活》杂志，1938年担任读书生活出版社总经理。1938年2月25日，周立波从山西来到武汉，黄洛峰约周立波把华北前线见闻写成报告文学出版，为他租好房子，还送了衣物。黄洛峰是中共重要出版家，中华人民共和国成立前在重庆、香港等地为党的出版事业奋斗。中华人民共和国成立后，担任过中宣部出版委员会主任、出版总署出版局局长，全国新华书店总经理，文化部部长助理等职。

廖沫沙(1907—1991)，原名廖家权，湖南长沙人。1922年考入长沙师范学校，1927年到上海，1932年任职于上海明日书店，后又任《远东日报》编辑。1934年加入左联。1938年至抗战胜利前先后在湖南《抗战日报》、桂林《救亡日报》、香港《华商报》晚刊、重庆《新华日报》任编辑主任。在《抗战日报》时期，曾与周立波共事4个月，他任主编，周立波任党支部书记，负责国际新闻。抗战胜利后去香港恢复《华商报》，任副主编、主笔。中华人民共和国成立后先后任中共北京市委宣传部副部长、教育部部长、统战部部长、市政协副主席等职。

草明(1913—2002)，原名吴绚文，生于广东顺德。1931年开始文学创作，1933年到上海，后加入左联，与欧阳山结婚。1937年"八一三"淞沪抗战爆发后，欧阳山和草明撤离上海，辗转抵达广州，广州沦陷前夕，转移到长沙。在长沙接受周恩来的任务，去沅陵办《抗战日报》。1938年底，与周立波在《抗战日报》共事，负责副刊。1939年离开沅陵后到重庆参加中华全国文艺界抗敌协会的抗日宣传工作。1941年到延安，任中央研究院文艺研究室特别研究员，后与欧阳山离婚。1954年落户鞍山，在鞍钢炼钢厂党委工作。1980年至2002年调中国作协从事专职写作。

欧阳山(1908—2000)，原名杨凤岐，出生于湖北荆州。1933年赴上海，参加"左联"。1938年底，与周立波在《抗战日报》共事，负责国内新闻。1941年到延安。中华人民共和国成立后，曾任中国作协广东分会主席、广东省文联主席、中国作协副主席等职。

雷夏(1912—1943)，湖南益阳人，周立波妹夫，曾与周立波一起在沅陵办《抗战日报》。周立波离开沅陵后，雷夏与林岳松一起主持《抗战日报》的工作。《抗战日报》停刊后，回益阳蔚南女中任教，并从事党的地下工作。

葛洛(1920—1994)，原名常玉磬，河南汝阳人。1938年到延安鲁艺学习，是周立波在鲁艺文学系的学生。1941年葛洛从鲁艺文学系毕业，被派到延安县石展庄乡担任副乡长，周立波和古元等到石展庄乡深入生活，住了3个月，此时他们也有交往。中华人民共和国成立后，周立波和葛洛同在《人民文学》编辑部工作。曾担任《人民文学》副主编，《诗刊》副主编，中国作协常务书记等职。周立波逝世后，葛洛在《北京文艺》发表散文《悼念周立波同志》。

古元(1919—1996)，生于广东省珠海市唐家湾镇那洲村。1938年赴延安，先后在陕北公学、鲁迅艺术学院学习。1941 年在“鲁艺”担任美术工场木刻组长，兼任部队艺校美术教员。在鲁艺时与周立波一起到延安县石展庄乡深入生活 3 个月。1947 年古元到黑龙江省五常县周家岗村参加土改，与周立波住在一起，为周立波正在写的小说《暴风骤雨》作插图。1952 年他调任人民美术出版社创作室主任。后调中央美术学院，先后任副院长、院长等职。

何其芳(1912—1977)，重庆市万州区人，1935 年毕业于北京大学哲学系，1938 年到延安鲁迅艺术学院文学系任教。在鲁艺，周立波与何其芳是深受学员欢迎的老师，二人来往密切，还共同举行了集体婚礼，他们一直到中华人民共和国成立后都经常接触，周立波后来与沙汀的通信中多次提到何其芳。中华人民共和国成立后，何其芳担任过中国作家协会书记处书记、中国社会科学院文学研究所所长等职。

艾思奇(1910—1966)，原名李生萱，云南腾冲人，蒙古族。1935 年由周扬、周立波在上海介绍加入中国共产党。1937 年 9 月与周扬、周立波一起赴延安，担任抗日军政大学教员、中央研究院文化思想研究室主任，中共中央文委秘书长等职。1944 年艾思奇与周立波在《解放日报》共事，他任《解放日报》副总编辑兼副刊部主任，周立波任副主任。

严文井(1915—2005)，原名严文锦，湖北武昌人。1938 年到延安，在延安鲁艺文学系当教师，曾任《东北日报》副总编辑、中宣部文艺处处长、中国作家协会党组副书记、书记处常务书记、《人民文学》主编、人民文学出版社社长、总编辑等职。他与周立波相识于延安鲁艺，二人交往较多。中华人民共和国成立后二人常常一起开会、见面，周立波在家乡深入生活时，严文井还曾经到益阳去看望他。周立波逝世后，严文井撰文回忆他。

陈涌(1919—2016)，原名杨思仲，生于广州。1938 年到延安。周立波在鲁艺文学系当老师时，陈涌是文学系的学生。《暴风骤雨》出版后，他撰写了评论文章。他们二人后来也有过一些交往。陈涌曾任《解放日报》副刊部副主任，中华人民共和国成立后为中国科学院文学研究所研究员。周立波逝世后，他曾撰文悼念。

萧三(1896—1983)，原名萧子暲，生于湖南省湘乡县的萧家冲，曾就读于长沙湖南第一师范，与毛泽东同学。他和哥哥萧子升以及毛泽东、蔡和森一起创建了“新民学会”。1939 年，留学苏联的萧三回到延安，担任鲁艺编译部主任和中共中央宣传部文委委员等职，主编《大众文艺》《新诗歌》等。回延安后，萧三的一项重要工作是宣传毛泽东的生平事迹和毛泽东思想，时任《解放日报》副刊编辑的周立波曾写信鼓励他。中华人民共和国成立以后，萧三主持我国的国际文化交流工作，访问过许多国家，两次出席亚非作家会议。

王震(1908—1993)，湖南浏阳人。抗日战争时期，任八路军120师359旅旅长兼政委，1941年初率359旅屯垦南泥湾。1942年兼任中共延安地委书记、延安军分区司令员、卫戍区司令员。1944年任八路军南下支队司令员。周立波早期的军旅生活有很长一段时间是在王震的部队中度过的，他曾写作报告文学《王震将军记》。从抗日战争到延安时期，一直到中华人民共和国成立后王震和周立波都有交往。中华人民共和国成立后王震曾任国务院副总理、中共中央军委常委、中央党校校长、中华人民共和国副主席等职。

王首道(1906—1996)，湖南浏阳人。抗日战争时期，任中原区副政委兼政治部主任，东北行政委员会财经委员会主任，工业部部长等职。周立波跟随王震领导的359旅南下时，王首道时任南下支队的政委，周立波在司令部担任秘书，二人交往较多。周立波晚年时曾打算以王首道为原型创作长篇军事题材小说《风雪汾河》，后因病未能完成。中华人民共和国成立后，王首道担任过湖南省委第一副书记，湖南省政府主席、交通部副部长，广东省委书记、省政协主席等职。

王鲁彦(1901—1944)，原名王衡，浙江镇海人，1930年任福建厦门《民钟日报》副刊编辑，抗战期间主编大型文学刊物《文艺杂志》。与周立波1939年相识于桂林，二人有过短暂的交往。中华人民共和国成立后周立波编选《王鲁彦选集》，并为之写序。

肖林达(1923—　)，湖南澧县人，1935年参加红军，到陕北后在35旅任排级干部、参谋。1944年6月，肖林达参加359旅参谋训练队，周立波被请来讲课，为他修改过文章。1944年冬到1945年8月，肖林达任359旅南下支队司令部参谋，与周立波一同行军一同战斗，结下深厚友谊。肖林达曾写作散文《回忆一段战史——怀念周立波》，发表于1980年9月《时代的报告》。

潘世征(1916—1961)，湖南省宁乡县人，14岁参加红军，自学医学，20岁成为一名医生，曾经做过白求恩的助手。与周立波一起参加过南下抗日支队，有过一些接触，周立波后来为他的回忆录《忆陈冬尧》写序。

陈冬尧(1908—1945)，湖南省茶陵县人，曾担任359旅南下第二支队司令，1945年6月8日在岳阳县黄岸寺与国民党部队的战争中牺牲。与周立波一起参加过南下抗日支队，有过一些接触。

四、东北时期

李逸民（1904—1982），原名叶书，浙江省龙泉县天平乡人。1927年参加“八一”南昌起义，中华人民共和国成立后，曾担任公安部队政治部副主任、《解放军报》总编辑、解放军总政治部文化部长等职。1946年4月，周立波曾在军调部承德小组担任李逸民的翻译，李逸民任冀热辽军区政治部宣传部部长时，周立波任《民声报》副社长，在李逸民领导下工作。

李德仲（1912—2007），原名李国选，奉天盖平（今辽宁盖县）人。1945年11月至1946年4月任中共热河省委委员、秘书长兼宣传部部长。1946年7月至10月任中共热辽区委副书记、组织部部长。周立波曾在军调部赤峰小组担任李德仲的翻译，后来他随李德仲的部队从热河到松江又到哈尔滨的尚志县。中华人民共和国成立后，李德仲曾任吉林省委副书记、代书记兼统战部部长，中国科学院党组成员、副秘书长兼中国科学院空间科学技术中心主任、党委书记，国务院扶贫领导小组顾问等职。

萧洪达，元宝屯土改工作队第一任队长，曾担任中纪委常委。周立波在元宝屯参加土改工作队时与他有交往，他也是周立波小说《暴风骤雨》中的主人公肖队长的原型。

韩惠，周立波在元宝屯动员土改时的元宝区区委书记，土改时期与周立波共同工作过，有较多的来往。

花玉容，元宝屯农民，《暴风骤雨》中花永喜的人物原型。周立波在元宝屯“栽槐树”时与之相识，并结下友谊。

郭长兴，元宝屯农民，《暴风骤雨》中郭全海的人物原型。周立波在元宝屯“栽槐树”时与之相识，并结下友谊。

马加（1910—2004），原名白永丰，生于辽宁省新民市。1935年加入左联。1938年到延安，被分配到陕甘宁边区进行创作。1941年调到文艺界抗敌协会。1948年与周立波在哈尔滨的《文学战线》共事，周立波任主编，他任副主编。周立波的《暴风骤雨》发表后，他参加过《暴风骤雨》的座谈会。中华人民共和国成立后，马加曾任东北作家协会主席、辽宁省文学艺术界联合会主席、中国作家协会辽宁分会主席等职。

五、中华人民共和国成立后

张天翼（1906—1985），原名张元定，祖籍湖南省湘乡县，出生于南京。

1931年加入左联，抗战爆发后，一直在长沙等地从事抗日救亡工作和文艺活动。中华人民共和国成立后历任中央文学讲习所副主任、中国文联委员、中国作协书记处书记、《人民文学》主编等职。周立波加入中央文学讲习所创作组时与他有交往。1958年，他曾与周立波、艾芜一起联名倡议降低作家稿酬。

刘白羽（1916—2005），北京人，1936年毕业于北平民国大学中文系。历任延安文抗支部书记、重庆《新华日报》副刊编辑部主任、总政文化部副部长、中国作家协会党组副书记及书记、副主席、书记处书记、国务院文化部副部长、人民文学杂志社主编等职。中华人民共和国成立后，周立波与刘白羽一起应邀访问苏联三个月。周立波在湖南工作时与刘白羽有通信。

林默涵（1913—2008），原名林烈，福建武平人。1938年到延安马列学院学习，之后在《中国文化》《解放日报》《新华日报》《群众》《大众文艺丛刊》等刊物任编辑。中华人民共和国成立后曾任中共中央宣传部副部长、文化部副部长、中国文联副主席等职。周立波曾与他通信汇报在湖南深入生活的情况。

蒋牧良（1901—1973），原名希仲，湖南涟源人，20世纪30年代加入左联，曾任《中国晨报》《国民日报》副刊主编，解放战争时期任第四野战军政治部专业作家，中华人民共和国成立后在总政文化部工作，后出任湖南省文联副主席、省作协主席。周立波任湖南省文联主席时与蒋牧良共事，二人交往较多。

康濯（1920—1991），湖南湘阴人，1938年赴延安，就读鲁艺文学系。1940年，任文化界抗日联合会宣传部长、晋察冀边区抗日联合会秘书长，编辑《文化导报》《工人日报》《时代青年》。1950年任中央文学讲习所副秘书长。1954年任《文艺报》常务编委、中国作家协会书记处书记，1958年任河北省文联副主席，1962年任湖南省文联副主席，1979年任湖南省文联主席。康濯在湖南工作时与周立波共事，二人交往较多，康濯曾到益阳看望周立波，并且二人有书信往来。

柯蓝（1920—2006），原名唐一正，湖南长沙县人，1938年赴延安，进入鲁艺文学系学习，毕业后任陕甘宁边区文化协会《边区群众报》记者、主编，中华人民共和国成立后在上海任《劳动报》主编。20世纪50年代末来湖南工作后与周立波交往密切，周立波曾推荐他任湖南省文化局副局长。1966年，周立波推荐他接任湖南省文联党组书记。

蒋燕，新四军干部，出生于四川泸州，曾任湖南省文联副主席，负责省文联的机关事务，与周立波共事，交往较多。“文革”时，被诬陷为周立波的黑管家。

张平化(1907—2001)，原名张楚材，出生于湖南炎陵。曾任哈尔滨市委书记、湖南第一省委书记、中央宣传部部长等职。他任湖南第一省委书记时与当时在湖南工作的周立波接触较多，周立波曾陪同他在益阳调研，考察益阳农业合作社的情况。1965 年周立波随张平化在长沙县春华公社蹲点。在张平化的建议下，《山乡巨变》改编成花鼓戏。他还指示为周立波等作家解决在湖南的住房问题。

周小舟(1912—1966)，原名怀求，湖南湘潭人。曾任湖南省委书记、第一书记等职，“文化大革命”中受到迫害，自杀身亡。周小舟任湖南省委第一书记时与周立波有交往，当时周立波曾陪同他在益阳调查“五风”问题。周立波的小说《山乡巨变》原名为《茶子花开的时候》，书稿写完后曾送给他审阅，在他的建议下小说改名为《山乡巨变》。

巴金(1904—2005)，原名李尧棠，四川成都人。1935 年，主持上海文化生活出版社编务，1937 年任《救亡日报》编委，1950 年任平明出版社总编辑、上海市文联副主席、中国作协上海分会主席。1983 年任中国作协主席。1956 年，巴金与周立波首次接触，二人同去柏林参加德国第四次作家代表大会，之后二人在一些会议上经常见面。巴金 1967 年接受金振林的采访时曾经谈到与周立波的交往情况。

张麟珍(1920—1966)，河北省威县人。1949 年 8 月南下到益阳，后任益阳市委书记。周立波在益阳深入生活时与他交往较多，曾以他为原型写作短篇小说《林冀生》。

周萼梅(1927—　)，益阳干部，周立波堂弟，曾在益阳市互助合作委员会工作，合作化期间陪同周立波在益阳穿村过乡，考察合作化运动情况，与周立波有较多的交往。

彭玉霞(1932—　)，益阳干部，曾任邓石桥乡合作化工作队副队长，合作化时期与周立波在益阳接触较多，她是《山乡巨变》中邓秀梅的原型。

陈年春(1929—2009)，益阳大海塘农民，在农业合作化初级社阶段曾负责办社，在此期间与周立波接触较多，周立波发展他入党，他也是《山乡巨变》中陈大春的原型。

邓益廷(1902—1987)，益阳农民，农业合作化时期在益阳与周立波是邻居，二人来往较多，他是《山乡巨变》中亭面糊的原型。

邓焕章(1940—　)，邓益亭长子，农业合作化时期与周立波相识，在周立波的鼓励下考上大学，在去学校的路上曾在周立波长沙家中住过，后被授予少将军衔，任总参机要局副局长。

黎盖均，益阳农民，曾当过益阳谢林港区楠木塘村互助合作委员会主任，合作化时期与周立波经常接触，他是周立波短篇小说《盖满爹》主人公盖满爹的原型。

曾五喜(1919—2005)，益阳农民，合作化时期担任益阳桃花仑乡合丰初级社社长，后任益阳桃花仑大队、桃花仑村党支部书记。曾五喜是《山乡巨变》中刘雨生的原型。后来周立波曾以《曾五喜》为题写作了一篇散文，描述了他办社的工作情况和经验。

陈清亮，益阳干部，曾任益阳桃花仑乡党委书记，周立波在益阳参加农业合作化运动时与他有较多的交往，二人经常探讨农业合作化的工作，后来有通信往来。

陈启烈(1935—　)，花鼓戏编剧，曾在益阳花鼓剧团工作，是花鼓戏《山乡巨变》的编剧之一。周立波在益阳时与他有较多的接触，"文革"后因花鼓戏《山乡巨变》的剧本问题陈启烈与周立波有过通信。

未央(1930—　)，原名章开明，湖南临澧人。曾参加抗美援朝战争，从事部队文艺宣传工作，历任武汉作协专业创作员、湖南省文联副主席、省作协主席等职。1960年由周立波提名调入湖南省文联从事文学创作，当时与周立波交往较多。

谢璞(1932—2018)，湖南洞口人。曾任湖南省文联执行主席，省作协副主席、名誉主席，省儿童文学委员会主任等职。1959年由周立波提名调入湖南省文联从事文学创作，当时与周立波来往较多，"文革"后周立波调回北京，二人仍有书信来往。

刘勇(1924—2014)，湖南湘乡人。1949年参加革命工作。历任村长、农业社社长、人民公社管理区党总支副书记。1960年由周立波提名调湖南省文联从事专业创作，任《工农兵文艺》主编，省作协秘书长、常务副主席。当时与周立波来往较多。

金振林(1938—　)，江苏南通人。1964年由周立波提名调湖南省作家协会，当时与周立波来往较多。1980年创办、主编儿童文学杂志《小溪流》，1998年至2002年任《法制月刊》总编辑、编审。

肖育轩(1937—2012)，原名萧毓辉，湖南涟源人。曾担任湖南省总工会《主人翁》杂志副主编，湖南省作协副主席等职。20世纪50年代末与周立波相识，当时作为青年作家与周立波接触较多，经常受到周立波的鼓励，周立波还为他的小说《迎冰曲》写过评论。周立波逝世后他曾撰文回忆周立波。

谭冬梅(1936—)，湖南省双峰人，曾任湖南省政协副秘书长。1969年周立波关在湖南省五七总校时，谭冬梅作为看守，对周立波有很多照顾，二人结下了友谊。周立波回北京后二人有通信。

浩然(1932—2008)，原名梁金广，河北人，1961年任《红旗》杂志编辑时因约稿经常去周立波家，二人交往较多。1962年5月周立波曾致信浩然，谈读书、写作问题。1964年浩然调到北京市文联从事专业创作，曾担任过北京市文联副主席、北京作协主席等职。

刘心武(1942—)，作家、红学研究家，曾任北京出版社编辑、《人民文学》主编等职。1976年筹备《十月》创刊时，曾到周立波家约稿，有过一些交往。

刘锡诚(1935—)，山东昌乐人，1977年任《人民文学》杂志社编辑时向周立波约稿，二人来往较多，刘锡诚经常去周立波家拜访。1979年，刘锡诚为周立波的《暴风骤雨》写了平反文章，刊于《湘江文艺》。

后　记

本谱的完成得益于我的博士论文《周立波与外国文学》的资料积累。在读博时，我的导师孟华教授多次要求我做周立波年谱，虽然这不是我的博士论文主题，但她认为只有在做好年谱的基础上才能充分地了解作家周立波，才能深入地理解周立波与外国文学的问题。然而，当时囿于时间和精力的限制，未能完成导师交待的研究任务，一直心存遗憾。

博士毕业后继续在周立波研究领域徘徊，始终未有新的突破。后来在一次学术会议上，偶然结识了现当代文学领域的专家——北京大学贺桂梅教授和中国社会科学院何吉贤研究员，在会后交流时，他们建议我写一部《周立波年谱》，在周立波的史料挖掘上下功夫。这让我想起了读博期间的遗憾，我顿时感到醍醐灌顶，仿佛在茫茫大海中找到了新的方向。

周立波是中国现当代文学史上的重要作家，经历了中国现当代文学的几个重要阶段，他既是翻译家、编辑、记者、教师、革命干部、文学理论和文学评论者，又长期从事文学创作活动，他的人生经历可谓丰富而又复杂。因而为周立波撰写一部较为详实的年谱并非易事，最大的困难在于史料的搜集。我在写博士论文时掌握的相关材料还不足以构成一部《周立波年谱》，于是辗转各地的图书馆、档案馆、博物馆、资料室等进一步搜寻周立波的资料，也通过各种关系找到周立波的亲属和他当年的朋友谢璞、未央等老人做了访谈。通过他们讲述当年的周立波，令我对这位作家有了更多的感性认识。遗憾的是谢璞老人在接受我的采访后不久就离世了，更加让我觉得这项工作有价值，这是在与时间赛跑，对历史资料进行抢救。

历经三年，本书终于完稿。首先要感谢我的导师孟华教授，她把我领进学术的大门，教给我做学问的方法。特别要感谢周小仪教授，作为周立波的亲属，他一直都很支持我，不仅为我提供了周立波的资料，还对我的研究进行了具体的指导，还要感谢他和舒莉莉老师共同为本谱写序。感谢贺桂梅教授和何吉贤研究员对我的启发和提点。感谢胡光凡老先生无私地贡献了很多重要的研究资料。感谢一切接受过我访问的周立波的亲友们。感谢上海人民出版社的编辑王梦佳为本书所付出的辛苦努力。感谢我的家人的支持。

本书获得 2016 年度国家社科基金后期资助,项目题为《周立波年谱》。

邹　理

2020 年 3 月 13 日

图书在版编目(CIP)数据

周立波年谱/邹理著.—上海:上海人民出版社,
2020
ISBN 978-7-208-16268-6

Ⅰ.①周… Ⅱ.①邹… Ⅲ.①周立波(1908-1979)
-年谱 Ⅳ.①K825.6

中国版本图书馆 CIP 数据核字(2020)第 016315 号

责任编辑 王梦佳
封面设计 夏 芳

周立波年谱
邹 理 著

出 版 上海人民出版社
(200001 上海福建中路 193 号)
发 行 上海人民出版社发行中心
印 刷 上海商务联西印刷有限公司
开 本 720×1000 1/16
印 张 22.5
插 页 4
字 数 371,000
版 次 2020 年 7 月第 1 版
印 次 2020 年 7 月第 1 次印刷
ISBN 978-7-208-16268-6/K·2923
定 价 90.00 元